范恒山

著名经济学家。经济学博士、高级经济师、教授、博士生导师。先后毕业于武汉大学、中国人民大学。曾担任国家体改委综合规划与试点司副司长、国务院体改办综合司司长，国家发展改革委综合改革司司长、地区经济司司长、国家发展改革委副秘书长、国家促进中部地区崛起办公室副主任。为多个省市政府、国家部门经济顾问或专家委员，任（曾）北京大学、中国人民大学、北京师范大学、浙江大学、上海交通大学、武汉大学、山东大学、中国政法大学、中国传媒大学、上海财经大学和国家行政学院、中国浦东干部学院、中国延安干部学院等多所著名高校兼职教授，著编译有学术著作30余部、撰写论文数百篇，一些作品获国家图书奖等重要奖项。多次参与中央全会文件、中央经济工作会议文件和国务院《政府工作报告》起草，主持了众多重要区域发展战略、发展改革政策文件的研究制定工作。学术思想为多部典籍介绍。

中国区域合作的理论、政策与操作

范恒山 著

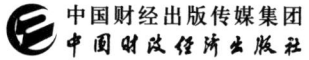
中国财经出版传媒集团
中国财政经济出版社

图书在版编目（CIP）数据

中国区域合作的理论、政策与操作／范恒山著．――北京：中国财政经济出版社，2022.5

ISBN 978－7－5223－1324－5

Ⅰ．①中… Ⅱ．①范… Ⅲ．①区域经济合作－研究－中国 Ⅳ．①F127

中国版本图书馆 CIP 数据核字（2022）第 061449 号

责任编辑：陆宗祥　　　　　责任校对：徐艳丽
封面设计：卜建辰　　　　　责任印制：史大鹏

中国财政经济出版社 出版

URL: http://www.cfeph.cn
E-mail: cfeph@cfeph.cn

（版权所有　翻印必究）

社址：北京市海淀区阜成路甲 28 号　邮政编码：100142
营销中心电话：010－88191522
天猫网店：中国财政经济出版社旗舰店
网址：https://zgczjjcbs.tmall.com
北京时捷印刷有限公司印刷　各地新华书店经销
成品尺寸：170mm×240mm　16 开　27.5 印张　388 000 字
2022 年 5 月第 1 版　2022 年 5 月北京第 1 次印刷
定价：126.00 元
ISBN 978－7－5223－1324－5
（图书出现印装问题，本社负责调换，电话：010－88190548）
本社质量投诉电话：010－88190744
打击盗版举报热线：010－88191661　　QQ：2242791300

前言

区域合作是与地区自立自强同等重要的发展动能,具有多方面的效用。区域合作的本质是打破行政封锁、地方保护和市场分割,促进商品要素资源在更大范围内畅通流动,推动形成高效运转、公平竞争、充分开放的全国统一大市场,拓展经济循环和运行的空间。受行政板块利益牵制、对相关作用认识不足等主客观因素的影响,在过去很长的一个时期里,地区间自觉开展合作联动的动力薄弱,所取得的实际进展也不大。随着市场经济活动的深入展开,区域合作成为势所必然,因而也越来越受到各方面的重视。在长江三角洲等区域探索试验的基础上,党的十六届五中全会明确强调"健全区域协调互动机制",并基于"健全市场机制""健全合作机制""健全互动机制""健全扶持机制"四个方面提出了基本要求。十多年来,得益于上下协同,区域合作在地区间、城市间广泛展开,合作领域不断拓展、合作层次逐渐提升,合作效益也不同程度地得以显现。总的来看,今天的区域合作正步入佳境、向纵深挺进。

推进区域合作并非易事,涉及从思想认识到操作方式等一系列要件的调整、转变、优化与提升。区域合作的本质与内涵如何?推进区域合作的意义安在?自觉开展区域合作应有怎样的思想意识?深化区域合作的方向在哪?开展区域合作选择什么样的操作路径?对这些问题的认识和解决,直接决定着区域合作的进展、质量与效益,自然也影响着国家和区域的发展状况。

笔者对区域合作问题的研究涉入较早,但最初的探索更多是结合打破行政区划局限、促进商品和要素在区域间自由流动、推动建立全国统一市场等改革问题的思考进行的，诸如区域一体化的前提是体制一体化、要依托经济区拓展行政区域发展空间等观点即是这种探索思考的结果。得益于从事地区经济工作之机缘，从2006年中期起，笔者可以名正言顺地把推进区域合作作为本职工作开展，只是基于多年从事改革问题特别是市场问题研究形成的敏感和认知，这项工作一开始就被摆放到了突出重要的位置。事实上，彼时所面对的环境并不宽松，区域合作的制度性障碍比较严重，法治保障十分薄弱，且从事区域合作的机构分属多家又残缺不全，其工作职能模糊不清，更缺乏清晰的操作路径和必要的推进手段。但经过数年的艰苦努力，这些困难一一得到克服，区域合作出现了革命性变局。这是一个区域合作由虚到实、由窄到宽、由浅到深、由易到难的转变，而伴随这一转变的是扎实的调研、先行的试点、深入的研讨、积极的策对和科学的规划。笔者组织推动和深度参与了差不多所有的工作事项，即使后来离开了工作岗位，对区域合作问题的研究探索也没有停止，且一直延续到了今天，时程长达16年。本书的文字就是这个过程真切而详实的记录，这些文字植根于社会实践与各项具体工作，没有任何照搬照套的内容，完全是基于国情和区情探索形成的独创性成果。也正因为如此，它为解答上述问题提供了一份比较完整又颇具特色的答案。书中的文稿虽然独立成篇，但却一脉相承、环环紧扣，且相互补充、相辅相成，形成了关于中国区域合作系统完整的理论观点、政策意见和操作思路。应该说，这正是当前理论探索和实践推进中所需要弥补的一个薄弱环节。

国家已经进入构建新发展格局、推动高质量发展、全面建设社会主义现代化的新时期，有力有序有效深化区域合作的重要性进一步凸显出来。一个显而易见的事实是，党的十八大以来国家颁布的区域重大战略，几乎把推进区域开放合作作为重要内容，其中不少甚至是以区域协调联动为主题的。但深化区域合作，特别是引领其向深层次迈进，将会面临一些更为复杂和棘手的难题。例如，如何做到区域间深化合作和保持适度竞争的协调并存？如何实现对内合作和对外开放的有机对接？如何发挥数字经济对跨区域合作的支撑作用？如何构建协同配套的区域合作政策支持体系？等等。解决这些难题，既需要进一步提高思想站位，树立长远意识，坚持辩证思维；也需要更加求真务实，注重因情施策，强化精细操作。期愿本书能够为新时期深化区域合作提供积极的能量，也能够为解决这些难题提供有益的帮助。

值得提及的是，正当本书付梓之时，中共中央、国务院颁发了《关于加快建设全国统一大市场的意见》（以下简称《意见》），强调要打通制约经济循环的关键堵点，以统一大市场集聚资源、推动增长、激励创新、优化分工、促进竞争。《意见》还特别指出，要优先推进区域协作，开展区域市场一体化建设工作。本书的论述完全契合《意见》的要求，且为推进区域市场一体化和建设全国统一大市场提供了具体操作思路。因此，如果读者有兴趣，可以把本书当成学习中央《意见》的一种辅助读物，笔者真切期望本书也能为各方齐心协力加快建设全国统一大市场、筑牢构建新发展格局的基础支撑作出贡献。

2022 年 4 月

目录

上篇 理论与政策

关于深化区域合作的若干思考 …………………………………… 3
区域合作与区域一体化 …………………………………………… 20
经济协作区建设应处理好四个重要关系 ………………………… 28
行政区建设与区域协调发展 ……………………………………… 36
推进区域合作的基本任务与主要途径 …………………………… 39
区域合作的使命、要求与抓手 …………………………………… 54
着力化解区域合作工作面临的难题 ……………………………… 67
推进区域合作的九个关键举措 …………………………………… 76
铸造区域合作工作新辉煌 ………………………………………… 90
推进区域合作的意义、重点与机制 ……………………………… 109
区域合作的两个基点和五个转变 ………………………………… 121
新时期对内开放合作的基本特点和主要任务 …………………… 131
努力开创东中西区域合作新局面 ………………………………… 139
大力促进东西互动合作 …………………………………………… 151
通力协作实现中部地区整体崛起 ………………………………… 153
全方位深化中部地区对外开放与区域合作 ……………………… 156
推进中部地区开放合作的挑战与对策 …………………………… 167
深入推进国际区域合作 …………………………………………… 176
区域合作机构：在突破中展现担当 ……………………………… 188

下篇 实践与操作

全面推进长三角经济一体化发展 …………………………… 197
推动长三角地区城市合作联动迈上新水平 …………………… 203
立足合作联动推动长江经济带高质量发展 …………………… 208
泛珠合作的积极成效与努力方向 ……………………………… 213
一体联动：粤港澳大湾区城市群发展的关键 ………………… 221
广深联动的意义与路径 ………………………………………… 227
新时代国家区域战略指向与珠江—西江经济带城市合作发展
 …………………………………………………………………… 233
区域协调发展与首都经济圈规划建设 ………………………… 255
全面深化环渤海区域合作 ……………………………………… 261
努力提升环渤海区域一体化发展水平 ………………………… 265
把推进开放合作放到推动京津冀协同发展的基础位置 ……… 268
协力建设蒙晋冀长城金三角合作区 …………………………… 273
推进蒙晋冀长城"金三角"合作的意义与路径 ……………… 277
把合作联动作为推动山东半岛城市群高质量发展的重要路径
 …………………………………………………………………… 290
"三北"地区产业合作的意义、重点和路径 ………………… 298
合力推进长江中游城市群建设 ………………………………… 305
大力推进长江中游城市群省会城市间的合作 ………………… 312
推进长江中游城市群一体化发展持续走向纵深 ……………… 321
长江中游城市群省会城市合作的积极成效和推进方向 ……… 333
科学有序推进长江中游城市群合作联动与一体化发展 ……… 348
切实做好长江中游城市群一体化发展规划 …………………… 352
深化长江中游城市群一体化探索 ……………………………… 360

中部地区高质量发展与合作建设长江中游城市群 …………… 364
高质量编制《晋陕豫黄河金三角区域合作规划》 …………… 378
务实推进晋陕豫黄河金三角区域合作 …………………………… 388
合作推动淮河生态经济带高质量发展 …………………………… 398
精心打造郑洛西高质量发展合作带 ……………………………… 405
把北部湾经济区开放开发放在突出重要位置 …………………… 410
北部湾经济区开放开发与泛北部湾经济合作 …………………… 419
务实推进泛北部湾经济合作 ……………………………………… 425

上篇
理论与政策

关于深化区域合作的若干思考[*]

区域合作是实现区域协调发展的重要途径,也是促进经济持续健康发展的重要举措。经过多年努力,我国区域合作已经实现了质的提升,但仍然面临着一些问题和困难,需要适应新的形势,提出新的对策。

一、区域合作的作用

合作的基础主要来自两个方面:一是个体所拥有条件的局限性,而需求又呈现多样性;二是自然、社会关系的复杂性,而这些关系间又具有不可分割性。因此,合作是伴随着人类社会的诞生而出现的。在人类发展的不同历史阶段,合作表现出不同的内容和形式。建立在生产力发展基础上的社会分工的出现,使合作成为必然的要求和普遍的社会行为,而市场经济的发展进一步赋予了合作丰富多彩的内容和灵活多样的形式。区域合作是生产力社会化和地区分工发展的必然结果,是经济社会发展的内在要求。随着市场经济的发展,区域合作成为合作的重要形式,在推进经济社会发展中发挥着十分重要的作用,具体表现为以下几个方面:

---

[*] 本文原载于《经济社会体制比较》2013年第4期,被《新华文摘》2013年第22期摘载。

（一）承力借势，扩大空间

大到一个国家，小到一个单位，再小到具体的个人，都不可能拥有自身发展所需要的全部资源和要素。要提升自己的发展水平与能力，满足日益增长的各类需求，就必须突破自我空间的封闭循环，加强对外开放与合作。开放合作，能突破行政地域和个人条件的限制，在更大范围内利用和配置生产资源与要素，拓宽发展空间，放大自身权利，最终增强发展能力，提高发展效益。

（二）合理分工，优势互补

行政主导、自我封闭的经济运行模式，必然要走"万事不求人"的建设道路，因而必然会形成"大而全、小而全"的发展格局，也必然会造成地区间产业结构、社会结构等的同构，继而形成相互间对资源要素的激烈争夺或恶性竞争，从整体上看，则是经济结构的低水平重复、地区间发展的不平衡和经济社会发展的缓慢与乏力。推进区域合作有利于确立和发挥各地区的比较优势，进而在这个基础上实现合理分工，能够最大限度地减少恶性竞争、实现利益共享、提升总体效益。

（三）一体发展，共同提升

区域分割的结果是各自为战和各受其咎，而区域合作则是相互支持与共同发展。从本质上说，区域合作的过程是区域间经济社会的逐步融合和一体化发展的过程。区域合作的深入推进，有利于实现区域间基础设施的互联互通、市场体系的互接互动，建立起经济社会一体化发展的坚实基础；有利于推动构建跨行政区的利益协调机制，从而促进区域间重大经济社会问题的及时协调与解决，推进资源的整合、制度的统一和管理的对接，最终统筹平衡城市和农村、发达地区与欠发达地区、重点开发区和生态功能区等的利益关系与建设进程，推动区域协调发展，提高整体发展水平。

（四）和衷共济，合力克难

团结就是力量。只有同心协力、相互支持，才能应对强大的外部冲击，才能有效抵御市场带来的风险，才能形成强有力的竞争力。这在整体环境比较严峻、自身能力比较弱小的状况下，更是如此。与此同时，合作还能创造更多的机会，通过合作，使许多不可能的事情成为可能，从而化解了一些棘手的困难。从一定程度上说，合作能够变被动为主动，变挑战为机遇。

（五）扶贫济困，促进和谐

区域合作的一种特殊形式是对口帮扶，而对口帮扶在中国具有特殊意义。我国幅员辽阔，地区间发展差距较大，存在着许多特殊困难地区，帮助其加快发展，最终实现共同富裕，是中国特色社会主义的本质要求，也是我们工作的出发点和落脚点。推进区域合作，开展多种形式的对口支援和帮扶，把支援地区资金、技术、人才、管理等优势与受援地区的比较优势和后发优势结合起来，有利于提高受援地区的自我发展能力，大大加快其发展进程，同时有利于促进各民族交往交流交融，实现社会安定和谐。

二、区域合作的现状

伴随着改革开放的进程，我国区域合作不断深化，发展到了一个新的阶段。

（一）发展进程

改革开放之初，区域合作通过"经济联合"的方式展开。1980年国务院发布《关于推动经济联合的暂行规定》，提出了"扬长避短、发挥优势、保护竞争、促进联合"的方针。在1984年出台的《关于经济体制改革的决定》中，中央要求国内各地区间打破封锁，打开门户，大力促进横向经济联系。1986年，国务院又发布了《关于进一步推动横向经济联合若干问题的规定》。在国家政策的强有力推动下，地区间的横向经济联合不断拓展，据不完全统计，从事区域经济合作的组织到1987年已达到了100多个。但这个时期的区域合作仍以行政推动为主，合作内容也多集中于经济活动的表层。1992年后，随着社会主义市场经济体制目标的确立，建立在市场机制基础上的经济合作不断加强，而区域合作作为促进区域协调发展、优化资源要素配置的重要手段，在国家发展的总体战略和政策体系中的地位也进一步增强。在党和国家的一些重要政治文献中，几乎都用一定的篇幅阐述了加强区域合作的基本思路，十六届五中全会更是明确提出健全区域协调互动机制，并把这一机制细化为健全市场机制、合作机制、互助机制和扶持机制四个方面。根据中央的要求，"十一五"时期以来，国家密集出台了一系列旨在推动区域协调发展、深化区域合作与开放的规划和政策文件，还专门打造了一批区域经济合作的示范区或试验区，区域合作全面深入地展开，在推动区域发展和经济社会又好又快发展中发挥了重要的作用。

（二）积极进展

经过努力，区域合作从机制、手段到内容、方式都发生了深刻的变化，实现了重大的转变。概括起来，一是区域合作机构趋于健全。全国各省（区、市）都建立了推进区域合作的工作机构，职能不断充实；跨区域的区域合作组织覆盖全国各重要区域，市场化的行业协会、商会等区域合作中介机构蓬勃发展，多层次、立体化的区域合作组织构架基本形成，各种形式的区域协调机制得以建立并积极发挥作用；与此同时，区域合作的全国统筹力度进一步加强，区域合作上下主管机构之间的联动更加紧密。二是区域合作领域深入拓展。区域合作逐步深入经济社会发展的中心领域和关键环节，从一般的物质调剂和商品交换触及资源要素流动、制度安排等，从项目、资金的合作扩展到重大区域规划、区域政策的协调制定，从主要是招商引资拓展到推进产业转移承接和区域一体化发展等。三是区域合作形式大大丰富。除了洽谈会、推介会、博览会等外,"飞地经济"园区、承接产业转移示范区、合作试验区等成为深化区域合作的重要平台。四是区域合作手段日益多样。在继续运用政府力量和行政手段推动的同时,更加注重利用市场机制引导和促进区域间的合作互动,同时注重用法律的办法解决影响区域合作和一体化发展的重大问题。基于我国制度的特殊优势,对口支援、扶贫济困等道德手段也在促进区域合作特别是支持欠发达地区加快发展中发挥着重要作用。五是区域合作地域不断扩大。突破行政区域限制的周边合作的范围日益拓展,形成了泛长三角地区、泛珠三角地区、长江中游城市群、中原经济区等幅员广阔的合作区;非毗邻的跨区域合作蓬勃展开,构建了一批合作园区;对外开放合作深入推进,以能源资源开发、基础设施建设、特色优势产业发展为重点的国际区域合作取得明显进展。

(三) 主要问题

无论是从内部条件看,还是从外部环境看,都存在着一些影响区域合作的因素和障碍。主要有:一是以行政区单元为主的管理运行模式没有根本改变,现行财税、投融资、政绩考核等关键体制的缺陷未能有效消除,形成地区封锁、市场分割的体制基础还比较坚实,不利于区域合作在关键性领域展开并取得实质性成效;二是区域合作的法制环境仍不健全,推进区域合作和促进一体化发展的法规体系不够完善,而破除地区保护、行业垄断和市场封锁的法律法规的实施一方面受到外部环境不完善的制约,另一方面也受到了自身不够系统和具体的影响;三是区域合作组织隶属关系、职责权力等不统一的状况未能完全解决,直接把握的协调手段还比较短缺,队伍的整体素质有待进一步提升。

三、区域合作的形势

我国正处于全面建成小康社会的关键时期,区域合作承担着重任。

深化区域合作具有前所未有的良好条件和重要机遇,又面临许多复杂难题和艰巨挑战,需要准确把握,妥善处理。

(一) 良好机遇

1. 国际方面,外部环境总体有利。全球共同面对、解决国际金融危机,进一步强化了推进区域经济合作的共识。2008年爆发的国际金融危机还没有结束,部分领域还在蔓延,在这个过程中间,虽然出现了一些自我保护、各自为战的现象,包括贸易投资保护主义抬头、利用貌似市场经济的手段来排斥开放合作,但总体上说,经济全球化、区域一体化的趋势没有改变。国际社会的基本共识是,解决危机的出路不能是"反全球化"或"去全球化",而是进一步加强国家之间的经济合作与协调。所以,在应对国际金融危机的过程中,虽然有矛盾、有争斗,但寻求合作、实现共赢依然是主流。进一步说,在当前国际金融危机的催化下,国际力量对比发生了有利于发展中国家的重要变化,突出的经济增长和日益上升的综合国力大大提升了新兴发展中大国在国际舞台上的地位和国际事务中的主动权,而加快发展的共同任务和应对压力特别是发达国家压力的共同使命,使这些国家成为地区和全球合作的新推力,这为我国参与国际区域合作、提高合作话语权提供了有利的外部环境。

2. 国内方面,内生动力不断增强。东部和中西部地区可以相互借助对方优势弥补不足,例如,东部地区可以借助中西部的土地、资源、市场等优势,中西部地区可以借助东部地区的资金、人才、产业等优势,从而以区域联动和合作来推进发展方式转变,调整优化经济结构,实现地区经济又好又快发展。区域战略和政策的深入实施有利于推动区域合作。"十一五"时期以来,为促进区域协调发展,国家密集出台了一系列区域规划和政策文件,而这些区域政策或规划文件,不仅在总体上较为充分地体现了区域合作联动的内涵,而且一般都设有专门的篇章论述区域合作与开放。其中,部分规划和文件本身就是专门论述区域合作开放的,这些规划和文件的实施,为深化区域合作指明了方向,明晰了道路，也提供了有力保障。政府能动性不断增强有利于拓展区域合作。建立开放型经济体系和实现一体化发展的大势，以及更大范围配置资源，更有效拓展发展空间的要求，大大增强了地方政府推动区域合作的能动性。这些年，各地通过区域合作获得了实实在在的利益，因而在实际工作中，更加重视区域交流与合作，自觉强化了区域合作部门的力量，推动成立了一批区域合作组织，对合作系统的重视与指导推动不断加强。

（二）深层挑战

1. 国际方面，不利因素不可低估。国际金融危机深层次矛盾尚未消除，新的风险又在形成和集聚，全球经济增长乏力，为避险求存，一些国家不惜采取保护与封闭措施，逆全球化和反一体化的风浪不时兴起，一定程度上会影响深化合作的大势。在国际金融危机蔓延发展的环境下，国际竞争日趋激烈，在一些领域超过了合作的力度，这种情势将给我国推进国际合作、拓展国际市场、承接国际产业转移等带来严重影响。

2. 国内方面，各种障碍依然存在。思想认识需要进一步提高，认为合作是"引狼入室""放弃领地"或"放权让利"的意识仍然存在，面对合作畏首畏尾、信心不足、主动性不强；在实际操作中往往只从自身利益考虑问题，不懂得新形势下区域合作应该建立在互利共赢的基础上；合作的视界不够宽广，不善于站在全局和战略的高度来考量。区域合作的制度体系和信用环境有待完善，以行政板块治理为主体的运作构架仍具有系统性的体制支撑，现有不完善的市场体系还不利于资源和要素的自由流动与优化配置，信用体制不健全和社会道德的一定程度的缺失妨碍了经济交往与交融的动力与深度。此外，囿于对区域合作工作重要性的传统认识和区域合作作为常规性工作的特点，在急迫的工作任务和多元化的工作目标面前，区域合作工作在一些地区并不能总是放到应有的位置或成为重大工作任务的必然选项，这也在一定程度上影响了区域合作的深入展开。

四、区域合作的思路

适应国际国内形势发展变化深化区域合作，要进一步解放思想，明晰区域合作的方向，丰富区域合作的路径。

（一）转变观念

要突破传统的思维观念的束缚，站在更高的基点上认识区域合作的内涵，切实树立"两个基点"。

1. 走出单纯追求自身利益最大化的思维框框，把互利共赢作为区域合作的出发点。社会主义市场经济的发展，使我国经济体系的整体性和连带性明显增强，深化区域合作也成为必然，但单纯从自身利益考虑的合作在这种情势下是无法进行的。因为在市场机制这只"看不见的手"的作用下，参与区域合作的每个主体都要求通过合作获取适度的利益，除非无偿支持"只予不取"的状况不可能在实际合作活动中体现。同时，市场经济条件下各利益主体逐利的基本追求，决定了区域合作不能是"零和博弈"或是此消彼长的争夺，而是要实现"正和博弈"，每个参与者都必须也应该能通过区域合作获得部分增加的利益。有鉴于此，进一步提升区域合作水平，要求合作各方树立全局观念，从仅仅立足于自身利益考虑或期求单赢的传统观念中解放出来，真正把优势互补、互利共赢作为开展合作的基本目标，通过共同做大"蛋糕"来分享合作带来的红利。也就是说，在区域合作中，合作者不仅要考虑自身利益的增长，也要设身处地为增进对方的利益考虑，立足高处、着眼长远谋划开放合作，统筹规划、整体考量，不以获取眼前小利而贻误长远发展，不因拘泥表面形式而妨碍实质合作，以开放的思维思考开放合作，不断创新合作形式、拓展合作内容。

2. 走出单纯追求经济发展速度的思维框框，把实现经济社会全面协调可持续发展作为区域合作的落脚点。经济发展是区域发展的重要内容，但经济发展不是区域发展的全部。促进区域发展的目的是要不断满足人民群众日益增长的物质文化需求，所以，考量区域发展状况除了要看经济发展外，还必须综合考虑社会发展、生态优化、政治文明等方面的发展水平。因此，区域发展应该是全面协调可持续的发展。与此同时，经济发展也必须依赖于各个方面的共同推动，没有其他方面的协调配合也很难持续进行。长期以来，受传统发展观念的制约，大部分地区将发展片面理解为经济总量的增加和发展速度的提高，忽视了资源的节源、环境的保护和其他方面的发展。这种观念也直接影响到区域合作工作，相当一部分地区在谋求合作的过程中，将目光和工作重点放在了单纯增进经济利益和提升经济增长速度方面。因此，必须把思想和行为纳于科学发展的轨道上，站在经济社会全面发展的角度，对区域合作的指导思想、重点领域、主要任务等进行系统思考和整体安排，并真正体现在具体操作中，确保区域合作体现科学发展的需要，有利于实现经济、社会、人口、资源、环境的整体协调发展。这样做不仅能大大拓展区域合作的空间，而且也能为实现互利共赢提供更加坚实的基础和广阔的舞台。

（二）明确方向

全面深化区域合作，要坚持正确的指导思想和原则，特别是要把握好以下几个方面：

1. 坚持紧扣中心、服务大局。区域合作工作要紧扣促进区域协调发展这条主线，只有紧扣这条主线，区域合作才能有明确的目标，才能有坚实的基础，才能不断丰富形式、拓展内涵和实现可持续发展；一旦脱离这个中心，就会被边缘化，就会无所适从。同时，区域合作必须紧紧围绕中央关于经济社会发展的大政方针，始终服务于保持经济持续健康发展的大局，特别是围绕形成各有侧重的区域发展战略，准确把握区域合作的走势和需求，按照统一部署推进区域合作工作。

2. 坚持优势互补、互利共赢。区域合作的实质是不同区域之间通过比较优势的交换，实现互惠互利和合作双赢。实践证明，只有立足区域特色和优势互补、能够促进双方共同发展的合作才是可行的和可持续的。深化区域合作必须坚持这个原则，在体现、促进、拓展比较优势上下工夫，既要打破垄断，鼓励有序竞争，又要避免产业同构和重复建设，防止恶性竞争和无序发展，促进区域合理分工，努力形成各具特色的产业结构，使各地都能通过区域合作获取更大利益。

3. 坚持统筹兼顾、突出重点。区域合作工作领域越来越宽泛，任务越来越繁重，在这个过程中既要全面推进各项工作，又要着力在关键环节上下功夫。具体地讲，要以打破垄断封锁和加强重大基础设施对接为切入点，推进区域经济一体化；以推动产业承接转移为抓手，推进产业结构调整和优化区域布局；以协调解决重大社会与自然矛盾为契机，着力构建和谐的区域发展环境；以加强和改善对口支援为重要途径，加快欠发达地区发展步伐；以加强资源与市场合作为重点，推进国际区域合作。

4. 坚持分类指导、一体推进。在推进区域合作中既要注重结合各自的特点和需要，又要强调服务全局的部署和要求。要进一步加强对区域合作的统一规划，按照体现战略性与务实性、长远性和阶段性相统一的原则，对区域合作工作的指导思想、发展目标、基本原则、重点领域、主要任务、具体步骤等进行系统思考和整体安排。同时，要坚持因地制宜、实施分类指导，从不同地区、不同领域的实际出发来推动工作，确定工作重点。

5. 坚持开拓创新、双轮驱动。要更加注重市场作用和政府力量的有机结合，通过开拓区域合作的工作领域和创新工作方式，促进区域合作向纵深发展，既要合理借助行政力量引导区域合作的方向，建立必要的政府间合作协调机制，及时解决区域合作中出现的重大争端，积极推动基础设施、公共服务、社会管理等的一体化建设；又要充分借助市场机制，以比较优势为前提、经济利益为基础、互利共赢为目标，不断拓展区域合作的内容，创新区域合作的方式。

6. 坚持远近结合、固本强基。要在着力解决当前突出矛盾和关键问题的同时，切实推动建立有利于促进区域合作的长效机制。要把研究制定促进区域协调发展、加快推进区域合作的法律法规工作制度建设摆在更加重要位置，促使区域合作工作"入制度之轨，上法律之道"。要着力解决区域合作法制基础薄弱问题，抓紧制定促进区域协调发展条例，并适时启动推动区域合作工作的有关指导意见的制定工作；各地方可根据实际情况，制定和完善与区域合作相关的地方性法规，建立健全推动区域合作的体制基础与法制环境，增强区域合作工作的规范性，依法依规建立健全政府部门区域合作管理机构，建立多层次、多形式的区域合作组织体系。

（三）创新方式

适应新的形势和下一步区域合作的要求，在创新合作方式方面应着力推进"三个转变"。

1. 要从交换式合作转变为交融式合作。所谓"交换式合作"，就是合作各方建立在各自作为独立利益主体基础上的，局限在单个项目、单个领域里的合作，这种合作无论从内容、时间上看，还是从利益空间上看，都是相对有限的合作。当前区域合作的内外部条件发生了重大变化，各地区为了自身的发展，需要拓展合作内涵、创新合作平台，实现更加紧密的合作。因此，应当从交换式合作转变为基于两者利益融合、依托新型合作平台、涉及更宽广领域的交融式合作，这是区域间共享资源、共筑市场的重要路径。在这方面较为典型的方式就是发展"飞地经济"，即由合作双方共同开发具有特定功能的产业园区并共享发展成果。实践表明，交融式的合作能够为合作双方拓展更大的发展空间、赢得更多的发展机会，也使双方的合作更加长久，更富有质量和效率。

2. 要从被动式合作转变为主动式合作。由于发展水平的不同，发达地区和欠发达地区在区域合作中处于不同的位势。一般来说发达地区由于经济发展水平高、体制机制比较先进，在资金、技术、人才、管理等方面具有较强优势，往往在合作中处在相对"高位"，因此大多数时候都是欠发达地区在研究发达地区，主动学习发达地区、借鉴发达地区，合作基本上也是由欠发达地区率先推动的。但无论是发达地区还是欠发达地区，都有自己的比较优势，可以在发挥各自比较优势的基础上进行合作并在合作中相互获得益处。另外，经过多年的改革开放和不懈奋斗，原来欠发达地区的经济综合实力已显著提升，经济结构明显优化，已涌现出一批具有较强实力和竞争力的企业，一些产业、产品的发展水平已位居全国前列甚至更高。基于这种客观环境的变化，发达地区需要转换思维，从原来坐等别人上门洽谈合作逐步转向主动寻求合作。因此，发达地区和欠发达地区都有互相学习的必要，在合作中都要保持主动，多花一些精力去研究其他地区发展状况，多用一些时间去其他地区考察走访，以此寻求尽可能多的合作空间和发展机会。只有这样，合作才能深入展开，才能取得积极成效。

3. 要从依靠单一力量推动合作转变为有效动员各种力量推动合作。随着经济格局、市场环境及发展要求等的变化，区域合作的领域与内容日益宽泛和深刻，区域合作工作与促进区域协调发展、实现国民经济长期平稳较快发展紧紧连在一起，越来越具有综合性和全局性。这种状况不仅要求区域合作系统充分发挥主观能动性，更加扎实、更富创造性地做好自身的工作，更要求区域合作系统主动与其他机构配合，运用适宜的方式和手段，有效动员各种力量来共同推进区域合作。各种力量广泛参与的基础是合作内容本身，涉及面宽的合作内容必然会带来各方的关注和投入。因此，从长远考虑，深化区域合作必须紧紧扣住促进区域协调发展这条主线，紧紧扣住促进经济社会全面协调可持续发展这个总要求。而基于现实考虑，区域合作要围绕解决经济社会发展中的突出矛盾和问题开展。各方面参与区域合作的广泛性及深刻性，也取决于区域合作系统的努力。要在不断拓展合作领域和内容的基础上，通过适宜的载体和良好的方式，推动来自政府和市场的各类机构与组织开展区域合作工作。一般来说，对于政府组织，工作融合、项目联动以及发展"飞地经济"等是良好的途径或载体；对于市场中介组织，可多在发挥桥梁纽带作用及其具体表现形式上做文章；而对于企业组织，则应以贯彻物质利益原则为基础进行引导和推动。

五、区域合作的任务

区域合作涉及领域宽广，要实现全面跃升和整体深化，必须切实抓好影响全局的关键领域和重点环节。基于以往的基础和经验、发展的趋势和需要，深化区域合作要突出做好如下几个方面的工作：

（一）推动建设和有效利用各类合作平台

这些年，基于地区比较优势，立足于试验示范，国家建设了一批各种类型的功能区，其中包括一部分开放合作的试验区。这些功能新区是推进区域合作的有效平台和载体。要科学建设和充分利用这些合作平台，使之在创新开放合作路径、解决重大问题方面发挥积极作用。一是结合经济区建设，大力推进重点领域的合作，包括以加强跨界基础设施为基点，以促进生产要素自由流动为中心，推动打造区域统一大市场；以发挥地区比较优势为前提，以构建优势互补的分工格局为重点，推动形成适宜的区域产业体系；以协商解决跨区域重大矛盾问题为抓手，以实现基本公共服务均等化为核心，推动形成良好的社会管理与服务体制；等等。二是结合城市新区建设，开展重大问题的探索试验，包括构建合理分工、一体发展的功能格局，打造范围宽广、规则公平的综合服务体系，形成国际化的管理方式和营商环境，等等。三是结合合作示范区共建，努力探索区域合作的新模式和新路径，包括探索建立高效规范的管理协调体制、促进融合发展的利益分配机制等。在这个基础上，根据发展的需要，继续推动建设各种有效功能平台。

（二）积极推进产业转移承接

产业转移与承接是市场经济规律作用下优化区域产业分工格局的必然要求，也是实现东中西互动合作的有效手段，深化区域合作要继续大力推进产业转移承接。一是强化宏观指导，深入贯彻落实国家出台的有关促进产业转移的区域规划和政策文件，协调制定产业转移与承接的规划或操作方案，明确产业转移与承接的重点领域、适宜地区和操作路径，并根据需要研究制定相关配套措施。二是推进平台建设，指导办好国家设立的各类承接产业转移示范区，促进示范区建设不断取得新成效；因地制宜建设一批具有特色的合作园区，搞好关键领域的探索试验。三是创新体制机制，加强产业合作模式、利益分享机制等的探索，推进协调机制和法律法规建设，建立起促进产业有序转移承接和创新提升的制度保障。四是促进联动发展，把产业转移和提升区域经济的质量和效益结合起来，推动东部沿海地区瞄准国际先进水平优化产业结构和提高整体竞争力，支持中西部地区通过承接产业转移实现跨越发展和转型升级。

（三）大力促进一体化发展

一体化发展是区域合作的发展方向和深层表现形式，要认真总结成功经验，抓住关键环节，由浅入深推进一体化进程。一是以互联互通、互撑互补为着力点，全面推进区际基础设施的对接，注重把硬件建设和软件管理有机结合起来，充分发挥区域重大基础设施的协同效应和综合效应。二是努力打破行政垄断和市场壁垒，完善市场规制，健全市场信用，形成统一开放的市场体系，促进资源要素的无障碍流动。三是统筹推进文化、教育、卫生等社会事业发展，大力提升就业、社保等公共服务整体供给能力和共享水平，加快建立突发事件的应急合作机制，加强跨区域生态环境建设与保护的综合协调，促进社会管理一体化。此外，应当鼓励各地区开展一体化探索，有效运用"一体化基金"等手段推进重点领域一体化发展，为全面推进一体化提供有益经验。

（四）全面深化对外开放合作

要把提高对外开放水平、拓展外部市场作为深化区域合作的重要内容，实现对内合作与对外开放的有机联动，全面促进开放型经济水平的提升。一是推动沿海地区深化开放，提高参与国际竞争水平。更加积极主动地融入经济全球化和经济一体化进程，大力推进产业结构转型升级和发展方式转变，不断提高自主创新能力，加快从全球加工装配基地向研发、先进制造和现代服务业基地转变。继续在重点领域和关键环节率先开展试验探索，强化法制建设与规制改革，加快建立与国际化相适应的管理体制和运行机制，增强区域国际竞争软实力。二是推动内陆地区扩大开放，打造内陆开放高地。大力推进对外开放基础设施建设，深化与沿海、沿边地区的合作与联动，切实解决内陆地区相对封闭的问题。以中心城市和城市群为依托，以各类开发区和产业聚集区为平台，积极承接国际和沿海产业转移，加快培育形成若干国际加工制造基地和外向型产业集群。办好综合保税区、"无水"港区、功能新区等新型开放平台，推动形成内陆开放型战略高地。支持内陆地区有条件的企业"走出去"开展境外合作，充分利用外部资源与市场。三是推动沿边地区加快开放，与周边市场深度融合。加强规划指导，全面谋划与周边国家深化开放合作的总体战略，进一步明确重点任务与操作步骤。推进重点地区的沿边开放，把黑龙江、吉林、辽宁、内蒙古建设成向东北亚开放的重要枢纽，把新疆建成向西开放的重要基地，把广西建成与东盟合作的新高地，把云南建成向西南开放的重要"桥头堡"。制定和实施有关区域合作规划和特殊开放政策，加快重点口岸、边境城市、边境（跨境）经济合作区和重点开发开放试验区建设，加强基础设施与周边国家互联互通，发展面向周边的特色外向型产业群和产业基地。

（五）进一步加强对口帮扶

要抓住重点，把对口支援和协作提升到一个新的水平。一是强化智力支援。充分借助各类制度平台和经济手段，推动各种人才和各类经济组织加强与受援地区的交流与合作，推动经济支援与干部支援、科技支援、人才支援、教育支援等工作在更深层次上有机结合，夯实受援地区发展的智力基础。二是推动合作共建。积极发挥沟通协调职能，围绕强基础、兴产业、惠民生等关键领域，通过合办企业、共建园区、联合开发等多种方式，在强化受援地区自我发展能力的基础上，实现援受双方的优势互补、互利共赢。三是探索协调机制。发挥区域合作系统优势，着力形成多层次的区域合作交流机制，协调解决对口支援和协作中的重大问题。根据援受双方资源、经济等方面的条件状况，推动形成稳固的结对关系和互补机制。适应促进合作共建的需要，探索建立合作双方适宜的经营管理、利益分配和成果共享机制。

（六）建立健全区域合作法规体系

目前，区域合作法规体系建设十分薄弱，不利于区域合作向深层拓展和建立长效机制。要在清理和废除现有不利于区域合作的政策法规的基础上，从顶层设计和专项立规两方面着手，加快推进区域合作法制建设。在顶层设计方面，要加快促进区域协调法、推进区域合作法等法规的研究制定，从战略和全局层面对深化区域合作作出法律约束和安排。在专项法规建设方面，要对妨碍区域合作的各个环节如地区垄断、行政封锁、限制要素流动、实施不正当竞争等形成法律管控，同时对有利于深化区域合作的环节如发挥比较优势、实行合理分工、建立合作信用、理顺区际利益关系等建立法律保障。

（七）完善区域合作内在推进机制

除了完善市场经济体制、健全区域法制等外部环境建设以外，还要着力在形成区域合作的内在推进机制方面下功夫，关键是两个方面：一是探索形成高效的管理体制。推动建立区域内各行政区首长和相关层面的沟通交流平台，努力形成区域内的自协调系统，及时谋划重大事项和解决突出矛盾。推动建设非政府组织沟通交流体系，充分发挥中介组织、社会团体等在促进区域合作中的桥梁和纽带作用，增强合作机制的多元性和灵活性。二是探索形成合理的利益分配机制。合理的利益分配机制是深化区域合作的根本支撑。要探索建立市场化的生态补偿机制，形成区际关于资源、环境、重要产品等关键因素的利益平衡格局；强化跨地区投资、产业转移等重大事项利益分享的政策安排和制度设计，逐步形成指标健全、权重合理、比例得当的较为完善的分配体系；着力探索"飞地经济"园区利益分配和成果共享的模式，力求在产值、税收、利润、节能减排等重要指标的区际分割上实现突破。

区域合作与区域一体化[*]

实行区域合作的意义在哪？区域合作与区域一体化的关系怎样？如何推进区域一体化？本文将对这些问题进行阐述。

一、区域合作基于集合动能的发挥，具有多个方面的益处

区域一体化是区域合作的一种类型，它不仅体现出合作的范围，更涉及合作的深度。了解区域一体化，首先要了解区域合作，特别是了解区域合作的重要性或它所带来的好处。

如果基于推动主体来认识经济发展的动能，大体上可以归纳为单体动能和集合动能两类。单体动能涉及的是单一主体的能量，也就是每个人、每个企业、每个单位、每个城市、每个地区等的积极性、能动性和创造性。经济的发展往往首先基于单体动能的作用，在现实生活中，经济的发展也主要是依赖于单体动能推动。但推动经济发展还有一种动能，即集合动能。集合动能是单体动能的组合体，是人的组合体、企业的组合体、单位的组合体、城市的组合体、地区的组合体，以及各种组合形态之间的融合，各个单体动能联合起来，凝成一

---

[*] 本文系作者于2021年5月13日在"北京、河北廊坊北三县项目推介洽谈会暨北京城市副中心（通州区）与廊坊北三县一体化高质量发展论坛"上的主旨演讲的一部分。

股绳一起发力,体现出"1+1>2"的能量。从地区角度看,集合动能就是区域合作。单体动能的发挥既靠每个单体自身,也靠外部环境条件。总体上说,其作用比较直接,也易于被认识和倚重,因而在现实生活中发挥得比较充分。我们常常说要优化营商环境或发展环境,更多的是基于发挥各个单体动能的积极性、创造性来考虑的。而集合动能涉及的主体超过两个以上,不容易整合,且作用表现不如单体动能那样直接,因而往往不被特别重视,实际发挥作用的程度也不高。在现实生活中,集合动能的发挥往往被放在较为次要的地位;在很多时候,基于发挥单体动能作用所实施的举措,往往还会损害到集合动能的发挥。例如,为了维护本地区的既得利益,一些地区往往实施行政封锁和市场分割,阻碍区域统一市场的形成和资源要素在更大范围内的流动与配置。事实上,对于经济发展来说,集合动能的潜力很大,作用超常。在最大限度地发挥单体动能的同时,应当千方百计地把集合动能的积极性调动起来。

区域合作是超越单个行政区划的一种经济整合,或者说是两个以上行政区以经济方式形成的一种协同联动,是集合动能在区域发展上的体现。体现为集合动能区域合作,具有多个方面的益处,包括:推动合理分工,实现扬长避短;促进优势互补,强化相互支撑;抑制不良竞争,减少资源错配;实现资源整合,增强创新能力;提供优质服务,促进福利共享;实现和衷共济,协力共渡难关。这些方面的功能是单体动能无法体现的,对促进经济加快实现高质量发展至关重要。

今天,推动区域合作的形势与环境不断改善,表现为:经济关系联动性、互补性的持续增强,市场发展的开放性、统一性的不断提升,发展环境的不稳定性、不确定性的明显加剧。为适应这些变化,各地开展的区域合作的意愿越来越强,力度越来越大,合作领域不断向纵深发展、合作形式日益丰富多样。

中央一直高度重视推进区域合作。改革开放以来,中央出台的许多重要文件中都对推进区域合作提出了要求。党的十六届五中全会作出的《中共中央关于制定国民经济和社会发展第十一个五年规划的建议》,在论述促进区域协调发展时专门强调了要"健全区域协调合作机制",认为形成区域间相互促进、优势互补的互动机制,是实现区域协调发展的重要途径。还从健全市场机制、健全合作机制、健全互动机制、健全扶持机制四个方面,提出了操作要求。党的十八大以后,国家出台了一系列重大区域战略,包括京津冀协同发展战略、长江经济带发展战略、粤港澳大湾区建设战略、长三角区域一体化发展战略等,这些战略除了都是由习近平总书记亲自谋划、亲自部署、亲自推动外,还有一个很重要的特点,就是在空间上都跨越流域和区域,是立足于推动多个省份合作联动、协调发展的。由此能够看出,党的十八大以后以习近平同志为核心的党中央对区域合作、区域联动的高度重视。

二、区域一体化是区域合作的最高层次,具有鲜明的特征和基本的条件

区域合作在内容上是分层次的,大体上可以分成三个层次。最基本的层次是礼节性往来、一般性交流和简单事务的沟通,本质上属于联谊活动,是区域合作的最浅层次,对地区间经济活动起着"润滑剂"的作用,但实质性推动不大。第二个层次较深入一些,在一些重要领域有了务实的沟通和协商,在一些关键方面有了具体的项目合作,这个层次的合作已经对地区间的经济发展起到了一定程度的促进作用。第三个层次,是区域合作的最高层次,地区间各领域实现了统筹协调,一些关键方面形成了深度融合或全方位的一体化发展。

所以,虽然区域一体化是区域合作的一种类型,但它是区域合作的最高水平和最深层次,在一般情况下,不宜随意谈一体化,一体化有着自身的特征,实现区域一体化需要具备必要的条件。

区域一体化具有什么样的特征?其核心内容大体上可以用这样几个关键词来描述:一是一体规划。要基于区域整体而不是各个地区自身来统筹考虑经济社会发展的思路和举措,包括重大项目布局、重大工程建

设、重大体制改革等。例如，修建机场、港口，原来只需要根据本地区的情况来考虑在什么地方建、在什么时候建、建多大规模，而在一体化背景下就需要做全局考量了，项目建设的地点也不一定都局限在自己的行政板块之内了。二是全面协同。不仅在整体发展上，而且在各个领域、各重要环节、各地区之间都要统筹协调、有机配套、协同推进、相互支撑，不能各行其是、各自为战，也不能相互掣肘、恶性竞争。三是深层对接。一体化的本质是地区间全方位开放合作和资源要素的无障碍自由流动，体现的是规制融通、市场统一，也就是说是建立在体制、机制、法律、规章统一与契合基础上的各领域、各环节的协同对接。从推进的角度看，一体化涉及相关区域从认识提升到利益调整、从形式呈现到内容创造、从硬件建设到软件改造、从结构优化到动能转换等的全方位、全过程的系统变革和全面创新，毫不夸张地说，区域一体化是一场深刻的、系统的革命。四是有效约束。为了抑制和克服各地区基于本位利益的逆离操作，需要建立强有力的保障体系，这既包括法律法规的钳制、经济手段的约束，也包括协调机制的驱动。

由区域一体化的特征再看推进区域一体化的条件，一般来说，需要体现这样几个要求：一是经济发展到较高程度，综合实力较强，地区间发展较为平衡；二是地区间的经济联系非常紧密，互补性比较强；三是市场体制较为完善，内外开放程度较高；四是地区间合作意识强烈，形成了较为深厚的合作基础。

三、实施区域一体化的门槛并非一成不变，一体化推进要因情制宜

显然，实行区域一体化的门槛和要求都是很高的，我们需要大力推进区域合作，但推进区域合作并不等于都需要、都能够搞区域一体化。地区间采取什么样的合作形态，需要依据具体的区情和基本的环境来考虑。从整体上把握，区域合作既不能浅尝辄止，也不能操之过急；而应

从具体层面考虑，根据不同地区、不同领域的情况进行灵活决策，不能搞"一刀切"，也不宜在所有方面都要齐步走。回顾我国区域发展的实践，当前在国家战略层面明确提出要实施一体化的也只有长三角区域。具体而言，在京津冀、长江经济带、粤港澳大湾区本区域的一些地方、一些领域也有条件推行一体化，但从整体上看，考虑多种原因，都没有明确要求推进区域一体化。

我们强调，一般情况下，推进区域一体化必须符合上述四个条件，但我们更强调，推进区域合作要依具体情况而定。在一些特殊的情况下，也是可以推进一体化发展的。比如，在隶属于不同行政区的两个或多个经济发展差距较大的地区，如果其中的发达地区辐射能量足够大，且实施一体化对于合作各方的互补效应非常强，因而一体发展十分必要，也是可以推进一体化并较好地实现一体化发展的。

从实践看，我国区域一体化发展的总体进程并不快速，但这方面的探索一直未有停止。这种探索有些体现在地区之间，有些体现在城市之间，一些地方推行的两个或多个城市间的同城化，实质上就是区域间的一体化，可以认为，城市间的同城化也就是城市间的一体化。但正如前面谈到的，国家基于大的区域板块在战略层面推进的一体化试验，目前只有长三角区域。而实施长三角区域一体化战略的依据在于：其一，这一区域是我国经济最具活力、开放程度最高、创新能力最强的地区之一。其二，这一区域推进合作已历时数十年，如今不仅形成了较为成熟的"统分结合、三级运作"的合作机制，而且相关地区在许多关键领域的合作已深度展开，一体化发展具备坚实的基础。对于长三角区域一体化发展国家颁布的规划纲要提出了一系列要求，特别是要求长三角区域深化跨区域合作，形成一体化发展市场体系，率先实现基础设施互联互通、科创产业深度融合、生态环境共保联治、公共服务普惠共享，推动区域一体化发展从项目协同走向制度创新，为全国其他区域一体化发展提供示范。这其中所涉及的领域是多方面的，但如前所述，在实际操作中需要视地区发展状况和领域性质特点灵活决策，不宜搞"一刀切"、一律化。

根据这一原则,在可以实施一体化发展的地区,在统筹制定总体规划的基础上,还应根据需要和可能将一体化所涉及的关键领域进行具体类别划分,以保障操作方向的正确性和实施路径的有效性,从而达到事半功倍的结果。大体上,可以将一体化的领域分为三个层面,即一体建设、一体协同、一体衔接。在推动区域一体化发展中,应科学把握好这三个层面。

一体建设的层次最高,要求各地区保持整齐划一、步调一致。涉及一体建设的领域往往具有紧密关联度和不可分割性,关系到区域全局和全体人民的直接利益。主要包括四个领域:一是一体建设重大基础设施。这是区域合作的基础,是其他一些合作的前提,也是区域资源要素优化配置的基本支撑。要把解决新老基础设施的瓶颈制约和标准阻隔、推进全方位的互联互通放在突出重要位置。新建基础设施要立足于区域全局一体谋划、一体推进,要惠及各方、相互支撑。二是一体建设高标准市场体系。要高度协调,全面打破行政分割、地区封锁,实现资源要素在区域内的自由流动、自主配置;要平等地保护各类市场主体的权益,消除各种形式的垄断,实现区域公平竞争;要严守契约关系,一体打击坑蒙欺诈、假冒伪劣,全方位建立社会信用体系。三是一体建设优质生态环境。合作治理区域突出生态和环境问题,建立水、土、气环境持续优化和有效监督的促进机制,打造跨区域、全链条的生态补偿机制,一体构造优质生态产品供给能力。四是一体建设基本公共服务共享制度。这一点非常重要。优质基本公共服务区域共享是一体化的标志所在,也是体现一体化的根本成果所在,还会成为一体化的动力所在。基本公共服务关系到区域全体人民的直接利益,是人民生活美好状况的直接体现,其本质是保障区域内所有人群平等的发展机会和享有发展成果的平等权利。普通老百姓不一定都关心宽阔的高速公路与现代化铁路的建设,也不一定都关心高大上的建筑,但非常关心自己和家人能不能就业,孩子能不能上好学校念书,就医方不方便,社会保障能否异地结转等切身利益问题。通过一体建设,实现资源优化配置和地区间优势互补,使广大老百姓获得区域类最高水平的基本公共服务。

一体协同的层次次之，要求各地区统筹把握、合理安排。这类领域与各地区自然环境、发展基础密切相关，具有一定程度的地区独特性和行政自主性，难以严丝合缝地一体建设。但这类领域又涉及区域资源要素的配置效率与效益、涉及区域整体竞争力，因而需要基于区域一体科学把握和有机协调。最重要的有两个方面：一是产业结构优化的一体协同。产业发展直接决定甚至等同于经济发展，因而优化产业结构、实现地区间的产业合理配置十分重要。反过来说，地区间的最大伤害来自产业分割或各自为战带来的同质竞争。推进一体化，必须努力实现产业发展的一体协同，尤其是要把握好这样几点：其一，要立足于发挥地区比较优势进行合理分工，通过分工实现错位发展。通过一体化打破产业配置上的各自为政，从而解决"大而全""小而全"造成的产业同构或同质竞争；其二，强化产业发展与地区发展条件的匹配度，切实解决见新就上、寻高而攀的问题，综合考虑自身的发展基础和潜力，有选择地部署和发展几个新兴产业或未来产业；其三，加强区域联动，通过园区共建、产业集群联合打造等途径，一体发展具有可持续发展能力和国际竞争力的先进产业，并通过适宜的机制实现红利分享。二是创新体系构建的一体协同。创新尤其是科技创新是地区发展的坚实支撑，是实现高质量发展的基本保障。中央一再强调，要坚持创新在国家现代化建设全局中的核心地位，把科技自立自强作为国家发展的战略支撑。科技创新面对的都是重大"瓶颈"和核心难题，是产业基础的再造，是关键核心技术的突破，很难依靠一地之力加以解决，即使是一些科技创新资源丰富、能力强壮的地方也难以取得圆满成效。区域一体化必须把科技攻坚资源的有机整合和科技创新体系的协同构建作为核心内容，大力破除封闭观念和阻隔体制，克服本位主义，运用各种有效手段形成创新协同，突出重点实现突破。

一体衔接层次更为次之，要求各地区相互照应、积极联动。这类领域体现的多是各地区可以独立运作的事项，与区域整体的直接连带性不强，但如果能够基于一体化在地区间有机联动、合理对接，将不仅更好地促进自身的发展，也有利于推动整体的提升。这方面的事项较多，有两个方面特别值得重视：一是在政府治理方面的一体衔接。这涉及公平公正的政策环境构造、统一开放的市场体系建设、法制化智能化的治理方式的运用等，一体衔接有利于构建高水平的营商环境，形成完善配套的政府公共服务体系。二是在战略平台建设方面的一体衔接。这涉及试验功能的有机互动，成熟规制与先进做法的相互借鉴，以及发展空间的有效拓展和地区间资源要素的优势互补等，有利于充分发挥战略平台的辐射与支撑效能。

因此，即便是推进一体化也需要因区制宜、分类施策，这样才能取得最好的效果。

经济协作区建设应处理好四个重要关系[*]

不久前召开的党的十六届五中全会，审议通过了《中共中央关于制定国民经济和社会发展第十一个五年规划的建议》（以下简称《建议》），这一《建议》着眼于全面建设小康社会，提出了未来五年我国经济社会发展总体目标、指导方针和重大战略部署，是指导今后五年国民经济和社会发展的纲领性文件。《建议》置专章阐述促进区域协调发展问题，强调要形成合理的区域发展格局、健全区域协调互动机制。我有幸参加了《建议》的起草工作，在研究讨论、写作修改的过程中升华了思想，增长了见识。借助这个场合，我结合学习《建议》关于促进区域协调发展的论述，就推进经济协作问题谈一些看法。

首先我要说，区域的协调发展关系到全面建设小康社会目标的实现，关系到社会主义现代化建设的质量和程度，非常重要。《建议》从全面建设小康社会，加快推进社会主义现代化建设的全局出发，阐述了促进区域协调发展的总体战略思路，即继续推进西部大开发，振兴东北地区老工业基地，促进中部地区崛起，鼓励东部地区率先发展。这样完整的表述在党的重大文件中还是第一次。《建议》还对各个区域的发展重点提出了明确的要求，我重点谈一谈中部地区。"促进中部地区崛起"第一次出现在党和国家重要文献中，是 2003 年的《政府工作报告》。2004 年 9 月召开的十六届四中全会，在通过的《关于加强党的执政能

---

[*] 本文系作者于 2005 年 11 月 18 日在湖南省长沙市召开的"武汉经济协作区第十一次市长联席会"上的讲话摘要。主要内容以《区域协调发展与经济协作区建设》为题发表于《长江日报》2006 年 8 月 24 日。

力建设的决定》中,对此再次做了论述。"促进中部地区崛起"决策做出后,东中西和东北四大区域板块协调发展的总体战略就完整地形成了。促进中部地区崛起具有特别重要的意义,中部崛起是东中西互动协调发展的关键,也是中部地区自身释放自己发展潜力的要求。针对中部区位优势明显、资源组合条件较好等优势和存在的薄弱环节,《建议》要求中部地区抓好粮食主产区建设,发展有比较优势的能源和制造业,加强基础设施建设,加快建立现代市场体系,在发挥承东启西和产业发展优势中崛起。促进中部地区崛起战略给中部各省份及其他地区都带来了发展的新机遇。中部地区各城市、各地区一定要抓住这个机遇,把人们调侃为"不是东西"的中部地区变成承东启西的经济发展中心,使中部地区在现代化建设中起着枢纽和桥梁作用。

《建议》强调,要健全合作机制,鼓励和支持各地区开展多种形式的区域经济协作和技术、人才合作,形成以东带西、东中西共同发展的格局,这为开展地区间经济协作提供了行动指南。搞好地区间的经济协作并非一件容易的事,需要研究解决一些重大问题。我以为,要使协作实质性展开和持续深化,特别要着力处理好以下四个方面的关系。

第一,处理好经济区域和行政区域之间的关系。

经济学研究表明,基于行政区域本身看,地域范围相对较小的行政区,由于行政治理的科学性和效率性较高,一般不存在"区情不明"和鞭长莫及的问题,故经济社会发展往往比较快。也就是说,如果要提高某个地区的运行效率,更为得心应手处理其经济社会事务,推动其实现更快更好的发展,不宜把单个行政区的地域范围划得太大。比较而言,区划范围较小的行政区更适宜于经济社会高水平发展。这方面的实例很多,比较典型的是重庆,中央直辖前后形成了鲜明的对照。当然,直辖之后重庆的快速发展有多方面的原因,但区划调整后行政治理的精准度、效率性大幅提高无疑是其中的一个重要原因。顺便要提及的是,这次中央的《建议》提出了一个明确的要求,即"深化政府机构改革,优化组织结构,减少行政层级,理顺职责分工"。如果把"减少行政层级"改革付诸实施,则无论对行政管理体制还是区域经济体制来说,都会带来重大变化。这种变化会牵扯到许多方面，什么样的层级结构是科学、合理的？减少一个层级还是几个层级？削减哪个层级为好？层级减少后如何实施有效管理和精细指导？行政区划需不需要有所调整变动？这都是需要认真考虑的问题。我国除香港、澳门、台湾之外还有 31 个省级行政区，有的省份地理面积很大，对之实施精细化的治理的确具有一定难度，因而有专家建议通过缩小行政区划增设一些省级行政区加以改善，这里我们不对此进行深入的讨论。但的确要认识到，行政区域范围应当相对合理，不能太小，但更不能太大，规模要经济，以利于政府对之实行最为及时和有效的治理。

但基于经济区域而言，其范围则是越大越好。经济区域是跨越行政区的，是两个以上的行政区基于优势互补、互利共赢原则，通过合作联动而形成的。通过合作联动，可以解决地区间的产业同构、重复建设问题，可以解决地区封锁、各自为政的问题，自然也能解决恶性竞争、相互掣阻问题。通过区域合作联动，还能互通有无、相互支持，促进资源要素的有机整合和优化重组，提高经济运行的效率与效益。所以国家一再提倡要打破行政垄断、地区封锁、行业独占，建立全国统一、开放、有序的市场。从本质上说，统一市场就是打造经济区，市场有多大，经济区范围就有多大。无论是为了自身发展，还是为了整体发展，都必须大力推进区域协作或地区联动，且要不断深化合作的层次，提升合作的高度。受各种条件制约，行政区域或行政区划很难及时或灵活调整，但推进区域合作、扩展经济区域的权力就直接掌握在各地区手中。推进区域合作与经济协作，不仅是基于更高层次的市场运作推进自身发展，也是通过更为协调的市场运作促进各个地区共同发展，这是一种有机互动。一个地区要实现更好更快的发展，不仅要充分运用自身的有利条件，还要有效借用周边地区的良好环境，利用资源要素自由流动、市场配置的优势，要在与其他地区的协调联动中实现自身的发展。进一步说，行政区域范围的适当设定虽然能够解决行政治理"无的放矢""鞭长莫及"等问题，但却很难解决经济运行"捉襟见肘"问题。一个行政区所拥有的发展条件总是有限的，要真正解决好这个问题，还是要靠地区间的经济合作与协作。这也就是说，推进区域经济合作与协作的必要性不仅来自于行政区划调整的制约，而且也来自行政区资源要素的短缺。因此，各地区既要积极发挥行政区域拥有的积极功能，更要充分认识其存在的局限性，自觉打破行政阻碍，大力开展经济合作，推动形成更为广阔、协调、和谐的经济区域。

第二，处理好体制创新和经济整合之间的关系。

区域经济协作的目的是要实现资源的优化配置或经济条件的有机整合。要推动区域经济协作，进而实现区域协调发展，靠什么？地区间不同层级的会商是必要的，有些问题通过一个协商会就可以解决；建立一定的协调机制更是必要的，依此可以及时且持续地解决地区间存在的一系列问题。但实现行政区域与经济区域协同联动发展的根本保障是体制创新。如果不能从制度上建立一套推动基础设施互联互通、产业结构互补互促、基本公共服务共享、资源要素有效流动等主要方面协同联动的框架体系，行政区域和经济区域是难以有机统一发挥作用的。现实中比较常见的一个情形是，一些地方都在高调推进经济协作，但实际进展却十分有限，一遇到关键问题就踟蹰不前、无所作为了。表面交往很热络和密切，实际操作却是以我为先、以邻为壑。这就导致围绕产品买卖、资源要素流动等违背市场规律的许多经济战的发生。有的地方，如果居民购买外地汽车，要额外征收数万元的购置费；有的地方，外地车经过要交"买路钱"。还有啤酒战、烟草战、粮食战等，可谓花样繁多、无奇不有。这些经济战的本质都是搞行政垄断、地区封锁，用行政区域牵制经济区域。解决这些问题，需要书记、市长间的沟通交流，需要相关机构的协调会商，但最重要的还是要推动相关体制的改革创新，包括转变政府职能、健全现代市场体系、建立开放型制度保障、建设经济法制等。这里我重点讲讲推进政府职能转变问题。转变政府职能本质上就是制度创新，如果政府职能真正转变了，许多问题就不可能发生了。市场经济条件下政府要按照三个定位进行转型建设：一是构建责任政府。责任政府，就是要正确履行与政府性质相符的责任或职责。党的十六大已经明确了各级政府的主要职责，核心是四句话：经济调节、市场监管、社会管理、公共服务。如果政府把职责真正落实到这些方面上来，就不可能去干扰企业，更不会去直接办企业了，政企不分的这个"顽症"也就被很好地解决了，而政府部门也就不会违背市场规律实施行政垄断和地区封锁了。二是构建服务政府。应当明白，政府与社会、市场各经济活动主体的关系是服务和被服务的关系。社会财富的创造者是企业和各类劳动者，所以政府必须为之服务，或者说，应从服务的角度去进行管理，努力为市场主体创造良好的发展环境。也正因为如此，政府应该对来自不同地区、体现不同性质、具有不同规模的企业一视同仁地进行服务，而不应厚此薄彼、区别对待；也应该以开放的态度对待资源要素在地区间的自由流动和能动整合，不能画地为牢、自行其是。三是构建法治政府。政府的一切行为应置于法制约束之下，要坚持依法行政，带头守法、严格执法，并全面接受法律的监督。如果政府职能真正转变到位，成了责任政府、服务政府和法治政府，政府行为就不仅有了方向，也有了边界和约束，地区间也就不会形成行政垄断和区域封锁。换言之，政府职能的转变有利于经济协作区的建设，有利于区域市场或者全国市场的形成，有利于经济整合或一体联动。所以，经济整合、经济协作的背后是体制创新问题，核心是要形成使市场在资源配置中发挥基础性作用的机制，促进商品和各种要素在全国范围自由流动和充分竞争。

第三，处理好自主开发和借势开发之间的关系。

一个区域内的城市有大小之分，有发达欠发达之分，存在着发展的不平衡性，而这种不平衡就会产生要素的流动和配置的不平衡，人才、资金、技术等往往会向有利于实现最大价值和最大效益的地区流动，这些地区不一定绝对都是大城市或发达地区。事实上，发达地区和不发达地区都具有自己的比较优势，通过区域协作实现优势互补就能加快各自的发展。也就是说，各地区应当充分利用区域发展的整体优势、借助于其他地方的比较优势加快自身发展。一般来说，欠发达地区担心大门敞开后受到发达地区的冲击，往往习惯搞地区封锁，有的地方还冠以"自主开发"的美名。对此应当怎么看？各个地区自身拥有的资源要素都是有限的，欠发达地区更是如此。在这种情形下，封闭运作必然导致低水平重复，而这不仅是产业结构的低水平重复、技术档次的低水平重复，制度建设也会是低水平的重复。反之，积极开放则能充分利用和有效借助别的地区特别是发达地区的各种优势。所以，各个地区要相互开放，尤其是欠发达地区，更要敢于打开自己的门户，向发达地区开放。加快地区发展需要"自主开发"，但决不能忽视甚至排斥"借势开发"，应当把开放借势作为推动地区发展的一个重要基点。谈到此，我想强调的是，开放不仅有对外的问题，也有对内的问题，说得更准确一点，是各个城市、各个地区都应秉持开放意识实施政府治理与服务，努力使自己成为一个开明的政府。对内对外开放一体把握，核心是要做到四个善待：一是善待农民。我国的城市或城市群都不是单纯的城市，既包括城市，也包括部分农村，在推动城市发展中面临着怎样对待农民、怎样对待农民进城、怎样对待城乡二元经济结构、怎样对待农民共享均等化基本公共服务等一系列问题。要看到，城市的发展是农村农民长期支持的结果，过去如此，现在依然如此。可以说，城市的每一栋现代化建筑的建造、每一项事业的发展都凝聚了农民工的血汗。还要看到，无论基于经济发展水平还是市场经济体制建设而言，今天都已到着力改变城乡二元经济结构、促进城乡融合发展的时候了。城市的管理者需要站在这样的基点上，以博大的胸怀、精巧的智慧处理这些问题。要善待农民，特别要善待进入城市的农民工。有的城市以一些冠冕堂皇、似是而非的理由，如建设清洁城市、整顿社会治安、提升市民就业率等，做了很多对不起农民和进城农民工的事，有的甚至为举办一场大型活动就肆意驱赶进城农民。这样做不仅违背公平正义的原则，也不利于城市的可持续发展。必须善待农民、善待农民工，积极推进城乡二元经济体制改革，把农村、农民纳入整个城市现代化建设的体制构架和发展进程之中。二是善待非公有经济。国家对非公有经济发展的政策越来越明晰，也越来越强实。党的十五大明确了非公有制经济发展的社会地位的问题，提出"非公有制经济是我国社会主义市场经济的重要组成部分"；党的十六大提出了"两个毫不动摇"的方针，强调"毫不动摇"地鼓励、支持和引导非公有制经济发展；十六届三中全会所做出的决议，在坚持两个毫不动摇原则的基础上提出了一系列促进非公有制经济发展的方针。主要是四个方面：允许非公有资本进入法律法规没有禁入的一切领域；政府在管理服务上对非公有制企业与其他企业一视同仁；鼓励有条件的非公有制企业做强做大，这一点是以前从没有提出过的；像保护公有财产权一样保护私有财产权。这些方针体现了与国际做法的接轨，是体制与制度层面的规定，非常重要。我们要看到，非公有经济已成为推动国家经济社会发展的重要力量，与公有制经济一样对国家财政收入增长、国民经济增长、就业增长等作出了显著贡献。各个地区应像对公有制经济那样，为非公有制经济提供良好的服务。当前的主要问题是如何把中央的要求落到实处，使之成为具体的可操作的政策举措，努力去破解实际生活中存在的"玻璃门""旋转门"等问题。三是善待竞争者。要以大开放的观念和辩证的心态对待地区间、城市间的产品与服务的进入，真正认识到良性与公平的竞争有利于地区提升发展质量，通过竞争才能形成地区发展的强大力。切不要借助设置行政壁垒来维护地方税收和就业，这样做的结果必然是捡了芝麻、丢了西瓜。四是善待弱势群体。这里指的是那些比自己发展差一些，经济相对欠发达的地区。我们强调，欠发达地区要正确认识自己，积极打开大门、参与区域协作，借助区域中联动加快自身发展，但对于发达地区来说，也有一个正确对待欠发达地区的问题。欠发达地区拥有发达地区不具备的比较优势，发达地区与之合作同样能获得巨大收益。同时，作为处于发展前沿的地区，发达地区应通过区域协作支持帮助不发达地区加快发展。党的十六届五中全会的《建议》提出要健全区域协调互动的四个机制，即市场机制、合作机制、互助机制和扶持机制。特别强调发达地区要采取对口支援、社会捐助等方式帮扶欠发达地区，这个要求非常重要。善待弱势群体或欠发达地区，加强发达地区对贫困地区的援助，应成为区域协作的一项基本原则。

第四，处理好大城市与中小城市之间的关系。

我理解，就促进区域协调发展的路径而言，《建议》讲到了健全区域协调互动的机制，即形成区域间相互促进、优势互补的互动机制，包括市场机制、合作机制、互动机制和扶持机制；讲到了明确不同区域的功能定位，按照优化开发、重点开发、限制开发、禁止开发四种类型因情制宜推进发展；还讲到了促进城镇化健康发展，指出要坚持大中小城市和小城镇协调发展，提高城镇综合承载能力，按照循序渐进、节约土地、集约发展、合理布局的原则，积极稳妥地推进城镇化。《建议》还对推动城市群发展作了阐述，提出要加强珠江三角洲、长江三角洲、环渤海地区区内城市的分工协作和优势互补，增强城市群的整体竞争力，同时要推动有条件的区域培育形成新的城市群。这是中央首次在重大文件中提出发展城市群的要求与思路。《建议》的这些重要论述警示我们，在推进区域经济协作中要处理好城市间的关系，特别是处理好大城市和中小城市间的关系。秉持的基本原则，应该是城市不分大小，一律平等相处。从经济角度看，则应该是通过协调联动促进合理分工、凸显比较优势、形成鲜明特色、实现同优共强。对于中小城市来说，错位发展和特色发展是生命力、可持续发展能力之所在，如此才能避免大城市的虹吸侵蚀并成为大城市不可舍弃的伙伴。与大城市同质同构，把自己变成大城市的缩小版，必然会带来衰败和萎缩。对大城市来说，应通过经济协作不断优化发展的空间生态，注重把中小城市培育成为自己的支撑基地。不论是否具有行政隶属关系，都不宜简单将周边的中小城市"吞并"成为一个城区。不仅如此，大城市还应通过产业转移、人才输送、技术支持、体制对接、经验传授等多种形式发挥辐射带动作用，推动周边中小城市加快发展。在推进经济协作中，要特别重视城市群发展指向下的大城市与中小城市关系的处理。重点仍是解决城市结构相似、功能重叠问题，应按照主、辅配套与分工组合的原则进行功能设置和结构调整，使城市群内各城市间真正做到协调联动、相互支撑、一体发展。总之，各具特色而又浑然一体应该是大中小城市格局的基本呈现，而这样的城市格局必然会带来各自的快速发展，也会强有力地促进区域协调发展。

行政区建设与区域协调发展*

一般来说，一个经济区域往往包含着若干个不同层次的行政区。行政区作为依法确立、由国家授权的一定级别政府进行管理的区域，其发展模式和政府管理的方式，直接制约着经济区域的发展。因此，促进区域协调发展，必须正确处理行政区建设与经济区域发展的关系。

一、通过改革促进行政区和经济区域一体化发展

行政区发展是经济区域发展的基础，经济区域发展是行政区高水平、快速度和可持续发展的重要条件。各个行政区的资源和要素数量是有限的，品质也有很大差别。超越行政区以拓展经济区域。推进区域发展，有利于资源和要素在更大范围流动和重组，实现各行政区的优势互补，促进资源和要素的优化配置，从而促进经济结构的调整与升级，提高经济运行的质量和效益。这就是为什么我们要致力于建立统一开放、竞争有序的全国大市场的根本原因。如果各个行政区政府能够站在全局的高度，用开放的思维和符合市场规律的方式管理经济活动，则行政区的发展和经济区域的发展就会融为一体、相互促进。也只有这样，才能形成区域协调发展的基础。但一些行政区从局部利益出发，运用各种手段实施地区封锁和市场分割，其结果不仅妨碍了区域发展，也直接影响了

---

* 本文刊载于《人民日报》2006年2月25日第二版。

自身发展，导致产业结构老化、低水平重复建设严重、经济效益低下。

有鉴于此，促进区域协调发展必须着力解决行政区和经济区域一体化发展问题，其关键在于打破行政区的垄断和封锁。这就要求进一步深化改革，使各行政区的政府不再直接干预企事业单位的生产经营和具体事务，不再把企业分为本地的、外地的而区别对待，不再搞行政垄断和地区封锁。一是深化行政管理体制改革。切实转变政府职能，使政府部门与企事业单位的生产经营和具体业务脱离，把工作职能转变到经济调节、市场监管、社会管理和公共服务上来。进一步完善行政管理方式，实施政府调节和改善管理手段应立足于为企事业单位服务、为其能动性运作创造良好环境。深化政府机构改革，加强和完善从事经济调节和社会管理的机构，撤销那些直接从事或干预微观经济活动和社会事务的机构。建立健全科学的政府绩效评价体系，完善公务员特别是领导干部的选拔任用制度。二是推进财政体制改革。合理界定各级政府的事权，并依此调整和规范中央与地方以及地方各级政府间的收支关系，建立健全与事权相匹配的财政体制。按照政企分开、政事分开的原则和政府正确与公正履行各项职能的需要，调整财政支出结构，加快公共财政体制建设。完善中央和省级政府财政转移支付制度，进一步科学界定转移支付的因素，扩大一般性转移支付的规模，加大对欠发达地区或主要由自然性原因造成贫困的地区的财政转移支付力度。三是加快市场制度建设。完善市场法律法规，依法打击妨碍市场公平竞争、设置行政壁垒、排斥外地产品和服务等分割市场的行为。强化市场监管，建立健全行政执法、行业自律、舆论监督、群众参与相结合的市场监管体系。健全市场组织体系，积极发展独立公正、规范运作的专业化市场中介服务机构，按市场化原则规范和发展各类行业协会、商会等自律性组织。同时，加快建设社会信用体系。

二、加强行政区间的协调互动

促进区域协调发展，除了需要国家在经济政策、资金投入和产业发展等方面加大对落后地区的扶持，从行政区和经济区域的关系看，加强同一经济区域内各行政区间的协调互动机制，尤其是推动建立发达地区对欠发达地区的帮助机制，也是十分重要的。这种帮助可以是纯支援性的，但仅仅靠支援往往不够稳定，也难以持续；而且对于欠发达地区来说，这种数量有限的支援不能解决根本问题。因此，应把帮助的重点建立在利益互补的市场运作基础之上。从发达地区的角度看，至少可以从两个方面做出努力：其一，把握世界科技进步、产业转移和区域经济一体化带来的机遇，推动产业结构升级和自主创新。大力发展信息、生物、新材料、新能源等高新技术产业，广泛应用高新技术和先进适用技术改造提升制造业，形成更多拥有自主知识产权的知名品牌。同时，推动适合欠发达地区需要或主要依靠欠发达地区供给资源的产业向欠发达地区转移。其二，充分利用欠发达地区资源丰富、投资成本低等特点，积极到那里办企业、兴产业，"借地生财"。从欠发达地区的角度看，也应利用发达地区的结构调整、产业转移，"借势开发"。一般来说，欠发达地区容易搞封闭，既担心"肥水流了外人田"又担心"一放不可收拾"，于是就关起门来搞建设。其实，越封闭越落后。好的要素进不来，市场打不开，最后必然是复制落后，难以为继。开放实际上是一种借势开发，借发达地区的技术、管理、人才、资本来发展自己。欠发达地区应积极实施"引进来"战略，用较低的生产要素价格、投资成本和良好的环境与服务吸引各方投资，实现互利共赢。

推进区域合作的基本任务与主要途径[*]

推进区域合作是实现区域协调发展的重要手段,因而是政府工作的重要内容。去年全国发展改革系统地区工作会议强调,要加强政策引导、组织协调,着力抓好区域合作工作。一年来,这方面工作的力度不断加大,取得了初步的成效。随着我国现代化建设进程的深入发展和社会主义市场经济体制的不断完善,区域合作的重要性和紧迫性显著增强。刚刚闭幕的党的十七大对加强区域合作,推动区域协调发展提出了新的要求。今天召开的全国区域合作工作座谈会,目的就是要贯彻落实党的十七大精神,研究新时期推进区域合作的基本任务与主要途径。我先做一个发言,供同志们研究讨论。主要讲三点意见。

一、充分认识推进区域合作的重要性和紧迫性

经过多年的努力,我国区域合作已经有了一定的基础,但仍不适应新形势、新阶段的要求。推进区域合作需要认真总结经验教训,进一步认清形势,提高认识。

---

[*] 本文系作者于 2007 年 11 月 15 日在浙江省杭州市召开的"全国区域合作工作座谈会"上的讲话,原题为《建立健全区域合作机制,努力开创我国区域合作的新局面》。

（一）推进区域合作是实现区域协调发展、优化国土开发格局的重要途径

合作最基本的来自两个方面：一是个体所拥有条件的局限性而需求又呈现多样性；一是自然、社会关系的复杂性而这些关系间又具有不可分割性。因此，合作是伴随着人类社会诞生而产生的。在人类发展的不同历史阶段，合作表现出不同的内容和形式。建立在生产力发展基础上的社会分工的出现，使合作成为必然的要求和普遍的社会行为，而市场经济的发展则进一步赋予了合作丰富多彩的内容和灵活多样的形式。区域合作是生产力社会化和地区分工发展的必然结果。随着市场经济的发展，区域合作成为合作的重要形式。

区域协调发展是国家发展进步、和谐稳定的重要内容和有力保障，而区域合作又是区域协调发展的重要内容和有力保障。推进区域合作是实现区域协调发展、优化国土开发格局的重要途径。

1. 推进区域合作有利于实现区域一体化，促进资源要素在更大范围内的优化配置。行政体制把我国国土分割成相互独立的许多行政区，而资源要素禀赋在不同的行政区体现出很大的差异性，这种差异性严重制约了许多行政区的产业结构和市场空间，从而制约了这些地区经济社会的发展和人民生活水平的提高。推进区域合作能够打破行政区的界限，促进资源要素在更大范围内的合理流动和优化配置，从而最大限度地提高各行政区资源要素的利用效率；推进区域合作，能够有效突破行政区资源要素"瓶颈"约束，跨地区利用市场和资源，不断拓展发展空间。总之，通过推进区域合作，实现区域经济一体化，从而实现资源要素的互通有无、充分利用和优化配置，推动各行政区经济社会的更大发展和人民不断增长的物质文化生活的需要。

2. 推进区域合作有利于充分发挥比较优势，实现各地区的共同发展。比较优势就是市场，就是竞争力，就是效益。由于自然、资源、人文、社会等方面的差异，在长期历史发展过程中，许多地方形成了自己的比较优势，保护好、发挥好这些比较优势，是各地区实现进一步发展的有效途

径,也是促进区域协调发展的重要保证。推进区域合作既可以打破地区封锁、市场分割造成的低水平重复建设,有效避免各地区产品同类、产业同构和市场同型,又可以防止相互残杀、恶性竞争,进一步形成市场的合理分工,促进各地区比较优势的充分发挥。通过维护和强化各地区的比较优势,实现共同发展,进而提高我国的整体优势和国际竞争力。

3. 推进区域合作有利于健全互助机制,推动发达地区对欠发达地区的支持和援助。我国幅员辽阔,地区间发展差距较大,加快欠发达地区的发展成为推进区域协调发展和国家现代化建设的关键。推进区域合作,可以使欠发达地区充分利用自身在资源、市场等方面的比较优势,换取发达地区在产业、资金、项目等方面的支持,促进自身的发展。同时,推进区域合作,也使发达地区通过对口支援、社会捐助等方式帮助欠发达地区成为必然。推进区域合作,有利于建立健全互助机制,加快欠发达地区经济社会发展。

4. 推进区域合作有利于抓住经济全球化带来的良好机遇,充分利用两种资源两个市场。当前,经济全球化趋势深入发展,科技进步日新月异,生产要素流动和产业转移加快。随着市场化、国际化进程的不断加快,我国与世界经济的相互联系和影响日益加深,国内国际两个市场、两种资源相互补充。这种状况,使区域合作成为必然,也使区域合作成为必要。一方面,通过区域合作,有效把握经济全球化带来的良好机遇,充分利用先进技术、战略资源和世界市场,促进国内产业升级、技术创新、体制变革和环境改善,推进工业化、城镇化、信息化加快发展;另一方面,通过区域合作,最大限度地化解国际环境的不确定因素,克服贸易保护主义,在世界资源、市场、技术和人才的激烈竞争中不断开拓自己的发展空间。

(二) 推进区域合作是新阶段新形势的客观要求

我国正处于现代化发展的关键时期。一方面,要抓住经济全球化带来的良好机遇,加快推进工业化、信息化、城镇化、市场化、国际化;另一方面,要着眼于增强发展的协调性和可持续性,实现科学发展、和谐发展。这种新形势，对推进区域合作提出了更高的要求。我们要认真总结成绩，正视问题，增强新阶段、新形势下推进区域合作的紧迫性。

1. 我国区域合作取得的基本成绩。新中国成立以来特别是改革开放以来，在国家政策支持和市场机制的推动下，我国区域合作由浅入深，不断向前推进。

改革开放以来，我国推进区域合作的改革力度不断加大。1980年，国务院发布了《关于推动经济联合的暂行规定》，提出了"扬长避短、发挥优势、保护竞争、促进联合"的方针。与此同时，中央还作出有关决定，鼓励经济发达省、市同少数民族地区实行对口支援。1984年，在《关于经济体制改革的决定》中，中央要求国内各地区之间相互开放，打破封锁，打开门户，按照扬长避短、形式多样、互惠互利、共同发展的原则，大力促进横向经济联系。在这个基础上，1986年，国务院发布了《关于进一步推动横向经济联合若干问题的规定》，这一文件有力地推动了我国区域合作的发展。据不完全统计，到1987年，仅各类区域经济合作组织就达到100多个。1992年后，随着我国社会主义市场经济体制目标的确立，建立在市场机制基础上的经济合作不断加强，而区域合作作为促进区域协调发展、优化资源要素配置的重要手段，在国家发展的总体战略和政策体系中也获得了十分重要的地位。在党和国家的一些重要文献和政治报告中，几乎都用一定的篇幅阐述了加强区域合作的重要性和基本思路。党的十六大以后，适应全面建设小康社会和建立完善的社会主义市场机制的要求，推进区域合作的政策要求日益明确和具体。党的十六届三中全会强调要废止妨碍公平竞争、设置行政壁垒、排斥外地产品和服务的各种分割市场的规定，打破行业垄断和地区封锁。十六届五中全会明确提出健全区域协调互动机制，并细化为健全市场机制、合作机制、互助机制和扶持机制四个方面。党的十七大报告则提出要遵循市场经济规律，突破行政区划界限，形成若干带动力强、联系紧密的经济圈和经济带。

经过多方面的努力，我国区域合作取得了明显的进展，体现为由浅入深，从一般的物资调剂和商品交换逐步触及资源要素流动、制度安排等；由单一到综合，从某一个领域的合作逐渐扩展到全方位的合作；由硬件到软件，从项目、资金的合作逐渐扩展到规划、政策的协调；由行政到市场，从行政安排捏合逐渐发展到以市场为纽带、以利益为载体；由双边到多边，从与相邻的单一经济区域的合作逐渐扩展到融入相邻或跨地域的多个经济圈、经济带；由国内到国外，从立足于国内的合作交流逐渐深入到充分利用国际国内两种资源两个市场。从总体上说，区域合作的领域不断扩展，形式不断丰富，基础不断稳固，呈现良好的发展势头。

2. 当前区域合作存在的主要问题。区域合作虽然取得了一定的成绩，但也存在着一些深层的矛盾和问题，当前的区域合作状况还不适应社会主义市场经济发展的需要，不利于促进区域协调发展。概括地说，主要存在着三个方面的问题：

(1) 区域合作的制度性障碍仍然严重。我国现实生活中，存在着诸如地区封锁、恶性竞争、重复建设等一系列与推进区域合作背道而驰的状况，究其根源，都与现行体制不完善密切相关。例如，不完善的行政干部任用制度、不科学的政绩考核体系、事权财权不对称的财税体制，必然促使地方政府搞形象政绩工程，进而搞地方保护和市场分割；过宽的国有经济布局、过多的国有独资和国有资本占绝大比重的国有企业的存在，必然导致政企不分、政资不分和政府对企业、市场的干预；产权不清晰、责任主体不明确的国有企业制度，必然造成企业的盲目投资，低水平重复建设。这些体制性障碍妨碍了区域合作基础的进一步科学完善、区域合作内容的进一步拓展深入、区域合作形式的进一步丰富多样。这些体制障碍不克服，区域合作就缺乏有效的制度保障，也就难以实现实质性推进。

(2) 区域合作的组织与手段还不完备。组织体系不健全且协调力度较为薄弱。各级政府虽然基本上都设有从事经济合作的专门机构，但相当一部分机构的主要职能是招商引资，推进区域间的经济合作往往是一种副业。由于缺乏必要的手段，政府在突破行政区限制、促进区域合作方面，往往显得力不从心。在很多场合，区域合作往往受到本地政府意志的约束。由各地政府出面协商形成的跨区域的经济合作组织，在推动区域合作交流上虽然发挥了一定的作用，但是受现有行政管理体制、财政体制等的制约，这些区域经济合作组织所从事的工作往往又是较为表层的，在很多情形下是形式大于内容，且这类组织形式往往受制于政府换届和利益调整，很不稳固。目前，也存在着一些以行业协会、企业联合会、地区联谊会等名义出现的较为社会化的经济合作与协作组织，但这些组织基本上是起咨询、策划的作用，在区域协调上只能顺势而为。无论是政府性质还是民间性质的经济合作组织，从总体上看，在推进区域合作方面都缺乏有力的协调手段，缺乏具体的、完备的法律与政策支撑。

（3）区域合作的法制环境还不健全。到目前为止，在推进区域合作方面还没有专门的法律或法规。《反垄断法》虽已出台，还没有付诸实施。从总体上看，打击地区保护、行业垄断和市场封锁的法律法规还不够系统和具体。各行政区间的经济合作主要依靠政府号召、政策指导，更多的是基于各地区利益联动的自发行为。由于缺乏法律法规的支撑，目前，政府间的区域合作具有很大的随意性，且往往难以在实质问题上取得进展。

人类是一个共同体，资源要素的世界范围内的优化配置，能够使各个国家和地区实现优势互补，获得最大的发展空间和最佳的发展条件。经济全球化、市场一体化正在快速推进，孤立其外只能错失良机，停滞落后，而主动融入其中，才能把握先机，获取利益。我国区域合作的现状还很不尽人意，难以适应经济全球化和市场一体化的需要。我们要顺应新形势的要求，着眼于解决当前存在的突出矛盾和问题，加强区域合作，努力把区域合作推向一个新的水平。

二、正确把握推进区域合作的基本原则和主要任务

推进我国区域合作，必须适应经济全球化、市场一体化的发展趋势，把握实现科学发展、促进区域协调发展的总体要求，进一步明确操作的基本原则和主要任务。

（一）推进区域合作应当把握的基本原则

基于新形势的要求，遵循区域联动的内在规律，着眼解决当前存在的主要问题，推进区域合作应当把握以下一些基本原则：

1. 坚持发挥比较优势。区域合作的基础是互通有无、优势互补，其实质是区域比较优势的交换，而区域比较优势的交换，能够使交换双方获得最大的效益，达到以优换优，取长补短。因此，只有建立在比较优势交换上的合作才是有效率的、可持续的。推进区域合作必须充分挖掘各地的比较优势，千方百计地培育与发展比较优势。

2. 坚持市场主导。区域合作要坚持按经济规律办事，以市场为纽带，以利益为基础，要着力破除地区封锁和行政垄断，推进市场一体化，为市场机制在区域合作中发挥基础性作用创造条件，要处理好行政引导与市场推动的关系，在充分发挥政府的协调促进作用的同时，解决好行政捏合与拉郎配的问题。

3. 坚持平等参与、互惠互利。推进区域合作要尊重合作各方的平等权利，切实做到公平参与、利益共享；应以不损害合作方的利益为基本前提，通过建立在优势互补基础上的全方位的合作和有效的经济技术手段，实现双方利益最大化。推进区域合作要正确认识和处理发达地区与欠发达地区的关系，发达地区应加强对欠发达地区发展的支持力度，这是一种义务和责任，也是一种合作与回馈。欠发达地区的发展需要发达地区的帮助，反过来，很多发达地区的发展，得益于欠发达地区能源、资源和生产要素的支持。通过发达地区和欠发达地区的合作互动，实现共同发展。

4. 坚持制度、组织与技术创新。良好的制度基础、组织体系和技术手段是促进区域合作不断走向深入和得以持续进行的保障。要推进政府管理体制特别是行政干部选拔任用制度、政绩考核体系，国有企业制度，财政税收体制等改革，努力消除推进区域合作的体制性障碍；要建立健全各类形式、各种层次的区域合作组织，形成较为稳定、有较强协调能力的区域合作工作机构；要充分发挥信息技术、统计分析与区域网络、地理空间信息系统等技术手段和信息平台的作用，形成推进区域合作良好的技术支撑体系。

（二）当前推进区域合作的主要任务

把握促进区域合作的基本原则，紧紧围绕促进区域协调发展、实现国民经济和地区经济又好又快发展的要求，当前和今后一个时期，区域合作要着力做好如下一些工作：

1. 以打破各种形式的垄断和封锁为突破口，着力推进区域市场一体化。区域经济一体化是完善社会主义市场经济的必然要求，是促进城乡、区域、经济社会协调发展的重要条件，是提高经济运行效率和资源配置效益的有效途径。而区域经济一体化的基础是市场一体化，即统一、开放、竞争、有序的现代市场体系的建立和商品及要素的自由流动。从根本上说，市场一体化是区域合作得以实质性开展和可持续进行的条件，但从当前看，市场一体化建设缓慢，存在着不少问题。主要表现在：一些地方政府从本地利益出发，通过行政管理手段和其他方式设置市场障碍、限制非本地产品和服务进入；一些企业依靠行政部门赋予的特许权力，利用在市场中的独占地位，实行行业垄断，运用各种市场准入条件，限制其他企业参与公平竞争。因此，推进市场一体化又成为推进区域合作的重要任务，而其工作重点应放在打破地区保护、行业垄断和市场封锁。为此：一要推动有关部门清理废止不利于市场一体化的规章政策，协商建立符合市场经济要求、有利于区域联动和市场统一的管理规则和运行机制，最大限度地减少行政区域的政策差异；二要推进建立独立公正、规范运作的市场中介服务组织，特别是行业性自律组织，协调政府与企业、企业与企业间的关系，依据市场规则约束企业行为，防止和限制不正当竞争；三要推进建立行政执法、行业自律、舆论监督、群众参与相结合的市场综合监管体系，有效打击和抑制破坏公平竞争的各种违法犯罪行为，切实维护好市场经济秩序；四要积极推进社会信用体系建设，协助有关机构以完善信贷、纳税、合同履约等基本信用为重点，建立跨区域的信用服务体系和失信惩戒制度。

2. 以统筹大型项目规划建设为依托，积极推动基础设施的互联互通。一体化的重大基础设施是区域间协调发展和合作互动的基本平台，也是资源优化配置和区域国土优化开发的重要支撑。从目前情况看，一些比邻地区在基础设施建设上各自为战、互不联通配套和重复设置的问题仍然严重存在，诸如道路不对接、桥涵标准不统一、机场港口过于集中、管网不配套等现象在许多地方并不鲜见。推进区域合作要把实行基础设施建设上的合作作为重要内容。在这方面要抓住跨区域的重大项目规划建设的有利机会，加大统筹协调力度，促进各区域内外基础设施的互联互通、共建共享。要以建立一体化的综合交通运输体系、能源保障体系、信息网络体系等为重点，推动航空、港口、铁路干线、高速公路、电力输送、煤炭天然汽油品供应、通信网络、信息交换平台等各类重大基础设施建设的优化布局和衔接配套。充分发挥区域重大基础设施建设的综合效益和协同效应，防止重复建设，避免造成资源浪费与自然封锁。

3. 以促进企业联合协作为重要抓手，推进产业结构调整升级与优化布局。产业结构是经济发展的直接基础与载体，对于区域经济发展来说，良好的产业结构一方面应该凸显各地区比较优势互补互促，另一方面应该适应市场需要不断调整和提升。而企业的联合协作是建立这种良好的产业结构的有效途径。通过企业的联合协作，形成产业专业化分工体系，防止恶性竞争，避免重复建设，优化地区产业布局；通过企业的联合协作，整合资源要素、强化自主创新能力，做强做大先进或现代产业。因此，要把促进企业合作作为推进区域合作的一项重要任务。过去几十年来，在促进企业协作与联合方面已取得了不少成绩，积累了许多重要经验，要认真总结以往的成功做法，推进企业协作与联合迈上新的台阶。要充分发挥经济手段和市场杠杆的作用，促进企业联合建立在经济利益协调一致的基础上；要积极依托各类行业协会或企业联合会，形成促进企业协作与联合的良好的社会组织基础；要致力于消除阻碍企业联合的体制障碍，努力解决企业联合中面临的现实困难；要结合企业改制和重组，发展具有产业创新能力和国际竞争力的大公司、大企业集团。

4. 以加强和改善对口帮扶为重要途径，加快欠发达地区发展步伐。欠发达地区是区域协调发展的"短板"或"瓶颈"，实现欠发达地区的加速发展是缩小区域差距的关键环节，而对口帮扶则是促进欠发达地区加速发展的一个重要途径。区域对口帮扶是区域合作的重要内容，推进区域合作要进一步加强和改善发达地区对欠发达地区的对口帮扶。一是要强化力度，要在发达地区各行政区与欠发达地区建立起稳定的对口帮扶关系，发达地区的相关行政区应把欠发达地区的对口帮扶地区作为政府工作的重要内容，纳入本地区经济社会发展规划统筹考虑，并针对欠发达地区存在的主要困难和问题制订具有可操作性、力度不断加大的帮扶方案。二是要拓宽领域，在继续搞好资金援助、项目援建等的基础上，加大技术、人才、管理、服务等方面的支持和援助力度。三是要丰富形式，在继续通过捐资捐物进行直接援助的同时，有效运用企业协作、园区建设、市场拓展、基础设施改造等形式，增强援助的"造血"功能，放大带动效应，将外生援助转化为内生条件。四是要改善机制，创造条件，逐步将横向的直接援助转变为纵向的政府财政转移支付，将行政推动转化为法律约束与制度供给，把单纯的给予转变为在推动欠发达地区加快发展前提下的优势互补、互利共赢。通过这些努力，增强对口支援的有效性和可持续性。

5. 以协调解决重大社会与自然矛盾为契机，着力构建和谐的区域发展环境。我国已进入改革发展的关键时期，市场化、工业化、城镇化等的加速推进，不仅带来了经济社会的快速发展，同时也带来了一系列新的矛盾与问题。这些矛盾不仅存在于行政区内，也体现在区域发展之间。解决这些矛盾，不仅需要各行政区的自身的努力，而且更需要区域间的密切合作：有的需要通过建立统一开放的市场体系来化解，如消除重复建设，提高产业层次等；有的需要形成统一规范的社会管理制度和协调一致的社会管理来防治，如解决就业歧视、推进城乡统一的劳动力市场和公平竞争的创业就业制度等；有的需要各地方的统一行动和互帮互助来解决，如解决环境污染、建立资源生态补偿机制、促进环境保护和资源的节约、集约利用等。因此，要以合作解决区域间重大社会矛盾和资源环境问题为契机，促进区域社会和谐和科学发展。当前的工作重心应当是：着力解决资源过度消耗、环境严重污染问题，努力转变经济增长方式，加快建设资源节约型、环境友好型社会，促进经济发展与人口、资源、环境相协调；着力消除城乡二元经济社会结构，推进公共服务均等化，促进区域间城乡协调发展；着力解决政策不统一、规制不协调、管理不对接问题，建立健全统一开放的社会管理体制，促进安定团结的和谐区域的形成。

6. 以加强资源与市场合作为重点，不断拓展对外合作的广度与深度。全球经济一体化与我国经济融入世界市场体系是不可逆转的大趋势。我们要积极参与国际经济合作和竞争，推动形成内外联动、互利共赢、安全高效的开放型经济体系，最大限度地获取世界经济发展带来的效益。加强区域合作不仅要着眼于国内，还要着眼于国际，要围绕扩大开放领域、优化开放结构、提高开放质量，来推进国际区域合作，并把合作的重点放在充分利用国际资源和拓展国际市场上。要积极开展国际能源资源互利合作，推动在资源富集地区进行能源资源开发，充分利用国际市场，建立多元、稳定可靠的能源资源供应保障；要积极开展跨国并购，推动和支持我国企业在研发、生产、销售等方面开展国际化经营，加快培育我国的跨国公司和国际知名品牌，在全球扩展产业链，在国际主流市场上扩展份额；要积极开展境外加工贸易，规避贸易壁垒，带动相关产品的出口，要实施自由贸易区战略，加强双边、多边经贸合作，拓展我国资源利用和经济发展空间。在推进国际区域经济合作方面，区域合作系要充分利用好现有基础，积极参与和推进与周边国家和地区的经济合作。要进一步拓展中国—东盟、大湄公河次区域、中亚、东北亚等合作的领域，促进贸易、投资、交通运输的便利化，加大与周边国家在能源、矿产资源开发等领域的合作力度。推动内地与港澳地区多领域的交流和合作，进一步落实内地与香港、澳门更紧密的经贸关系安排，积极加强内地和港澳在基础设施建设、产业发展、资源利用、环境保护等方面的合作，促进内地与港澳地区的共同繁荣、稳定和发展。各地区在参与国际区域合作中应做到发挥优势，争取主动，趋利避害，为我所用，不断把国际区域合作推向新的水平。

区域合作的领域十分宽广，各地要立足于自身实际和经济社会发展的需要，努力拓展区域合作的内容，促进区域合作向纵深发展。

三、切实强化推进区域合作的组织领导和制度保障

适应新形势、新阶段的要求，努力开创我国区域合作新局面，任务十分艰巨。为此，必须进一步加强区域合作的组织领导，建立健全相关的制度保障。

（一）进一步加强区域合作的组织领导

区域合作事关区域协调发展大局，十分重要，但目前的基础总体来说比较薄弱，下一步涉及的内容多，拓展的难度大，要切实做好区域合作工作，首先需要提供强有力的组织领导。

1. 建立健全管理机构。目前，虽然各个地方都设有负责区域合作工作的机构，但存在着行政地位悬殊、工作职能差异大、隶属关系不统一等问题，要积极争取党委和政府的支持，进一步健全组织机构，力量薄弱的要抓紧充实力量，职能不清的要按照促进区域协调发展这个总要求，明确界定职能。与此同时，按照灵便和有效履行职能的原则，理顺隶属关系。各地区域合作机构要加强向党委和政府的请示汇报，争取将推进区域合作工作列入党委、政府的重要议事日程，贯彻到日常工作和各项政策措施中；争取主要领导同志亲自抓区域合作工作，拿出更多的时间指导和推动区域合作。

2. 加强队伍素质建设。区域合作涉及领域宽广，面对的问题错综复杂，要求区域合作工作者有很高的思想政策水平和理论知识素质，各地要围绕创造性地推进新时期的区域合作，采取有力措施，强化干部队伍素质建设。要认真学习党中央、国务院关于贯彻落实科学发展观、促进区域协调发展的战略决策和重要思想，系统掌握关于推进区域协调发

展和区域合作的方针政策。要注重学习哲学、经济学、管理学、社会学等领域的前沿性科学知识，深入掌握有关区域经济、国土空间规划、区域组织体系等方面的思想观点与操作技巧，完善知识结构，夯实理论功底，不断提高认识客观经济规律、处理复杂问题的能力。要加强道德修养和作风建设，坚持实事求是，以求真务实精神推进各项工作；坚持以人为本，把维护人民利益作为一切工作的出发点和落脚点；坚持开拓创新，敢于攻坚克难；坚持廉洁行政，踏踏实实为人做事。通过努力，真正形成一支思想素质好、业务能力强、有开拓进取精神的优秀区域合作干部队伍。

（二）进一步加强区域合作支撑体系建设

推进区域合作不断向宽领域、深层次、多形式方向发展，还需要加强体制、法规、政策等一系列支撑手段的建设。

1. 健全协调运作机制。推进区域合作实质是推进各行政区之间的合作，因此，除了各行政区应建立强有力的区域合作管理机构外，还要形成跨行政区的灵活、有效的协调运作机制。要根据促进区域协调发展客观需要和具体情况，建立国际、区域间、城市间多层次、多形式的区域合作协调组织，建立政府、企业、社会团体等共同参与、相互协作的推进区域合作的立体网络；完善地方政府间定期协商交流机制，广泛运用联席会议制度、专题研究协调小组、联合专家指导委员会等形式，协调解决跨区域的重大问题，推进区域合作的持续发展；充分发挥各类行业协会、商会和群众团体等的作用，逐步形成全社会参与和推动区域合作工作的格局；建立公开透明、及时准确的区域合作信息交流与发布机制，加强对妨碍区域合作行为的监督与防范，健全相关惩戒制度。

2. 深化重大问题研究。适应新形势新任务的需要，区域合作的内涵、外延及工作内容、实现形式等都在发生变化，要使区域合作卓有成效地向前推进，就必须对制约和影响区域合作的一些重大问题做深入、细致和准确的分析研究，因此，深化有关重大问题的研究是做好区域合作的重要理论支撑，应该把这项工作放到区域合作管理工作机构的重要议事日程上，花大气力抓紧抓好。当前，要围绕区域合作面临的新形势、存在的问题、主要任务、推进的方式，结合地方的实际进行深入研究。可以考虑的研究课题有：全球经济一体化与区域合作的重要地位、区域合作在新阶段的主要任务和发展方向、区域合作管理机构与区域合作社会协调机制的关系、区域合作在协调行政区与经济区关系中的作用与途径、推进区域合作中政府与市场的关系、区域协作组织经济性与协调有效性的有机统一、推进区域合作与建立及时准确的信息交流反馈机制、区域合作与国际国内两种资源两个市场的充分利用、区域合作的政策支持与制度支撑，等等。要完善重大问题的研究机制，加强与国家有关部门、科研院所、大专院校的联合与协作，建立课题研究竞争机制，整合资源，优选力量，集思广益，切实保障研究课题的高效率与高质量。

3. 强化规划与法制约束。区域规划是关于未来一个时期某个区域的重要产业、重大项目、重大体制、重要基础设施等的统一布局和整体安排，体现了区域协调发展和一体化推进的要求，因而是推进区域合作的重要依据和支撑。因此，加强区域发展规划工作，有利于把区域合作落在实处，引向深入。要加大跨行政区的经济区域发展规划的编制力度，对那些联系紧密的经济圈、经济带、经济区都要尽可能编制统一的发展规划。保障区域合作广泛而深入地开展，还需要加快推进相关法制建设，主要是保障公平竞争、公正交易，维护市场秩序的法规；保障市场主体和中介组织具有完全的行为能力和责任能力的法规；规范政府行政权力，合理界定政府与市场、企业、中介组织关系的法规等。与此同时，还要加快推进保障区域合作规范发展的法律法规体系建设。这次会议，我们将草拟的《关于进一步推动区域合作的意见》提交给大家讨论、修改、完善报批后将以适当的形式发布，以指导和规范区域合作工作。各地区要从区域协调发展的大局出发，梳理和清除一切不利于推进区域协调发展和区域合作的地方性政策和法规。要加强规划和法律的执行力度，建立统一协调的遵规依法的工作平台。

4. 完善相关支持政策。要着眼于推进东中西互动合作、实现市场一体化、促进企业联合等，完善财政税收政策、金融政策、产业政策、社会保障政策等，形成推进区域协调发展、促进区域合作的政策体系。如进一步完善税收政策，解决区域税收与税源背离的问题；进一步完善金融政策，研究探索设立区域共同发展基金及区域合作专项资金；进一步完善社会保障政策，建立跨区域劳动力流动的社保机制等。

新形势下推进区域合作的任务十分繁重，我们肩负着不可推卸的历史责任。我们要以向人民高度负责的精神，兢兢业业、扎扎实实地做好每一项工作，努力开创我国区域合作的新局面，为推动区域协调发展、建设富强民主文明和谐的社会主义现代化强国做出自己应有的贡献。

区域合作的使命、要求与抓手[*]

过去一年来,全国区域合作系统按照上年工作会议的要求,紧紧围绕促进区域协调发展这条主线,积极进取,开拓创新,区域合作工作取得了新的成就。在过去一年中,世界经济环境发生了深刻的变化。由美国次贷危机引发的国际金融危机不断向深层蔓延,世界市场风云变幻,经济增长明显放缓,区域合作面临着严峻的挑战。这次区域合作工作座谈会就是要认真总结过去一年的工作实践,深入分析国际、国内形势变化对区域合作工作的影响,研究部署推进区域合作的对策与任务。这次会议开得很好,同志们对过去区域合作工作给予了充分的肯定,对进一步做好区域合作工作提出了很好的意见和建议。大家都表示,要适应国内外环境的变化,继续把握区域协调发展这条主线,认真履行职能,努力创新思路,进一步开拓区域合作工作的新局面。明年是我国经济社会发展面临较大困难的一年,促进我国经济平稳较快增长,进一步推动区域协调发展,区域合作承担着重任。下面,我就做好区域合作工作谈两点意见。

一、区域合作面临的新形势和新要求

去年工作会议上,我着重讲了推进区域合作的重要性和紧迫性,今

---

* 本文系作者于 2008 年 11 月 20 日在江西省井冈山市召开的"全国区域合作工作座谈会"上的讲话。原题为《因应时势 紧扣主题 开创区域合作新局面》。

天看来这种重要性和紧迫性仍然是毋庸置疑的。当前国际、国内环境的深刻变化，对推进区域合作提出了更高的要求，使区域合作更加重要、更加紧迫，也更具难度、更具挑战。

（一）区域合作面临新形势

推进区域合作既是市场经济深入发展的必然结果，也是当前复杂多变的经济格局的客观要求。

1. 国际经济全球化和国内市场一体化发展的大趋势，要求加强区域合作。从国际看，当今世界正发生广泛而深刻的变化，经济全球化的深入发展，使各个国家不同程度地融入世界经济的整体运行之中，其经济发展受到了直接制约和深刻的影响，从而也使加强区域合作成为必然。其一，充分利用国际资源、国际市场，努力分享经济全球化带来的利益，要求加强区域合作。经济全球化带来的商品与服务在国际范围内的自由流通、生产要素在国际范围内的优化配置，给各个国家和地区充分利用资源要素发展自身带来了有利的条件，主动融入其中，就可以有效利用这些条件，充分获取发展利益。因此，一方面，合作取决于关系，我们要充分发挥比较优势，积极参与国际合作，通过合作增进交往和联系，从而优化国际环境，尽可能地利用更多的国际资源和要素；另一方面，合作取决于实力，我们要积极加强国内合作，通过合作形成合力，从而形成高水平的产品出口供给能力和强有力的国外市场拓展能力，尽可能多地占领国际市场。在经济全球化、市场一体化的环境下，为了获取更多利益的需要，各国都会采取一定的措施来保护自己，尤其是在全球经济低迷的情况下，贸易保护主义会进一步加剧。我们只有加强区域合作，才能防止恶性竞争，才能实现各个击破，才能做到逆势而上，从而有效应对贸易保护主义，克服外部因素带来的不利影响和制约。其二，抵御外部力量对我国市场和利益的争夺侵占，控制世界经济风险影响，维护国家经济安全，要求加强区域合作。经济全球化、市场一体化是一把"双刃剑"，既给我们带来机遇，也同时给我们带来了挑战。融入国际市场意味着我们同时开放了自己的市场，参与国际经济活动也同时意味着我们将自己的全部经济活动也纳入国际规则的约束之下。利用经济全球化、市场一体化的机遇，其他国家和地区也会千方百计地抢占庞大的中国市场，尽可能多地利用中国的资源，尤其是发达国家，在抢占中国市场和利用中国资源方面有许多有利条件和经济优势，为达到目的，这些国家和地区会充分利用国际规则和市场手段。在这样的环境下，我们一方面应当科学、灵活地运用国际规则，同时要把体现中国国情和遵守国际规则有机结合起来，迅速打造一套有利于提升国际竞争力和防范国际风险、维护国家经济安全的管理体制和运行机制；另一方面必须加强国际、国内合作，通过国际合作，促进行为规范和利益共享；通过国内合作，实现行动协调和整体竞争力的提升，避免被动挨打。

从国内看，当代中国正在发生广泛而深刻的变革，工业化、信息化、城镇化、市场化的深入发展和推进科学发展、构建和谐社会，要求加强区域合作。其一，加强区域合作，有利于在更大的范围内配置资源。只有加强区域合作，才能突破行政区域界限，促进资源要素在更大范围内的自由流动和合理配置，从而不仅最大限度地提高各行政区资源要素的利用效率，而且能够有效克服各行政区资源要素的相对短缺，跨地区利用市场和资源，促进各行政区经济社会加快发展。其二，加强区域合作，有利于防止地区封锁、市场分割和恶性竞争。长期以来，行政体制把我国国土分割成相互独立的行政区，明晰的行政隶属关系和对自身经济社会发展指标的追求，导致行政区的自我封闭和垄断，造成地区封锁、市场分割和恶性竞争的问题十分突出，严重制约了行政区市场空间的拓展和产业结构的优化。加强区域合作，推进市场一体化，可以形成合理的分工体系，培育各具特色的主导产业，提高资源的利用效率，防止低水平重复建设和恶性竞争；可以协商制定统一的行为规则和法律制度，防止地区封锁和市场分割。其三，加强区域合作，有利于促进区域协调发展。通过区域合作，能够实现东中西各区域间互通有无，实现优势互补、资源共享。通过区域合作，有利于促进东部地区向中西部地区的产业转移，提升东部地区的产业层次和整体竞争力，加强发达地区对欠发达地区的援助和扶持，从而促进欠发达地区加快发展，进而促进全国的区域协调发展。

2. 应对当前的经济金融危机，要求加强区域合作。今年以来，由美国次贷危机引发的国际金融危机不断扩展蔓延，带来了全球经济的快速下滑。国际经济金融形势恶化通过金融、贸易等多种传导机制影响我国，尤其是对我国经济增长、就业、企业效益、财政收入和金融安全等方面负面影响不断加深，使我国经济社会发展面临的矛盾和问题更加突出。应对当前经济金融危机，要求我们更加重视加强区域合作。其一，只有加强区域合作，才能形成合力和竞争力。经济金融危机给我国不同的地区都带来了不同程度的冲击，使单个地区竞争力都有所减弱，在这种情况下，只有同心协力，和衷共济，相互支持，才能应对强大危机的冲击，才能避免惨遭各个击破，才能提高各地区整体抗风险的能力，真正形成国际竞争力。其二，只有加强区域合作，才能有效克服薄弱环节。任何地区所拥有的资源要素条件都是有限的，有各自的优势，也有各自的薄弱环节。在经济金融危机面前，这些薄弱环节往往会充分体现出来，并且成为被冲击的重点。只有通过区域合作，才能做到拾遗补缺，从而发挥长处，克服短处，变缺口为突破口，变劣势为优势。其三，只有加强区域合作，才能真正发挥地区优势，从而实现比较利益。在危机面前如果各寻出路，不仅会自成一体，面面俱到，搞重复建设，而且会导致相互挤压，恶性竞争，这样各地的比较优势就难以有效发挥，也难以依此实现比较利益。克服这一问题的正确办法就是加强区域合作。受国际经济金融危机的影响，我国东部沿海地区面临着加快调整经济结构的迫切要求，而中西部地区则面临着劳动力回流、就业机会减少、资源原材料市场萎缩等压力。但同时也存在着相互衔接、推进产业转移、通过空间调整扩大内需拓展市场空间等机遇。加强合作，就能够抓住这个机遇，提升东部的产业结构，延伸中西部的产业链条，并相互借助拓展自己的市场和发展空间，从而充分发挥各自的优势，实现互利共赢。

(二) 区域合作面临的新要求

适应国际经济全球化和国内市场一体化发展的大势，有效应对当前的经济金融危机，推进区域合作，要求进一步把握以下一些关键环节。

1. 要牢牢把握区域协调发展这条主线。促进区域协调发展，是实现我国经济社会全面协调可持续发展、构建惠及所有人口的高水平小康社会和社会主义和谐社会的必然要求，是推进社会主义现代化建设的重大任务，因而是整个地区经济工作的主线。区域合作必须牢牢把握区域协调发展这条主线，积极地、创造性地开展工作。只有紧扣这条主线，区域合作才能有目标；只有紧扣这条主线，区域合作才能切实取得成效；只有紧扣这条主线，区域合作才能不断丰富形式、拓展内容，具有可持续性；只有紧扣这条主线，区域合作才能有坚实的基础，从而能够通过一体化发展、凸显地区特色分工而实现利益共享，达到互利共赢。

围绕促进区域协调发展这条主线，区域合作必须把缩小地区发展差距作为基本工作目标，致力于加强和改善对口支援和帮扶，推动欠发达地区加快发展，逐步实现共同富裕；致力于促进区域分工，推进地区比较优势的保护与发挥，避免产业同构和市场同型，防止恶性竞争和无序发展；致力于推进区域联合，促进资源要素和市场的交换、互补，促进产业的转移与承接，共同打造若干联系紧密、带动力强的经济圈和经济带；致力于促进国家扶持机制健全完善，推动形成科学合理的区域政策，努力实现基本公共服务均等化；致力于改善发展环境与方式，协调解决重大社会与自然矛盾，一体推进资源节约型和环境友好型社会建设，积极培育地区经济社会全面协调可持续发展的基础。

2. 要紧紧扣住推进市场一体化这个核心。市场一体化是市场经济发展的必然要求，也是促进区域协调发展的基础。只有市场一体化，才能实现资源要素跨行政区流动，从而在更大的范围内实现优化配置，才能形成市场的合理分工，促进各地区比较优势的充分发挥，才能最大限度地动员和利用先进技术、战略资源和其他有利因素，促进产业结构的优化升级，提高经济发展的速度和效益。因此，要积极推进市场一体化，把推进市场一体化作为区域合作工作的着力点和核心。

围绕推进市场一体化，区域合作要致力于打破各种形式的垄断和封锁，积极开展相关工作：一是积极协调破除不利于市场一体化的行政规章、管理措施和调节手段，协商建立符合市场经济要求、有利于区域联动的法律法规制度、管理体制和运行机制，推动商品、资源要素跨地区交换和流动。二是推动形成完善的市场服务体系，特别是推动形成独立公正、规范运作的行业性自律组织体系，协调政府、企业、市场间的相互关系，防止和限制不正当竞争，打击和抑制破坏公平竞争的各种行为，推动建立良好的市场秩序。三是推动建立良好的协商沟通和应急处置机制，加强信息交流，及时了解、积极研究和有效解决推进市场一体化进程中所出现的突出矛盾和突发事件，推动形成良好的促进市场一体化的经济环境和社会氛围。

3. 要着眼于提升区域整体竞争力这一基点。区域整体竞争力的强弱，影响着一个地区吸引、拥有、控制和转化资源以及占领和拓展市场的能力，决定着一个地区生存和发展的质量、水平和潜力。竞争力就是效益，就是先机，就是可持续发展。因此，在一定意义上说，竞争力是促进区域协调发展的前提和基石，区域合作应当把致力于提升区域的整体竞争力作为促进区域协调发展的重要任务来抓。

通过合作提升区域整体竞争力，除了要打破各种形式的障碍、加强协商沟通形成合力外，关键是抓好三个方面：一是推进产业的整体布局和优化升级。通过协调和规划，形成跨地区的产业总体安排，通过调整、转移形成合理的区域分工，通过推进自主创新提升产业结构的层次，最终形成特色明显的产业、富有活力的产业集群和高端高效的产业结构，切实提高产业的竞争力。二是促进城乡、区域、人与自然协调发展。促进公共资源在城乡之间均衡配置、生产要素在城乡之间自由流动，坚持工业反哺农业、城市支持农村，促进大中小城市和小城镇发展，形成城镇化和新农村建设互促共进机制；支持扶助欠发达地区加快发展，推动形成跨地区的新的增长极，促进条件较好地区发挥带动、示范和引领作用；推动形成和完善有利于节约能源资源和生态环境的法律政策与体制机制，促进经济发展与资源节约、环境保护的有机结合，增强地区可持续发展能力。三是推动建立科学发展的体制机制。区域的活力和竞争力从根本上说来自体制的活力和竞争力，要积极促进行政管理体制、财政税收体制、企业体制等的改革和自主创新体制、资源节约体制等的建立，推动形成与国际通行做法相衔接、有利于充分发挥市场活力和企业能力的法制环境。

4. 要合理运用好行政与市场两种力量。行政力量具有强制性、主动性、快捷性和可控性等特点，而市场力量具有灵敏性、自然性、能动性和可持续性等特点。合理运用好行政与市场两种力量，有利于加快推进区域合作，也有利于不断提升区域合作的质量与水平。从我国当前基本国情出发，需要实行这两种力量的结合。我国正处于从不发达阶段向发达阶段转变的关键时期，必须尽可能地加快这种转变进程；由自然地理和历史发展形成的我国地区间差距悬殊，市场系统中没有必然的贫困地区支持援助机制；经济发展主要以行政板块为单元，行政推动成为经济发展的必然力量；我国实行社会主义制度，要求通过政府的力量进行整体谋划和统筹协调，等等，使行政力量推动成为必然，也成为必要。全球经济一体化深入推进，我国实行社会主义市场经济，实现资源要素在更大范围内的优化配置，发挥各行政区的比较优势，有效阻止行政力量造成的地区封锁和市场分割，等等，又使市场力量推动成为必然，也成为必要。

行政力量和市场力量都有自身的缺陷，因此，运用这两种力量要在"合理"上下功夫。要借助行政力量引导区域合作的方向、建立必要的区域合作协调机制、迅速解决区域合作中出现的重大争端、积极推动基础设施和社会管理等一体化建设。当然，行政力量的运用要充分尊重市场规律，有效发挥市场的积极作用。要借助市场力量，不断拓展区域合作的内容，创新区域合作的方式，以经济利益为基础、互利共赢为目标，促进产业转移与合作、资源要素流动与交换、企业联合重组与专业化分工、市场发展与一体化建设等。

5. 要与时俱进不断拓展领域和丰富形式。对于区域合作来说，领域体现着深度，形式决定着效率。目前，我国区域合作的领域总体说还不够宽泛，招商引资仍然是主要工作内容，区域合作的形式也不够丰富，具有联谊性质的各类会议仍然占据主要位置，远不适应国内外形势发展的需要，也不符合促进区域协调发展的要求。因此，要紧紧扣住经济全球化、市场一体化及当前国内外形势发展的要求，特别是应对当前经济金融危机，确保国民经济平稳较快增长的需要，不断拓展区域合作的领域，丰富推进区域合作的手段与方式。

与时俱进推进区域合作，在领域上要着力拓展关键方面，其重点是以打破各种形式的垄断和封锁为突破口，推进区域市场一体化；以统筹大型项目规划建设为依托，推进基础设施的互联互通；以建立健全区域协调发展和合作互动的法律法规为重点，推进管理体制合理对接；以促进企业联合协作为重要抓手，推进产业结构调整和优化布局；以加强和改善对口帮扶为重要途径，加快欠发达地区发展步伐；以协调解决重大社会与自然矛盾为契机，着力构建和谐的区域发展环境；以加强资源与市场合作为重点，促进国际区域合作，等等。与时俱进推进区域合作，在合作形式上要立足于务实，不断创新。合作形式应根据需要而发展变化和丰富多彩，但关键是应该以法律法规为基础、以规范的制度为保障。

二、下一步要着力抓好的几项重要工作

面对复杂多变的国际、国内环境，面对促进区域协调发展和保持经济平稳较快增长的繁重任务，全国区域合作系统要周密部署，科学运筹，全面做好推进区域合作的各项工作。当前要着力做好三个方面的工作：

（一）着力推动形成空间尺度适宜的区域政策

促进区域协调发展不仅需要有基于国家整体考虑的统一的政策措施，更要有基于不同区域具体实际和客观需要考虑的政策措施，即区域

政策。没有区域政策，就难以体现区域功能分工、发挥区域的比较优势；没有区域政策，就无法有针对性地解决区域发展中存在的突出矛盾和问题；没有区域政策，就难以真正调动地方自我发展、自我创造的积极性和能动性。总之，没有与整体政策相协调的区域政策，就难以真正缩小地区差别，促进区域协调发展。不仅如此，"一刀切"的政策还会造成全国经济的大起大落，从而难以实现可持续发展。

新中国成立以来，根据不同时期的工作重点和不同区域的一般状况，党和国家出台了一系列关于区域发展的战略和措施。大体说分为三个阶段：一是新中国成立初期到改革开放以前，我们以行政手段为主推出了一系列促进工业布局由沿海向内地转移的政策措施。这些政策措施加快了内地工业化的进程，使历史遗留下来的工业布局极不平衡的格局得到了明显改观。但由于把注意力主要放到了发展内地工业上，具有优势的沿海老工业基地的作用未能得到有效发挥，国家投资的整体效益没有充分体现。二是改革开放初期到20世纪90年代中后期，我们通过设立经济特区、开放沿海城市等一系列政策措施，推动沿海地区先走一步、率先发展，进而带动内地发展。这些政策措施大大加快了我国经济发展的速度，助力我国经济实力和综合国力迅速上升，但中西部地区与东部沿海地区发展速度差距逐步扩大。三是从20世纪90年代中后期到目前，我们着眼于缩小地区差距，促进区域协调发展，先后提出了推进西部大开发、振兴东北地区等老工业基地、促进中部地区崛起等发展战略，并采取了一系列政策措施，使我国经济在继续保持高速发展态势的同时，各地区经济发展速度的差距开始缩小。新中国成立以来，实施区域发展战略的历程表明，区域政策不仅对缩小地区差别、增强区域发展的协调性具有直接的意义，对推进整个国家经济社会全面、协调、可持续发展也具有十分重要的作用。

我国幅员辽阔，且地理环境、经济基础等千差万别，对全国用一个政策或在较大疆域内用一个政策，都会造成经济的同构，从而扼杀地区发展的活力和资源要素配置的潜力，不利于整个经济社会发展。这些年国家基于东、中、西和东北四大区域的特点，提出了区域发展总体战略，近两年又提出了推进形成主体功能区的思路，不断缩小了区域政策指导的地理空间，大大增强了区域政策的针对性和可操作性，但目前区域政策的实施空间仍然较大，需要进一步细化地理空间尺度。区域合作部门的一项重要任务就是要积极推动形成空间尺度适宜的区域政策体系的健全和完善。为此，一要认真学习、深刻领会中央关于促进区域协调发展、优化国土开发格局的一系列方针政策，准确把握精神实质，深入研究和分析包括推进区域合作在内的促进区域协调发展面临的重大矛盾与问题，积极提出解决地区差别的思路和建议，为国家制定空间尺度适宜的区域政策做好参谋和助手。二要积极推动废止和消除基于本位利益、旨在实施地区封锁、市场分割，不利于区域协调发展和合作互动的政策法规和做法，积极推动各相关行政区立足于区域整体谋划、一体化运作、协调发展形成统一的制度规定和政策措施。

（二）着力推进区域间产业转移与承接

在经济全球化、市场一体化大势下，产业调整、升级和转移已成为经济发展和运行的主要内容。受当前世界经济金融危机的影响，我国东部沿海地区面临着加快产业转型升级、发展方式转变调整、提升国际竞争力的迫切要求，而广大中西部地区则面临着扩大劳动力就业、提高资源开发利用效率、拓展产业体系、加快经济社会发展的繁重任务。国际、国内环境决定了当前是实行产业调整、推进产业转移与承接的大好时机。因此，区域合作系统要切实把握机遇，把大力推进区域间产业转移与承接作为推进区域合作的重要内容。

推进区域间产业转移与承接，区域合作系统从自身职能出发，要致力开展如下几个方面的工作：一是协调制订产业转移与承接的规划或操作方案，明确产业转移与承接的重点领域、适宜地区和操作路径，确保产业转移与承接有序、高效并形成共赢。同时，在产业转移与承接过程中，共同推进资源节约型、环境友好型社会建设，严格禁止污染严重的产业和企业借机发展蔓延。二是通过加强合作互动，在推动产业转移与承接中进一步促进区域分工、凸显地区比较优势。充分考虑区域间发展基础、生产条件、需求层次和比较利益的要求，合理进行产业布局，防止低水平重复建设。三是推动形成务实、有效的产业转移与承接机制和途径。协调建立跨区域产业转移与承接的强有力的领导组织机构和操作机制，建立政府、企业、社会团体等共同参与、积极推进产业转移与承接的立体网络；加强产业转移地区和产业承接地区的有效衔接，在条件具备的地区探索设立产业转移与承接示范区；充分发挥经济手段和市场机制的重要作用，积极推行资源换产业、市场换产业和企业联合重组转移承接产业等多种有效形式。与此同时，要加强产业转移与承接地区间的后续衔接与协调指导，及时解决存在的突出矛盾和问题。

（三）着力形成强有力的区域合作组织保障与制度支撑

区域合作在新形势下任务繁重，但目前看来，推进区域合作的组织保障与制度支撑还不够坚实、有力。从组织方面看，政府部门推动区域合作的管理机构行政地位悬殊，隶属关系不统一，工作职能差异很大；非政府部门性质的区域合作组织发育不充分，联动性不强，合作协调缺乏必要的手段；不少以政府为支撑的区域协调机构工作领域相对窄小，受约束程度较高，工作主动性、能动性不强。从制度方面看，行政体制、财政体制及企业体制等还不够完善，区域合作缺乏良好的体制基础；促进区域合作的法律法规严重缺乏，区域合作的法制环境很不健全。因此，加强区域合作必须进一步加强组织体系与支撑体系建设。

要围绕增强能力、提高效率，推进区域合作组织机构建设。要积极争取党委和政府的支持，进一步建立健全政府部门区域合作管理机构，隶属关系不一的要尽可能创造条件调整统一，力量薄弱的要抓紧充实力量，职能不清的要按照促进区域协调发展这个总要求明确职能。与此同时，赋予必要的权力和手段，充分发挥政府性质区域合作协调机构的能动性，使其在推进市场一体化、产业转移承接等关键方面发挥积极作用。要大力推动非政府性质的区域合作组织的建设，健全组织体系，丰富合作形式，充分保障其正当权益，要利用非政府性质区域合作组织工作灵活性强、协调柔性高、回旋空间大等特点，推动其参与解决区域合作中间的重大问题，努力形成全社会推动区域合作的工作格局。要进一步加强合作队伍建设，把那些政治素质好、业务能力强、进取精神足的优秀人才吸收到区域合作干部队伍中来。

要着眼于理顺关系、鼓励创新，建立健全推动区域合作的体制基础与法制环境。随着社会主义市场经济体制的不断完善，特别是体现科学发展观和正确政绩观要求的干部选拔与实绩考核评价制度、公共财政制度、规范的公示制度等的建立，区域合作的体制环境将大为改善。区域合作系统在协同各方推动这些体制改革的同时，要着力打破行政垄断和地区封锁，推进区域和全国统一开放市场的健全和完善。此外，还要努力建立健全科学的区域合作成效的评估机制和鼓励推动区域合作的激励机制。要着力解决区域合作法制基础薄弱问题，抓紧制定相关法律法规，促进相关政策和法律法规进一步完善。一方面，要进一步制定和完善规范政府、市场、企业、中介组织相互关系，保障市场主体具有完全的行为能力和责任能力，保障公平竞争、公正交易等规范市场秩序，建立区域合作良好基础的法律法规。另一方面，要加快推进保障区域合作能动性展开和规范发展的法律法规建设。

区域合作能否有效推进，既取决于外部环境，更取决于我们自身的努力。区域合作系统要发扬成绩，总结经验，进一步解放思想，廓清思路，进一步创新方式，完善机制，进一步增强积极性、主动性和创造性。座谈会上，大家提出的意见和建议，我们将认真总结梳理，积极研究吸收。国家发展改革委地区经济司将进一步加大推进区域合作的工作力度，积极推动提升区域合作工作在国家国民经济和社会发展战略规划中的地位；将选择适当的时候就区域合作问题分片区或在全国范围内开展专题调研；将抽出更多的精力参与和指导区域合作机构和协作组织开展有关活动；将进一步增加研究区域合作问题相关会议的频次，同时根据实际需要择机将全国区域合作系统座谈会提升为工作会议，等等。基本的工作思路是，因应国内外发展的形势，紧扣促进区域协调发展这条主线,提升工作质量,不断拓展工作领域。

推进区域合作,促进区域协调发展,使命光荣,任务艰巨。我们要以向国家和社会高度负责的精神,主动适应新形势,积极迎接新挑战,大胆实践,扎实工作,不断开创我国区域合作的崭新局面。

着力化解区域合作工作面临的难题*

去年国家发展改革委召开的全国发展改革系统地区经济工作会议暨区域合作座谈会上，我们曾经做过这样的表态：第一个表态是，我们将进一步加大推进区域合作的工作力度，积极提升区域合作工作在国家国民经济和社会发展战略规划中的地位。第二个表态是，我们将选择适当的时候就区域合作问题分片区，或者在全国范围内开展专题调研。第三个表态是，我们要抽出更多的精力参与和指导区域合作机构和协作组织开展的各项活动。第四个表态是，我们将进一步增加研究区域合作问题的相关问题的评审，同时根据实际需要，择机将全国区域协作座谈会提升为工作会。我重申我们去年这个会议上提出的一些工作要求，一方面是想说明，我们这次会议实际上就是按照这个要求来召开的，是我们履行这些承诺应该做的工作的一个重要组成部分。另一方面，也是想给大家说明，我们区域合作工作要不断地加强，不断地提升，也想通过这样的会议，来跟大家一块儿讨论怎么进一步加强区域合作工作，提高区域合作的效果，把我们的工作推向一个新的层面。

这次西部片会是此次区域合作调研片会的第三片，也是规模最大的一片。这次会议上我们要研究一些问题，但实际上也是为以下两件事情做准备：第一个是，过一段时间国家发展改革委将召开全国发展改革系统地区经济工作会议，其中有一个重点仍然是研究推进区域合作方面的工作，包括今天这次会议在内的这三个片会和相关调研，实际上是为将

---

* 本文系作者于 2009 年 8 月 18 日在云南省昆明市召开的"区域合作西部调研片会"上的讲话。

要召开的地区经济工作会议做准备。第二个是，国家决定启动"十二五"规划编制工作，在"十二五"规划过程中，区域合作的内容究竟在哪些方面要得到体现，怎么在这个规划中提升区域合作的地位，至关重要。所以，这次会议也是为编制好这个新的五年规划中关于加强和推进区域合作的相关内容做准备。

因此，这次会议非常重要，意义重大。这次会议的会期不长，只有一天时间；会议形式也比较自由，不像工作会议那样非常严肃和规范。我们想通过这种比较自由的形式，能够使大家畅所欲言。这里说的自由，一方面，我们不会在会上发表长篇大论，今天我也只是简要地讲一些看法，抛砖引玉，供大家讨论时参考。今天主要是听大家讲。另一方面，虽然会议要求大家提供了会议交流材料，但是我们希望大家有什么说什么，准备一个讲话提纲把自己心里的想法通过提纲说出来就行，不一定从头到尾照本宣科。说错了不要紧，说得逻辑差一点也没关系，往往这个时候才能推陈出新。

我刚才已经提到了这次会议主要是听大家讲，作为开场白我先简要跟大家谈三个方面的意见。

一、去年以来区域合作工作出现许多新变化

去年11月份，我们在全国发展改革系统地区工作会议上对区域合作工作做了部署，提出了要适应促进区域协调发展和应对国际金融危机的要求，积极、主动、创造性地来开展区域合作的工作。应该说，近一年来区域合作工作卓有成效，出现了一些新的变化。概括地讲，有以下两个方面。

（一）各地区进一步加大推进区域合作的工作力度

去年下半年以来，区域合作工作一个重要的特点就是围绕应对国际金融危机、落实国家关于保持国民经济持续快速发展的一系列政策措施

来展开的，工作力度明显加大，取得了一系列的成效。无论是从形式上还是内容上看，这一点都是十分明显的。

1. 从形式上看，可以用"有声有色"来概括。一是区域互动相当活跃。去年11月份以来，区域合作组织开展了各种形式的区域合作活动，区域间互动非常频繁，相当活跃；同时，各地又相继成立了很多区域合作组织。这期间，跨省区、省内部分市之间以及民间的合作协会组织，都开展了大量的工作。从我们所掌握的情况看，去年以来长三角、珠三角、京津冀，还有中原城市群、淮海经济区、福建闽西南、粤东、赣东南等区域合作会议都开了很多，这些活动的组织频次应该是超历史的。只要是跨区域的活动，很多地方都邀请我们派人参加，说实话我们工作的面比较广，所以有时候要做到这一点还真不容易，但是我们每次都尽量派人参加。我们出席会议的形式也不尽相同，有时候有实质性的工作，有时候也就是出席参与一下，但即便只是露个面，大家也觉得是一种鼓励和支持。总之，从形式上看区域合作活动相当活跃。二是建立健全规范性的合作机制。去年以来，各地成立了一批区域合作组织，合作组织间签订了大量的合作协议。合作各方还就合作内容、合作重点、合作规则、合作形式等制定了一些规范性的原则。比如说，合作会议是定期召开还是不定期，每次合作会议要形成什么文件，要签订什么样的协议，等等，都有规范性的做法。总的来看，在合作活动频次增多的同时，合作组织活动的规范性也大大提高。三是出台了许多指导区域合作的政策性文件。这既是从形式上看，当然也与内容有一定关系。比如说，近期浙江省委、省政府出台了《关于进一步推进对内开放合作的若干意见》，有针对性地提出了一整套政策措施。其他地方也以不同形式推出了相关的政策举措，来支持和推动区域合作工作。有的还提出了一些新的构想，进一步丰富了区域合作的形式和内容。近期，重庆、陕西、四川提出了"西三角"的概念，三个地方的同志已经开展了相关合作活动。但是这件事情恐怕还需要再做一些深入研究，至少要做足理论上的准备。这个概念如果要上升到国家战略，得到社会公认，还需要有一个过程。它不仅取决于我们自己的意愿和设想，还取决于区域间经济的联系紧密程度，还要考虑各省之间的经济发展平衡性等。尽管如此，通过这么一个构想，这三个省市之间的合作就拥有了一个新的平台，为丰富相互之间的合作内容提供了一个"由头"。所以，从形式上看用"有声有色"来概括也不为过。

  2. 从内容上看，去年以来，各地工作呈现了明显变化，主要围绕以下三个方面展开。一是积极推进区域一体化。区域一体化有的是围绕实施国家和省里出台的相关规划和文件来进行的；有的是根据促进区域协调发展，推进经济又好又快发展的需要来进行的；也有的就是着眼于区域合作组织的一项重要任务，按照市场规则来进行的。总的来看，去年各地围绕推进区域一体化的工作力度在加大，效果也非常明显。比如长三角合作的层次不断加深，最主要的就是以基础设施一体化、市场一体化、要素流动一体化为基础来推动全面的合作，来推动全面一体化。《珠江三角洲地区改革发展规划纲要》出台以后，广东省委、省政府的主要领导深入珠三角9个市逐个地推进一体化建设。按照珠江口东岸和西岸不同的城市的定位来推进相互之间各个方面一体化建设，有的提出"八同"，有的提出"十同"，有的提出"十二同"。还有跨中部和西部地区的，像晋陕渝黄河金三角区域协调发展试验区，这个区域涉及运城、三门峡、渭南、临汾四个地市。目前有关方面正在加紧研究，相关的省市给国务院打了报告，国务院领导同志也做了批示，但是严格说这个地方还没有上升到国家战略，国家还没有出台相关的文件。但是，这四个市齐心协力推动一体化工作做得非常好。这就说明，相对欠发达地区也可以推进一体化建设，欠发达不影响这些地区实质性地推动区域一体化。还有的像郑汴一体化、北部湾和泛北部湾也在积极开展区域合作，加速推进一体化。每个省基本上都可以举出一些这样的例子。可以看出，去年区域合作工作的一个明显特征就是区域一体化的步伐大大加快，各地围绕区域一体化做了大量的工作，推进区域一体化已经成为我们工作的一条主线。二是大力推进跨区域的产业转移与承接。这是我们去年全国区域合作座谈会上提到的重点工作，就是要适应形势发展的需要，通过促进产业转移和承接，最后达到提升产业层次，优化经济结构，增强区域竞争力的目的。在近一年的工作中，各地区域合作机构把推动产业转移承接作为一个重要点，取得了积极的成效，尤其是中西部地区，不仅协调制定了产业转移与承接的方案，明确了产业转移与承接的重要领域和相关操作的路径，而且积极地推动在产业转移承接中怎么样进一步促进区域分工，凸显地区比较优势。目前，国家正在安徽省推进第一个国家级的产业转移示范区，但是我们的工作不仅仅限于安徽省，各地区围绕这个都做了大量的工作。在应对国际金融危机的过程中，一方面，要配合本地区调整产业结构，转变经济发展方式，把相关产业转到中西部地区；同时通过这种承接转移加强自主创新能力，也提高自身产业结构，优化经济结构。三是对口支援工作又上新台阶。这项工作有一些特殊的原因和特殊的契机。但是，在这个过程中，各地区也做出了许多创新，所以工作做得很到位。首先是特殊情况带来特殊契机，去年比较明显的就是四川汶川地震。汶川地震把全国人民凝聚到一起，把全国区域合作机构凝聚到一块，也把我们的工作推向了一个纵深。一年多来，各地区域合作组织在支援地震灾后重建中做了大量的工作。从 2008 年起，中东部地区对口支援汶川地震的 18 个受灾县，工作力度相当大。有些区域合作机构的负责同志，直接到地震灾区做现场指挥，开展了大量的工作。与此同时，我们对其他地方的支援力度也在加大，包括对口支援新疆、对口支援西藏，东西之间的扶贫协作，等等。总之，对口支援工作有了一个明显的变化，得到了一个显著的提升。

（二）有关部门进一步加强对区域合作的指导

1. 有关部门通过制定出台相关政策性文件加强对区域合作工作指导。比如说，国家发展改革委、西部开发办、财政部等六部委联合出台《关于加强东西互动深入推进西部大开发的意见》，在推进区域合作方面加大了力度；特别是近两年国家出台了一系列的区域规划和文件，在这些规划和文件中都强调了要进一步推进区域合作。实际上，这些文件和规划就是建立在区域合作的基础上的。如果没有区域合作，这些文件和规划都是不完整的。同时，中部地区正在开展制定承接产业转移文件的工作，西部地区关于促进产业承接转移的文件正在征求有关部门意见，这些都是通过展开某一个方面主题来加强区域合作的。

2. 区域合作系统互动进一步增强。近年来，国家发展改革委地区司加大了对区域合作工作的重视程度和指导力度，区域合作系统的一体性也得到了强化。比如，去年地区工作会议以来，区域合作组织同国家发展改革委特别是地区司之间的联系大大加强。近一年来，我们接待了区域合作部门商谈工作达几十次，各地合作办主任、招商局局长和发展改革委主管合作的负责同志都跟我们加强了联系，有的地区还通过给我们寄送合作报告、合作进展情况信息等其他形式加强相互之间的联系。再比如，各地邀请我司参加的地方性区域合作会议明显增多，其中有规模比较大的、层次比较高的中部论坛、西部论坛等，还有其他层次各异的各类活动，前面已经谈到，我们尽量派人参加或者出席相关活动。据初步统计，仅今年上半年我司共参加了 30 多次的地方区域合作会议和活动。

二、当前推进区域合作工作面临的难点问题

市场经济的深入发展、经济活动的日益复杂化和当前国际、国内环境的深刻变化，对推进区域合作提出了更高的要求，使区域合作更加重要、更加紧迫，也更具难度、更具挑战。今天，我着重谈谈当前推进区域合作面临的三个"两难"问题。这些问题都是摆在未来区域合作道路面前要解决又不容易解决好的问题，不仅需要我们下力气，也需要我们用智慧。

第一个"两难"是，在组织机构不统一的前提下，怎么实现职能和任务相统一的问题。组织机构问题是每次区域合作会议都要提到的问题。今天来参加会议的代表就都不是来自一个系统，既有发改委的，也有合作办的。这几次全国区域合作座谈会上，我们都请同志们推动地方政府把这个事情理顺，但从实际操作角度来看是很难的。这轮机构改革

恐怕又有这个问题。据了解个别省区还撤销了合作办。因此，区域合作机构名称不同、级别各异，隶属关系不一样的状况将在一段时间内长期存在。在这样的客观现实条件下，要解决职能和任务相统一问题，必须把握促进区域协调发展这一主题。各类区域合作组织不能因为隶属不同部门而打上浓重的部门色彩，甚至抛掉区域合作的主题；各类区域合作组织包括商务部门不能只搞招商引资，而必须融入国民经济和社会发展这个主线，围绕促进区域协调发展这个主题做文章。这个"两难"的问题是我们要认真研究的问题，要怎么去解决，希望大家认真讨论。我们的意见是明确的，那就是不管你隶属于什么单位，你的职能都要统一到促进区域协调发展、促进经济社会又好又快的发展这个主题上来，围绕这个主题来开展相关工作。

第二个"两难"是，在受政府行为左右的背景下，怎么按照市场规律办事和运作的问题。各地的区域合作机构绝大部分都是政府机构。作为政府机构其行为必然受政府的左右。但是受政府左右的合作机构怎么样按照市场规律办事和运作，区域合作能不能搞深入，区域合作组织能不能有所建树，很大程度上就是要顺应经济全球化、区域一体化的要求，要按照市场规律来创造性地展开我们的工作。如果完全按照政府模式去运作，叫你干什么就干什么，或者是就搞一点表面工作，那么区域合作组织所起的作用将十分有限。所以，区域合作组织怎么按照市场规律办事和运作，是我们面临的一个问题。我们认为，作为政府机构，区域合作机构要按照政府职能来发挥指导和引导作用，但是一旦实质性进入合作工作，就要按照市场规律和要求来开展工作。一方面，政府组织要借助行政力量，引导区域合作的方向，建立必要的区域合作协调机制，迅速解决区域合作中出现的重大问题，积极推动基础设施和社会管理一体化建设；同时，要借助市场力量来不断拓展区域合作的内容，创新区域合作的方式，以经济利益为基础，按照互惠互利的要求，促进资源要素加快流动和交换，全方位实现一体化发展。

第三个"两难"是，在合作内容十分宽泛的基础上，怎么能够紧扣中心和突出重点的问题。区域合作工作内容十分宽泛，且会与时俱进向前拓展。在如此纷繁复杂的各项工作中,怎么去突出重点和抓好关键环节,对区域协调发展乃至国民经济社会大局起到推动和支撑作用,需要给予认真研究。在这个过程中,我们强调要抓好七个方面的重点工作:一是要以打破各种形式的垄断为突破口,推进区域市场一体化;二是要以统筹大型项目规划建设为依托,推进基础设施的互联互通;三是要以建立健全区域协调发展和合作互动的法律法规为重点,推进管理体制的合理对接;四是要以促进企业联系协作为重要抓手,推进产业结构调整和优化布局;五是要以加强和改善对口帮扶为重要的路径,加快欠发达地区发展的步伐;六是要以协调解决重大社会与治安矛盾为契机,着力构建和谐的合作发展环境;七是以加强资源和市场合作为重点,推进各级区域合作。这是我们的看法,同志们通过座谈会来进行进一步的研究和探讨。

三、希望大家研究和讨论的重点问题

最后,我简要提几个希望这次会议特别关注和研究的具体问题。刚才,我提出了三个"两难"问题,也相应给出了解决问题的思路和观点,这些都属于长期性问题,至少是需要三到五年甚至更长的时间才能解决。我们希望大家在这次会议上研究这些相对大一些问题的同时,也特别关注和做好以下三个比较具体的事项。

(一) 全面总结过去,系统勾画未来

去年全国区域合作座谈会以来,各地区根据会议提出的要求,结合本地区的实际,推出了一系列的举措,开展了大量卓有成效的工作。希望大家能够把过去推进区域合作的里程再回顾一下,把相关的成绩和问题再梳理一下。认真总结近一年来工作,有什么好的做法、好的经验,还有那些不足,这些不足的原因是什么。希望大家有一个总结,提炼出一些共同认为比较好的想法,以便下一步承继和发扬。

(二) 顺应当前形势，谋划重点工作

去年9月份以来，国际经济形势急转直下。在各方面的共同努力下，当前中国经济运行中的积极因素不断增多，企稳向好势头日趋明显。但是还不能掉以轻心，经济向好的基础不稳固，发展的不平衡问题仍然存在。所以，在新的形势下，我们区域合作组织怎么为主题服务好，怎么创造性地工作，做哪些工作比较合适，希望同志们在座谈讨论中能够提出来。特别希望大家就本地区域合作机构在这方面所开展的工作，就一些可复制、易推广、能持久的好做法、好经验，加强交流与沟通。在此基础上，看看能否考虑从国家层面出台一些区域合作的相关举措，为应对国际金融危机出一份力。

(三) 搞好"十二五"规划，提高区域合作地位

目前，我委已着手开展编制"十二五"规划的前期工作，我们初步考虑要在"十二五"规划中把区域合作摆在"十二五"规划更突出的位置，使之在规划有更充分、更具体、更实在的体现，但是究竟怎么操作和表述，我们希望通过上下互动的方式，多听取大家的意见，最终目的是进一步凸显和发挥区域合作在促进区域协调发展和国民经济和社会发展战略规划中的重要作用。

推进区域合作的九个关键举措[*]

区域合作工作对促进区域协调发展、推动国民经济又好又快发展都起着重要的作用。国家发展改革委高度重视区域合作工作。近几年来，在年度地区经济工作会议中都召开区域合作工作座谈会，专门部署安排区域合作工作。这次座谈会是在应对国际金融危机、保持经济平稳较快发展的特殊背景下召开的，具有特别重要的意义。会议的主要任务是，在总结过去一年工作成绩的基础上，研究讨论深化区域合作面临的形势，提出明年工作的基本思路和主要任务。刚才，九个省市发展改革委或合作办的负责同志从不同角度介绍了本地区推进区域合作进展与经验，提出了下一步的工作思路，并对全面深化区域合作提出了意见和建议，讲得很好。下面，我结合回顾过去的工作，就深入推进区域合作的若干重点问题谈一些看法。

一、2009 年区域合作工作回顾

即将过去的 2009 年是极不寻常的一年。面对复杂多变的国际经济环境和艰巨繁重的改革发展任务，全国区域合作系统按照 2008 年座谈会的要求，围绕促进区域协调发展这条主线，紧扣各级党委和政府的中

---

[*] 本文系作者于 2009 年 12 月 6 日在福建省福州市召开的"全国区域合作座谈会"上的讲话。原题为《抓住关键环节 创造性地开展区域合作工作》。

心工作，继续迎难而上，积极进取，开拓创新，取得了区域合作工作的新成效，为应对国际金融危机、保持经济平稳较快发展发挥了特殊的作用，做出了积极的贡献。

（一）从地方层面看，2009年是区域合作工作取得突破性进展的一年

1. 区域一体化加快推进。一年来，各地区域合作组织和机构围绕促进区域协调发展以及实施国家和地方出台的相关规划和文件，按照完善社会主义市场经济体制的要求，以推动形成开放、统一的市场体系为基础、以实现基础设施联通对接为突破口、以产业合作为核心、以制度创新为保障，区域一体化取得明显进展。从总体上看，在内容上已从单一、浅层一体化向全方位、深层次、制度性一体化推进。如珠三角9市以实施《珠江三角洲地区改革发展规划纲要》为契机，围绕打造广佛肇（广州、佛山、肇庆）、深莞惠（深圳、东莞、惠州）、珠中江（珠海、中山、江门）三大经济圈，以规划、政策和标准统一为切入点，全面加快区域一体化步伐，一体化内容已涉及基础设施建设、产业布局、城乡规划、公共服务、环境保护等诸多方面。晋陕豫黄河金三角的运城、三门峡、渭南、临汾四市，借助区位优势和经济纽带，充分利用行政平台和市场手段，积极推动"规划同筹、交通同网、信息同享、市场同体、产业同步、科教同兴、旅游同线、环境同治"，一体化进程不断走向深入。

2. 跨区域产业转移与承接蔚然兴起。一年来，各地区域合作组织和机构会同有关部门，围绕积极应对国际金融危机冲击、加快促进发展方式转变，把推进区域间产业转移与承接作为区域合作的重要内容，做了大量卓有成效的工作。一些地区积极探索设立产业集聚区，使之成为承接产业转移的主要载体和推进产业结构调整优化的示范基地。如河南省结合城市和土地利用规划修编，确定了175个产业集聚园，按照产城融合发展的要求，努力把产业集聚园区打造成为承接产业转移的载体；有些地区则利用各种展会，把招商引资同产业结构调整和承接产业转移

结合起来，使各种展会成为推动产业转移的重要平台，如湖南省举办了以承接产业转移为主题的粤港澳招商活动月，签订内资合作项目404个，引进省外境内资金990多亿元，有力地吸引了东部地区产业向中部地区转移。与此同时，区域合作的形式也有了进一步的创新，各种类型的区域合作组织、合作机制、合作平台不断涌现，成为深化区域合作的有效载体和有力手段。

3. 各地区域合作工作取得的良好成绩，与地方党委、政府的支持和关心是分不开的。一年来，地方各级党委、政府高度重视对内开放和合作交流，通过出台指导文件、签署合作协议、强化组织建设等途径，进一步加强了对区域合作工作的领导和指导。如浙江省出台了《关于进一步推进对外开放、加强国内合作交流的若干意见》，内蒙古制定了《关于改善投资环境提升招商引资质量的意见》；广西和上海签署了《关于进一步深化桂沪合作的框架协议》，重庆市、成都市和西安市三市签署了促进三地合作发展的协议；在新一轮政府机构改革中，一些区域合作机构得到了强化，如天津市经协办正式更名为"合作交流办"，湖北省设立了正厅级的经济协作办公室，辽宁、浙江省主管区域合作的机构由副厅级单位定为正厅级单位，上海市政府合作交流办公室增加了新的内设机构和编制。

（二）从国家层面来看，一年来，因应国内外形势发展变化，着眼于促进区域协调发展和实现经济平稳较快增长，国家有关部门继续大力推进区域合作工作

1. 通过制定出台相关政策文件加强对区域合作工作的指导。国家发展改革委会同财政部等六部委联合出台了《关于加强东西互动深入推进西部大开发的意见》，加大了推进区域合作的力度。在去年国家密集出台的一系列区域规划和政策性文件中，都将推进区域合作、强化区域联动作为重要内容，并对具体工作进行了安排部署。

2. 运用多种形式强化与地方合作系统的联系和沟通。作为主要负责推进区域合作工作的部门，一年来，国家发展改革委地区经济司进一步增强服务意识和工作主动性,加大对区域合作工作的推进力度,促进区域合作系统的联动和能动。在连续两年召开区域合作系统座谈会的基础上,今年分别组织召开了东、中、西三个区域合作片区会议,从不同地区的实际出发,研究提出体现不同区域特点和要求的区域合作整体思路和工作重点;加强了与地区合作机构和区域合作组织的工作沟通,通过协调区域合作文件制定,参加各种形式的区域合作会议等,指导推动地区合作系统深化区域合作;进一步加大了合作培训、重大问题合作研究等的力度,增强与区域合作系统间的联动与交流。

二、推进区域合作的九个关键举措

区域合作工作的成绩是显著的,但我们也要清醒地看到,国内外形势的发展变化,促进区域协调发展和实现经济社会全面协调可持续发展的总体要求,赋予了区域合作工作越来越繁重、越来越深刻的任务,当前区域合作领域还面临着许多深层次矛盾和困难,区域合作工作还存在着不少薄弱环节。我们要准确把握形势变化和发展要求,着眼于解决现实突出问题,应对与化解新的挑战,更加扎实地开展工作,创造性地推进区域合作工作。为此,要深入思考、认真研究与有效解决关系眼前与长远的一系列重大问题,特别是做好下面九个方面的工作。

(一) 要统筹规划

区域合作涉及面广、连带性强,需要居高谋划,从长计议,加强统筹规划。只有统筹规划,才能统一思想、把握方向、明晰步骤;只有统筹规划,才能减少相互制肘,形成合理的分工格局,保证各项工作有序推进,提高合作效率;也只有统筹规划,才能整合资源,优化资源配置,发挥不同区域的比较优势,实现区域全面协调可持续发展。加强区域合作统筹规划,就是要站在促进科学发展、实现协调发展的高度,对区域合作的指导思想、发展目标、基本原则、重点领域、主要任务、具体步骤等进行系统思考和整体安排,直接的载体是研究编制区域合作规划。一个好的规划,应该科学体现战略性与务实性、长远性和阶段性的统一,特别要注重一般性和特殊性的有机结合。作为一般的或共同的需要,区域合作规划要把缩小地区差距、实现共同富裕作为区域合作的基本目标,围绕分类解决重点地区问题、促进区域协调发展确立总体思路、安排工作举措;要把促进形成分工合理、特色鲜明、互促互动的区域发展格局作为区域合作的重要原则,着眼于优化国土开发、发挥地区比较优势,完善合作形式和推进机制;要把促进基础设施共建共享、商品及要素自由流动、实行均等的公共服务、实施统一的生态环境保护治理作为区域合作的重要内容,立足于打破各种形式的垄断和封锁,加速推进区域一体化发展步伐,不断拓展合作领域与空间。

在加强统筹规划方面,一些地区已进行了积极的探索,并取得了初步的效果。如浙江省编制了《浙江省"十一五"国内合作交流发展规划》,武汉、南昌、长沙等市联合制定了《武汉经济协作区联合与合作规划纲要》,杭州市编制了《杭州市国内合作交流"十一五"规划》,这些规划发挥了重要的统领作用,有力促进了相关地方区域合作工作广泛和深入地开展。我们要认真总结各地的成功经验,继续推进相关工作。各地区域合作机构要把研究制定区域合作规划作为当前的一项重要工作来抓,既可着眼于本行政区范围编制区域合作规划,更可以考虑联合相关地区制定跨行政区的区域合作规划。在国家层面上,我们将努力创造条件,适时启动指导和推进全国区域合作规划的研究编制工作。我还要强调的是,近年来国家研究编制了若干跨行政区的区域规划,这些区域规划中有不少涉及区域合作的内容,区域合作系统要认真研究学习,一方面,使之在实践中真正得到贯彻落实;另一方面,使之在各地区区域合作规划中得到充分体现。

(二)要紧扣主线

促进区域协调发展是地区经济工作的主线。作为地区经济工作的重要组成部分,区域合作工作也必须紧紧扣住或牢牢把握这条主线。

主线是纲，纲举目张；主线是本，本固枝荣。正是因为抓住了促进区域协调发展这条主线，这几年地区经济工作才不断跨越新台阶，呈现红红火火的局面。只有紧扣促进区域协调发展这条主线，区域合作工作才能融入经济社会发展大局和地区经济工作主体，才能避免走向边缘化；只有紧扣促进区域协调发展这条主线，区域合作工作才会有明确的奋斗目标和扎实的切入点，才能不断拓展内容和形式；也只有紧扣促进区域协调发展这条主线，区域合作工作才具有兼顾各方、平等对待、优势互补、共同发展的社会平台和利益基础，才能实现可持续发展。

对于区域合作工作而言，紧扣主线就是要把不断缩小区域发展差距作为核心任务和根本目标，充分借助特殊的手段和机制，推动资源要素的流动、重组与产业的转移、调整，最大限度地发挥地区比较优势，实现合理分工；着力打破各种形式的垄断和地区封锁，深入推进区域一体化；帮助欠发达地区加快发展，努力推进基本公共服务均等化；协调解决区域间的重大问题，促进区际良性互动。

需要指出的是，紧扣主线，并不意味着区域合作工作要忽视必要的利益原则。从根本上说，建立在利益原则基础上的区域合作才是可持续和具有创造性的。区域合作强调的是注重在优势互补基础上的利益共享与互利共赢，甚至在帮扶的前提下，也强调支援方与受援方尽可能体现这种要求。紧扣主线，也不意味着无视各地的发展阶段和发展"瓶颈"，强求统一的工作重点与合作方式，相反，区域合作必须从各地实际出发，坚持因地、因时制宜，实施分类指导。就目前而言，东部发达地区，可围绕推进产业转移、促进发展方式转变，提高对外开放的水平和推进合作；中西部欠发达地区，可在营造良好的承接产业转移环境、促进基础设施互联互通、破除体制机制障碍等方面加大工作力度；沿边地区，可积极利用现有的合作平台，同时借助国际合作组织的力量，积极参与国际经济合作活动，充分利用国际资源和国际市场发展自己。

（三）要服务中心

我们的工作目标是缩小地区差距、促进区域协调发展。但这是一项长期的任务，是一项复杂的系统工程，不可能一蹴而就，需要长时期一步步努力来实现。适应不同时期的形势或环境要求所提出的工作任务，即所谓"中心工作"，说到底，是完成长期任务、实现最终目标的一个重要环节。因此，对于当前来说，区域合作工作着眼于促进区域协调发展，很重要的就是要服务中心，也就是说，区域合作工作要按照各级党委、政府的当前工作总体部署和基本思路来展开。

如果说突出主线是着眼于长期来做现实的工作，那么服务中心就是着眼于现实来做长期的工作。服务中心，既是促进区域协调发展的内容，也是积极履行促进区域协调发展职责的条件。只有服务中心，才能纳入各级党委、政府的重要工作日程，获得促进区域协调发展的有利位势；只有服务中心，才能直接面对重大的、紧迫的现实问题，获得开拓进取的、丰富深厚的工作动力；也只有服务中心，才能促进工作能力与效果的提升，从而在与时俱进、应对挑战中不断巩固和提升区域合作工作的水平。

去年第四季度以来，国际金融危机迅速扩散蔓延，我国经济受到严重冲击。面对这种情况，党中央、国务院全面实施并不断丰富完善应对国际金融危机的一揽子计划和政策措施，较快地扭转了经济增速下滑势头，取得了明显成效。但是，我国经济回升向好的基础还不稳固，面临的困难和问题依然很多，要夺取应对国际金融危机的全面胜利还需要付出更大的努力。刚刚闭幕的中央经济工作会议深刻分析了当前国内外形势，明确提出了明年经济工作的总体要求、大政方针和主要任务。全国发展和改革工作会议进一步提出了明年经济社会发展的主要预期目标，并安排部署了八个方面的重点工作。这些都为2010年区域合作工作指明了方向。区域合作系统要做到"服务中心"，充分发挥在保持经济平稳较快发展中的作用，就必须认真学习领会中央经济工作会议精神，紧紧围绕贯彻落实中央对经济工作总体部署开展工作，把区域合作工作与中央确定的各项重点任务紧密结合起来；就必须紧密结合区域特色，着眼于形成各有侧重的区域发展战略，有针对性地开展工作。

需要指出的是，近期工作与远期工作从来都是分不开的。立足服务中心抓好当前工作,并不是不要远景目标,也不是不顾长远发展,恰恰相反,我们的近期工作不能只顾眼前,要围绕长远目标展开,这样才能更好地服务中心。着眼于近、远期,结合"服务中心",要特别做好如下两点:一是要贴近实际,加强调查研究,保持对工作的敏锐性,及时掌握区域合作的走势和需求,以跟上时代节拍,始终与党和政府的总体战略部署相吻合;二是要贴近中心,积极请示汇报,勇于承担相应的工作责任,按照党委和政府的统一部署推进区域合作工作,以获得更广阔的工作平台和强有力的支持,把区域合作工作做强做大。

(四) 要拓展领域

对于区域合作来说,工作领域体现着工作的深度和广度,决定着工作的可持续性,从而也决定着区域合作系统的影响力和生命力。这些年的实践表明,区域合作工作取得的成绩,不仅在很大程度上体现为合作领域的不断拓展,而且在很大程度上依赖于合作领域的不断拓展。从这个意义上讲,应该把拓展领域问题,放在区域合作工作的突出位置上。

近年来,我国区域合作的领域不断拓展,已经从传统的物资调剂和商品交换逐步触及资源要素流动、制度安排等,从单一领域的合作逐渐扩展到全方位的合作,从项目、资金的合作逐渐扩展到规划、政策的协调,从行政安排捏合逐渐发展到以市场为纽带、以利益为载体,从与相邻的单一经济区域的合作逐渐扩展到融入相邻或跨地域的多个经济圈、经济带,从立足于国内的合作交流逐渐拓宽到充分利用国际、国内两种资源、两个市场。但总体来说,招商引资仍然是目前区域合作工作的主要内容,我国区域合作的领域还不够宽泛,缺乏做大做强的基础,不能适应国内外形势发展的需要。

当前,要从应对国际金融危机冲击、保持国民经济平稳较快发展的需要出发,不断拓展区域合作的领域。重点要围绕转变发展方式、推进结构调整的需要,着眼于提高经济发展的稳定性、协调性和可持续性开展区域合作工作;要根据促进区域协调发展的需要,着眼于促进生产要素合理流动和优化配置、培育形成新的经济增长极来开展区域合作工作；要适应深化区域合作、促进良性互动的需要，着眼于形成推动区域合作的工作合力。在具体工作中，重点要以打破各种形式的垄断和封锁为突破口，推进区域市场一体化；以统筹大型项目规划建设为依托，推进基础设施互联互通；以建立健全区域协调发展和合作互动的法律法规和组织机构为重点，推进管理体制有效对接；以促进企业联合协作为重要抓手，推进产业结构调整和优化布局；以加强和改善对口帮扶为重要途径，加快欠发达地区发展步伐；以协调解决重大社会与生态问题为契机，着力构建和谐的区域发展环境；以加强资源与市场合作为重点，推进国际区域合作，等等。总而言之，要通过拓展区域合作的领域和内容，促进区域合作不断向纵深发展。

（五）要完善方式

工作方式决定着工作效率，工作方式是否完善实际上也决定着工作的水平。只有结合区域合作发展的实际需要，适应新形势、新任务，不断创新和优化工作方式，才能保证各项工作又好又快地进行。

推进区域合作，要根据形势发展变化的需要，立足于推进区域协调发展，着眼于统筹规划，不断创新和丰富区域合作的方式，进一步提高区域合作的层次，全方位地推进区域经济一体化。完善区域合作的工作方式，重点要发挥政府和市场"两只手"的作用，建立健全必要的工作机制，形成灵活多样而又高效运转的工作方式。

在实际工作中，一方面要借助各类合作平台推进区域合作，另一方面要积极尝试新的区域合作方式。具体地说，就是要充分利用博览会、贸易洽谈会、招商会、论坛等多种方式，依托中博会、珠洽会、西洽会、渝洽会、乌洽会、兰洽会、哈洽会等平台，切实发挥各类社会组织的作用，广泛运用行业协会、商会等合作中介，建立起政府、企业、社会团体等各方面共同推动、共同参与的合作机制，形成国际、区域间、城市间多层次、广范围的合作模式；要围绕不同的主题，以设立各类合作试验区、示范区的形式创新合作方式，重点可考虑设立东中西产业转移示范区、促进区域协调发展试验区等。在这方面，近年来我们已经开展了一些工作，如编制完成了《皖江城市带承接产业转移示范区规划》，在《江苏沿海地区发展规划》中提出探索设立东中西合作试验区，等等。各地也可以从自身实际出发，开展相关工作，以各种有效形式深化区域合作，促进经济社会向前发展。

（六）要创新体制

做好区域合作工作，必须有强有力的组织保障。这些年来，随着区域合作工作不断深入，我国区域合作机构的组织形式也在不断发生着变化，特别是在新一轮地方政府机构改革中，各地的区域合作机构总体上有所强化，这为更好地开展区域合作工作打下了良好的组织基础。

但是，各种原因，我国区域合作机构隶属关系、职责任务、级别地位等不统一的状况并没有完全解决，这为一些地区合作机构放手开展工作和上下一致联动运作带来了一定的困难。面对这种情况，我们当然要继续努力，把握时机，积极争取各级党委和政府的支持，尽可能实现机构设置及职责权限授予等的一致。但是我们要认识到，理顺机构有一个过程，并且各地的情况千差万别，区域合作本身在很大程度上是地区间自己的事情，可以说地区色彩很浓，因此很难最终做到各地区在各方面的统一。我们所需要下功夫的，是充分利用现有的工作条件，最大限度地发挥作用。换句话说，要立足于机构短期内难以统一的现状，坚持以有为求有位，积极适应环境现状，充分发挥主观能动性，尽最大努力开创区域合作工作的新局面。做到这一点，其依托是体制创新。这包括两个方面：第一，内部体制创新，包括内部管理体制、运作机制等的创新，要充分调动整体机构的潜能和每一个工作人员的积极性。第二，对外体制创新，包括管理方式、合作形式等的创新，要广泛动员各种积极力量，有效借助其他组织机构、工作平台和操作路径。这里特别要注重两点：一是要主动加强与其他政府部门的合作，合作中力求做到在身份上善于当"配角"，在工作上敢于当"主角"，通过合作或配合拓展工作领域与业绩；二是要高度重视与非政府区域合作组织的合作，帮助其解决发展中的问题，推动其在促进区域合作方面发挥特殊作用。

在这方面我还要提一句，要辩证认识区域合作组织不统一的现状。目前区域合作机构分属于发改委、经贸委、商务厅等部门，固然有它的不便之处，但从有利的一方面看，这却能够使我们借助不同部门的优势来开展工作，也有利于推进区域合作机构本身的合作，实现优势互补、相互推进。何况，隶属多个部门，意味着国家的多个部门都有推进区域合作的责任，大家都来推进区域合作，这岂不是一件好事？

（七）要深化开放

合作本身就是开放，或者说是开放的结果。推进合作，必须深化开放。这里我想说的是，在经济全球化和区域一体化深入推进的大背景下，区域合作不仅要立足国内，更要面向国际，把推进区域合作与深化对外开放紧密结合起来，在推动国内区域合作的同时，要大力开展国际区域合作。

开展国际区域合作对于促进我国整体或地区经济发展、市场体制建设、社会环境改善都具有重要意义。通过开展国际区域合作，有利于及时把握经济全球化带来的良好机遇，充分利用国际先进技术、战略资源和国际市场，促进国内产业升级、技术创新、体制变革和环境改善，推进工业化、城镇化进程；通过开展国际区域合作，有利于最大限度地化解国际环境的不确定因素，克服贸易保护主义，在世界资源、市场、技术和人才的激烈竞争中不断拓展发展空间；通过开展国际区域合作，有利于科学、灵活地运用国际规则，把体现中国国情和遵守国际规则有机结合起来，努力打造一套有利于提升国际竞争力和防范国际风险、维护国家经济安全的管理体制和运行机制。

今后一段时期，国际金融危机的影响在短期内难以完全消除，外部经济环境不确定性和不稳定性的因素较多，但我国坚持对外开放的基本国策不会改变。因此，要全面适应国际形势变化和国内发展的要求，把扩大内需与稳定外需结合起来，把"引进来"和"走出去"结合起来，积极拓展对外开放的广度和深度，努力开创国际区域合作的新局面。一方面，要充分利用现有的国际合作架构与平台，进一步巩固和提升已有的国际区域合作，如继续做好大湄公河次区域合作、东盟—湄公河流域开发合作、中亚地区经济合作、图们江地区开发开放合作等以我国沿边地区为主体的国际区域合作，积极推进中欧区域政策合作等。在这些国际区域经济合作中，各有关地方要主动参与进来，积极扮演合适角色，为地区经济发展服务。另一方面，要适应新的形势发展要求，加强国际区域合作战略研究，从国家整体和各地区的实际出发，不断创新国际区域合作模式和机制，着力扩大国际区域合作的范围和领域，充分利用国际国内两种资源、两个市场，拓展国家或各地区经济发展的潜力与空间。

（八）要提高素质

干部素质影响到对事物的认知程度和把握能力，决定着工作的水平和质量。当前全国区域合作系统干部队伍的总体素质是好的，但理论功底、知识结构以及认识客观规律、处理复杂问题的能力还有待进一步提升。新形势下，区域合作要深入发展，对区域合作工作者的思想政策水平、理论知识储备和实际操作能力都提出了更高要求。

对于区域合作工作系统来说，适应新时期新形势的要求提高素质，要着力在两个方面下功夫：其一，要着力提高区域合作干部队伍的政策水平，特别要认真学习、深刻领会党中央、国务院关于贯彻落实科学发展观、促进区域协调发展的战略决策和重要思想，系统掌握关于推进区域协调发展和区域合作的方针政策；其二，要着力提高区域合作干部队伍的知识水平，把握时代进步，适应工作需要，不断完善知识结构，努力提高认识客观规律、处理复杂问题的能力。与此同时，要努力提高区域合作干部队伍的道德修养，加强作风建设，坚持廉洁行政。

提高干部队伍素质，既要靠区域合作工作者的主动努力，又要努力创造有利于干部队伍成长的环境和机制。当前，要认真抓好以下几个方面：一是加强教育。要充分利用自有培训手段，并借助外部培训机构，对区域合作系统干部分期分批进行培训，广泛开展促进区域协调发展、推进区域合作的理论与政策、现代科学知识教育，努力提高政治业务水平，增强分析问题与处理问题的能力。二是推进交流。要通过合作调研、参观访问、轮岗借调等多种形式，推进系统间的相互学习、相互借鉴，达到互相促进、共同提高的目的。三是完善机制。要依靠体制与规则创新，不断完善干部素质提高的环境，建立有利于优秀人才脱颖而出的有效机制，形成鼓励干部勇于探索、积极创新的良好氛围。

（九）要规范程序

区域合作是政府的重要职能，必须按照依法行政的要求有序推进。但是，目前我国区域合作的制度建设滞后，缺乏相应的法律法规，合作的制度基础、法律基础还很不健全，严重制约着区域合作工作的有效开展和规范运作。

针对上述问题，区域合作系统要积极、主动地开展工作，推动建立健全区域合作的体制基础和法制环境，努力规范区域合作的操作程序，逐步将其纳入法制化轨道。下一步，区域合作工作系统要重点在三个方面做出努力：一是着力解决法制基础薄弱问题。区域合作系统要用更多的精力，下更大的力气，有针对性地研究制定一些政策法规，开展相关立法研究和探索，推动建立全国性区域合作的法律法规体系。二是逐步建立健全区域协调互动机制。要结合建立健全相关法规，深化行政管理体制、投融资体制、财税体制、企业管理体制等改革，推动打破地区封锁和市场分割，规范行政行为，形成我国区域间分工合理、特色明显、优势互补、协调互动机制。三是促进形成遵纪守法的良好环境。树立良好的法制意识，建立健全奖惩机制，加强对区域合作行为的自我约束和制度规范。还要强调的是，区域合作系统要正确处理好政府和市场的关系，最大限度地发挥行政手段和市场力量的各自优势。要坚持按经济规律办事，着力破除地区封锁和行政垄断，在维护市场秩序、保障公平竞争、促进区域联动等方面做出表率。

以上九个方面，是区域合作系统当前和今后一段时期内必须认真研究和解决的重大问题。关于明年的区域合作工作，我们的初步考虑是，按照中央确定的中心工作任务和促进区域协调发展的新要求，紧紧围绕推动解决制约深化区域合作的重大问题，着力推动以下工作：一是结合编制"十二五"规划，深入开展推进区域合作工作的思路研究，明确下一阶段的工作目标、重点任务和具体政策措施，争取在"十二五"规划中继续加大有关区域合作的内容。二是积极推动相关试验区的建设，适时选择部分有条件的地区设立产业转移示范区、东中西区域合作示范区、区域协调发展试验区等，开展有关区域合作工作的试点示范。三是进一步加强对区域合作的指导力度，通过组织实地调研、召开专题会议或全国性会议等方式，加强与地方合作系统的沟通和联系，强化区域合作系统横、纵向联动。四是加强对口援藏、援疆、援青工作的组织协调，推动内地与港澳台更紧密合作，继续深化国际区域合作。根据条件状况，我们将适时开展我国参与周边国家和地区区域合作的总体战略研究。五是广泛开展各种类型的合作培训，包括利用中欧区域政策对话机制做好赴欧盟培训工作；利用亚行的区域合作机制和图们江区域合作机制开展相关培训工作。六是进一步推进信息交流，通过编印简报、举办论坛、召开会议等方式加强区域合作系统的信息交流，并积极利用网络等现代化的手段构建新型的信息交流平台。此外，我们还考虑会同有关部门研究设立区域合作基金的可行性，支持有条件的地区率先开展相关试点。

区域合作工作使命光荣、任务艰巨。在新形势下，希望全国区域合作系统的同志们再接再厉、勤勉工作、奋力拼搏、开拓创新，积极迎接新的挑战，不断拓展新的领域，进一步创造区域合作的新成就、新辉煌。

铸造区域合作工作新辉煌[*]

过去一年,全国区域合作系统紧紧围绕促进区域协调发展这条主线,主动适应形势发展变化的需要,不断加大力度,着力完善机制,积极拓展领域,各项工作又取得了新的进展,为"十一五"时期的区域合作工作画上了圆满句号。"十二五"时期我国仍处于经济社会发展重要的战略机遇期,加强区域合作、促进协调发展仍大有可为。在中央经济工作会议刚刚闭幕之际,我们即组织召开一年一度的全国区域合作座谈会,主要目的是深入学习党的十七届五中全会精神,贯彻落实中央经济工作会议部署,回顾总结过去五年区域合作工作,研究明确"十二五"时期区域合作总体思路,安排部署 2011 年区域合作工作。下面,我讲几点意见,供大家参考。

一、"十一五"时期区域合作工作的主要成就

"十一五"开局之年,在全国发展改革系统地区经济工作会议上,我们就旗帜鲜明地提出要把区域合作放在突出重要的位置,充分发挥其对区域协调发展的积极作用。此后,历年的地区经济工作会议期间都套开全国区域合作座谈会,并根据工作需要适时召开区域合作片

---

[*] 本文系作者于 2010 年 12 月 12 日在云南省昆明市召开的"全国区域合作工作座谈会"上的讲话,原题为《继往开来 再铸区域合作工作新辉煌》。

会、经验交流会等各种形式的会议,研究部署和积极推动区域合作工作。经过五年的努力,全国区域合作系统的面貌焕然一新,区域合作的层次和水平实现了质的提升,概括起来,主要呈现六个方面的积极变化。

(一) 区域合作机构趋于健全,组织体系更加完整

过去,虽然各地基本上都有负责区域合作的工作机构,但隶属于不同部门,职责不够清晰,也缺乏上级机构强有力的指导。如今,全国各省(区、市)都不同程度地完善了区域合作组织机构,职能更加充实、机制更加完善,同时还涌现出一大批新的区域合作组织和行业协会、商会等非政府中介机构,形成了多层次、体系化的区域合作组织架构。国家发展改革委作为全国区域合作工作的主管部门,注意加强业务指导和协调,与各地区域合作主管部门建立了更加紧密的工作联系,区域合作工作的整体性明显增强。

(二) 区域合作领域深入拓展,合作重点更加突出

过去,区域合作一般仅局限于招商引资和相互走访等简单的协作联系,很难深入经济社会发展的中心领域和关键环节。现在,区域合作领域进一步宽泛,特别是在制定重大区域规划和政策、共同推动市场和基础设施一体化、引导产业转移与承接、促进企业跨区域合作经营等方面,区域合作工作的广度和深度不断拓展。

(三) 区域合作形式大大丰富,合作内容更加全面

过去,区域合作的主要形式是召开洽谈会、推介会、博览会,通过签协议、搞联谊式的走访交流来推进,形式相对比较单一,也很难有实质性内容。现在,区域合作系统与其他部门一道,采取共同推动资金和项目合作、构建统一开放的市场体系、推进体制机制创新、基础设施共建共享、合作开展社会服务与环境保护等多种形式,合作内容更加全面、务实。

(四) 区域合作手段日益多样，合作方式更加灵活

过去，开展区域合作主要依靠行政机构，基本采取行政手段，协调解决问题的途径和手段较为单一，可供选择的工作方式缺乏灵活性。如今，在继续发挥体制特殊优势、合理使用行政手段推动的同时，更加注重通过发挥市场机制的作用来引导区域良性互动。具体地，既有通过利益机制等经济杠杆来引导企业跨区域发展，推动资源要素和商品自由流动；也有通过完善法律法规等制度建设来打破垄断、消除壁垒，推动区域一体化发展和全国统一市场建设；还有通过对口支援、扶贫济困等基于道德的手段来帮助欠发达地区加快发展。总的来看，已形成经济、法律、道德多种手段齐头并进、相互补充的区域合作良好局面。

(五) 区域合作地域不断扩大，合作空间更加广阔

过去，区域合作主要着眼于解决区域内部的矛盾和问题，更多是立足与周边地区开展合作工作，而跨省区、跨国界的有效合作机制和平台相对较少。现在，区域合作已经大大突破了地域和空间限制，一方面，泛长三角、泛珠三角等跨行政区的区域合作蓬勃发展，"飞地"经济、地园区等合作载体应运而生；另一方面，区域合作走出国门，以能源资源开发、基础设施建设、特色产业发展为重点，以边境经济合作区、跨境经济合作区为载体的国际区域合作已经打开了局面。

(六) 区域合作成效逐步显现，地位作用更加突出

过去，区域合作机构在各级政府中相对边缘化，地位无足轻重。如今，区域合作为各地经济社会发展带来的积极效应和作用逐步显现，区域合作工作越来越得到各级党委、政府的高度重视，已成为各方面齐抓共促的大事，区域合作机构也从边缘逐步融入主流，工作任务日渐饱满，工作职能进一步强化，地位得到大大提升，成为经济工作不可或缺的重要部门。

五年来，全国区域合作系统付出的努力有目共睹，取得的成绩可圈可点。这些既得益于党中央、国务院的关心支持和各级党委、政府的有力领导，也得益于区域合作系统全体同志的无私奉献和辛勤劳动，在此向同志们表示敬意和感谢！

二、2010年区域合作工作取得新进展

2010年是"十一五"的收官之年，全国区域合作系统的同志们继续秉承近年来逐步形成的良好工作作风，继续发扬开拓创新的精神，用自己的智慧和汗水推动区域合作工作又实现了新跨越，进一步开创了区域良性互动、协调发展的新局面。一年来，主要做了以下工作：

（一）积极参与重大区域规划与政策的研究制定，为促进地区经济又好又快发展做出重要贡献

一年来，围绕贯彻落实国家区域发展总体战略，我们立足于发挥各地比较优势，又推出了一系列重大区域规划和政策文件。在这个过程中，区域合作部门主动思考大问题、研究大战略，和其他部门一道，积极参与国家区域规划和政策文件的制定，并在其中充分体现区域合作的内容。同时，按照当地党委、政府的统一部署，区域合作部门积极参与研究制定本地区发展的重大战略，创新招商引资工作思路，统筹推进区域一体化发展，各项工作取得了明显成效。如，山东省围绕建设黄河三角洲高效生态经济区和山东半岛蓝色经济区，成立了相应的办公室，既承担一定的管理职能，又在推进区域合作中发挥重要作用，积极开展推进规划编制、协调有关部门、整合各类资源等工作。又如，安徽省区域合作机构积极参与皖江城市带承接产业转移示范区建设，在江南、江北两个产业集中区建设中发挥了重要作用。

(二) 着力推进产业转移与承接，为优化调整生产力布局做出重要贡献

推进东部沿海产业向中西部地区转移是近几年区域合作系统的一项重要工作。2010年以来，我们立足于发挥各地比较优势，充分运用市场机制，在促进产业转移与承接方面取得了新进展。一是不断完善政策支持体系。2010年1月，国务院批复了由国家发展改革委会同有关方面编制的《皖江城市带承接产业转移示范区规划》，这是为促进中西部地区承接东部沿海和国际产业转移而专门制定的国家级规划；8月31日，国务院又印发了国家发展改革委会同有关部门起草的关于中西部地区承接产业转移的指导意见，即国发〔2010〕28号文，明确了中西部地区承接产业转移的指导思想、基本原则和重点任务，并提出了相应的支持政策。不少省份也纷纷出台了推进产业转移或承接的政策意见。二是积极打造产业承接平台。重点是编制连云港国家东中西区域合作示范区建设方案，推进广东横琴岛粤港澳合作示范区、深圳前海深港现代服务业合作示范区和福建平潭岛综合试验区建设有关工作。一些地方通过异地"结对子"、共建产业园区和发展"飞地经济"等合作形式，共同推进产业转移与承接。各类行业协会、商会和展会积极发挥作用，为产业转移搭建平台。三是指导创新合作机制。坚持市场导向、因地制宜的原则，指导各地探索和完善跨区域产业转移统筹协调机制、重大承接项目促进服务机制和利益共享机制，推动在更广领域、更大范围和更高层次开展区域合作与交流。

(三) 加快推进区域经济一体化，为增强区域发展协调性做出重要贡献

重点是推动基础设施互联互通、产业合作对接、人才要素自由流动，进一步向市场一体化建设、公共服务共享、生态环境共建等纵深领域发展。推动广东珠三角地区编制实施基础设施等五个一体化专项规划，推进广（州）佛（山）同城化和广（州）佛（山）肇（庆）、深

（圳）（东）莞惠（州）、珠（海）中（山）江（门）三大省内经济圈建设。支持长三角地区开展医保、金融、会展、园区、物流、异地养老、农业七个方面的专项合作。推动以成渝（成都—重庆）、郑汴（郑州—开封）、长株潭（长沙—株洲—湘潭）、西咸（西安—咸阳）、长吉（长春—吉林）、乌昌（乌鲁木齐—昌吉）等内地相邻城市为代表的城市圈一体化发展，指导晋陕豫黄河金三角四市围绕相关产业开展务实合作。同时，积极指导和支持地方建立健全高层协调机制，构建符合市场经济要求、有利于区域联动发展的管理体制和运行机制。

（四）扎实开展全方位对口支援工作，为缩小地区发展差距做出重要贡献

充分发挥社会主义制度的优越性，不断加强和完善对口支援工作，是贯彻"两个大局"思想的重要体现，是促进区域协调发展、扶持落后地区加快发展的战略举措。一年来，我们加大了对口支援工作力度，重点做好对口支援西藏、新疆、青海省藏区工作。按照中央第五次西藏工作座谈会和新疆工作座谈会的要求，我们牵头组织和承办了全国对口支援新疆工作会议，组织召开了对口支援新疆工作协调会议、对口支援西藏工作会议，近期还将组织召开对口支援青海省藏区工作会议。会同有关部门研究出台了《关于进一步加强和推进对口支援新疆工作的实施方案》《对口支援新疆规划编制工作大纲》《对口支援新疆规划管理办法》等一系列文件，积极研究制定《对口支援西藏工作的指导意见》《对口支援西藏专项规划编制工作大纲》《对口支援青海藏区工作的指导意见》，与中央组织部等单位联合举办了对口援疆骨干培训班。与此同时，认真做好对口支援灾区工作，深入开展东西扶贫协作工作，有序推进三峡库区对口帮扶工作。

（五）全面深化对内对外开放，为拓展国民经济发展空间做出重要贡献

协调推进对内、对外开放，不断优化开放格局，是区域合作向纵深发展的客观要求。

1. 与港澳台合作取得新突破。深入贯彻落实《珠江三角洲地区改革发展规划纲要》和《国务院关于支持福建省加快建设海峡西岸经济区的若干意见》等相关政策和协议文件，不断扩大内地与港澳台的交流合作。在重点地区开发方面，推动将横琴纳入珠海经济特区范围，支持纳入国家现代服务业综合改革试点范围，并增设为国家定点的服务外包示范园区；会同国务院有关部门和广东省研究编制了《前海深港现代服务业合作区总体发展规划》，已上报国务院审批。在基础设施对接方面，推动粤港澳三地政府签订了港珠澳大桥建设、运营、维护和管理协议，推动深港双方共同开展深港西部快速轨道的前期研究工作。在体制机制创新方面，支持横琴创新通关制度，实行更加开放的产业和信息化政策，改革土地管理制度和社会管理制度；推动前海地区落实CEPA有关安排，开展先行先试；支持海峡西岸经济区在两岸产业对接、服务业开放、建立两岸区域性金融服务中心及人员往来便利化等方面开展先行先试；支持将平潭综合试验区作为两岸区域合作试点，推进平潭综合试验区总体发展规划编制工作。

2. 国际区域合作进一步深化。加快推进云南和广西对外开放，研究起草关于支持云南省加快建设我国向西南开放"桥头堡"的政策意见，指导开展配套规划研究编制工作；继续发挥广西在深化与东盟合作中的作用，加快建设连接中国—东盟市场的国际大通道建设。继续发挥东盟—湄公河流域开发合作（AMBDC）机制和大湄公河次区域经济合作（GMS）机制作用，全面加强与东南亚国家在多领域的合作。会同有关方面抓紧研究制定加快内蒙古开放开发的指导意见。大力支持新疆向中亚地区开放，加快中哈霍尔果斯边境国际合作中心的建设，做好中吉乌铁路前期工作；积极推动图们江区域合作，推进珲春开发开放试验区建设。加强区域政策领域的国际交流与合作，深化中欧区域政策对话机制，推进可持续发展领域的国际合作，积极推动中英、中日、中芬在可持续发展领域的双边国际合作。围绕国际区域合作和发展的重大政策问题，与有关国际组织和外国政府联合开展合作研究，形成了一批高水平的研究报告。

过去一年，区域合作工作又上了一个新台阶，在促进区域协调发展、保持国民经济又好又快发展中发挥了重要作用，为"十二五"时期实现新的跨越打下了坚实的基础。我们要继续发扬锐意进取、勇于创新的精神，再接再厉、精益求精，进一步开创区域合作工作的新局面。

三、新时期区域合作面临的基本形势和工作的总体要求

"十二五"时期是我国全面建设小康社会的关键时期，也是促进区域协调发展的关键阶段。区域合作作为促进区域协调发展的重要内容和重点工作，在促进经济社会全面协调可持续发展中承担着重要职责。我们要准确把握未来一个时期区域合作面临的机遇和挑战，进一步明确推动区域合作工作的总体要求。

(一)"十二五"时期区域合作面临的机遇和挑战

从总体上看，"十二五"乃至更长的一个时期，随着国际、国内环境的发展变化，区域合作既面临着难得的机遇，也存在不少挑战。主要体现在以下四个方面：

1. 经济全球化、区域一体化深入推进，为推进区域合作提供了广阔空间；但基于自身利益形成的保护主义和垄断倾向的加剧，又给推动区域合作带来了新的制约因素。从整体看，经济全球化、区域一体化步伐不断加快，各个国家和地区间的经济联系日益紧密，市场更为开放，生产要素流动更加频繁，有利于我国充分利用好"两个市场、两种资源"，促进产业升级、技术创新、体制变革和环境改善，有利于实现优势互补，发挥东部地区经济基础较好、中西部地区市场潜力较大和资源丰富的优势，在激烈的市场竞争中不断开拓发展空间。从局部看，每个国家都有自身利益，都希望在这一过程中使自己的利益最大化，自然形

成了基于自身利益的自我保护或者基于共同利益的保护主义联盟，可能导致产生各种形式的垄断。特别是在国际金融危机的冲击下，各种形式的贸易保护主义有所抬头，美欧等西方国家已将亚洲作为其传统产业海外拓展的优先区域，东南亚国家也利用劳动力和资源优势加大了与西方国家开展合作的力度，周边市场和资源的争夺更加激烈，我国在国际分工和合作中的竞争压力进一步增大，将面临严峻挑战。

2. 国家综合实力的增强和市场经济体制的日益完善，为区域合作创造了良好的经济基础和制度环境；但以行政板块治理为主体的构架、以地区增长为基本动力的状况在短时期内难以改变，又给区域一体化和缩小区域差距形成障碍。今后一个时期，我国经济综合实力将进一步增强，国际地位进一步提高，这为我国参与国际区域合作、提高合作话语权提供了强有力的保障，也为国内统筹区域发展，加大对中西部地区的支持力度，开展区域合作奠定了雄厚的物质基础。同时，随着社会主义市场经济体制的不断完善，重点领域和关键环节改革不断深化，市场配置资源的作用不断增强，统一开放的大市场逐步形成，有利于各类市场主体更好地参与区域合作。但受现行管理体制和传统政绩观的影响，以追求本地经济增长速度为基本导向、以行政板块治理为主体的构架短时期内难以调整，地方政府过多动用行政手段、采取扭曲市场的行为干预经济活动的情况还难以避免。这些都将导致地区间过度或恶性竞争，进一步加剧地方保护和市场封锁，直接制约全国统一大市场的建立，对全面推进区域合作工作带来影响。

3. 统筹发展、转变方式、创新体制等一系列重大改革发展战略的提出与实施，为区域合作提供了重要保障和强大动力；但因特殊发展阶段对主要矛盾选择的非常规化和对多重目标的兼顾，使推进区域合作并不能在任何时候都成为首要或基本选择，又在客观上影响区域合作的进程。党的十六大以来，以胡锦涛同志为总书记的党中央提出了科学发展观的重大战略思想，并先后就统筹发展、调整结构、转变方式、创新体制等重大改革发展战略作出明确部署。这些重大举措，直接推动了区域的良性互动，改善了区域合作、建立统一市场的体制机制环境，有利于深化区域合作。但必须看到，我国仍处于社会主义初级阶段，许多重大战略的付诸实施仍然需要一个较长的过程，仍然面临着加快发展、改善民生等迫切问题和突出矛盾，甚至需要在同一时期统筹兼顾多重目标。这种情况下，作为一项中长期任务，区域合作有时就不一定能够成为全局工作中的首要任务和必然选项，就要为大局做出让步和牺牲，这客观上也会影响区域合作和区域一体化发展进程。

4. 新时期国家更加重视区域合作工作，提出了一系列重大战略任务，为区域合作指明了前进方向；但区域合作系统自身建设相对滞后，又给全面落实这些要求带来了困难。在新的历史时期，中央对区域合作工作高度重视，提出了一系列重要思想和战略任务。党的十七届五中全会又从拓宽合作领域、突出工作重点、完善跨区域合作机制等方面对加强区域合作提出了更高要求。可以说，国家已经将区域合作作为实施区域发展总体战略和主体功能区战略的重要手段，提到了一个新的高度，赋予了区域合作工作新的使命。但是，目前区域合作系统的组织建设、思想建设、能力建设总体上与中央的要求还有一定距离，与承担的使命不相适应，特别是思想认识还需进一步适应形势发展的要求，工作机制有待进一步理顺和加强，工作领域和重点有待进一步聚焦，工作能力和水平有待进一步提高。

总的来看，"十二五"时期区域合作面临的机遇与挑战并存，但机遇大于挑战。我们要认清形势、把握方向，不断拓展区域合作的工作空间，继续提升区域合作的工作水平。

（二）"十二五"时期推进区域合作的总体要求

《中共中央关于制定国民经济和社会发展第十二个五年规划的建议》明确提出，要加强和完善区域合作机制，消除市场壁垒，促进要素流动，引导产业有序转移，实行地区互助政策，开展多种形式对口支援。这是中央根据新形势、新任务，对区域合作提出的新要求。我们要按照中央的总体部署，进一步细化思路、明确任务，推动区域合作工作扎实、有效展开。在工作中，要着重把握好以下六点：

1. 坚持紧扣中心、服务大局。区域合作工作要紧扣促进区域协调发展这条主线,始终服务于经济社会又好又快发展这一大局。促进区域协调发展是整个地区经济工作的主线。区域合作作为地区经济工作的重要组成部分,必须自觉融入这条主线。过去几年的经验证明,只有紧扣这条主线,区域合作才能有明确目标,才能有坚实的基础,才能不断丰富形式、拓展内涵,也才能可持续发展;一旦脱离这个中心,就会被边缘化,就会无所适从。同时,区域合作必须紧紧围绕中央关于经济社会发展的大政方针,始终服务于保持国民经济社会又好又快发展的大局,特别是地方区域合作部门要按照各级党委、政府的工作部署和总体要求,围绕形成各有侧重的区域发展战略,准确把握区域合作的走势和需求,及时为党委、政府出谋划策,勇于承担相应的工作责任,按照统一部署推进区域合作工作。

2. 坚持优势互补、互利共赢。区域合作的实质是不同区域之间通过比较优势的交换,实现互惠互利和合作双赢。实践证明,只有立足区域特色和优势互补,能够促进双方共同发展的合作才是可行的和可持续的。"十二五"时期,要着力发挥各地区比较优势,致力于促进区域合理分工,既要打破垄断,鼓励有序竞争,又要避免产业同构和重复建设,防止恶性竞争和无序发展。各地要在发展自身优势上多下功夫,努力形成各具特色的产业结构,在区域合作中获取更大利益。有关区域合作组织要进一步发挥自身作用,深入推进区域联合协作,促进资源要素和市场的交换。

3. 坚持统筹兼顾、突出重点。随着区域合作工作领域越来越宽泛,任务越来越繁重,在这个过程中既要学会"弹钢琴",统筹推进各项工作;更要把握重点、突出要点,不能眉毛胡子一把抓。"十二五"时期,区域合作工作要把重点放在打破垄断、打破封锁上,推动建立统一、开放、竞争、有序的市场体系。具体地讲,要以打破垄断封锁和加强重大基础设施对接为切入点,推进区域经济一体化;以推动产业承接转移为抓手,推进产业结构调整和优化区域布局;以加强和改善对口支援为重要途径,加快欠发达地区发展步伐;以协调解决重大社会与自然矛盾为契机，着力构建和谐的区域发展环境；以加强资源与市场合作为重点，推进国际区域合作。

4. 坚持分类指导、一体推进。推进区域合作，既要注重结合各自的特点和需要，又要强调服务全局的部署和要求。"十二五"时期，要进一步加强对区域合作的统一规划，按照体现战略性与务实性、长远性和阶段性相统一的原则，对全国区域合作工作的指导思想、发展目标、基本原则、重点领域、主要任务、具体步骤等进行系统思考和整体安排。同时，要坚持因地制宜、实施分类指导，从不同地区、不同领域的实际出发来推动工作。东部发达地区可围绕促进产业转移、加快发展方式转变来展开，全方位提高对外开放合作水平；中西部欠发达地区要在营造良好的承接产业转移环境、促进基础设施互联互通、破除体制机制障碍等方面加大工作力度；沿边地区可积极利用特殊区位优势和现有合作平台，积极与周边地区和国家开展合作，充分利用国外资源和市场发展自己；沿江沿河地区可以依托水运航道建设，充分加强流域沿线城市之间的经济协作。

5. 坚持开拓创新、双轮驱动。区域合作的开展，离不开政府的指导和调控，同时也要发挥好市场的力量和作用。"十二五"时期，要更加注重市场作用和政府力量的有机结合，通过开拓区域合作的工作领域和创新工作方式，促进区域合作向纵深发展。既要合理借助行政力量引导区域合作的方向，建立必要的政府间合作协调机制，及时解决区域合作中出现的重大争端，积极推动基础设施、公共服务、社会管理等的一体化建设；又要充分借助市场机制，以比较优势为前提、经济利益为基础、互利共赢为目标，不断拓展区域合作的内容，创新区域合作的方式，促进产业转移与承接、资源要素流动与交换、企业联合重组与专业化分工、市场发展与一体化建设等。特别要注意借助信息网络等新的技术手段，采取与时代发展密切接轨的新形式，为寻求区域合作机会创造更为便捷的条件，提高区域合作工作的效率和效益。

6. 坚持远近结合、固本强基。做好区域合作工作，必须在着力解决当前突出矛盾和关键问题的同时，切实推动建立有利于促进区域合作的体制机制。"十二五"期间,要把研究制定促进区域协调发展、加快推进区域合作的法律法规工作制度建设摆在更加重要位置,力争早日使区域合作工作"入制度之轨,上法律之道"。要着力解决区域合作法制基础薄弱问题,抓紧制定促进区域协调发展条例,并适时启动推动区域合作工作的有关指导意见的制定工作;各地方可根据实际情况,制定和完善与区域合作相关的地方性法规,建立健全推动区域合作的体制基础与法制环境,增强区域合作工作的规范性,依法依规建立健全政府部门区域合作管理机构,建立多层次、多形式的区域合作组织体系。

四、2011年区域合作工作重点

2011年是"十二五"规划的开局之年。面对新形势、新任务,我们要深入贯彻党的十七届五中全会精神,认真落实中央经济工作会议部署,不断强化服务主题意识,继续加大工作拓展力度,推动区域合作工作再上新水平,确保"十二五"规划起好步、开好局。为此,重点要做好八个方面的工作。

(一)加大力度推进区域经济一体化

推动区域经济一体化发展,打破各种形式的垄断和封锁,充分发挥地区比较优势,实现区域合理分工,是促进区域协调发展的必然要求。要按照"点、线、面"相结合的原则,从重点地区、重点领域入手,共同推进区域一体化发展。

1. 要着力推动重点地区一体化。重点是加快长三角、珠三角、京津冀地区等跨省级行政区城市群的区域一体化进程,加快推进郑汴、西咸、长株潭、长吉、乌昌等省内重点地区一体化,鼓励和指导晋陕豫黄河金三角地区开展区域合作试验,支持有关地方结合本地实际,自行开展区域经济一体化探索。

2. 要着力推进重点领域一体化。要进一步加大工作力度,努力在一些重点领域和关键环节的一体化方面取得突破。从全国层面看,要按照完善社会主义市场经济体制的要求,以促进区域间资本、人才、技术、信息等生产要素自由流动为核心,着力打破行政区划,消除市场壁垒,共同打造统一、开放、竞争、有序的市场体系。从地方层面看,重点是鼓励长三角地区推进综合交通、科技创新、市场体系、生态环保、公共服务等领域的联动发展;支持珠三角地区着手推动区域规划、基础设施、产业布局、公共服务、生态环境等方面一体化;指导京津冀都市圈着重加强战略规划、产业发展、政策法规等方面的沟通与衔接。2011年上半年,争取召开一次区域合作经验交流会,认真交流有关省市在推进区域一体化方面的成功经验,探讨有利于区域一体化发展的体制机制,据此开展机关规范性文件的研究制定工作。

(二)双管齐下促进产业有序转移和承接

加快东部沿海地区产业向中西部地区梯度转移,是全球经济一体化推动下不可逆转的发展趋势,是市场经济规律作用下优化区域产业分工格局的必然要求,是更高层次开展区域合作的重要形式。2011年,要在巩固现有良好工作基础上,按照"市场导向、政府引导,优势互补、互利共赢"的原则,进一步采取有力措施促进产业有序转移和承接。

1. 全面落实相关规划和政策文件。重点是贯彻落实好《国务院关于中西部地区承接产业转移的指导意见》和《皖江城市带承接产业转移示范区规划》,支持中西部地区打造产业承接平台,优化产业发展环境。皖江城市带承接产业转移示范区是国务院批准设立的第一个产业转移示范区。示范区设立一年来,安徽省认真落实规划的各项要求,2010年前10个月实际吸引省外资金超过4000亿元。建议大家不妨到示范区实地走一走、看一看,认真学习经验,相信一定会大有收获。

2. 着力做好有关试点示范工作。积极推进连云港国家东中西区域合作示范区建设。结合实施《国务院关于中西部地区承接产业转移的指导意见》,在中西部地区选择若干条件成熟、基础较好的地方设立承接产业转移示范区,指导地方加强规划编制、规范产业园区管理,鼓励产业转出地和承接地在 GDP 分成、税收分享等方面开展机制创新，探索建立互利共赢新机制。

（三）扎实做好对口支援工作

2011 年是新一轮对口援藏、援疆工作全面启动之年。按照中央的统一部署，经中央编办批准，国家发展改革委地区司将成立对口支援处，专门负责对口支援新疆、西藏、青海省藏区经济社会发展等工作。

1. 加强组织协调。继续承担中央新疆工作协调小组经济社会发展组办公室的日常工作，做好总体协调和各类会议的筹备工作。推动建立对口支援新疆工作部际联席会议以及经济对口援藏工作协调机制。积极加强与有关部门和地方的沟通协调，研究解决对口支援工作中的重大问题。

2. 强化规划指导。会同有关方面指导编制和审核对口支援专项规划，做好政策、项目和资金等方面的协调平衡，把"输血"与"造血"、"硬件"建设与"软件"建设相结合，不断完善对口支援方式，加大对口支援力度。按照要求，2010 年 12 月有关省、市要完成援疆规划编制工作，希望大家抓紧时间，尽早提交规划。

3. 开展监督检查。有关省市要把对口支援和帮扶工作作为政府工作的重要内容，纳入当地经济社会发展规划统筹考虑，不断加大工作力度，完善支援方式，努力形成经济支援、干部支援、科技支援、人才支援、教育支援等协同推进的良好局面。2011 年适当时候，我们将组织召开对口支援工作座谈会，对工作进展情况进行阶段性检查，同时还将不定期对工作完成情况和规划实施效果进行考核和评估，总结表彰先进单位和个人。

（四）深入推动内地与港澳台合作

近年来，内地与港澳台合作与交流取得了可喜成果，合作地区由广东、福建等周邻省份扩展到广大内陆省区，合作领域也不断拓宽，成为区域合作领域的突出亮点。我们要在"一国两制"方针指引下，进一步加强和深化内地与港澳台的合作，为保持香港、澳门长期繁荣稳定，推进两岸关系和平发展做出新的贡献。

1. 继续加强现有平台建设。深入实施《珠江三角洲地区改革发展规划纲要》，全面落实《横琴总体发展规划》、《前海深港现代服务业合作区总体发展规划》和《粤港合作协议》，积极推动签署《粤澳合作协议》，加快推进港珠澳大桥等大型跨境基础设施建设和珠海横琴岛、深圳前海地区开发，密切与港澳的经济联系。深入贯彻《国务院关于支持福建省加快建设海峡西岸经济区的若干意见》，加快出台《海峡西岸经济区发展规划》，支持海峡西岸经济区在两岸交流合作中先行先试。

2. 积极打造新的合作平台。重点做好福州平潭综合试验区建设的相关工作，加快编制《平潭综合试验区总体发展规划》，争取2011年上半年上报国务院。同时，继续推动珠海横琴岛、深圳前海地区和福州平潭岛的开发建设工作，探索推进区域合作的新途径和新模式。

（五）全方位加强对外区域合作

在经济全球化和区域一体化深入推进的大背景下，区域合作不仅要立足国内，更要面向国际，在巩固和提升现有国际区域合作机制的基础上，进一步扩大合作领域，深化合作层次。

1. 深入推进与东南亚合作。加快出台《关于支持云南省加快建设我国向西南开放桥头堡的若干意见》，支持云南省研究制定《我国向西南开放桥头堡建设规划》；继续发挥广西在与东盟合作方面的重要作用，进一步做好大湄公河次区域合作、东盟—湄公河流域开发合作各项工作，积极筹备大湄公河次区域第四次首脑会议，组织编制中国参与湄公河次区域合作国家报告。

2. 积极推进与中亚地区合作。依托上海合作组织等平台，加强能源开发、跨国旅游等方面合作，进一步扩大边境贸易。加快喀什、霍尔果斯两个特殊经济开发区建设，落实好各项优惠政策，把其建成"内引外联""东进西出"的对外开放新平台。

3. 着力推进与东北亚地区合作。认真落实《中国东北地区同俄罗斯远东及东西伯利亚地区合作规划纲要》，不断提高东北地区对俄、对蒙经济合作的规模和层次。大力实施《中国图们江地区开发开放规划纲要》，充分发挥长吉图在与东北亚合作中的潜力。研究推进中国内蒙古与俄罗斯、蒙古合作以及中国黑龙江与俄罗斯合作问题。

4. 深化中欧区域政策对话机制。继续推进中欧区域政策培训项目的深入开展，积极支持和推动与欧盟等国际组织开展重大问题联合研究，做好中欧第一批合作研究成果的联合发布工作，筹备办好中欧区域政策第六次对话会。

（六）下大气力推动法律法规建设

区域合作工作能否持续有效推进，很大程度取决于能不能真正做到依法行政。目前，我国区域合作的制度基础和法律支撑还很不健全，下一步要把加强区域合作的法制建设作为工作重点，抓紧研究制定相关的法律法规。

1. 要夯实立法基础工作，积极争取各级党委、政府对区域合作法制建设工作的重视，尽快将相关工作提上议事日程。要从促进区域协调发展的大局出发，逐步清理不利于推进区域协调发展和区域合作的政策和法规。结合"十二五"规划的研究制定，把区域合作的有关内容和要求纳入全国和各地"十二五"规划纲要，要积极争取将区域合作的有关内容纳入相关法律法规。

2. 要探索推进立法试点。要围绕保障公平竞争、公正交易、维护市场秩序，保障市场主体和中介组织具有完全的行为能力和责任能力，规范政府行政权力，合理界定政府与市场、企业、中介组织关系等方面，适时选择部分基础较好的地区开展法制建设试点工作，先行探索成功经验。与此同时，争取出台《关于进一步加强和改善区域合作的意见》，用以规范和指导全国的区域合作工作。

（七）坚持不懈抓好区域合作机制建设

近年来，区域合作机制建设取得了重要成效。2011年，要适应国内外形势的新变化,以全面提升工作水平为目标,继续抓好相关机制建设。

1. 加强组织领导。要积极争取各地党委、政府的支持,进一步建立健全区域合作管理机构,理顺现有机构内部职能,有条件的地方要尽可能调整统一机构,努力争取必要的职能和手段。同时,要把政治素质好、业务能力强、进取精神足的优秀人才吸收到区域合作干部队伍中来,提高干部队伍理论素质、知识水平和道德修养。

2. 强化平台建设。要充分利用博览会、贸易洽谈会、招商会、联谊会、高层论坛等多种方式,适当整合平台资源,重点支持中博会、珠洽会、西洽会等国家级和具有重大影响力的区域合作平台建设。要围绕特色主题,积极打造各类合作试验区、示范区等新平台。

3. 完善工作体制。要切实转变政府职能,妥善处理好公平与效率、竞争与合作、市场与政府等方面的关系,切实发挥各类社会组织的作用,广泛运用联席会议制度、行业协会、商会等合作中介,努力形成政府、企业、社会团体共同参与、相互协作的良好格局。

(八) 集思广益推进各项基础工作

随着国内外经济形势的深刻变化和区域合作工作的不断深入,区域合作的内涵、外延以及工作内容和实现形式等都发生了新的变化,有必要深入开展相关研究,进一步夯实业务基础。

1. 加强基本理论研究。重点围绕新时期区域合作的主要任务和发展方向、区域合作中政府与市场的关系、区域合作的政策与制度构建等重大理论问题,开展前瞻性研究,不断丰富区域合作理论体系。

2. 加强重大问题调查研究。针对加强和完善跨区域合作机制、消除市场壁垒、促进要素流动等重大问题以及区域合作规划与区域规划的关系、产业转移与承接中转移方与承接方的利益分配、跨地区生态补偿机制、区域合作考核机制等现实问题,组织精干力量深入进行调查研究,提出具有可操作性的思路和对策。

3. 加强信息沟通与交流。通过编发简报、举办论坛、召开会议等方式，并积极借助互联网等现代化手段，加强区域合作部门的经验交流和信息共享，不断深化整个区域合作系统工作水平。

"十二五"时期是全面建设小康社会承前启后的重要阶段，2011年也是区域合作工作继往开来的重要一年，做好区域合作工作，任务艰巨，责任重大，使命光荣。全国区域合作系统的同志们要进一步发扬艰苦奋斗、勇于创新的精神，兢兢业业、扎扎实实地做好各项工作，共同铸就区域合作的新辉煌！

推进区域合作的意义、重点与机制*

区域合作系统在每年的地区工作年会之外，齐聚一堂，召开如此规模的会议，这是近些年来的第一次；举办如此高层次的区域合作论坛，也是近些年来的第一次。国家发展改革委领导对此次论坛和座谈会高度重视，并提出了具体要求。在去年的全国区域合作座谈会上，我们谈到，这些年来，经过大家的共同努力，区域合作工作取得了显著成就，呈现领域越来越宽泛、形式越来越丰富、地域越来越广泛、作用越来越重要的良好形势。可以说，区域合作系统的面貌焕然一新，区域合作的层次和水平实现了质的提升。但是，我们也能感觉到，区域合作越往前推进，无论是在理论层面还是在操作层次，都还面临着许多问题。如何适应新的形势和新的要求，深入推进区域合作，在一些关键方面继续实现新的突破，已成为摆在我们面前亟待深入探索和努力完成的重大课题。所以，我们举办这次区域合作论坛，请同志们来，特别是请一些专家学者来谈认识、提建议，就是为了梳理与解决区域合作的难题，为开创区域合作工作新局面廓清方向、探索路径。下面，我先谈三点认识。

一、推进区域合作是新形势下促进经济社会又好又快发展的重要途径

当前，国际、国内环境深刻变化，使推进区域合作显得更加重要、

---

* 本文系作者于 2011 年 7 月 13 日在湖北省武汉市召开的"区域合作论坛"上的主旨讲话。

也更加迫切。一方面，推进区域合作是大势所趋。经济全球化和市场一体化加速推进使地区间的合作与联动成为必然，置身之外几无可能，且会遭受损失。另一方面，推进区域合作是环境所逼。经过数十年的快速发展，资源要素、生态环境和地域空间对地区发展的约束日益严重，许多地方接近极限，必须通过区域合作的办法寻求新的发展空间和新的发展机遇。从总体上看，推进区域合作是新形势下我们促进经济社会又好又快发展的重要途径。

（一）推进区域合作有利于拓展发展空间

过去几十年的发展，尽管速度很快，但总体上说是粗放的，付出了耕地减少过多过快、资源开发强度过大、环境问题凸显、生态系统功能退化的代价。因此，它在增加经济总量和提升发展水平的同时，也不断缩小了持续发展的空间。就东部地区而言，土地空间和环境容量的限制日趋增强，难以继续承载和支持传统的粗放型发展模式。对中西部地区来说，土地空间和资源能源上虽还有一定优势，但相对于自身发展基础与需求而言，已显得并不宽松。在这种情势下，无论是东部还是中西部，区域合作就成为拓展发展空间、提升发展水平的重要路径。实际上，区域合作就是不同地区之间克服行政疆界的限制，相互"借"资源、"借"土地、"借"人才、"借"资金、"借"技术、"借"经验，扩大利用和配置资源的范围和开展经济活动的地域空间，在实现合理分工的同时实现优势互补和叠加。区域合作产生的是1加1大于2的效果。在资源条件日益紧张的背景下，不合作会加剧产业重复、市场同型，导致经济结构难以得到优化；不合作还会导致画地为牢，地方保护主义膨胀，恶性竞争、相互争夺日趋严重；不合作不仅不能使外部的资源为我所用，自身的优势也难以发挥。这就是说，如果我们不搞区域合作，实行各自为战，不仅不能取得超出自身之外的实惠，而且因缺乏配套条件使已有的优势也难以发挥，呈现的是1加0小于1的结果。

（二）推进区域合作有利于提升发展质量

当前，全国各地区都面临转变发展方式、提升发展质量、实现科学发展的重大任务。推进区域合作，是推动完成这一全局性历史任务的重要途径。通过区域合作，可以进一步促进资源要素的自由流动，从整体上提高资源要素的配置水平和利用效率。通过区域合作，可以推动东部地区产业向中西部地区有序转移，既为东部地区产业结构提升腾出空间，又拓展延伸了中西部的产业链条，从而促进地区经济结构的优化。通过区域合作，可以有效防止重复建设和恶性竞争，推动形成合理的区域分工格局，增强区域经济整体竞争力。通过区域合作，可以凝聚各地区力量，合力破解一些仅靠一个地区难以解决的重大"瓶颈"制约，为实现区域跨越发展创造条件和奠定基础。通过区域合作，可以逐步构建符合市场经济要求、有利于区域联动发展的管理体制和运行机制，促进全国统一大市场的形成和完善。总之，深化区域合作将有利于优化需求结构、产业结构、要素投入结构，加快经济转型升级步伐，进一步提升发展质量。

（三）推进区域合作有利于促进协调发展

当前，我国区域间发展水平不均衡、城乡发展不协调、基本公共服务差距明显已经成为区域协调发展中的突出矛盾。通过区域合作，能够实现东中西各区域间互通有无，实现优势互补、资源共享，有利于提升东部地区的产业层次和整体竞争力，加强发达地区对欠发达地区的援助和扶持，从而促进欠发达地区加快发展。进一步看，区域合作既可以是招商引资，也可以是基础设施和产业发展合作，但从深层次讲，其本质是经济的逐步融合和一体化的过程，是社会政策统一化和公共服务均等化的过程。区域合作的深入推进，将有利于推动建构跨行政区的利益协调机制，有利于加快实现区域内公用事业一体化目标，有利于实施统一的教育、文化、医疗卫生等社会政策，整合、联动与共享社会资源，从而从根本上促进平衡城市和农村、发达地区与欠发达地区、条件较好地区与条件较差地区的利益关系，推动区域协调发展。

（四）特殊形式的区域合作还有利于增进民族团结和维护边疆稳定，促进社会和谐

我国幅员辽阔，地区间发展差异较大，特别是还存在西藏、新疆、青海等集少、边、穷为一体的特殊困难地区。帮助这些困难地区加快发展，最终实现各族人民共同富裕，是我国区域协调发展的重点和难点，也是我们工作的根本出发点和落脚点。兄弟省市之间平常时日相互帮助、关键时刻同舟共济，既是中华民族的优良传统，更是我国社会主义制度的内在要求。通过开展对口支援和帮扶，把支援地区资金、技术、人才、管理等优势与受援地区的比较优势和后发优势结合起来，不仅有利于帮助受援地区将资源优势转化为经济优势，提升其自我发展能力，更能够使受援地区各族人民感受到祖国大家庭的温暖，促进各民族交往交流交融，实现边疆繁荣稳定，促进社会和谐。

二、推进区域合作要不断开拓视野、转变思路和创新模式

近年来，伴随着区域发展总体战略的深入实施，我国区域经济格局出现了积极变化，区域发展差距扩大的趋势得到有效遏制，区域发展的协调性进一步增强。但总体来看，区域发展不平衡问题仍比较突出，促进区域协调发展的任务仍然十分艰巨。特别是要认识到，随着我国社会主义市场经济体制的不断完善，区域合作的重要作用日益凸显，区域合作的内涵和特点也在与时俱进，呈现出新的时代特征。因此，进一步推进区域合作工作，必须突破束缚、更新理念、创新思维，以更宽广视野、更开放思路、更灵活方式来谋划推动，不断提升合作层次和水平，推动区域合作取得新的进展。

（一）把建设经济区作为推进区域合作的重要平台

经济区本身就是推进区域合作的一个重要载体或平台。经济区的最大的好处就是突破了行政区的限制，把资源配置和要素利用扩展到行政区以外，丰富了可资利用的条件，拓展了经济运行的空间。一般来说，地理区位适宜、内在经济联系紧密、经济发展水平大体处于同一阶段、经济互补性强的地区，都可以规划和建设经济区。这五年来，遵循经济发展的规律，从各地实际出发，国家先后推出若干个经济区，为推进区域合作搭建了重要平台。经济区的建设对促进区域协调发展起着至关重要的作用。只有推进经济区建设，才能真正打破垄断，才能突破现有行政区划造成的地区封锁和市场分割，加速形成高效统一、开放公平的市场。只有推进经济区建设，才能更好突出特色，才能做大做强各地区特色优势产业，形成规模经济效应，实现区际比较优势的交换，达到区域间互惠互利、合作双赢的效果。只有推进经济区建设，才能广泛地利用资源，才能汇聚各方面力量，共同破解发展难题，提高经济发展的速度和效益。只有推进经济区建设，才能确保进退自如，才能在大胆探索和积极开拓的同时，保持推进各重要经济社会活动的自主性，为规避风险、优化路径又留有足够的回旋余地。

基于此，应按照符合市场经济规律、体现总体规划方向、注重突出区域特色的原则，加快推进经济区建设，并根据东中西部不同的发展需求和沿海、内陆和沿边不同的地域特点，有侧重地设立各类合作试验区、示范区。从现实基础与未来需要统一考虑，一般地说，沿海地区经济区的规划与建设要有利于增强这一地区作为国际门户和开放前沿的功能，推动其进一步融入经济全球化和区域一体化进程，在更高层次上参与国际合作与竞争，继续发挥带动全国经济增长和发展方式转型的引擎作用。内陆地区经济区的规划与建设要有利于有效、有序承接国际产业和沿海产业转移，加快发展内陆开放型平台建设，培育形成若干具有特色和竞争力的产业集群及国际加工制造基地、服务外包基地，优化提升整体经济结构。沿边地区则应加快重点口岸、边境城市建设，在边境沿线有条件的地区设立一批边境经济合作区和跨境经济合作区，加强与周边国家基础设施的互联互通，发展面向周边的特色外向型产业群和产业基地，构建沿边经济带和经济走廊。

（二）把发展"飞地经济"作为推进区域合作的重要路径

"飞地经济"是不同行政地区间基于扬长避短、资源互补，依据利益共享原则或规制而建立的一种跨地域空间的合作开发模式。发展"飞地经济"有助于发达地区突破现有行政区划的限制，克服发展要素约束特别是地理空间的约束，实现借地发展，借资源发展；也有助于欠发达地区有效吸引外部投资，承接先进技术与产业，学习优良管理经验，实现跨越式发展。这是区域合作的一种重要形式，也是实现不同地区加快发展、共同发展的有效途径。

这方面已有不少成功的合作实践。新加坡与我国合作建设的苏州工业园区就是一个成功的典范。新加坡国土面积狭小，依靠数十年来不断进行填海造地，国土面积也只有700平方公里。改革开放初期，新加坡与我国苏州市合作建立了苏州工业园区，并纳入两国政府合作层次。苏州工业园区规划的面积达288平方公里，占到了新加坡国土面积的40%以上。新方在苏州工业园区开发主体企业中持有28%的股份，同时为苏州工业园区的建设配套提供其他商业性服务。苏州工业园区项目启动以来，开发建设保持快速健康发展，主要经济指标年均增幅超过30%，综合发展指数位居国家级开发区第二位。园区以占苏州市3.4%的土地和5.2%的人口创造了全市15%左右的经济总量。也就是说，中新合作的苏州工业园区不仅大大促进了苏州市的经济社会发展，也给新加坡带来了可观的利益，特别是为新加坡摆脱土地资源的束缚，拓展新的发展空间创造了良好的条件。从某个角度看，相当于新加坡通过苏州工业园区项目延伸了自己经济开发的土地面积，是一种典型的"飞地经济"。基于这种成功实践，近年来，新加坡又与内地一些省市陆续开展了一系列的类似合作，这些合作项目大大促进了新加坡经济社会的发展。去年初，国家批准设置皖江城市带产业转移示范区，第一次把发展"飞地经济"纳入国家战略层面进行规划并付诸试验。依据规划安徽设立了江南、江北两个带有"飞地经济"特征的产业集聚区,用一套新的体制机制将长三角和其他地区资源要素进行整合开发。近期,国家又批准在江苏连云港市建立东中西合作示范区,在一定程度上说,也是通过"飞地经济"模式探索东中西各地区合作开发的路径与经验。河北省在曹妃甸为内蒙古分期提供50平方公里土地,支持内蒙古设立物流基地和临港工业园区,由内蒙古投资建设煤炭、化工等产品出海码头和物流中心,依托港口发展临港工业项目。其对于双方的好处是多方面的,其中之一是,内蒙古因此获得了出海口,而河北的港口则获得了广阔的腹地。内地与港澳的合作也在进行这方面的尝试。近两年,国家先后批准横琴整体发展规划和深圳前海发展规划。横琴毗邻澳门,面积相当于澳门的3倍左右,作为"一国两制"下探索粤港澳合作新模式的示范区,它将为澳门的发展提供宽松的发展空间。前海占地约15平方公里,作为深港合作的现代服务业示范区,它无疑将为香港产业特别是服务业的拓展等提供重要的载体和平台。在目前我国经济增长的资源环境约束强化,转变发展方式、调整经济结构成为当务之急的形势下,应当把发展"飞地经济"作为深化区域合作,促进经济发展的重要手段。尤其是东部发达地区应该积极借鉴现有的成功经验,主动加强与中西部适宜地区的合作,积极探索"飞地经济"发展模式,努力拓展新的发展空间。

(三)把加快产业转移承接作为推进区域合作的重要内容

产业是经济发展的重要载体,一定程度上其发展也是经济发展本身。在经济全球化、市场一体化大势下,产业调整、升级和转移已成为经济发展和运行的主要内容。产业梯次转移也是经济发展到一定阶段,在市场经济规律作用下形成的必然结果。我国各地经济发展水平、资源禀赋、生产要素状况不同,各地区只有积极发展自身具有资源和要素基础的产业,或者因地制宜承接其他地区产业转移,才能充分发挥比较优势,实现经济转型升级,不断提高经济发展质量和水平。当前,推进产业转移与承接,有利于东部沿海地区进一步优化产业结构,转变发展方式，提升国际竞争力，拓展发展空间；有利于广大中西部地区提高资源开发利用效率，拓展产业体系，增加就业机会，加速加快工业化和城镇化进程，增强自身"造血"机能和自主创新能力。要切实把握机遇，把大力推进区域间产业转移与承接作为推进区域合作和实现东中西联动的重要内容。

近几年，区域合作系统围绕推进产业转移和承接做了大量卓有成效的工作。目前，相关政策环境良好，在批准设立了皖江城市带产业转移示范区的基础上，国家专门出台了关于中西部地区承接产业转移的指导意见。区域合作系统应把握机遇，进一步采取有力措施推进区域间产业的有序转移和承接。特别是把握好如下方面：一是强化规划指导。协调制定产业转移与承接的规划或操作方案，明确产业转移与承接的重点领域、适宜地区和操作路径，确保产业转移与承接有序、高效并形成共赢。二是坚持市场导向。遵循市场规律，尊重各类企业在产业转移中的主体地位，充分考虑区域间发展基础、生产条件和需求层次的要求，多采取利益共享机制、价值杠杆驱动等经济手段引导产业转移与承接，从而优化产业布局，防止出现行政过度干预下的恶性竞争和低水平重复建设。三是创新推进方式。协调建立跨区域产业转移与承接的强有力的领导组织机构和操作机制，建立政府、企业、社会团体等共同参与的立体网络。积极推行资源换产业、市场换产业和企业联合重组转移承接产业等多种有效形式，探索建立促进产业转移与承接的经济支撑工具和政策支持体系。

（四）把促进一体化作为推进区域合作的重要手段

区域一体化是区域合作走向纵深的重要内容和基本标志，其核心是市场一体化。推进区域一体化，有利于突破行政区的限制，实现资源要素在更大的范围内的优化配置；有利于形成市场合理分工，促进各地区比较优势的充分发挥；也有利于最大限度地动员和利用先进技术和其他有利因素，促进产业结构的优化升级。总体来看，区域一体化将不断提升地区发展的速度和效益，促进区域协调发展。应顺应经济全球化和我国社会主义市场经济发展进程不断加快的大势,进一步推动区域一体化发展,并把它作为推动区域合作、促进区域协调发展的重要手段。

推进区域一体化要坚持政府引导与市场推动相结合、全面深化与重点突破相结合的原则,并注重处理好一体发展与合理分工、积极开拓与适时规范的关系,做到科学谋划、精心组织。下一步,应着力在如下两个方面下功夫:一是由浅入深推进一体化进程。按照从易到难、循序渐进的思路,从推进基础设施一体化入手,逐步向环境保护、应急管理、知识产权保护、市场体系、公共服务等方面一体化拓展;从一般性的经济社会活动的一体化、协同性展开,逐步延伸到法律法规与制度建设层面。在这方面,应充分利用好现有基础,推动一些有条件的地区开展试验和示范,为面上积累经验,积极探索不同发展水平地区一体化的路径。与此同时,还应积极支持有关地方结合本地实际自行开展区域经济一体化探索。二是因地制宜探索一体化有效手段。要充分发挥经济手段的特殊功效,通过设立一体化的基金、建立惩罚机制等探索促进一体化深入开展的新路径;大力推动多层面协调机制的建立,及时研究解决一体化过程中碰到的困难与问题。要顺应一体化的发展方向,加强相关法律法规与制度建设,建立健全一体化的长效机制。

(五)把加强对口支援和帮扶作为推进区域合作的重要举措

对口支援和帮扶是中国的特色。近几年,国家陆续实施了多个层次的对口支援,包括对贫困地区的对口支援,专门对青海、新疆、西藏的对口支援,对三峡、南水北调等特殊工程地区的对口支援,这不仅有利于这些地方的发展,也有利于动员各个方面的力量一块实现发展,更重要的是,有利于增进各民族之间感情,维护社会稳定,发挥我们社会主义制度的优越性。改革开放三十多年来,我国各个地区经济社会都有了很大的发展,但是,由于自然、历史、人文、社会等的差异,目前我国区域发展中还存在着地区间差距过大,城乡差距过大的问题,甚至还有几千万的绝对贫困人口。这种客观实际要求我们必须进一步加强和推进对口支援和帮扶工作。在发挥市场竞争提高资源配置效率作用的同时，注重加强区域间的合作，坚持全国"一盘棋"的思想，鼓励和推动发达地区采取对口支援、社会捐助等方式帮扶欠发达地区，可以有力地促进区域协调互助机制的建立，促进地区间经济协作和技术、人才合作的不断深入。对口支援和帮扶并不是东部地区单方面地给予和付出，通过与中西部地区建立合作机制和互助机制，东部地区也可以从与中西部地区不断加强的经济技术合作、不断深化的产业分工和不断扩大的市场规模和发展空间中受益。因此，不断加强和完善对口支援工作，既是贯彻"两个大局"思想、充分体现社会主义制度优越性的必然要求，也是促进区域协调发展加快缩小地区差距的重要举措。

深化区域合作，应进一步加强对口支援和帮扶。要强化规划指导，编制和实施好对口支援的相关规划，推动把对口支援和帮扶工作作为支援方当地政府工作的重要内容，并纳入当地经济社会发展规划统筹考虑。要做好政策、项目和资金等方面的协调平衡，不断加大工作力度，完善支援方式，努力形成经济支援、干部支援、科技支援、人才支援、教育支援等协同推进的良好局面。要把对口支援和帮扶工作与区域合作工作有机结合起来，进一步完善对口支援的工作机制，建立扶贫与扶智、人才支持与项目支持相结合的长效互助机制，进一步促进"输血"帮扶向"造血"互助的转变，促进"硬件"建设与"软件"建设相结合；在对口帮扶中应该注重经济效益和社会效益两手抓，促进贫困地区经济、社会的协调发展。

三、推进区域合作必须建立有效的体制机制

良好的体制机制是深入推进区域合作的有力保障。应以打破当前阻碍区域合作的体制障碍和制度壁垒为重点，深化重点领域和关键环节的改革，加快建立符合现代市场经济要求，有利于实现区域间相互促进、优势互补、互利合作的制度体系。

（一）着力打破现有的体制机制障碍

加快建立有利于深化区域合作的完善法制环境。着力破除制造地区封锁和行政垄断的各种做法，坚决打击和抑制破坏公平竞争的各种行为，推动建立良好的市场秩序。凡是有悖于市场规律、阻碍区域互利合作的法律法规、制度办法都应及时废止。大力推进相关法制建设，结合各地实际情况，围绕保障公平竞争、维护市场秩序、规范政府行政权力、合理界定政府与市场、企业、中介组织关系等重要方面，研究制定相关规则与条例。我们正在积极推进区域合作法制建设的一些基础性工作，力争尽快出台相关的政策法规，用以规范和指导全国的区域合作工作。

推动形成有利于深化区域合作的良好政策环境。重点是完善财税政策，推进投融资体制与价格体制改革。在财税方面，继续加大对中西部地区转移支付力度，优先弥补禁止和限制开发区域的收支缺口，积极扶持老少边穷地区加快发展，缩小地区差距。全面改革资源税，积极推进环境税费改革，更好地体现资源产地和生态区域的利益。在投融资方面，推动建立有效的投融资导向机制，鼓励推进跨行政区的基础设施项目建设，促进区域间的互联互通；支持培育地方特色产业、开发地方优势资源，促进形成合理的分工格局。在价格方面，推进水价、电价及成品油价格改革，理顺天然气与可替代能源比价关系，完善资源性产品价格形成机制，使资源性产品价格能切实体现开发成本、补偿成本及环境治理成本，逐步调整到合理水平，从而平衡好资源输出地和输入地的利益关系，促进区域良性互动。

（二）着力探索区域合作的利益共享机制

实现互利共赢是区域合作的出发点和落脚点，应切实把握这一本质要求，积极探索建立相关各方实现利益共享的有效机制。这在产业承接与转移深入展开、发展"飞地经济"成为区域合作重要模式的今天，显得尤为重要。从整体上考虑，有三个方面应作为探索的重点。一是管理体制。合作方式不同，管理的具体模式也会不同。但协调、效率应是所有不同管理模式设计把握的共同原则。此外，管理体制直接影响着权利和收益的分配，在这方面，要精心设计具体的规则制度，尽可能体现公平、公正的要求。二是分配方式。地区间合作能否成功、能否持续，关键在于利益分享是否合理。在这方面，应充分考虑现有体制特点和各地发展要求，充分借鉴国际成功做法和企业合作的经验，立足于利益共享、风险共担和长远发展大胆创新。在具体操作方式上，可以把GDP、税收、利润，甚至污染排放指标、社会公共服务等都纳入共同分享范围，在充分考虑各种因素的基础上进行合理分配。三是长效机制。应把推动长期发展、分享长期利益作为建立区域合作利益共享机制的重要内容。具体而言，应通过制度安排，保障区域合作各方切实贯彻落实科学发展观，努力转变发展方式，积极推进产业结构调整优化，推动合作项目做强做大，实现可持续发展。

（三）着力打造区域合作平台

区域合作平台是推动区域合作的重要载体和依托。应按照有效整合、适度创新的思路，继续强化和创新各类平台。一是充分利用现有的博览会、贸易洽谈会、招商会、联谊会、高层论坛等多种方式开展区域合作，在适当整合平台资源的基础上，重点支持中博会、珠洽会、西洽会、津洽会、渝洽会、青洽会、兰洽会、哈洽会等具有重大影响力的区域合作平台建设。二是要发挥各类园区的载体作用，统筹规划开发区、高新技术园区、边境经济合作区、跨境经济合作区等各类园区建设，因地制宜发展特色产业园区，大力推进园区整合发展。同时，可考虑围绕不同的主题，设立各类合作试验区、示范区，使之成为推动与深化区域合作的新载体。三是要大力推进公共信息、公共试验、公共检测、技术创新等服务平台建设，加快建立区域间信用信息共享机制，支持互联网等新型合作平台的发展。此外，要充分发挥各类社会组织的作用，广泛利用各类市场中介组织，建立起政府、企业、社会团体等各方面的有机联系，推动形成区域间、城市间多层次的合作平台，努力形成全社会推动区域合作的工作格局。

区域合作的两个基点和五个转变[*]

区域合作是促进区域协调发展的重要手段,是地区经济工作的重要内容。随着国内外形势的深刻变化,区域合作的重要性和紧迫性日益显现,区域合作系统承担的使命和任务更加繁重而艰巨。昨天,我们召开了高规格的首届区域合作论坛,与会专家和区域合作机构的代表从不同角度发表了很好的意见和建议。在这个基础上,今天我们召开区域合作座谈会,目的是与区域合作系统的同志们,进一步深入分析新时期区域合作面临的环境与形势,理清今后一个时期推进区域合作的思路和目标,明确下一个阶段的重点任务和具体方式。如果说昨天的论坛主要是"务虚"的话,那么,今天座谈会则主要是"务实"。我先讲两点意见,供大家参考。

一、认清形势,把握方向,明确区域合作面临的新要求

"十二五"时期,我国经济社会发展呈现出新的阶段性特征,进一步深化区域合作既面临着难得的历史机遇,也存在着一系列尖锐挑战。我们要全面、准确地把握国内外形势发展变化对区域合作提出的新要

---

[*] 本文系作者于2011年7月14日在湖北省武汉市召开的"区域合作座谈会"上的讲话,原题为《把握形势 创新思维 进一步提升新时期区域合作水平》。

求，充分认识进一步推进区域合作的重要意义，把区域合作摆在地区经济工作的突出位置进行统筹部署。

（一）经济全球化和市场一体化的深入发展，使推进和深化区域合作成为必然选择

随着经济全球化的深入推进，世界范围内的一体化市场加快形成，生产要素自由流动与优化配置的地域范围不断扩大，世界经济关系和产业格局发生了广泛而深刻的变化。面对汹涌澎湃的经济全球化浪潮，任何一个国家或地区，都已无法偏安一隅、故步自封，游离于国际经济体系之外。唯有顺应这一潮流，迅速融入全球经济体系之中，才能有效地利用"两个市场、两种资源"，从而最大限度地获取发展利益。与此同时，随着全球产业分工的日益细化和市场竞争的日趋激烈，单靠一地一域已难以适应国际市场的瞬息万变，只有加强区域合作才能减缓全球化无序冲击带来的危害，也才能在激烈的市场竞争中处于不败之地。为此，经济全球化发生伊始，区域一体化便应运而生并随之不断扩展。经过多年探索实践，"合作"与"和平、发展"一道，已成为世界的共识和时代的主题。当然，经济全球化、市场一体化也是一把"双刃剑"，它在给区域合作带来重大机遇的同时，也带来了诸多挑战，提出了许多新问题，比如，以何种方式推进区域合作，才能最大限度实现合作各方的共赢，并使自身利益损失保持在最小程度之内；再如，如何在深化区域合作、推进区域一体化的过程中，实现合理分工，维护自身的发展特色，等等。这些问题，希望区域合作系统的同志们在研究推进区域合作工作时，能够持续关注、深入思考，提出应对之策。

（二）拓展发展空间和提升发展水平的迫切需要，使推进和深化区域合作成为必然选择

随着经济全球化、市场一体化步伐不断加快，各个国家和地区之间的经济联系更为紧密，市场更为开放，借助高科技和信息网络化，人才、信息、资本等各类要素在世界范围内的流动更加频繁而广泛。随着

信息鸿沟的逐渐消弭，生产、流通、消费等各个方面的信息沟通更为便捷和透明，拓展和深化区域合作具备了前所未有的良好基础和条件，进入大有可为的战略机遇期。实现利益最大化和经济持续繁荣是每个区域的发展目标，但任何一个区域仅仅依靠自身的资源要素条件运作，其发展潜力和空间容量终究是有限的。进一步拓展发展空间，提升发展水平，实现可持续发展，必须借助区域合作这一途径，采取"走出去""请进来"的方式，以自己的比较优势最大程度地换取其他地区的资源、资金、人才、技术和市场。可以说，在经济全球化背景下，谁更好地运用了区域合作这个手段，谁就能更好地推进对内、对外开放，谁就能不断拓展自己的发展空间、提高经济发展的水平和质量，谁也就能在激烈竞争中占据主动。

（三）促进科学发展和转变发展方式的总体要求，使推进和深化区域合作成为必然选择

经过改革开放30多年来的艰苦奋斗，我国经济社会发展取得了辉煌成绩。但我们也必须清醒地看到，我国经济社会发展中不平衡、不协调、不可持续的问题仍十分突出，主要是资源环境约束强化、投资和消费关系失衡、收入分配差距扩大、科技创新能力不强、产业结构不合理、城乡区域差距较大等。针对这些问题，党的十六大以来，中央提出了科学发展观的重大战略思想。党的十七届五中全会结合当前的世情、国情，进一步明确提出了以科学发展为主题、以加快转变经济发展方式为主线的战略要求。加快转变经济发展方式，推进经济结构战略性调整，实现科学发展成为各个区域发展的迫切要求和重大任务。区域合作是有效传导技术、人才、资金等的重要途径，各个区域要实现科学发展和转变发展方式，除了靠充分发挥本区域的优势之外，还必须依赖区域合作，积极利用外部有利条件。对于加快转变经济发展方式来说，经济结构战略性调整是主攻方向，而对此，区域合作大有可为。发达地区通过区域合作，可以把一些适宜于欠发达发展的产业转移过去，用腾退出来的空间大力发展比较高端的产业；而欠发达地区则可以通过区域合

作，积极引进发达地区的资金、技术，及时调整和提升自身产业结构。通过协作互动，还可以促进不同地区人民生活水平、公共服务水平的同步提升，加快实现基本公共服务均等化，促进区域协调发展。

二、转变观念，创新方式，促进区域合作实现新转变

适应国际、国内形势发展变化提升区域合作的层次和水平，不仅要在思想上高度重视区域合作的地位和作用，同时也要在操作上不断丰富区域合作的内容和形式。

（一）在发展理念上，要把推进和深化区域合作作为推动经济社会又好又快发展的重要途径，扎实确立"两个基点"

如前所述，拓展国民经济发展空间，提高经济发展水平，增强地区可持续发展能力，很大程度上需要借助区域合作，依此借市场、借资金、借人才、借管理。深化区域合作，需要我们从传统的思维观念中走出来，进一步廓清和把握推进区域合作的出发点和落脚点。

第一，走出单纯追求自身利益最大化的思维框框，把互利共赢作为区域合作的出发点。

随着社会主义市场经济的不断发展，我国经济体系的整体性和连带性日益明显，这使深化区域合作成为必然。但是，单纯从自身利益考虑的合作在这种情势下则无法进行。这是因为，在市场机制这只"看不见的手"的作用下，参与区域合作的每个主体，都要求通过合作获取适度的利益。除非无偿支援，"只予不取"的状况不可能在实际合作活动中体现。同时，市场经济条件下各利益主体逐利的基本追求，决定了区域合作不能是"零和博弈"，或是此消彼长的争夺，而是要实现"正和博弈"，每个参与者都必须也应该能通过区域合作获得一块增加的利益。有鉴于此，进一步提升区域合作水平，要求我们树立全局观念，从仅仅

立足于自身利益考虑或期求单赢的传统观念中解放出来，真正把优势互补、互利共赢作为开展合作的基本目标，通过共同做大"蛋糕"来分享合作带来的红利。也就是说，在区域合作中，合作者不仅要考虑自身利益的增长，也要设身处地为增进对方的利益考虑。

第二，走出单纯追求经济发展速度的思维框框，把实现经济社会全面协调可持续发展作为区域合作的落脚点。

经济发展是区域发展的重要内容，但经济发展不是区域发展的全部。促进区域发展的目的是要不断满足人民群众日益增长的物质文化需求，所以，考量区域发展状况除了要看经济发展外，还必须综合考虑社会发展、生态优化、政治文明等方面的发展水平。因此，区域发展应该是全面协调可持续的发展。与此同时，经济发展也必须依赖于各个方面的共同推动，没有其他方面的协调配合，其很难持续进行。长期以来，受传统发展观念的制约，大部分地区将"发展"片面理解为经济总量的增加和发展速度的提高，而忽视了资源的节源、环境的保护和其他方面的发展。这种观念也直接影响到区域合作工作，相当一部分地区在谋求合作的过程中，将目光和工作重点放在了单纯增进经济利益和提升经济增长速度方面。因此，我们必须把思想和行为纳于科学发展观指导下，真正把握"主线"、"主题"和"主攻方向"的要求，对区域合作的指导思想、重点领域、主要任务等进行系统思考和整体安排，并真正体现在具体操作中，确保区域合作体现科学发展的需要，有利于实现经济、社会、人口、资源、环境的整体协调发展。基于区域合作的角度考虑，这样做不仅能大大拓展区域合作的空间，而且也能为实现互利共赢提供更加坚实的基础和广阔的舞台。

（二）在操作路径上，要把拓宽领域和创新形式作为推进和深化区域合作的基本任务，着力实现"五个转变"

推进和深化区域合作基本方向，一是拓展工作领域，二是创新合作方式。总结这些年区域合作的实践，适应新的形势和下一步区域合作的要求，在这两个方面应着力推进"五个转变"。

第一，要从交换式合作转变为交融式合作。

所谓"交换式合作"，就是合作各方建立在各自作为独立利益主体基础上的，局限在单个项目、单个领域里的合作。这种合作无论从内容、时间上看，还是从利益空间上看，都是相对有限的合作。今天，区域合作的内外部条件发生了重大变化，各地区之间已紧紧联系在一块。为了发展，需要拓展合作内涵、创新合作平台，实现更加紧密的合作。因此，应当从交换式合作转变为基于两者利益融合、依托新型合作平台、涉及更宽广领域的交融式合作，这是区域间共享资源、共筑市场的重要路径。在这方面，较为典型的方式就是发展"飞地经济"，即由合作双方共同开发具有特定功能的产业园区，并共享发展成果。在这方面，中新合作的苏州工业园区提供了成功的典范。近期，新加坡又与内地有关省市合作建立了天津生态城、广州知识城等，香港目前也开始了这方面的尝试。实践表明，交融式的合作能够为合作双方拓展更大的发展空间、赢得更多的发展机会，也使双方的合作更加长久，更富有质量和效率。

第二，要从被动式合作转变为主动式合作。

由于发展水平的不同，发达地区和欠发达地区在区域合作中处于不同的位势。一般地，发达地区由于经济发展水平高、体制机制比较先进，在资金、技术、人才、管理等方面具有较强优势，往往在合作中处在相对"高位"。因此，大多数时候都是欠发达地区在研究发达地区，主动学习发达地区、借鉴发达地区，合作基本上也是由欠发达地区率先推动的。应该看到，无论是发达地区还是欠发达地区，都有比较优势，既然有比较优势，就可以进行合作并在合作中相互获得益处。另外，经过多年的改革开放和不懈奋斗，原来欠发达地区的经济综合实力已显著提升，经济结构明显优化，已涌现出一批具有较强实力和竞争力的企业，一些产业、产品的发展水平已位居全国前列甚至更高。基于这种客观环境的变化，发达地区需要转换思维，从原来坐等别人上门洽谈合作，逐步转向主动寻求合作。因此，我在这里特别建议较为发达的地区也要花一些精力去研究其他地区发展状况，多用一些时间去其他地区考察走访，以此寻求尽可能多的合作空间和发展机会。发达地区应该树立一种意识，即你们所要发展的空间很大一块是在那些资源丰富、地域相对宽松的欠发达地区。当然，欠发达地区也要进一步推进区域合作，你们也要认识到，提升自身发展质量和水平在很大程度上也有赖于发达地区产业转移和其他有关因素的推动支持。总而言之，双方在合作中都要保持主动，这样，合作才能深入展开，才能取得积极成效。

第三，要从单纯国内合作转变为国内、国际互动合作。

合作本身就是开放，或者说是开放的结果。推进区域合作，必须深化开放。在经济全球化和区域一体化深入推进的大背景下，随着国内合作的空间越来越有限，要更多地把视角投向国际市场，把推进区域合作与深化对外开放紧密结合起来。在推动国内区域合作的同时，要大力开展国际区域合作，努力实现"引进来"和"走出去"的有机结合，积极拓展对外开放的广度和深度，不断开创区域合作的新局面。通过开展国际区域合作，充分利用国际先进技术、战略资源和国际市场，促进国内产业升级、技术创新、体制变革和环境改善，加速工业化、城镇化进程；通过开展国际区域合作，最大限度地化解国际环境的不确定因素，克服贸易保护主义，在世界资源、市场、技术和人才的激烈竞争中不断拓展发展空间；通过开展国际区域合作，科学灵活地运用国际规则，把体现中国国情和遵守国际规则有机结合起来，努力在所在区域打造一套有利于提升国际竞争力、防范国际风险的管理体制和运行机制。

推进国际区域合作，特别要注重两个方面：一是要继续加强平台建设。充分利用现有的国际合作架构与载体，进一步巩固和提升已有的合作活动，为地区经济发展服务。同时，要积极打造新的合作平台，不断扩大合作领域，深化合作层次。二是要完善合作机制。要适应新的形势发展要求，加强国际区域合作战略研究，从国家整体和各地区的实际出发，不断创新国际区域合作模式和机制，充分发挥不同地区的比较优势，形成参与国际合作的合力。

第四，要从依靠单一力量推动合作转变为有效动员各种力量推动合作。

随着经济格局、市场环境及发展要求等的变化，区域合作的领域与内容日益宽泛和深刻，区域合作工作与促进区域协调发展、实现国民经济长期平稳较快发展紧紧连在一起，越来越具有综合性和全局性。这种状况，不仅要求区域合作系统充分发挥主观能动性，更加扎实、更富创造性地做好自身的工作，更要求区域合作系统主动与其他机构配合，运用适宜的方式和手段，有效动员各种力量来共同推进区域合作。能不能做到这一点，决定着我们的工作质量与深度，对我们的工作能力与方式是一个考验。

必须强调的是，各种力量广泛参与的基础是合作内容本身。涉及面宽的合作内容必然会带来各方的关注和投入。因此，从长远考虑，区域合作系统的工作必须紧紧扣住促进区域协调发展这条主线，紧紧扣住促进经济社会全面协调可持续发展这个总要求。而基于现实考虑，区域合作系统的工作要按照各级党委、政府的当前工作总体部署，紧扣解决经济社会发展的突出矛盾和问题开展。但也必须强调，各方面参与区域合作的广泛性及深刻性，也取决于区域合作系统的努力。要在不断拓展合作领域和内容的基础上，通过适宜的载体和良好的方式，推动来自政府和市场的各类机构与组织开展区域合作工作。一般地，对于政府组织，工作融合、项目联动以及发展"飞地经济"等是良好的途径或载体；对于市场中介组织，可多在发挥"桥梁""纽带"作用及其具体表现形式上做文章；而对于企业组织，则应以贯彻物质利益原则为基础进行引导和推动。

第五，要从相对单一的合作领域转变为全方位推进合作。

我们多次讲到，区域合作的领域体现着工作的深度和广度，决定着工作的可持续性，从而也决定着区域合作系统的影响力和生命力。应该说，经过这些年的努力，区域合作的领域大大拓展，已从从事一般事务逐渐深入到经济社会发展的核心领域和关键环节。特别是在推进产业的有序转移与承接、推进区域一体化方面做了大量卓有成效的工作。"十二五"时期，是全面建设小康社会的关键时期，是深化改革开放、加快转变经济发展方式的攻坚时期。区域合作系统要深刻认识并准确把握国内外形势的新变化、新特点，紧扣国家经济社会发展的主题、主线和主要任务，更加务实工作，推动区域合作领域朝更加广阔的方向发展。基于已有的成绩，下一步要在以下两方面工作多下一些功夫：一是着力推进城乡统筹和一体化发展。从城乡关系角度考虑，区域协调发展的"瓶颈"在农村，而城乡统筹和一体化发展有利于从根本上解决农村面临的经济社会难题，也有利于缓解城乡发展出现的一些"病状"。要着眼于发展县域经济，强化政府对农村的公共服务，建立以工促农、以城带乡的体制机制等方面开展工作。二是着力推进公共服务均等化。逐步实现不同区域基本公共服务的均等化，是区域协调发展的根本性标志，也是社会和谐、国家安定的重要保障。要着眼于推进财税、金融等公共政策服务的均等化，推进教育、卫生、医疗、就业等社会事业公民享有的同权化，推进水、电、路、气、房等民生工程惠及全体人民等方面开展工作。

最后，我再强调一下。在去年年底召开的区域合作座谈会上，我们就推进"十二五"时期区域合作工作提出了六项要求，同时就2011年工作做了八个方面的安排。打好"十二五"开局之年的战役十分重要。区域合作系统要认真贯彻包括这次会议在内的历次区域合作座谈会精神，紧扣"十二五"时期区域合作的总体部署和今年的重点任务，积极推进相关工作。在工作方式上，建议大家进一步重视这样三个方面：一是认真总结经验。要把近几年来推进区域合作工作情况系统总结一下，肯定成绩、查找不足，梳理出可资借鉴的经验，用以指导新时期区域合作工作。二是注重集思广益。国内外环境都处在迅速变化之中，新情况、新问题层出不穷，要充分听取各方面意见，对面临的形势做出准确判断，依此形成正确的工作思路，提出务实的推进措施。三是细化操作任务。要结合本地区实际，确定工作阶段性目标，逐项分解，落实责任，有计划、有步骤地加以推进。

不断深化区域合作，努力提升区域合作水平，是推动科学发展、加快转变经济发展方式的客观要求，也是区域合作系统的职责所在。我们要解放思想，奋力创新，以饱满的精神状态和良好的工作方式，不断推动区域合作工作迈上新台阶，为促进区域协调发展、促进经济社会全面协调可持续发展作出更大的贡献。

新时期对内开放合作的基本特点和主要任务[*]

会议安排我率先发言，我就不揣简陋，权且抛砖引玉。借此机会，我就新时期我国对内开放合作的主要特点和应该把握的工作重点谈一些认识和意见，主要谈一谈我国对内开放合作的主要进展、当前的基本要求、下一步的工作取向。

对内开放合作与对外开放合作可谓一体两部，相互联系、相辅相成，协调一致成为充分利用国际、国内两个市场、两种资源的重要手段和有效途径。对一个国家而言，对内开放合作更具基础性地位，且自主可控。过去几十年来，我国对内开放合作不断深化，对推动区域协调发展、促进国家经济、社会持续向好运行发挥了重要作用。在市场一体化发展不断深化、现代共享技术普遍应用、地区间经济联系日益紧密的今天，对内开放合作的重要性进一步凸显。但要使对内开放合作取得更大的进展并发挥更大的作用，就必须准确把握新时期所面对的基本要求和主要任务，从实际出发，选定工作方向和推进举措。据此，我主要谈两个方面的问题。

一、新时期对内开放合作的基本特点与要求

我国对内开放合作是一步一步地走向深入的，新时期对内开放合作

---

[*] 本文系作者于 2020 年 6 月 14 日在上海市召开的"在疫情防控常态化下的上海对内开放与合作交流专家咨询会"上的讲话。

的特点或要求是过去一些年来对内开放合作自然演进的结果。改革开放前，区域间的合作交流主要由行政力量推动、按行政指令进行，基本形式体现为地区间的学习访问、支持帮助。基于经济发展需要的对内开放合作交流，是伴随着改革开放进程兴起和发展的。区域对内开放合作经历了思想上由被动到主动、领域上由狭窄到开放、内容上由浅层到深入的演进历程。大体上可以把过去几十年区域对内开放合作的里程划分为四个阶段。

第一个阶段：从1978年到1992年，即从改革开放之初到社会主义市场经济体制改革目标的确立这个时期。这一时期，国家明确要求积极推进对内开放，强调"对外要开放，国内各地区之间更要互相开放"，要求各地区打破封锁、打开门户，按照扬长避短、形式多样、互利互惠、共同发展的原则，大力促进横向经济联系，促进资金、设备、技术和人才的合理交流。为此，国家陆续发布了一系列政策文件，推动各个地区间开展横向经济联合。在国家政策的有力推动下，一批从事区域经济合作的组织陆续成立。这一时期的区域合作仍然以行政推动为主，合作的内容也主要集中于经济活动的表层，礼节性的访问交流较多，也形成了资金、技术等方面的一些合作互助，但实质性的项目与投资合作并不普遍。

第二个阶段：从1992年到2003年，即从社会主义市场经济改革目标提出到市场经济体制基本形成的这个时期。这一时期，在改革层面，国家明确提出，要发挥市场机制在资源配置中的基础性作用，打破地区、部门的分割与封锁，反对不正当竞争，创造平等竞争的环境，形成统一、开放、竞争、有序的大市场。在发展层面，强调正确处理发挥地区优势与全国统筹规划的关系，明确指出全国统一的经济体系和统一市场，是发挥地区优势的前提，而地区封锁和市场分割不利于生产力合理布局和资源优化配置，妨碍了地区优势发挥。同时要求经济发达的沿海省份应当分别同经济较不发达的省份签订协议和合同，采取经验介绍、技术转让、人才交流、资金和物资支持等多种形式，在互利基础上帮助他们加快发展。进一步强调要加强中部地区与中西部地区的经济联合与合作，鼓励向中西部地区投资。这一时期已着手对一些比较明显的地区封锁和市场垄断行为进行打击，地区间的开放有了一定程度的进展，地区间的合作形式也渐趋多样，洽谈会、推介会、博览会等比较热络，在人才交流、技术转让的基础上，投资合作、项目合作等也有了实质性进展，为区域间深层次开放合作打下了良好基础。

第三个阶段：从2003年到2012年，即从党的十六届三中全会提出完善社会主义市场经济体制到党的十八大提出全面深化改革的这个时期。这一时期，国家把建设统一、开放、竞争、有序的现代市场体系作为完善社会市场经济体制一项重要任务，提出要大力推进市场对内对外开放，废止妨碍公平竞争、设置行政壁垒、排斥外地产品和服务的各种分割市场的规定，打破行业垄断和地区封锁，加快建设全国统一市场的步伐。各有关部门据此推出了一系列重要举措。通过努力，各种明显的、公开的市场封锁行为得到了强力抑制，对内开放合作取得了长足进展。基于促进区域协同发展、资源要素优化配置和经济持续快速增长的需要，区域合作在国家总体战略与政策体系中的地位不断增强。党的十六届五中全会明确提出健全区域协调互动机制，并首次将这一机制细化为健全市场机制、合作机制、互助机制和扶持机制四个方面。"十一五"时期后，国家密集出台了一系列旨在推动区域协调发展、深化区域开放与合作的战略规划与政策文件，还打造了一批相关实验区或示范区。在国家的大力引导和推动下，各地思想自觉性大大增强，区域合作全面深入展开，合作领域大幅拓展，不仅涵盖了资源要素流动、基础设施建设、产业布局安排、生态环境保护、基本公共服务供给等经济社会发展的主要方面，而且涉及制度安排、政策设计等核心层面。在这个基础上，地区间、城市间的一体化尝试也开始进行。在合作的路径方式上，"飞地经济"园区、承接产业转移示范区、东中西合作示范区等各种平台应运而生，而对口支援、对口协作等传统的合作交流方式也实现了一定程度的创新发展。

第四个阶段：从2012年到今天，我国改革发展进入一个新的时期。这一时期，根据党的十八大、十九大的精神和中央作出的一系列重大战略部署，改革以"五位一体"的格局全面深化，开放依托"一带一路"倡议等支撑向纵深拓展。与此同时，一些跨区域、跨流域的重大区域发展战略陆续制定和实施。在这样的环境下，我国对内开放合作也加快推进，进入了一个新的重要的时期。

深入分析后发现，这一时期具有一些新的特点、体现了一些特殊的要求。主要有如下三个重要方面。

第一，使市场在资源配置中起决定性作用，是中国社会主义市场经济体制的本质特征，也是深化经济体制改革的基本指向，而建设统一、开放、竞争、有序的现代市场体系，则是使市场在资源配置中起决定性作用的基础。为此，必须把全面地、根本地清除各种壁垒，形成企业自主经营、公平竞争，消费者自由选择、自主消费，商品和要素自由流动、平等交换的现代市场体系作为核心使命和基本任务。

第二，开放带来进步，新时期中国的大门会越开越大，而扩大对外开放必须以更深入地实行对内开放合作为基础与前提。在新时期，对内开放合作与对外开放合作更加紧密地联系在一起。例如，没有营商环境的优化就不会有更加深入的对外开放，而营商环境的优化实际上是国家内部治理体系、运行机制和政策环境等比照国际通行标准或最佳做法的一种全面创新。这就是说，在新时期，对内开放合作的状况在很大程度上决定着对外开放的状况，进而也影响着中国整体发展的状况。必须继续深化对内开放合作，形成对外开放和对内开放有机联动、国内国际双循环相互促进的发展格局。

第三，从现实基础出发，新时期推进对内开放合作应紧扣"高层次""高质量"等关键词开展。在注意问题导向、解决薄弱环节的同时，从方向上应集中到如下几个重点方面：一是积极创造条件，推动区域一体化加快发展；二是从创新管理制度、准入门槛、技术标准等着手，着力摒除各种隐性障碍和无形壁垒；三是适应全球化发展趋势，不断完善管理规则和运作方式；四是紧扣国家重大战略决策实施或区域格局调整，不断创新合作内容和路径。

二、新时期推进对内开放合作的主要任务与路径

把握了新时期对内开放合作的基本特征和要求,推进相关工作就有了方向和路径。从总体上说,我国对内开放合作已经进入了一个新阶段,而通过优化营商环境等举措,各项实际工作也达到了一个新的水平。但具体地看,全国各地的实际进展并不平衡,因而面对的难题也个个有别。鉴于此,各地区一方面应秉持改革开放的总体方向或对内开放合作的基本要求来处理与其他地区的相互关系,另一方面应从自身实际出发科学确立工作的思路重点。

在推进对内开放合作方面,上海不仅起步较早,且一直走在全国前列,而今已站到了一个较高的平台上。与此同时,国家和各个地区也往往对上海高看一眼,赋予了非凡的使命、寄予了特别的期望。去年5月,中央作出了推进长三角区域一体化的战略决策,并明确要求上海发挥龙头带动作用。一体化是当前区域开放合作的最高层次,上海应该把握这个要求,以此为统领,协同各相关地区进一步深化区域对内开放合作,超出自身行政区域和利益范围的限制积极推进相关工作,为全国做出示范和表率。

新时期国家对内开放合作的重要使命和各地区面对的独特任务,给区域合作部门带来了新的机遇和挑战。勇于开拓天地宽、畏葸不前空间窄。区域合作部门应解放思想、摆脱束缚,以更高的站位、更阔的视界、更活的手段,坚持以主动求主导,以先行谋先机,以业绩争地位,创造性地推进对内开放合作。特别要注重两点:一是要走出就事论事的思维框框,紧扣国家重大战略实施和地方党委、政府的中心工作来开展区域合作,使区域合作工作和经济社会发展主战场紧密连接起来、深入融合进去,依此不断拓展、提升。二是要摆脱单打独斗的行为逻辑,善于借势、借力、借台,通过加强与多方面的密切合作,突破特定职能的束缚与掣肘,确立工作自信,实现行动自如。这两点都很重要,如果不

往国家战略使命和党委、政府中心工作上靠,只局限在传统的狭窄职能上做文章,你的活动圈子就会越来越小,久而久之你就被边缘化了;如果不加强同其他部门的合作联动,你就很难承担和做好那些比较重要的工作任务,久而久之你就一事无成了。所以我们强调有为才能有位,而实现有为不仅要有积极的态度,而且要有智慧的方法。

基于新时期的基本要求,基于各自具有的独特位势,基于勇于开拓的进取精神,我认为上海等地的区域合作部门在当前和未来应着力推进八个方面的工作:

第一,借鉴国际最优标准和国内最好做法,协调并协同推进长三角全域及重点领域形成保障市场机制发挥决定性作用的制度规则体系,全面排除影响统一市场形成的各种障碍。

第二,《长三角区域一体化发展规划纲要》提出了一体化建设的基本目标和主要任务,主要是立足于"一极三区一高地"的战略定位深化跨区域合作,形成一体化发展市场体系,并率先实现基础设施互联互通、科创产业深度融合、生态环境共保联治、公共服务普惠共享,推动区域一体化发展从项目协同走向制度创新。这是长三角一体化面对的重点任务,要围绕这些重点任务协同工作,持续提高一体化的水平和质量。特别要紧扣推进都市圈一体化、城乡一体化、产业合理分工、公共服务便利共享等触及地区深层利益的重点难点问题下功夫、做文章,形成实质性的成效和启迪性的经验。

这里要特别强调的是,对各个重点领域的一体化发展要有深入的、精准的研究分析。这其中有的要"同",有的则要"异"。例如,基本公共服务要同,而产业发展则要异,否则就会加剧同质化发展;有的要通,有的则要阻,例如基础设施要互联互通,而污染排放就要阻。对不同领域来说,一体化不是"一刀切";对不同地区来说,一体化也不是一个样。区域合作部门要深入一体化发展的各项工作中,深入研究后才能精准施策。

第三,结合进行根本性制度建设,协同推进长三角区域整体营商环境的不断优化。规划纲要谈到了营商环境的优化问题,我以为在实际工作中应当把它放在更加重要的位置，也就是说要把不断优化营商环境作为长三角区域一体化的核心内容和重点工作。应以公平、信用、效率为基本取向，从具体事项入手，深入到相关体制机制创新，常抓不懈，不断达到新的高度。

第四，紧扣实现高质量发展的基本方向，选择若干关乎全局且具有前沿性、引领性的重要事项，协同推进实现突破。例如，协同实施品牌引领战略，推动长三角地区全国和全球知名品牌的不断涌现。在这个方面，过去上海具有明显的优势，在地区激烈竞争的现在，上海的品牌优势体现得并不充分。就长三角区域整体看，品牌优势也不突出，应该在推进长三角区域一体化的进程中把它作为一个重要方面切实抓好，并能够尽快显现效果。再如，协同推动关键核心技术攻坚，力争将长三角打造成为全球高新技术的创新高地。

第五，重视功能载体对实现特定任务和整体发展的重要支撑作用，协同打造一批具有特色的战略平台。应围绕一体化发展的重点领域和其他重要改革发展工作，如推进产业基础高级化和产业链现代化等，在长三角地区和其他地区，联手打造一批试验区、示范区，使其既为区域发展提供有效载体，为合作各方开拓发展空间，也为深入推进区域合作提供探索平台。在这方面要开动脑筋、拓宽路径。例如，可以考虑争取有关部门支持，推动上海自贸区、长三角区域的有关自贸区在中西部合适的地区设立分园区，依托园区联动推动不同地区间的体制协同创新、产业承接配套。

第六，创造性地开展对口支援和协作。对口支援与协作是基于我国制度优势的一种特殊形式的对内合作。为使这种合作更具效率、更可持续，应努力探索将其与实现区际经济融合、优势互补和利益共享结合起来的有效途径。与此同时，要通过制度创新把单方面的无偿给予转变成为双方长期的互利合作，把双方碎片式的"就事论事"型的对接，转变成为基于经济社会发展整体统筹的全方位的联动与深层次的融合。

第七，推动形成有利于深化区域合作的政策构架与体制环境。结合一体化等的具体实践，及时提出财政、金融、产业、区域、土地、价格等方面的政策建议；积极探索建立有利于深化区域合作的利益共享模式，和涉及 GDP、税收、利润、排放等重要指标的科学分配机制。

第八，努力夯实推进对内开放合作的支撑条件。要特别重视如下一些方面：一是强化操作队伍的进取意识与业务素质。总体上看，在现实行政治理体系中，负责区域对内开放合作的工作部门地位不够显要，直接掌握的调控资源也非常有限，能够自主把握的或可能形成优势的只有积极的开创性的工作。区域合作部门及其工作人员应紧紧把握国家战略指向，深度融入经济社会发展的主战场，主动与其他部门配合，敢闯善作，做别人想不到的事、做别人不想做和做不了的事，以卓越之绩寻求前进之路和发展之位。为此，必须具有良好的理论素质和政策水平，具有丰富和深厚的业务知识；还必须适应形势发展和环境变化，对涉及区域开放合作的一些重大问题做持续的、深入的调查研究，以廓清方向、把握要义、扣住关键。二是要强化信息体系建设。借助大数据、互联网、人工智能等现代科技工具和共享技术，全面、准确地了解区域发展的实际状况和基本需求，系统掌握区域开放合作的鲜活经验和有效做法，在不断拓展业务领域的同时增强工作举措的及时性、针对性和有效性。三是强化联动机制建设。要特别重视强化三个方面的联动：与各级政府相关部门的联动，形成横纵向的高层次的协调沟通机制；与各重要经济板块和战略功能区域的联动，形成相互支撑、有效借鉴和一体发展的推进机制；与社会各方面的联动，形成政府、企业、社会有机结合、同向发力的立体性促进机制。果若如此，区域合作部门的回旋空间就会非常广阔，而行为能力就会加倍显现，我们的工作也就从必然王国进入自由王国、达到一个新的境界了。

努力开创东中西区域合作新局面[*]

这次在连云港召开的全国区域合作座谈会暨国家东中西区域合作示范区建设会议,是区域合作系统召开的一次重要会议。会议总结了近两年来我国区域合作取得的新进展和新突破,研究部署了下一步推进区域合作的工作方向和重点任务,并对推进国家东中西区域合作示范区建设作了深入讨论和相关安排。在大家的共同努力下,会议开得很成功,可以说是日程紧凑、形式多样、内容饱满、效果良好。简单概括,主要有三个方面的特点:一是"虚"与"实"的结合。会议不仅研究了区域合作的重大理论和制度法规,也探讨了推进区域合作的具体路径和支持政策,还实地考察了国家东中西区域合作示范区,体现了理论研讨和具体实践的结合。二是"点"与"面"的结合。会议既总结了全国区域合作工作取得的进展、积累的经验,也通过分组讨论和典型发言分享了各地在推进区域合作试验区、试验点所取得的成绩和经验,同时,还结合国家东中西区域合作示范区建设这一试点,进行了深入的研究和讨论。三是"近"与"远"的结合。会议既分析了当前区域合作面临的机遇和存在的问题,又对未来发展的趋势和应该作出的对策做了研究和讨论。由于这几个结合,使会议重点突出,取得了应有的效果。

今天上午,江苏省政府负责同志介绍了江苏实施国家区域发展战略、推进区域合作的有关情况和主要做法。作为在这个方面走在全国前

---

[*] 本文系作者于 2012 年 10 月 30 日在江苏省连云港市召开的"全国区域合作座谈会暨国家东中西区域合作示范区建设会议"上的讲话,原题为《把握机遇 锐意创新 努力开创东中西合作新局面》。

列的省份，江苏的经验给了我们不少的启发。三位小组召集人比较凝练地介绍了讨论中提出的一些重要观点，特别是对下一步工作提出了一些很好的建议。国家六个部门的相关负责同志结合职能介绍了这些年支持实施国家区域发展战略、促进区域合作所做的工作，并谈了下一步工作的想法。大家讲得都很好，很受启发。下面，我再强调两点，算是对会议的一个简要总结。

一、准确认识国内区域合作新形势，进一步把握区域合作工作的总体方向

当前，国际、国内政治经济形势正在发生着深刻变化，经济全球化和区域一体化的步伐仍在不断加快，我国正处在加快转变经济发展方式的关键阶段和深化改革开放的攻坚时期，区域间发展的协调性逐步增强，促进区域合作既具有前所未有的良好条件和重要机遇，又面临许多复杂难题和艰巨挑战，需要我们准确把握，妥善应对。

（一）面临的机遇

1. 国际方面，外部环境总体有利。全球共同面对、解决国际金融危机的过程，进一步强化了推进区域经济合作的共识。2008年爆发的国际金融危机还没有结束，有些领域还在蔓延，在这个过程中间，虽然出现了一些自我保护、各自为战的现象，包括贸易投资保护主义抬头、利用一些貌似市场经济的手段来排斥开放合作，但是总体来说，经济全球化、区域一体化的趋势没有改变。国际社会的基本共识是，解决危机的出路不能是"反全球化"或"去全球化"，而是进一步加强国家之间的经济合作与协调。所以，在应对国际金融危机的过程中，虽然有矛盾、有争斗，但寻求合作、实现共赢仍然是主流。进一步说，在当前国际金融危机的催化下，国际力量对比发生了有利于发展中国家的重要变化，突出的经济增长和日益上升的综合国力大大提升了新兴发展中大国

在国际舞台的地位和国际事务中的主动权,而加快发展的共同任务和应对压力特别是发达国家压力的共同使命,使这些国家成为地区和全球合作的新推力,这为我国参与国际区域合作、提高合作话语权提供了有利的外部环境。

2. 国内方面,内生动力不断增强。推进科学发展有利于加强区域合作。东部和中西部地区可以相互借助对方优势弥补不足。例如,东部地区可以借助中西部的土地、资源、市场等优势,中西部地区则可以借助东部地区的资金、人才、产业等优势,从而以区域联动和合作来推进发展方式转变,调整优化经济结构,实现地区经济又好又快发展。这就是说,贯彻落实科学发展观为深化东中西地区的合作互动创造了契机、增加了动力、拓展了空间。区域战略和政策的深入实施有利于推动区域合作。"十一五"时期以来,为促进区域协调发展,国家密集出台了一系列区域规划和政策文件,而这些区域政策或规划文件,不仅在总体上较为充分地体现了区域合作联动的内涵,而且一般都设有专门的篇章论述区域合作与开放。其中,部分规划和文件本身就是专门论述区域合作开放的,这些规划和文件的实施,为深化区域合作指明了方向,明晰了道路,也提供了有力保障。政府能动性不断增强有利于拓展区域合作。建立开放型经济体系和实现一体化发展的大势,以及更大范围配置资源,更有效拓展发展空间的要求,大大增强了地方政府推动区域合作的能动性。这些年,各地通过区域合作获得了实实在在的利益,因而在实际工作中,更加重视区域交流与合作,自觉强化了区域合作部门的力量,推动成立了一批区域合作组织,对合作系统的重视与指导推动不断加强。通过这些年的持续努力,区域合作工作也有了一个好的基础:区域合作领域不断扩展深化,从主要是着力招商引资拓展到推动一体化、加快产业承接转移、实现公共服务共享等核心领域,打造了一批重要的合作平台和载体,这包括"飞地"经济园区、东中西合作示范区、边境经济合作区、跨境经济合作区等各类合作园区,部省联席会议制度、地区行政首长协调会、区际合作联会等各种合作协调机制,这个基础对深化区域合作至关重要。

（二）面对的挑战

1. 国际方面，不利因素不可低估。国际金融危机深层次矛盾尚未消除，新的风险又在形成和集聚，全球经济增长乏力，为避险求存，一些国家不惜采取保护与封闭措施，逆全球化和反一体化的风浪不时兴起，一定程度上会影响深化合作的大势。在国际金融危机蔓延发展的环境下，国际竞争日趋激烈，在一些领域超过了合作的力度。例如，美国提出了"再工业化"的口号，其他一些发达国家也将制造业回归作为重要政策取向；东南亚国家出台了力度很大的土地、税收、金融等优惠政策，以吸引国际资本与产业的转移。这种情势将给我国推进国际合作，拓展国际市场，承接国际产业转移等带来严重影响。

2. 国内方面，各种障碍仍然存在。从整体上看，以行政区单元为主的管理运行模式没有根本改变，现行财税、投融资、政绩考核等关键体制的缺陷没有有效割除，打破地区封锁、市场分割的体制基础还比较薄弱，不利于深化区域合作，特别是在关键领域的合作。就区域合作本身看，一方面，有利于促进合作的法律法规体系还没有形成，指导、推动和督促区域合作的组织基础、传导机制、手段体系还比较薄弱。另一方面，受行政体制、发展基础等因素的约束，区际市场化的利益分配和成果共享机制难以真正建立，不利于跨区域合作的进行和合作领域的深化扩展。

（三）正确处理好三方面关系

适应新的形势的要求，把握机遇、应对挑战，推动区域合作不断走向纵深，需要站在更高的基点上来谋划，以更加务实的举措来推动。从总体上看，要正确处理好三个方面的关系：一是整体与局部的关系。要把握经济全球化、区域一体化的发展大势，紧扣科技创新、结构调整、市场整合等关键因素与机会，从自身实际出发，充分发挥比较优势，着眼薄弱环节，寻找深化区域合作的突破口，不断拓展地域范围和工作领域。二是短期与长远的关系。要立足于持续促进经济社会又好又快发展，解决当前区域合作中面临的突出矛盾与问题，着眼于在更大范围内配置资源，培育增长潜力和整体竞争能力来看待和处理产业进退、市场开闭和利益得失等重大事项。三是继承和创新的关系。要立足于现实基础和多年工作经验，适应新的形势需要和重点任务要求，不断开拓合作领域，不断完善合作方式，坚持在继承中创新，在创新中发展。

二、围绕贯彻实施区域发展总体战略，大力推进东中西区域合作

区域合作既是区域发展总体战略的重要内容，又是贯彻落实区域发展总体战略的基本手段。要围绕区域发展总体战略及各区域规划和政策文件所提出的具体要求，把握方向，抓住关键，统筹兼顾，全面推进和深化东中西区域合作。

（一）要进一步突出工作重点

区域合作涉及领域宽广，要实现全面跃升和整体深化，必须切实抓好那些影响全局的关键领域和重点环节。基于以往的基础和经验、发展的趋势和需要，下一步要突出抓好如下几个方面：

1. 继续做好承接产业转移工作。做好产业承接转移是区域合作的重要内容，符合经济全球化、区域一体化背景下区域产业分工调整的发展趋势，符合我国加快转变经济发展方式、促进产业结构优化升级的总体要求，也符合经济发展的客观规律。在这方面，这几年我们做了不少工作，打下了一个很好的基础。下一步要继续加大工作力度，着力做好四个方面的工作：一是强化宏观指导，进一步落实好《国务院关于中西部地区承接产业转移的指导意见》，加强对产业整体布局的引导，根据需要研究制定相关配套措施，并适时开展《意见》实施情况的督查评估工作。二是推进平台建设，继续指导和推进皖江城市带、湖南湘南、湖北荆州、晋陕豫黄河金三角等产业转移示范区建设，因地制宜新建一批

具有特色的示范区，在一些关键方面开展先行先试。三是创新体制机制，加强产业合作模式、利益分享机制等的探索，推进协调机制和法律法规建设，建立起促进产业有序承接转移和创新提升的制度保障。四是促进联动发展，把产业转移和提升区域经济的质量和效益结合起来，推动东部沿海地区瞄准国际先进水平优化产业结构和提高整体竞争力，支持中西部地区通过承接产业转移实现跨越发展和转型升级。

2. 大力推进一体化建设。一体化发展是区域合作发展的基本方向和深层表现形式，是促进区域协调发展的重要路径。要认真总结已有成功经验，抓住关键环节，由浅入深推进区域一体化。一是基础设施一体化。要以互联互通、互撑互补为着力点，全面推进区际基础设施的对接，注重把硬件建设和软件管理有机结合起来，充分发挥区域重大基础设施的协同效应和综合效应。二是市场建设一体化。完善市场法规，加强协调机制建设，打造信息平台，建立信用体系，健全中介组织，努力打破行政垄断和市场壁垒，促进资源要素自由流动。三是社会管理一体化。提高社会管理科学化水平，改进政府提供公共服务方式，加强社会管理体系建设，建立健全重大决策社会稳定风险评估机制，加快建立突发事件的应急合作机制，加强跨区域生态环境建设与保护的统筹协调，积极推进公共服务设施共建共享、医保异地结算、社保可携、异地养老、流动人口与户籍人口享受同等教育服务等方面的试点工作。此外，鼓励各地区广泛开展一体化探索，运用"一体化基金"等手段推进重点领域的一体化发展，通过探索试验为全面推进一体化进程提供有益经验。

3. 积极推进对外开放。实现对内区域合作与对外开放的联动，推动实行更加积极、主动的开放战略，全面提升开放型经济水平。一是推动沿海地区深化开放，提高参与国际竞争水平。更加积极、主动融入经济全球化和经济一体化进程，大力推进产业结构转型升级和发展方式转变，不断提高自主创新能力，加快从全球加工装配基地向研发、先进制造和现代服务业基地转变。继续在重点领域和关键环节率先开展试验探索，强化法制建设与规制改革，加快建立与国际化相适应的管理体制和运行机制,增强区域国际竞争软实力。二是推动内陆地区扩大开放,打造内陆开放高地。大力推进对外开放基础设施建设,深化与沿海、沿边地区的合作与联动,切实解决内陆地区相对封闭的问题。以中心城市和城市群为依托,以各类开发区和产业聚集区为平台,积极承接国际产业和沿海产业转移,加快培育形成若干国际加工制造基地和外向型产业集群。办好综合保税区、"无水"港区、功能新区等新型开放平台,推动形成内陆开放型战略高地。支持内陆地区有条件的企业"走出去"开展境外合作,充分利用外部资源与市场。三是推动沿边地区加快开放,与周边市场深度融合。加强规划指导,全面谋划与周边国家深化开放合作的总体战略,进一步明确重点任务与操作步骤。推进重点地区的沿边开放,把黑龙江、吉林、辽宁、内蒙古建设成向东北亚开放的重要枢纽,把新疆建成向西开放的重要基地,把广西建成与东盟合作的新高地,把云南建成向西南开放的重要"桥头堡"。近期要启动与哈萨克斯坦、吉尔吉斯斯坦共同编制毗邻地区区域合作规划工作。制定和实施特殊开放政策,加快重点口岸、边境城市、边境(跨境)经济合作区和重点开发开放试验区建设,加强基础设施与周边国家互联互通,发展面向周边的特色外向型产业群和产业基地。

4. 继续深化对口支援和对口协作工作。对口支援和对口协作是区域合作的一种特殊形式,符合中国国情、具有特殊优势。这些年来,对重点地区和重点领域的对口支援与协作深入展开,取得了显著成绩。区域合作系统要把推进对口支援和对口协作作为深化区域合作的一项重要任务,会同有关部门积极加以推进。一是促进智力支援。充分借助各类制度平台和经济手段,推动各种人才和各类经济组织加强与受援地区的交流与合作,推动经济支援与干部支援、科技支援、人才支援、教育支援等工作在更深层次上有机结合,夯实受援地区发展的智力基础。二是推动合作共建。积极发挥沟通协调职能,围绕强基础、兴产业、惠民生等关键领域,通过合办企业、共建园区、联合开发等多种方式,在强化受援地区自我发展能力的基础上,实现援受双方的优势互补、互利共赢。三是探索协调机制。发挥区域合作系统优势,着力形成多层次的区域合作交流机制,协调解决对口支援和协作中的重大问题。根据援受双方资源、经济等方面的条件状况,推动形成稳固的结对关系和互补机制。适应促进合作共建的需要,探索建立合作双方适宜的经营管理、利益分配和成果共享机制。

(二)要有效利用好重大平台

这些年,基于一些地区的比较优势,立足于试验示范,国家建立了一系列的经济区、功能新区和合作示范区,要有效运用好这些重要的平台和载体,不断拓展区域合作的深度和广度。

1. 推进经济区重点领域合作,积极推动区域经济社会全面发展。从某种意义上说,经济区建设的核心就是合作,即突破行政区的限制,推动资源要素在更广阔的范围内自由流动和优化配置,因此区域合作系统大有可为。要结合实施经济区区域发展规划,特别是着眼于落实其中关于区域合作开放联动方面的任务,深化重点领域的工作,全面推动区域经济社会发展。要以加强跨界基础设施为基点,以促进生产要素自由流动为中心,推动打造区域统一大市场。要以发挥地区比较优势为前提,以构建优势互补的分工格局为重点,推动形成适宜的区域产业体系。要以协商解决跨区域重大矛盾问题为抓手,以实现基本公共服务均等化为核心,推动形成良好的社会管理与服务体制。

2. 推进功能新区创新发展,大力促进重大事项先行先试。功能新区是国家基于落实重大发展战略和重大改革开放任务而设立的具有特殊功能、承载特殊使命、赋予特殊政策的战略平台,在诸多方面具有先行先试权利。区域合作系统要充分发挥自身优势,积极配合有关部门推进功能区建设,着眼于全面实现和提升新区功能开展先行先试。对处于开放程度较高地区的功能新区,如上海浦东新区、天津滨海新区、广州南沙新区等,要通过深化合作,广泛借鉴国际经验,着力突破政府管理体制、经济运行方式、社会服务等方面的体制障碍,率先建立起符合社会主义市场经济要求、与国际通行做法相衔接的经济运行规则体系和制度环境;对处于内陆地区的功能新区,如重庆两江新区、甘肃兰州新区等，要通过深化合作，广泛运用各方资源，打破行政局限和条件束缚，着力探索跨越发展和转型发展有机统一的路径，推进形成内陆型开放高地和支撑区域经济又好又快发展的增长极。

3. 推动合作示范区共建互动，努力探索区域合作的新模式和新路径。各种不同类型的合作示范区是深化区域合作最重要、最直接的载体和平台，因而是区域合作系统工作的重要舞台。要加强对合作示范区建设的宏观指导，科学编制总体和专项规划，及时协调解决建设中出现的突出矛盾和问题，并适时评估合作的进展与成效。要围绕区域经济社会发展，积极探索合作示范区发展的模式和路径，特别是要在形成统一协调规范的管理体制、灵活有序高效的运行机制和公平效率特色的分配制度方面积极探索，积累经验。

特别需要指出的是，2011年5月，国务院印发了《关于国家东中西区域合作示范区建设总体方案的批复》（国函〔2011〕61号），批准在江苏省连云港市设立国家东中西区域合作示范区，并原则同意示范区建设总体方案，这是从国家层面加强东中西区域合作、推动区域合作体制机制创新而做出的重要战略决策。东中西区域合作示范区的建设，不仅关系到连云港市、关系到江苏省，也关系到国家大局，我们要共同努力把它建设好，使其成为各地合作的重要平台和试验载体，成为促进区域战略落实、推动国家经济又好又快发展的示范基地。下一步，要重点抓好以下工作：一是加强总体指导。有关方面应以国家批复的示范区建设总体方案为纲，高水平做好土地、城市、交通等专项规划的编制工作，并适时对方案实施情况进行跟踪分析、进展评估和督促检查。二是落实支持政策。目前，国家已经从财政、投资、土地、开放、金融等方面明确了支持示范区建设的政策，有关方面应尽快制订实施细则，确保支持政策及时到位、发挥实效。三是推动体制创新。示范区建设成功与否关键在于创新，示范区要充分用好国家赋予的创新权利，大胆实践，在体制机制创新方面先行先试，为推动区域协调发展提供经验示范。四是建立联动机制。要研究建立有效机制，既要鼓励安徽、河南、陕西、甘肃、新疆等新亚欧大陆桥沿线省区乃至全国各省市共同推进合作示范区的发展，又要探索连云港合作示范区"走出去"，同其他省市开展深度合作的途径，从而形成更加深入的联动发展格局。

（三）要不断创新体制机制

深化区域合作，实现区域间的协调互动和一体化发展，建立互利共赢的开放型经济体系，关键在于推进体制创新。要抓住一些重点环节，探索形成符合国情、区情和市场经济要求，有利于不断推进区域合作的体制机制。

1. 建立健全区域合作的协调和管理体制。这些年，各个地方围绕深化区域合作，在区际协调和管理方面做了许多有益的探索，形成了颇具特色并富有成效的协调和管理体制。要认真总结成功经验，继续开展相关探索。要充分发挥省部联席会议的作用，充分调动各个方面的积极性，形成共同谋划、多方解困、集体推动的协调管理体制。要推动建立区域内各行政区首长和相关层面的沟通交流平台，努力形成区域内的自协调系统，及时谋划重大事项和解决突出矛盾。要积极推动建设非政府组织沟通交流体系，充分发挥中介组织、社会团体等在促进区域合作中的"桥梁"和"纽带"作用，增强合作机制的多元性和灵活性。

2. 探索形成互利共赢的利益分配模式。建立合理的利益分配机制是深化区域合作的根本支撑。要积极探索建立区域合作利益补偿机制，推动形成完善的生态环境质量及对区域间影响的评价体系，逐步建立以"谁开发谁保护、谁受益谁补偿"为基准的市场化生态补偿机制；推动深化资源性产品价格改革，逐步建立起平衡资源输出地和输入地利益关系的补偿机制；推动理顺重要农产品产区与销区的利益关系，逐步形成惠农增粮、农业现代化工业化城镇化"三化"协调的补偿机制。要积极探索建立合理的利益分配与成果分享机制，强化跨地区投资、产业转移等重大事项利益分享的政策安排和制度设计，逐步形成指标健全、权重合理、比例得当的较为完善的分配体系。要着力探索"飞地经济"园区利益分配和成果共享的模式，力求在产值、税收、利润、节能减排等重要指标的区际分割上实现突破。目前，连云港国家东中西区域合作示范区正在研究探索先导区产业转移利益共享政策、排污权跨区域跨产业调剂交易制度等，这是非常有益的尝试。

3. 加快建立有利于深化区域合作的法制环境。健全的法律法规体系是深化区域合作的重要保障。这些年，我们一直着力于此开展相关工作，有了一定基础，但这仍然是薄弱环节。完善区域合作的法律法规从方向上应体现两点：一是优化空间布局，明确主体功能，体现比较优势，理顺区际利益关系；二是打破垄断，破除封锁，扩大开放，促进协调，实现一体发展。在这两个方面，我们已做了比较扎实的前期工作，也有很好的实践经验，期望各个地方以此为重点，结合自身实际积极探索，推动形成促进区域合作的规范化、制度化安排，为国家制定相关法律条文提供依据。

深化区域合作涉及方方面面，在抓好上述重点工作的同时，要统筹考虑、一体推进。讨论中，大家就深化区域合作提出的一些意见和建议，我们将逐条梳理、认真研究、科学把握、积极采纳。

这次会议就要结束了，希望大家认真领会本次会议精神，并切实贯彻到工作实践中。区域合作工作正处于一个关键的节点上，有百尺竿头更进一步的条件，也有逆水行舟不进则退的风险，关键在坚持，关键在能动。实现区域合作的新突破要进一步把握好这样三点：一是坚持开拓创新。开拓创新的程度决定着区域合作深度、广度、效益和效率。要以时代理念和发展眼光来看待区域合作面临的新形势和新挑战，不断提高分析和把握重大问题的能力，以敢为人先的精神状态和实际行动，开拓区域合作的新领域和新路径，创造性地推动区域合作工作。二是注重调查研究。调查研究是深化区域合作的基础和前提。一方面要对一些涉及区域合作的重大理论问题进行深入研讨，特别要注重从战略层面、整体角度来把握区域合作的切入点和着力点；另一方面要深入实际了解具体情况，摸清问题症结所在，增强工作的针对性和务实性。在这个过程中，要注重总结经验，善于借鉴创新。三是加强队伍建设。深化区域合作归根结底取决于工作人员的素质和能力。要以塑造良好的精神风貌和过硬的业务本领为重点，切实加强队伍建设，要特别注重两个方面的建设，即在精神风貌的锤炼上要强化责任感，锻造敬业爱岗、开拓创新的良好作风；在业务本领的培养上要体现时代性，保持常学常新、与时俱进的进取状态。

风正顺、帆已悬，新时期深化区域合作任务艰巨、前景光明。我们要同心同德、再接再厉，以更加昂扬的斗志、更加扎实的工作，开创区域合作的新局面，推动区域协调发展取得新成就。

大力促进东西互动合作*

这次会议研讨的主题是"长三角一体化与东西互动",我结合这一主题谈四个观点,准确地说是提四条建议。

第一,推动长三角地区与中西部地区特别是西部地区共办改革开放试验区。通过这一举措,促进重大改革开放试验在不同区域进行同步探索,以便全面测试风险,探索多种实现路径,同时促进相对落后地区加快改革开放的进程。例如,长三角地区的有关省份可以选择西部合适的省份开办自贸区分片区,这也是一种创新。再具体一点说,上海市能否与西部尚未有开展自贸区试点的省份合作设立一个分片区,与目前中央批准的一些西部省份开办的自贸区并行开展探索试验?

第二,支持中西部地区特别是西部地区建设数字化技术体系。数字化技术降低了各地区对自然历史基础的依赖,能够帮助它们超越地理区位和发展基础重构区域经济体系。这为落后地区在新经济发展方面做到与先进地区并跑,甚至超越先进地区而领跑提供了条件和机会;也有利于落后地区摆脱空间限制,在更大范围内利用和配置资源,强化地区比较优势,并将地区比较优势提升为竞争优势和超前优势。强化数字基础设施建设、构建开放包容优质的数字经济体系,对于西部地区而言至关重要。所以,处于经济发展高地的长三角地区乃至整个东部地区,无论是从优化资源配置空间角度考量,还是从支持欠发达地区加快发展的角

---

* 本文系作者于 2019 年 12 月 17 日在浙江大学召开的"'中国区域经济 50 人论坛'第十四次专题研讨会"(浙江省杭州市)上的主旨讲话。

度考量，都应该大力支持西部地区加快建立数字化技术体系。也就是说，这样做不仅是对西部地区有好处，对东部地区包括长三角地区也有好处。一些学者认为，胡焕庸线在数字经济支撑下出现了突破，依靠数字技术，欠发达地区不需要通过人力资源的空间位移就可以实现发展的目的，也能够共享发达地区发展的成果。

第三，加强长三角城市群与中西部特别是西部城市群的联动。通过联动，推动西部地区城市群的质量提升和特色彰显。一方面，以产业转移承接为纽带与抓手，促进各自城市功能整合和比较优势提升；另一方面，通过建立适宜的机制，由易到难推动各圈带中心城市，特别是省会城市间有关重要领域的制度衔接与公共服务、社会福利共享。由重点城市、发展较好的城市来带动一般城市的发展，从而跨越地理空间，提升西部地区城市发展的质量和水平。

第四，在强化国家对中西部地区特别是西部地区战略指导的基础上实现东西战略互动。一方面，长三角地区乃至整个东部地区应将西部地区作为高质量实施长三角区域一体化发展等国家区域战略的重要支撑和依托腹地；另一方面，鉴于目前西部地区国家区域战略支撑相对薄弱的状况，西部地区应进一步解放思想，加强与长三角地区和整个东部地区的沟通交流，运用相关机制与平台，将涉及东部或长三角地区的重大战略思路、战略任务自觉地移植过来，借用或运用到自身的发展之中，并依此来倒逼西部地区的改革和创新。

通力协作实现中部地区整体崛起*

促进中部地区崛起是国家区域发展总体战略的重要组成部分。实现中部地区崛起，是中部六省三亿六千五百万人民的期望，也是实现我国经济社会全面协调可持续发展的需要。

党中央国务院从全面建设小康社会全局和建成富强民主文明和谐的社会主义现代化国家的总体目标出发，在先后提出推进西部大开发、振兴东北地区等老工业基地等区域发展战略的同时，对促进中部地区的发展做出了一系列部署和安排。2003年10月，党的十六届三中全会提出，"有效发挥中部地区综合优势，支持中西部地区加快改革发展"；2004年的《政府工作报告》进一步提出："促进中部地区崛起，形成东中西互动、优势互补、相互促进、共同发展的新格局。"2004年9月，"促进中部地区崛起"写进了党的十六届四中全会的决定。2005年10月，党的十六届五中全会通过的《建议》对中部地区的发展重点提出了明确的要求，根据《建议》形成的国家"十一五"规划，对促进中部地区崛起的基本思路与主要任务做了具体阐述。2006年4月，中央专门颁发文件，从多方面提出了促进中部崛起的政策意见。按照这一文件的要求，国务院有关部门就中部地区比照东北老工业基地和西部大开发政策等推进发展提出了配套措施。中央的战略决策与一系列政策安排，将对中部地区崛起发挥强大的推动作用。

---

* 本文系作者于2006年11月28日为《中国中部地区发展报告》蓝皮书所撰写的序言，该书由社会科学文献出版社2006年12月出版。

中部崛起具有特殊的优势。一是独特的区位环境优势。中部地区位于中国经济地理的腹地,居中独厚,维系四方,以铁路、公路、水运、航空等多种现代化运输方式组成的发达的交通运输网,承东启西、沟连南北,成为整合四方物流、八面市场的枢纽,在促进各区域的联动中起着重要的杠杆作用,中部地区也将从四面八方人流、物流、资金流的汇聚中获得益处。二是深厚的资源禀赋优势。中部地区重要和稀有矿产资源的丰度优于东部,密度高于西部,且资源配套程度较高,具有广阔的开发前景。中部地区地处温带和亚热带,气候温和,日照充足,雨量充沛,拥有宜农平原、宜林山地、宜牧草场和宜渔湖泊等多种农业自然生态系统。三是丰富的人文资源优势。中部地区是中华文化的发祥地之一,历史文化底蕴深厚,科教实力强大,大专院校集中,各类专业技术人员荟萃,是国家重要的教育科研基地。四是雄厚的产业基础优势。中部地区是全国著名的粮棉油生产基地,粮食产量、棉花产量和油料产量占全国的比重均达到40%左右。中部地区工业基础扎实,是我国现代工业的发祥地和传统的重工业生产基地,工业门类齐全,特别是煤炭采选、金属矿采、非金属矿采、金属冶炼、非金属矿物制品、交通运输设备制造、电力蒸汽水生产及供应、石油加工及炼焦等12个行业占全国比重较大,能源工业、原材料工业、制造业以及近年来发展起来的高新技术产业在全国具有较大的比较优势。五是庞大的市场需求优势。中部地区人口众多,消费潜力巨大。中部地区正处于经济结构的升级和经济发展阶段的转型时期,其较好的经济与技术基础有能力承接发达国家与地区的产业转移,有条件发展有比较优势的产业。这些特殊的优势成为中部崛起得天独厚的基础条件,将对中部发展起到重要的支撑作用。

但是,中部地区能否尽快地崛起,主要还是靠中部地区的现实的努力。这不仅需要中部各省从自己的实际出发,用好用活中央给予的各项政策措施,充分发挥自身的能动性,而且需要中部各省的同心同德、通力合作。无论是整合资源、人才、市场等方面的优势,还是克服基础设施不完整、市场体系不健全等方面的劣势;无论是承接外部产业的转移,还是推进内部创新能力的提升,都需要中部各省加强协作。团结就是力量，合作才能崛起，这是中部地区的现实选择，也是中部地区希望之途。

我们欣喜地看到，面对实现中部崛起的历史使命与大好机遇，中部六省一开始就挽起了团结协作的臂膀。不仅政府层面是如此，社会层面也是如此。湖北省社会科学院发起"中部地区六省二市社科院合作论坛"，联合中部地区社科院的相关研究力量，集中研究中部崛起进程中的整体战略和共同问题。论坛成立时间不长，其效果就已经明显体现出来。这本《2006年：中国中部地区发展报告》就是合作研究的一个结晶。这本蓝皮书不仅整体分析了中部地区的基本区情，也具体分析了中部各省的省情，不仅揭示了中部地区发展面临的机遇与挑战，也展示了各省的应对思路与战略。这是一件非常及时且有意义的工作。它不仅是对中部地区发展进程翔实和完整的记录，而且是对关系中部地区发展前景的若干重大问题的有益探索。我以为，这本蓝皮书的问世，将对中部地区发展和致力于研究中部地区发展问题的人们有所裨益。

出于对中部崛起的热情和期待，也出于对湖北省社会科学院等中部地区社科院这种合作精神的尊敬与赞赏，写了上述几行文字，不揣冒昧，是为序。

全方位深化中部地区对外开放与区域合作*

这次论坛已是中部发展论坛的第三届。连贯地看这三届论坛，可以说，论坛的主题越来越具体，研讨越来越深入，形式越来越丰富，对实践的影响也越来越直接。本次论坛以"深化对外开放与区域合作的战略与策略"为主题，既是对中部地区发展面临的新形势和新要求的准确把握，也是论坛的视角从宏观层面逐渐转向更专更细领域的具体体现。讨论这个话题很有意义。从全国看，基于全面建成小康社会的要求，前不久召开的党的十八大进一步强调了扩大开放的重要性，要求实行更加积极、主动的开放战略，全面提高开放型经济水平。从中部地区看，这些年对外开放和区域合作不断走向深入，取得了积极成效，但与其他地区相比，就自身发展的需要而言，总体水平仍比较低，还有很大的提升潜力和空间，需要进一步努力，把开放合作推向更高层次。围绕全方位深化中部地区开放合作，我讲三个观点，供大家批评。

第一个观点，开放合作已成为影响中部地区崛起的核心因素

全方位地深化中部地区的对外开放和区域合作既是大势所趋，又是环境所迫。

---

* 本文系作者于 2012 年 11 月 20 日在江西南昌市召开的"中国中部发展论坛 2012"上的主旨讲话。

深化开放合作是经济社会发展的内在要求。从本质内涵看,开放合作包括两个方面含义。一是承力借势、扩权拓利。通过开放合作,能够突破行政地域的限制,在更大范围内利用和配置生产资源与要素。生产资源与要素的有限性和需求的多样性决定了开放合作的必要性。大到一个国家,小到一个单位,都不可能拥有自身发展所需要的全部资源与要素,如果囿于一个封闭循环的圈子里运转,或者通俗地说,仅限于在自己的一亩三分地里转圈圈,就难以打破资源要素的约束,也就难以有效利用各种高端资源与先进成果提升自己的发展水平与能力。换句话说,可以通过开放合作借资源、借市场、借人才,借一些自身不具备的要素为我所用,从而拓宽了发展的空间,放大了自身的权利,最终是增强了发展的能力,提高了发展的效率。二是合理分工、优势互补。在行政主导的经济运行模式下,各地区很容易局限在自身的地理空间做文章,而这样做的结果,一方面是造成了"小而全、大而全"的发展格局,形成地区间产业结构、社会结构等的同构;另一方面是造成了相互间对资源要素的激烈争夺,从而形成了恶性竞争。从整体上看,则是经济结构的低水平重复、地区间发展的不平衡和经济社会发展的缓慢。推进开放合作则有利于在发挥各地区比较优势的基础上实现合理分工,从而最大限度地减少恶性竞争,最大限度地获得总体效益。归纳起来,开放合作的本质内涵就是一体发展、联动发展和互利共赢。从现实看,经济全球化和市场一体化的深入发展,使深化开放合作成为必然趋势。经济全球化和市场一体化使各个国家或地区直接和间接地联系在一起,难以偏安一隅,孤独求存。游离于国际经济体系之外,就会错失良机,被动挨打。而如果主动顺应这一潮流,积极推进开放合作,就能够充分利用国内外"两种资源、两个市场",最大限度地获取发展利益。

深化开放合作是促进中部地区崛起的关键环节。从当前情况看,中部地区开放合作的程度相对不足,以进出口贸易而言,在很长一个时期里,其所占的比重在全国四大区域板块中是最低的。开放合作的相对不足已成为制约中部地区加快崛起的一个核心因素。造成这种状况的根本原因是中部地区在经济体制转轨过程中环境条件的变化。在计划经济时代乃至改革开放初期，国家经济运行处于相对封闭的环境中，国家掌控着全部生产要素，人流、物流、资金流主要依靠指令性计划统一调配。在均衡发展战略的指导下，这种调配往往兼顾着各个地区的需要。中部省份作为"全国一盘棋"中的重要组成部分，无疑与其他地区一样受到国家的同等关注。而中部地区具有的连南接北、承东启西的特殊区位优势，使之成为国家资源要素配置和整体经济循环的枢纽，这使其能够获得比其他地区更大的益处，相对而言，中部地区就比其他地区发展得更好一些，开放合作也就显得无足轻重了。随着改革的推进和市场经济的深入发展，市场机制逐步对资源要素的配置起基础性作用，指令性的平衡不复存在，地区间的均衡也逐渐被打破，资源要素向基础条件较好、开放程度较高的地区流动，中部地区在计划经济条件下享有的那块均衡利益已非必然。从地理区位上讲，在全方位对外开放与合作的环境下，不沿边、不靠海、作为内陆地区的中部恰恰成了一块相对封闭的区域，没有内联外接的特殊优势。除了这方面的原因外，中部地区开放合作相对不足也与思想认识不深入、体制机制不健全、操作方式不完善等密切相关。这一点还将在后面谈到。一般地说，在经济全球化、市场一体化已成大势的情况下，相对封闭或开放不足就成了"逆势而动"。从更深层次看，经济全球化、市场一体化还能带来创新成果共享、产业转移承接、先进管理体制和运行方式对接等许多方面的益处。一个地区如果处于相对封闭状态或开放不足，就等于将这些益处拒之门外，自然就谈不上借力发展、趁势而上。有鉴于此，全方位深化对外开放和区域合作是中部地区的当务之急，对于加快实现中部地区崛起至关重要。中部地区要审时度势、对症下药，抓住国家实行更加积极主动的开放战略的重要机遇，积极挖掘发展潜力，创造和放大比较优势，不断开拓有效路径，全面提高开放型经济水平，推动区域合作迈上新台阶。

第二个观点，中部地区深化开放合作有利与不利因素并存

适应国家不断深化的改革开放进程，中部地区开放合作的水平日益提高，但总体相对不足的状态仍然没有改变。在新的历史时期，中部地区深化开放合作具备不少有利条件，也存在着许多制约因素。我们要正确认识、全面把握。

中部地区对外开放和区域合作逐步向纵深发展。在经济全球化和我国全方位对外开放的背景下，中部地区克服困难、努力创造条件推进对外开放和区域合作，取得了积极的成效。这在两个方面体现得比较突出：一是反映开放合作水平的一些重要指标逐步提升。进出口贸易额是衡量国家或地区开放合作深度的标志性指标之一。这些年来，中部地区进出口贸易快速发展，贸易总额从2005年的415亿美元，增加到2010年的1167亿美元，年均增长23%；进出口总额占全国比重也从2005年的2.9%，上升到2010年的3.9%。去年以来，在国际环境十分严峻、国内经济总体不景气的情况下，中部地区进出口仍保持高速增长态势，2011年进出口总额达到1628亿美元，增幅达到39.3%，超出全国近17个百分点；进出口总额占全国的比重达到4.5%，首次超过东北地区，改变了长期垫底的状态。今年前三季度，中部地区进出口总额已超过1300亿美元，增幅达20.8%，预计全年增长仍会大幅高于全国平均水平。与此同时，利用外资的质量和水平也在持续提高。"十一五"期间，中部地区累计设立外商投资企业15900多家，比"十五"期间增长19.2%，其中大型跨国公司进入中部地区的数量明显增多，许多建立了生产基地或研发营运机构。外商直接投资的重大项目也快速增长，外资投向发生明显改变，由主要集中在房地产和商贸领域，逐步转向旅游开发、研发中心、金融、服务外包等现代服务业领域。二是推进开放合作的工作力度与措施不断增强。在这方面，中部相关省份经历了一个由

"各自为战"到"左顾右盼"再到"内外联动"的变化过程。自促进中部地区崛起战略实施以来，中部地区各省份打破自我循环的封闭状态，推进开放合作的力度明显加大。但受历史联系、地理环境和发展状态的影响，中部省份在对外联系和合作上的兴趣往往放在周边那些比较发达的地区，比如湖南、江西更多地参与了与珠三角地区合作，安徽积极融入长三角地区，山西则努力向环渤海地区靠拢等，中部地区自身之间的联系显得不够紧密，开放合作的内容也往往止于浅层。这几年，国家关于促进中部地区崛起的政策体系逐步完善，为中部各省份之间加强联系创造了良好的环境。在实际运作中，中部各省份自身之间也感觉到了一体推进、分工合作、联动发展的重要性。因此，在继续推进与周边地区开放合作的同时，内部间开放合作的欲望也不断提升，力度不断增强。举两个例子。前不久国务院批复了《中原经济区规划》，这一规划是根据2011年国务院出台的《关于支持河南省加快建设中原经济区的指导意见》的要求制定的。意见对中原经济区的范围作了一个描述，即"以全国主体功能区规划明确的重点开发区域为基础、中原城市群为支撑、涵盖河南全省、延及周边地区的经济区域"，意见出台后，不仅河南省内群情高昂，而且在周边地区也引起了强烈反响。与河南省毗邻的安徽、山东、河北、山西等省抓住"延及周边地区"这一提法做文章，积极要求加入中原经济区。所以《中原经济区规划》统筹考虑历史沿革、经济联系及相关省份的要求，将中原经济区的范围具体确定为河南全境和与之毗邻的安徽、山东、河北、山西4省的12个地级市及2县1区，区域总面积约为河南省的2倍，协调互动、一体发展的内容不仅贯穿于规划的整体，而且规划还辟有专门章节阐述区际的开放合作。这是一个例子。另一个例子是长江中游各城市间的合作发展。武汉城市圈、长株潭城市群和环鄱阳湖城市群是处于长江中游地区的三个重要城市群，其联动发展对于自身、所在省份、长江中游地区乃至整个中部地区都起着至关重要的作用。湖北、湖南、江西三省反应敏锐，主动加强沟通，积极推进三地以城市群为基础的开放合作，他们称之为"中三角"合作。今年初，在武汉召开了三省党政主要负责同志参加的会商会，共商联动发展、开放合作大计，签署了一系列战略合作协议，推进一些关键领域的实质性合作。以这一实践为基础，国务院颁发的《关于大力实施促进中部地区崛起战略的若干意见》明确提出，鼓励和支持武汉城市圈、长株潭城市群和环鄱阳湖城市群开展战略合作，促进长江中游城市群一体化发展。这两个例子都有力地证明了中部地区各省份间基于共同利益和比较优势的主动合作在不断的增强。还有许多例子体现了这一特点，比如最近湖南省在研究建设洞庭湖生态经济区时，主动纳入湖北省的相关地区，并邀请湖北的同志一道进行谋划。

中部地区深化对外开放和区域合作环境良好。综合分析，改善中部地区开放合作相对不足状况，全面提升开放型经济水平有着良好的外部环境和内在条件。一是整体态势有利。经济全球化、市场一体化继续加快推进，避免被动挨打和获取更大利益的需要迫使各个国家或地区必须顺应潮流，迅速融入全球经济和区域经济体系之中，这为深化开放合作奠定了坚实基础。国际范围和我国区域间的产业结构调整与转移承接深入展开，这为深化开放合作提供了丰富内容。中部地区利用这个好的大环境深化开放合作有着特殊的优势。与东部在经济社会发展水平上的距离及与西部在整体政策环境上的落差等因素，促使中部地区各省份在一体化发展趋势下越来越寻求自身的抱团发展，这有利于加快相互间的实质性开放合作步伐。中部地区在产业转移承接过程中，在地域环境和产业层次上所处的"中间性"有利于深化其与东、西部地区间的开放合作。举个例子，这几年安徽发展变化之大，令人耳目一新，这主要得益于国家实施了皖江城市带承接产业转移示范区战略，而东部沿海地区特别是长三角地区的一些产业之所以大量向安徽转移并取得显著效益，与安徽紧邻长三角地区这一区位密切相关，也与它的生产力发展水平、产业层次以及自主创新能力密切相关。此外，中部地区还是我国推进新一轮工业化、城镇化的重点区域，极具内需增长潜力，是促进我国经济和市场空间由东向西、由南向北拓展，推动区域协调发展的重要枢纽，这些都为中部地区进一步深化开放合作带来了有利条件、重大机遇和强劲动力。二是政策环境优越。进一步深化开放合作是国家确立的重要战略方针，党的十八大把推进开放合作提到了一个新的高度，提出要适应经济全球化新形势，不断拓展新的开放领域和空间，完善互利共赢、多元平衡、安全高效的开放型经济体系。从总体上看，开放合作的力度将进一步增强，体制将进一步创新，政策也将进一步强化，这无疑有利于中部地区深化开放合作。从更深层次看，在深化开放合作的进程中，区域开放格局将进一步优化，也就是协同推动沿海、内陆、沿边地区的开放。我国开放合作从沿海起步，逐步拓展到沿边，再进一步拓展到内陆地区。从现实基础出发，内陆地区将是新时期实施积极主动开放战略的重点。这给中部地区深化开放合作提供了特别有利的条件。三是现实基础较好。中部地区及其各省份在一些方面具有比较优势。如能源、有色金属等资源丰富，煤炭储量约占全国的40%，人均能源、资源拥有量居四大板块第二位，仅次于西部地区；粮食产量居四大板块首位，油料、肉类等产量也居前列，等等。此外，中部地区人口众多，人力资源丰富，市场潜力巨大，所有这些都成为深化开放合作的有利条件。四是支撑条件良好。经过这些年的努力，中部地区软硬件环境都得到了较大改善，形成了深化开放合作的良好支撑条件。"三基地、一枢纽"建设培育了一批具有竞争力的产业和富有特色的专门市场，构筑起了内联外接、便利快捷的交通运输体系。通过实施国家区域发展战略，打造了一批重要的开放合作平台，包括承接产业转移示范区、改革开放试验区、合作园区、综合保税区等，这些平台成为中部地区深化开放合作的试验田、突破口和推动源。此外，中部地区及其各省份之间还建立了中博会、中部论坛等合作交流渠道与联动协调机制。与此同时，相关的制度与法律法规体系不断完善，出台了一系列有利于开放合作、互联互通的政策措施和规章制度。在操作层面，已在许多重要领域开展了实质性的合作。

中部地区深化对外开放合作挑战严峻。应该同时看到，中部地区深化对外开放合作面临着许多方面的制约，困难和问题不可低估。从中部地区自身看，一是思想认识不足。担心开放合作会把竞争对手引进来，导致自身利益受损；单纯从自身利益考量，不懂得新形势下开放合作应建立在互利共赢的基础上；就事论事、被动应付，不善于基于全局和长远去考虑问题，不懂得依靠主动出击赢得先机；妄自菲薄、信心不足，不善于通过运用比较优势去争取开放合作的主动权和最大利益。二是体制机制还不完善。行政垄断与地区封锁仍在一定程度上存在，资源要素不能完全依市场规律自由流动，市场体系不完备，市场中介组织不发达，市场法规不健全，与国际成熟做法相对接、公平透明规范的管理体制和营商环境还没有真正形成。从区域比较的角度看，一是发展基础造成的比较劣势的影响。从理论上说，所有地区都能够通过开放合作在经济全球化、市场一体化的环境下获得利益，但受发展基础、话语权等的影响，所实际获得的利益差别很大。就全国而言，中部地区在发展基础上明显低于东部沿海地区，在政策支持程度上则整体弱于西部地区，在一些方面存在着比较劣势，在开放合作中需要运用更多的智慧、采取更加精到的策略和措施。二是地理环境造成的比较劣势的影响。如前面所提到的那样，计划经济条件下中部地区地理位置"居中独厚"的相对优势，变成了全方位开放条件下"不沿边、不靠海"的相对劣势，推进开放合作必须构筑便捷高效的交通通道、统一开放的市场体系和与国际化相适应的管理体制，但即便是这样，比之沿海、沿边地区，中部地区开放合作的难度会更大，成本代价也会更高一些。

第三个观点，中部地区深化开放合作要针对性地解决一些关键问题

适应加快实现崛起的需要，改变开放合作相对不足的状况，把中部地区开放合作不断推向新的水平，尽快打造成内陆开放高地，需要超常规思维，大力度运作。要着眼于克服薄弱环节，抓紧解决如下一些关键问题。

切实提高思想认识。想不到必然做不到，想不深必然做不好。深化中部地区的开放合作最要紧的还是要提升思想水平。要深刻认识开放合

作的本质内涵,清晰了解开放合作的重要作用。开放合作不是"引狼入室",而是引进外援;不是"放弃领地",而是拓展空间;不是"放权让利",而是固本强基。要立足高处、着眼长远谋划开放合作,统筹规划、整体考量,不以获取眼前小利而贻误长远发展,不因拘泥表面形式而妨碍实质合作。要善于换位思考,基于互利共赢、共同发展的要求积极主动地开展开放合作,努力做大"蛋糕",使合作各方共同获益。要以开放的思维思考开放合作,不断创新合作形式,拓展合作内容。开放合作既可以是引进资源、技术、资金,也可以是借鉴管理体制;既可以是实务方面的合作,也可以是共同搭建平台;既可以是不定期的交流对话,也可以是建立常态化合作机制,以扩大影响力,提升话语权。

全面完善基础设施。完善的基础设施特别是交通基础设施是有效推进开放合作的基本条件和重要支撑。要以构建全国重要的综合交通枢纽为重点和契机,全面提升中部地区基础设施水平,加快建立起结构完整、协调联动、安全高效、保障有力的综合性、现代化基础设施体系。要完善铁路网络,贯通客运专线,加强枢纽空港建设,提升干流及重要支流航道等级,进一步扩展与东部沿海、西部地区的交通通道。要加强普通国、省干线公路建设,推进国家高速公路网中部路段建设,加快构建沿长江快速通道,打通省级"断头路",有序推进城际轨道交通建设,强化中部六省之间的互联互通。加强能源基础设施建设,促进能源资源的开发、流动和利用。以信息共享、便捷通畅为重点,大力推进信息基础设施建设,全面提高信息化水平。加强口岸、园区、市场基础设施建设,努力提高便捷功能和服务水平。

充分利用功能平台。这些年来,在国家区域发展战略的有力推动下,一些地方探索建立了多种形式的区域合作平台,这是深化开放合作的重要载体和基地。要充分利用好这些功能平台,使之在创新开放合作路径、解决重大问题和促进全方位开放合作方面发挥探索、试验和引领作用。要通过开放合作平台加强对合作形式创新探索,推动发展"飞地经济""共建园区"等合作模式,促进开放合作从以项目为主体的"交换式合作"转向着眼于共同发展的"交融式合作";加强对合作内容的创新探索，紧扣一体发展和科学发展的要求，促进开放合作从一般事务性领域深入到经济社会发展的核心领域和关键环节；加强对合作机制的创新探索，建立合理的利益分享机制，促进开放合作从着眼于眼前利益转向共谋长期发展。

着力发挥比较优势。对于自身而言，比较优势是开放合作的资本；对于合作伙伴而言，比较优势是开放合作的动源。要把发挥比较优势作为深化开放合作的重要手段。要充分利用优势资源，推进产品深加工，不断延伸产业链条，做强做大优势产业，形成名牌产品和优势产业集群；要充分借助合作共建、承接产业转移等途径，积极引进和吸收先进技术与管理经验，改造提升传统产业，乘风借势，"移植"和增创发展新优势；要立足于自主创新，开展先行先试，努力培育新的增长点，推动形成新的比较优势。

积极创新体制机制。良好的体制机制是深化开放合作的强大动力。就当前而言，体制机制不完善是影响开放合作深入开展的一个关键因素。应着眼于形成高效的管理协调体制、合理的利益分配机制和稳定的法律法规体系，大力推进体制机制创新。在创新管理协调体制方面，推动建立合作各方多层次地沟通交流机制，打造运转高效、调处有力的自协调系统，及时谋划重大事项和解决突出矛盾；探索建立省部联席会议制度等多种协调机制，打造横、纵向协商管道，形成集体推动、多方解困的管理决策系统；大力发展合作中介组织，推动建设非政府组织沟通协商体系。在创新利益分配机制方面，强化跨地区投资、产业转移等重大事项利益分享的政策安排和制度设计，推动形成依据充分、指标健全、权重得当的成果分享机制；着力探索合作园区利益分配模式，努力实现地区间产值、税收、利润、节能减排等科学、合理分割；探索建立市场化的生态补偿机制，形成区际关于资源、环境、重要产品等关键因素的利益平衡格局。在法制建设方面，完善保护财产权益、健全社会信用、规范市场秩序等方面的法律法规，促进保障权利、维护公正、打破垄断，实现协调发展、一体发展；强化法律法规的稳定性和执行力，推动形成以法制约束为主体的国际化管理体制和营商环境。

不断强化政策支持。比之其他手段，政策措施更具针对性、有效性和灵活性。深化中部地区的开放合作要注重运用政策手段，适应需要不断强化政策的制定和实施。要认真梳理已有政策，合理拓展政策内涵，科学整合相关政策，最大限度地挖掘内在能量，把国家给予中部地区的各项政策特别是有利于开放合作的政策用足用活用好。要积极运用自身权力，充分发挥主观能动性，加强协调联动，协商制定地方层面的有利于深化开放合作的专门政策。要全面了解和深入研究区域开放合作中存在的突出困难和问题，加强沟通与协调，推动国家有关部门及时出台相关支持政策。

推进中部地区开放合作的挑战与对策*

感谢武汉市政府及市发改委、市发展战略研究院邀请我参加这次重要的研讨会。这次研讨会虽然是武汉发展战略研究院发起的,但是会议的主题与我们的工作密切相关,所以也相当于是对我们工作的直接支持。市领导在讲话中所提的一些思路、市发改委负责同志在报告中提到的一些对策和建议,不仅对武汉市,而且对整个中部地区推进对外开放合作都有一定的意义。今天,我想以一个学者的身份谈一些自己的看法,这样可以相对放开一点;所说的内容属于学术研讨范畴,不是官方意见,也便于大家批评和完善。

我先把话题展开一些。现在社会上的热门问题是打造中国经济升级版,推动中国经济进一步提质增效,或者说,推动中国经济进入提质增效第二季。这是相对于过去主要看重经济发展速度、实现了较高的经济增长水平而言的。对此我的理解是,要给国民经济进一步注入活力,使其实现持续的、协调的发展,这个协调是速度、质量、效益、结构的有机统一。这也就是提质增效。实现提质增效有没有潜力?当然有。我琢磨大致有这么三个方面的潜力:第一个潜力,就是把全体公民创业、创新、创造的积极性和主动性充分调动起来。简单地说,就是要采取一些措施促使每一个社会成员都增长干劲。这几天中央正在开十八届三中全会,主要议题是全面深化改革。但是改革只是手段而不是目的,深化改

---

* 本文系作者于2013年11月10日在武汉市政府召开的"中部地区对外开放战略研究专家研讨会"(湖北省武汉市)上的讲话。

革的目的还是促进国家经济社会全面协调可持续发展。要实现这一目标，光靠各级政府是不行的，还得把全体公民的积极性、创造性充分发挥起来，最重要的是调动大家创业、创新、创造的积极性和主动性，不能是一部分人干、一部分人看、一部分人还在批判，或者在干活但没有足够的积极性和创造性。如果通过改革，能够把所有人的积极性、创造性发挥出来，中国经济发展应该就能达到大家所期望的理想状态了。第二个潜力，就是把原来"一刀切"的宏观指导变成从各地的实际出发的分类施策。这个潜力也非常之大。近六七年来的我国推进区域协调发展的实践充分证明，如果能够从各个地方的实际出发进行分类指导、从而把各地比较优势充分发挥出来的话，中国经济就能实现一个大的跨越。举个家庭教育的例子。一个家庭有几个孩子，每个孩子的智力状况和兴趣爱好很不一样，如果家长不搞因材施教、分类指导，非得逼着每个孩子都去读书考学，最好都能考上北大、清华，最后可能确有一两个孩子考上了大学，但是其他孩子就被扼杀了成才的机会。因为每个孩子的特点和天赋不一样，有的爱好体育，有的善长艺术，挖掘培育他们的比较优势，他们会在其他方面创造辉煌。同样，我国疆域广阔，发展很不平衡，各地资源要素和发展基础都不一样，如果搞"一刀切"，就把地区的比较优势扼杀掉了，因而也必然会把我国经济发展的活力和潜力扼杀掉。这些年实施分类指导区域战略的效果十分显著，给区域经济发展带来了新格局，也推动了中国经济整体质量和效益的大幅提升。第三个潜力，来自更加主动和深入地实施开放合作战略。依此最大限度地乘力借势，充分利用外部资源和市场来为自己服务。也就是说，通过开放合作这种合理的途径借资源、借市场、借人才，把许多自身不具备的要素拿过来为我所用，这样就放大了自身的权利、拓宽了发展的空间，最终也增强了发展的能力、提高了发展的效率。我觉得，中国经济的潜力至少体现在上述三个方面，而扩大开放合作是其中的一个重要方面。当前的关键在于如何更深入、更策略地实施对外开放合作。就中部地区开放合作这个话题，我谈三点意见。

第一点，开放合作是经济全球化和市场一体化发展的基本内容和必然趋势，也是影响一个地区或国家经济社会发展速度与水平的决定性因素。

当今世界发展已进入了经济全球化、区域一体化阶段，任何一个国家和地区都不可能置身于这个大势之外。如果逆势而动、一意孤行，就会被动挨打、走向衰败。具体而言，融入这一过程，推进开放合作能带来什么好处？我想至少有这么四个方面：一是能够突破行政地域的限制，在更大范围内利用和配置生产要素与资源。局限于自己的一亩三分地里转圈圈，难以打破资源要素约束。突破行政区范围，打造或融入更大范围的经济区，就能拓宽经济发展的有效空间，从而放大自身配置资源要素的权利。二是能够迅速对接和利用最新科技成果、先进的管理体制和高效的运作方式。如果通过合作形成了经济区，则每个参与者就不仅能在经济区范围内有效利用各种资源和要素，还能全方位对接区内先进的科技创新成果、管理体制和运作方式，通过一体化发展增强发展能力、提高发展效率。如果通过开放融入了全球一体化进程，就能有效对接和利用全球多领域、多方面的最新发展成果。三是获得更大的解决发展难题的回旋空间。举一个例子，现在各地都面临着产业结构调整和升级问题，但是解决这一问题，仅靠各地自我循环会非常困难，必须借助更广阔的空间和市场来实现。地区产业结构优化既涉及怎么样做好先进产业的引进，又涉及部分现有产业的转移。如果有了一个大的区域空间，解决这些难题就变得比较容易，而整体优化产业结构就可能成为现实。四是有利于团结一切力量共同抵御地区和全球风险。有效的开放合作途径能够把大家紧密联系在一起，增强抵御地区和全球风险的能力。"团结力量大""兄弟同心、其利断金"，说的就是这么一个道理。

总之，在经济全球化、区域一体化的背景下，开放合作程度的高低、开放合作质量的好坏，就成为影响一个地区、一个国家经济社会发展状况的重要因素，甚至是决定性因素。这是我要说的第一点。

第二点，开放合作不足，已成为影响中部地区崛起的突出问题，但提高中部地区开放合作水平受到了一些特殊因素的制约。

这些年，伴随国家不断深化的改革开放进程，中部地区开放合作力度逐渐加大，开放合作水平日益提高，已经有了很好的基础。但是与东部沿海地区相比较，总体相对不足的状态仍然没有根本改变。在新的历史时期，中部地区深化开放合作还面临着一些重要的挑战，或者说碰到一些棘手的难题。举例来说，我们通常以进出口贸易额作为衡量一个国家或地区开放合作深度的标志性指标之一，如果用这个指标来衡量的话，中部地区的对外开放水平仍然很低。长期以来，中部地区的进出口贸易水平在四大板块中是垫底的。这几年虽然有所提升，超过了东北地区，但占全国的比重仍然很低，不仅大大低于东部，甚至低于西部，只相当于西部地区的80%多。至于对外贸易的结构、招商引资的状况等，与东部地区也有较大的差距。在计划经济时代乃至改革开放初期，国家经济运行处于相对封闭的环境中，国家掌控着全部生产要素，人流、物流、资金流主要依靠指令性计划统一调配。在均衡发展战略的指导下，这种调配往往兼顾着各个地区的需要。中部省份作为"全国一盘棋"中的重要组成部分，无疑与其他地区一样受到国家的同等关注。而中部地区具有的连南接北、承东启西的特殊区位优势，使之成为国家资源要素配置和整体经济循环的枢纽，这使其能够获得比其他地区更大的益处，相对而言，中部地区就比其他地区发展得更好一些，那时开放合作也就显得无足轻重了。随着改革的推进和市场经济的深入发展，市场机制逐步对资源要素的配置起基础性作用，指令性的平衡不复存在，地区间的均衡也逐渐被打破，资源要素向基础条件较好、开放程度较高的地区流动，中部地区在计划经济条件下享有的那块均衡利益已非必然。从地理区位上讲，在全方位对外开放与合作的环境下，不沿边、不靠海，作为内陆地区的中部恰恰成了一块相对封闭的区域。我此前在不少会议上也谈到过，开放不足已经成为影响中部地区崛起的一个核心因素。如果从合作的角度来看，受历史联系、地理环境和发展状态的影响，中部省份之间合作意识不强，往往是"各自为战""同床异梦"，左顾右盼的多，合作联动的少。比如湖南、江西更多地参与了与珠三角地区合作，安徽积极融入长三角地区发展，山西则向环渤海地区靠拢，中部地区各省份自身间的联系显得不够紧密，开放合作的内容也往往止于浅层。这几年，一方面国家关于促进中部地区崛起的政策体系逐步完善，为中部各省份间加强联系创造了良好的环境；另一方面，在实际运作中，中部各省份间也感觉到了优势互补、分工合作、一体推进、联动发展的重要性，推进合作发展的愿望与工作力度也不断增强。近几年，河南、安徽、山西等省合作推进中原经济区建设，湖北、湖南、江西等省协同推进长江中游城市群一体化发展，就是生动的例证。

  综合分析，中部地区深化对外开放合作面临着许多方面的制约，困难和问题不可低估。一是从区位条件看，正如我在前面所提到的那样，中部地区计划经济条件时期区位"居中独厚"的相对优势，已转变为全方位开放条件下"不沿边、不靠海"的相对劣势，比之沿海、沿边地区"走出去"的难度更大，要支付的成本代价也会更高一些。另外，中部地区特殊的地理环境，有利于一些省份向周边比较发达地区"投怀送抱"，而不利于内部的"精诚合作"。二是从发展基础看，一般来讲，发展条件越好的地方，在开放合作中所实际获得的利益就越多。中部地区在发展基础上明显弱于东部沿海地区，必然影响到在开放合作中的话语权和主动性。三是从政策环境看，虽然关于促进中部地区崛起的政策体系不断加强、逐步完善，但政策支持程度整体仍然弱于西部地区，政策的含金量有限。比如说税收，同为大城市，武汉执行25%企业所得税率，而西部地区的重庆只有15%，相差10个点，这对于重庆企业来说，等于多增了利润，对武汉的企业而言，等于增加更多的成本，在同等条件下企业当然愿意到西部地区去，这就给中部地区深化开放合作带来很大困难。四是从思想认识水平看，受历史与文化等因素影响，一部分领导者对推进开放合作仍然迟疑观望，不够重视；担心开放合作会把竞争对手引进来，导致自身利益受损；单纯从自身利益考量，对秉持互利共赢的原则实施开放合作缺乏认识；就事论事、被动应付，不善于基于全局和长远去考虑问题，不懂得依靠主动出击赢得先机；妄自菲薄，信心不足，缺少通过运用比较优势去争取开放合作的最大利益的能力与智慧。五是从体制建设看，行政垄断与地区封锁仍在一定程度上存在，市场体系不完备，市场中介组织不发达，市场法规不健全，资源要素不能完全依市场规律自由流动，与国际成熟做法相对接、公平透明规范的管理体制和营商环境还没有真正形成。

第三点，抓住机遇、统筹谋划、乘势而上，有针对性地解决中部地区开放合作中的一些关键问题。

辩证地看，目前中部地区深化对外开放和区域合作面临良好的外部机遇。一是整体态势有利。经济全球化、市场一体化深入发展，避免被动挨打和获取更大利益的需要迫使各个国家或地区必须顺应潮流，迅速融入全球经济和区域经济体系之中，这为深化开放合作奠定了坚实基础。世界产业变革与科技创新加快推进，我国区域间的产业结构调整与转移承接深入展开，这为深化开放合作提供了丰富内容。值此有利形势之下，中部地区深化开放合作有着特殊优势。与东部在经济社会发展水平上的距离及与西部在整体政策环境上的落差等因素，促使中部地区各省份在一体化发展趋势下越来越寻求自身的抱团发展，这有利于加快相互间的实质性开放合作步伐。在产业转移承接过程中，中部地区"中心位"的地域环境和"中间性"的产业层次有利于各省份"左右逢源""东张西望"，全方位深化与东、西部地区的开放合作。二是政策环境优越。进一步深化开放合作是国家确立的重要战略方针，党的十八大把推进开放合作提到了一个新的高度，提出要适应经济全球化新形势，不断拓展新的开放领域和空间，完善互利共赢、多元平衡、安全高效的开放型经济体系。从总体上看，开放合作的力度将进一步增强，体制机制将进一步创新，政策举措也将进一步强化，这无疑有利于中部地区深化开放合作。三是区域开放格局进一步优化。我国开放合作从沿海起步，逐步拓展到沿边，再进一步拓展到内陆地区。沿海、沿边和内陆地区的协同开放已成为大势所趋。从现实基础出发，内陆地区将是新时期实施积极、主动开放战略的重点。这给中部地区深化开放合作带来难得的机会，也提供了特别有利的条件。

为此，我们要变被动为主动，抓住这些机遇，运用更多的智慧、采取更加精到的策略和措施推进中部地区的开放合作。具体来说，要把握以下几点：

一是要解放思想，提高认识。要深刻认识开放合作的本质内涵，清晰了解开放合作的重要作用。在经济全球化的大趋势下，开放合作不是"引狼入室"，而是引进外援；不是"放弃领地"，而是拓展空间；不是"放权让利"，而是固本强基。要基于长远和全局思谋开放合作，不能固守眼前小利而牺牲长远发展，不能浮于表面热闹而不思实质合作。要换位思考，秉持互利共赢、共同发展的要求积极主动地开展开放合作，努力做大"蛋糕"，使合作各方共同获益。在现代市场经济条件下，有效的经济交易都不是你亏我盈的单方面的受惠，任何一方也不会止于只给对方带来好处，"零和博弈"无法推进开放合作。因此，互利共赢是推进新一轮开放合作的决策基础和操作前提，要通过开放合作实现优势互补和利益共享。最近中央召开的"周边外交工作会议"特别强调，要真心实意地对周边好，要以真心换真心。地区间的开放合作也是如此，既要算小账，更要算大账，不能仅仅从自身角度来考虑问题，而是要从双方和多边的角度来考虑问题，从互惠互利的角度考虑问题。还要认识到，开放合作不仅仅是为了吸引外资，最重要的是要学习借鉴先进的管理经验和技术、国际化的模式和规则。外资进来了，外资企业进来了，管理规制、关键技术也跟着进来了，这是一石多鸟的有益之举。

二是要统筹谋划，整体设计。现在社会流行讲顶层设计，谈到推进某项改革和重要工作时，总会说要强化顶层设计。推进开放合作也要做好顶层设计。我理解顶层设计有两重含义：一重是指由最高行政层级来设计，另一重是指设计最高层次的东西。我这里讲的意思是，要对中部实施对外开放有一个系统的战略考虑和总体规划，为避免歧义，我们可以叫总体设计或整体设计，一个国家也可以总体设计，一个地区也可以总体设计。据我所知，中部地区到现在为止还没有一个总体的开放合作战略设计，涉及六个省份，协调起来会有一定的难度。我认为湖北省和武汉市应当对推进开放合作做一个总体设计，要秉持国际视野，基于战略高度和长远利益对开放合作的目标、任务、路径、保障机制做出系统深入的谋划。

三是要精巧运作，乘风借势。要使开放合作不断走向深入且持续取得实效,需要优化举措、优选方式。在这方面,我认为要把握住这样四个词着力:第一个叫"筑路",也就是要构筑联系通道。一方面,要加强交通基础设施体系建设,切实提高对沿海沿边地区的通达水平;另一方面,要强化与沿海沿边地区的合作共建,通过产业园区、科创基地、"飞地经济"等密切经济联系。依托联系通道,通过一体化等途径,推进中部地区形成"准沿边""准靠海",并有效联通国外市场的格局。把中部地区的经济边界拓展到沿海和沿边。第二个叫"搭台",对接国家重大战略,借鉴长三角、珠三角地区的成功做法,积极争取或自主搭建改革开放平台,着力先行先试,建设内陆开放高地。开放合作平台的类型是丰富的,既包括保税区、试验区、口岸这类实务载体,也包括国际博览会、国际论坛这类交流模板。需要强调的是,在打造创新试验平台方面,武汉这样综合基础良好的大城市,一定要想在前面、干在前面。顺便说一句,建设上海自贸区就是上海人抓住时机主动努力的结果。我们在编制《浙江舟山群岛新区发展规划》时,明确提出舟山群岛新区可以按"加快建设舟山港综合保税区""探索建立舟山自由贸易园区""逐步研究建设舟山自由港区"三步走的思路提升对外开放层次。上海对此反应敏锐,率先向中央提出先行先试的要求,得到了中央的批准。本来推进自贸区、自贸港是建设舟山群岛新区的重要内容,但上海捷足先登,打了个时间差,抢占了改革开放的制高点。改革开放先行先试的平台有很多,先走一步天地宽,中部地区要善于搭台,紧紧扣住建立和完善社会主义市场经济体制的每一个关键环节,争取先行先试的机会和权利。第三个叫"结网",就是要广泛融入各种经济圈,借助和利用各种经济纽带拓展开放合作的空间,建立深化对外开放的支撑网络体系。许多地方特别是发达地区深谙此道,不仅积极推动本区域发展思路上升到国家战略层面,还特别注重主动融入各种经济圈之中,期求"雨露均沾"、借力借势发展自己。第四个叫"建桥",就是要建立健全合作机制。特别关键的是要建立利益共享机制或合理的利益分配机制。要实现合作各方的互利共赢,必须有体制机制做保障。"飞地"经济园区是合作共建的一种典型模式,但要真正办好这类园区,推动产业、技术等的有效转移与承接，实现经济联动发展和可持续运行，就得基于产值、税收、利润、节能减排等重要指标建立分享机制。还要建立沟通协调机制，凝聚各方力量，全方位、多层次推进开放合作。

最后，对武汉市推进开放合作提点建议。

武汉城市地位特殊，在中部地区发展中举足轻重。推进开放合作是进一步提升武汉城市品质，增强区域与国际竞争力，实现高水平发展的重要途径。武汉产业基础良好，科教实力雄厚，交通体系完备，应充分发挥比较优势，以严谨的思维、包容的胸怀、智慧的方式和精巧的操作，谋划和推进开放合作，努力打造内陆开放高地，为中部地区乃至全国做出表率。为此，应当把握好如下几点：一是要确立国际性定位。国际性定位本身就体现着开放合作的内涵与使命。相对于中部地区的其他城市，武汉的国际化程度要高一些，但还远不是具有世界影响力的国际化城市。武汉应按照建成国际上具有影响力的大都市明确定位，依此确立发展的目标与方向，同时按照国际先进标准推进软硬基础设施建设，并细化指标、项目与要求，一体优化城市结构、改善城市风貌、提升城市品质。二是要打造互动性平台。紧扣产业协同、体制对接、市场共享等核心事项，协调相关城市和地区共同建设合作平台，使其成为内引外联的重要纽带、探索创新的有效载体、引领带动的核心基地。应进一步发挥龙头作用，推动长江中游城市群、武汉城市圈等的开放合作向纵深发展。三是要争取特殊性试验。争取国家支持，积极推动重要发展思路上升到国家战略，主动作为和学习借鉴相结合，聚焦一些涉及开放合作的重要领域和关键环节先行先试，依此化解自身难题、抢占发展先机。四是要建立通用性的规则。比照国际先进做法和通行规则，不断优化城市管理体制和运行机制；探索建立完善的法律法规体系，打造开放、公正、诚信和便利的营商环境；把中国"心"和国际"范"完美地结合起来，不断提高治理水平和发展活力。

深入推进国际区域合作[*]

当前国际形势正经历深刻复杂变化,在经济全球化和继续应对国际金融危机的形势下,积极参与国际合作,在更广阔的空间和范围内配置资源,实现互利共赢成为我国的必然选择。面对新形势,党中央、国务院对我国的对外开放工作作出了一系列新的战略部署。党的十八大报告明确提出,要适应经济全球化新形势,实行更加积极主动的开放战略,完善互利共赢、多元平衡、安全高效的开放型经济体系。要创新开放模式,促进沿海内陆沿边开放优势互补,形成引领国际经济合作和竞争的开放区域,培育带动区域发展的开放高地。要统筹双边、多边、区域、次区域开放合作,加快实施自由贸易区战略,推动同周边国家互联互通。在前不久中央召开的周边外交工作座谈会上,习近平总书记强调,要更加奋发有为地推进周边外交,为我国发展争取良好的周边环境,使我国发展更多惠及周边国家,实现共同发展。党的十八届三中全会通过的《中共中央关于全面深化改革若干重大问题的决定》对构建开放型经济新体制也作出了重要部署。为贯彻落实中央的战略部署,我们专题召开国际区域合作工作座谈会。参加今天会议的单位主要是涉及湄公河区域经济合作、中亚区域经济合作、图们江地区开发开放合作机制以及内地对港澳台地区合作的19个部门和9个省(区)。这次会议的议题主要是,交流近年来开展国际区域合作工作的经验和体会,分析当前国际区域合作工作面临的形势、机遇和挑战,探讨今后加强国际区域合作工作

---

[*] 本文系作者于2013年12月23日在北京国家发展改革委召开的"国际区域合作座谈会"上的讲话。

的意见和建议；研究讨论如何进一步统筹推进湄公河区域经济合作、中亚区域经济合作、图们江地区开发合作等国际区域合作以及内地对港澳台地区合作工作，把中央的战略部署贯彻落实到各项具体工作之中。希望大家能够结合自己的工作畅所欲言，同时，我也借此机会谈三点意见。

一、深化国际区域合作具有重大意义

当今世界正发生广泛而深刻的变化，经济全球化和区域一体化深入发展，使各个国家不同程度地融入世界经济的整体运行之中。一方面，经过改革开放30多年的发展，我国经济总量已居世界第二位，成为第一大出口国和第一大外汇储备国，第二大进口国和吸收外资国，第三大对外投资国，这为我国进一步深化国际区域合作奠定了坚实的物质基础，也为我国参与经济全球化提供了有利条件；另一方面，我国是一个人口大国，随着我国迈入中等收入国家行列，劳动力、土地等各类要素成本进入集中上升期，低成本制造的传统优势受到削弱，能源资源和生态环境约束强化，经济结构转型升级迫切，转变经济发展方式任务艰巨。要破解我们发展中面临的制约，必须通过深化改革开放，推动对内、对外开放相互促进，"引进来"和"走出去"相互结合，加强与国际市场的深度融合，积极参与全球经济治理和国际区域合作。

（一）加强国际区域合作有利于分享经济全球化带来的利益

一方面，经济全球化带来了商品与服务在国际范围内的自由流通、生产要素在国际范围内的优化配置，给各个国家和地区充分利用国际资源要素发展自身创造了有利的条件；另一方面，在经济全球化、市场一体化的环境下，各国又会采取一定的措施来保护自己，尤其是在全球经济低迷的情况下，贸易保护主义会进一步加剧。只有主动参与国际区域合作，才能优化国际环境，克服贸易保护主义带来的障碍，最大限度地化解国际环境的不确定因素，充分发挥自身比较优势，尽可能利用更多的国际资源和要素，在世界资源、市场、技术和人才的激烈竞争中不断开拓自己的发展空间。

（二）加强国际区域合作有利于维护国家经济安全

经济全球化、市场一体化是一把"双刃剑"，既给我们带来机遇，也同时给我们带来了挑战。融入国际市场意味着我们同时开放了自己的市场，参与国际合作也同时意味着我们将自己的全部经济活动纳入国际规则的约束之下。随着综合国力的提升，我国在国际经济治理体系中的话语权和影响力不断增加，各方在重大国际和地区问题上更加关注中国的立场，更加注重对我国的借重与合作。规则和标准的竞争是最高层次的竞争，只有适应对外开放新形势，全面把握新机遇，沉着应对新挑战，以更加积极、自信、负责的姿态加强国际区域合作，才能参与国际体系变革和国际规则制定，增强我国在国际经贸规则和标准制定中的话语权，推动国际经济秩序朝着更加公正、合理的方向发展，更好地维护我国的根本利益和经济安全，在日趋激烈的国际竞争中把握主动。

（三）加强国际区域合作有利于推动我国构建开放型经济新体制

改革开放是发展中国特色社会主义的强大动力。改革为开放创造体制基础和内在条件，开放为改革提供经验借鉴和活力源泉。党的十一届三中全会以来，我国始终坚持对外开放的基本国策，对外开放为我国经济社会发展注入了新的动力和活力，初步建立了符合国情和世界贸易组织规则的开放型经济体制。但总体看，我国开放型经济体制建设不平衡、不协调、不可持续的问题比较突出，需要通过更高水平的对外开放进一步促进国内体制改革，统一内外资法律法规，统一市场准入制度，统一市场监管。通过加强国际区域合作，有利于积极对接国际先进理念和通行规则，大力营造竞争有序的市场环境，透明高效的政务环境，公平正义的法律环境，构建开放型经济新体制，增强各类企业长期投资中国的信心，为国民经济长远发展再造一个"开放红利期"。

(四) 加强国际区域合作有利于构建全方位对外开放的新格局

我国的对外开放是从东部沿海开放开始的。进入新世纪以来，中央出台了一系列推动内陆和沿边开放的举措，我国全方位对外开放格局初步形成。我国陆地边境线总长 2.28 万公里，同 14 个国家毗邻，沿边地区是我国对外开放的重要门户，是国家重要的战略资源储备基地和安全屏障；我国内陆地区幅员广阔，内陆开放是我国新一轮对外开放的最大潜力和动力所在，是拓展开放型经济广度和深度的关键所在。但目前来看，我国对外开放依然集中在沿海，东部地区集中了全国约 90% 的进出口、85% 的外资和 75% 的对外投资，内陆和沿边对外开放明显滞后，这种畸重畸轻的格局已影响到我国对外开放大局和长远后劲。加强与周边国家的国际区域合作，有利于扩大内陆和沿边对外开放，有利于增强内陆沿边地区自我发展能力，把区位优势转化为开放优势和发展优势，缩小同沿海地区发展差距，有利于促进开放空间，逐步从沿海向内陆、沿边延伸，打造东西呼应、海陆并进的全方位对外开放格局，促进沿海、内陆、沿边区域协调发展。

(五) 加强国际区域合作有利于争取更多朋友和伙伴

习近平总书记前不久在中央周边外交工作座谈会上强调，我国周边外交的基本方针，就是坚持与邻为善、以邻为伴，坚持睦邻、安邻、富邻，突出体现亲、诚、惠、容的理念。发展同周边国家睦邻友好关系是我国周边外交的一贯方针。通过加强与周边国家的国际区域合作，坚持睦邻友好，守望相助，讲平等、重感情，常见面，多走动，多做得人心、暖人心的事，本着互惠互利的原则同周边国家开展国际区域合作，可以编织更加紧密的共同利益网络，把双方利益融合提升到更高水平，让周边国家得益于我国发展，使我国也从周边国家共同发展中获得裨益和助力，可以使周边国家对我们更友善、更亲近、更认同、更支持，增强亲和力、感召力、影响力，争取更多朋友和伙伴。

二、国际区域合作的进展与存在的问题

（一）国际区域合作的进展

1. 合作领域不断拓展。随着国际区域合作的深化，各类合作机制都与时俱进，不断拓展相关合作领域。如大湄公河次区域合作机制已从最初确定的交通、能源、通信、旅游、投资贸易、人力资源开发、环境保护等七大合作领域，增加了农业、卫生、城镇化合作，拓展到十大领域；从最初重视基础设施互联互通等"硬件"合作，拓展到强化投资贸易、跨境客货运输便利化等"软件"合作；从具体的专业领域合作拓展到探索跨境经济合作示范区建设。中欧区域政策合作机制也从最初的区域政策对话交流、重大理论课题研究、管理人员能力培训等方面拓展到开展双方案例地区的试点合作，在今年举行的第八次中欧区域政策对话高层会议上，双方同意将广州开发区列为中欧区域政策合作的试点地区。

2. 国内协调机制不断健全。为做好各类国际区域合作机制的统筹和协调，国务院先后批准设立了大湄公河次区域、中亚区域和图们江地区等国际区域协调机制，并根据相关合作机制的进展调整和充实协调机制的组长、副组长及成员单位，如 1994 年 7 月，国务院批准成立了"澜沧江—湄公河流域开发前期研究协调组"，原国家计委和原国家科委为组长单位，副组长单位为云南省人民政府。1996 年，增加外交部、原外经贸部、人民银行为副组长单位。随着澜沧江—湄公河流域开发合作的不断深入，2001 年，经国务院批准在"前期研究协调组"基础上改组成立"国家澜沧江—湄公河流域开发合作协调领导小组"，由原国家计委担任组长单位，外交部、科技部、财政部和云南省人民政府为副组长单位，2005 年又将合作范围扩大到广西壮族自治区，相应将广西壮族自治区人民政府纳入协调小组副组长单位，并相应调整成员单位，形成了目前由国家发展改革委负责国内协调和规划工作，外交部负责对

外政策和对外协调，财政部负责协调财政资金问题以及与亚行的合作，科技部负责组织有关单位就合作涉及的战略问题进行研究，为决策提供咨询，相关地方和国务院有关部门根据各自职能参与和配合好相关合作领域活动的新格局。

3. 内外联动更加紧密。近年来，我们立足发挥各地比较优势，研究制定了一系列重大区域规划和政策性文件，完善了区域政策体系，推动区域经济发展呈现前所未有的新局面。在研究制定上述规划和政策性文件时，我们注重将国内区域发展与国际区域合作结合起来，实现更加紧密的内外联动发展。如，在研究制定《关于支持云南省加快建设面向西南开放重要桥头堡的意见》及相关规划时，我们强调要充分利用中国—东盟自由贸易区平台，进一步加强中国—东盟流域开发合作机制、大湄公河次区域合作机制，提升孟中印缅合作层次，支持云南省与东南亚、南亚国家和亚洲开发银行等国际组织建立全方位、多层次的经贸合作机制，充分利用中国—东盟投资合作基金扩大云南与周边国家经济技术合作等一系列政策措施，将云南建设成为我国向西南开放的重要门户，沿边开放的试验区和西部地区实施"走出去"战略的先行区，西部地区重要的外向型特色优势产业基地等，将云南自身的发展与扩大对外开放，加强与周边国家的国际区域合作，建设面向西南开放重要"桥头堡"紧密结合起来；在研究制定《中国图们江区域合作开发规划纲要》及《关于支持中国图们江区域（珲春）国际示范区建设的若干意见》时，提出在着力推进长吉图开发开放先导区内部联动发展的同时，要统筹国际、国内两个大局，创新对外开放观念，明确科学发展任务和目标，制定有效政策措施，健全完善协商协调机制，着重解决重大困难和问题，加强多边合作，扩大双边成果，推进优势互补，促进互利共赢，实现新突破、新进展，逐步形成全方位、宽领域、多层次、高水平的图们江区域开发与国际合作新格局。此外，在推进内地与港澳台地区合作时，充分发挥广东、福建毗邻港澳台的区位优势，先后打造了广东前海、横琴、南沙和福建平潭对港澳台合作先行先试平台，将珠三角和海峡西岸经济区的发展与促进港澳台发展紧密结合起来。

4. 参与合作主体日趋多元。我国参与国际区域合作已从以政府部门为主，逐步发展到政府、企业、科研院所、社会组织等共同参与的新格局，参与合作的主体日趋多元。如，全国工商联参加了由 GMS 六国商会共同成立的大湄公河次区域工商论坛，为中国工商界参与 GMS 合作提供了交流与合作的平台，促进更多私营企业参与 GMS 合作；南方电网积极参与 GMS 电力领域的合作，在推动次区域电力合作及区域电力协调中心落户昆明等方面发挥了积极的作用；国家开发银行、中国进出口银行等金融企业通过参与相关规划研究、提供金融支持等方式，积极参与相关国际区域合作；国家发展改革委宏观研究院、中国社会科学院等科研院所通过参与重大课题研究、起草相关国别研究报告等方式为国际区域合作提供智力支持。

5. 推进合作的主动性不断增强。随着改革开放的不断深化和综合国力的不断提升，我国在国际经济治理体系中的话语权和影响力不断增加，参与国际区域合作的主动性不断增强。近年来，在参与国际区域合作中，我们注重深入研究和重点关注相关国家的合作诉求，兼顾经济效益和政治、战略影响，为发挥我国优势、实现互利共赢、发展与相关国家长期友好关系不断注入新的强劲动力，奠定了合作的政治基础；通过设立相关投资合作基金，提供优惠贷款等方式，对外援助了数百个重大项目，有力地支持了相关国家的经济和社会发展，奠定了合作的社会基础；通过深化人文和社会领域的交流与合作，有力地推动了中华文化的世界传播，扩大了与各国的民间交往，增进了人民的相互了解和友谊，奠定了合作的民意基础。此外，通过提供外交、人力、经济等方面支持，积极推动大图们秘书处、中亚学院、大湄公河次区域电力协调中心等国际组织落户中国，为发挥我国政治、社会、经济影响争取了主动。

（二）国际区域合作存在的问题

1. 顶层设计研究不够。一段时期以来，我们在参与国际区域合作中关注的重点或工作的重心主要放在如何推进具体领域的合作上，而对国际政治、经济形势发展的新情况、新变化研究分析不够，对相关国家的基本国情及合作的关切研究不够，对在经济全球化、区域一体化背景下如何从国家战略层面统筹协调各类国际区域合作机制、实现利益最大化等问题研究不够，迫切需要加强统筹规划和顶层设计。

2. 发挥的主导性不够。长期以来，我国参与的与周边国家合作的机制绝大多数是由相关国际组织倡导成立并推动的，我国在这些合作机制中发挥的主导作用仍然有限，与我国大国地位还不相称。随着我国综合国力的不断增强，我国被加速推向国际事务前台，发达国家在诸如应对气候变化、知识产权保护、市场开放等影响全球的重大事务上对我国的要求越来越高，发展中国家对我国在增加资金、技术援助，提供人力资源支持等方面的期待越来越多，但我国仍处于并将长期处于社会主义初级阶段的基本国情没有变，作为世界最大发展中国家的国际地位没有变，造成我国在相关国际区域合作机制中发挥的主导性不够，与外界认知同我国实际情况的落差还比较大，迫切需要我们全面把握机遇，沉着应对挑战，在日趋激烈的国际竞争中把握主动。

3. 部门和相关地方间的联动不够。目前在次区域合作中，相关沿边省区处于合作的前沿，是参与合作的主体，在合作中承担着重要责任。但从参与合作的具体情况看，国务院有关部门仍是具体合作领域的主要承担者和推动者，国家有关部门和相关地方之间、同一地方不同部门之间的联动不够密切，相关地方的主体作用发挥不够，需要进一步调动相关地方的积极性，提升地方参与合作的主体意识和责任意识，加强部门和相关地方的联动和协调。

4. 合作资金整合利用不够。近年来，我国加大了对国际区域合作的资金支持，如2009年，时任国务院总理温家宝同志宣布向东盟国家提供150亿美元信贷和设立100亿美元的中国—东盟投资合作基金，得到了东盟国家的普遍欢迎。但上述资金在使用过程中存在着与相关部门的规划衔接不够，与相关国家的合作关切和需求联系不够紧密，资金申请和使用的渠道也不够透明，造成使用效果不尽如人意。在今后的国际区域合作中，要加强各类资金管理单位与相关专业部门和企业的沟通联系，按照国家战略和相关规划的总体要求，深入研究各类资金的整合利用问题。

5. 企业及社会组织参与的程度需要进一步提高。多年来，我国在参与国际区域合作的各类机制中仍然是以政府部门为主导，虽然部分合作领域吸收了有关企业及社会组织的参与，但总体看，企业和社会组织的参与还停留在单个项目或很少的专业合作领域，参与合作的程度偏低，缺少有系统、有目标、高层次的组织和协调，未能充分发挥各方面的积极性，形成政府、企业、民间组织相互配合、互为补充的良好局面。

三、关于进一步推动国际区域合作的几点考虑

（一）加强形势分析

当今世界正发生广泛而深刻的变化，加强国际区域合作是适应经济全球化、区域一体化的客观要求。国际金融危机后，世界经济复苏进程一波三折，围绕国际市场与资本的争夺更加激烈，全球经济治理体系面临深刻变革。在世贸组织多哈回合谈判受阻的背景下，许多国家将重点转向区域合作，在发达国家深陷债务危机的"沼泽"，经济复苏举步维艰的情况下，发展中国家成为拉动世界经济增长的重要力量。从全球范围看，国际产业分工与合作仍在深化，一方面，受新兴经济体综合制造成本上涨的影响，劳动密集型产业特别是低端制造行业加速向低收入国家转移；另一方面，在发达国家"再工业化"政策的牵引下，一些中高端制造业向发达国家回流，服务外包和服务投资成为国际经贸合作新热点，为新兴经济体提升在全球价值链中的地位带来了机遇。同时，在激烈的国际竞争中，贸易投资保护主义升温，经贸摩擦政治化倾向抬头。经过改革开放三十多年的发展，我国实现了从封闭半封闭到全方位开放的历史转折，在国际区域合作中的影响力和话语权也日益提升。前不久，习近平总书记在出访中亚和东南亚国家期间，提出了共同建设"丝

绸之路经济带"和"21世纪海上丝绸之路"的战略构想，2013年10月底，在中央召开的周边外交工作座谈会上，又对做好新形势下周边外交工作提出了明确要求。面对错综复杂的国际环境及中央提出的新要求，唯有加强对国际区域合作新形势的分析研究，才能把握机遇，站稳脚跟，在日趋激烈的国际竞争中争取主动。

（二）把握几条重要原则

1. 要坚持互利共赢。实施互利共赢的开放战略是我国始终奉行不渝的大政方针，是适应时代潮流的必然选择。坚持互利共赢，就是要倡导人类命运共同体意识，在追求本国利益时兼顾他国合理关切，在谋求本国发展中促进各国共同发展。在国际区域合作中坚持互利共赢，就是强调通过协调妥善解决经贸摩擦，推动贸易和投资自由化、便利化，反对各种形式的保护主义。当前，我国已成为世界制成品的重要出口国，这在客观上对相关国家的市场和相关产业带来了一定压力，使一些国家对我国的发展存在疑虑和误解，甚至视我国的发展为威胁和挑战。近年来，涉及我国的贸易摩擦和纠纷不断增加，坚持互利共赢，妥善处理分歧，努力使自身发展更好惠及对方，可以有效化解经贸摩擦，编织更加紧密的共同利益网络，打消相关国家的疑虑和误解，最终实现共同发展。

2. 要遵循国际通行规则。目前，我国加入了世界贸易组织，进入了重大经贸问题谈判的核心圈，在全球经济治理中发挥着越来越重要的作用。我们必须要以更加积极、自信、负责的姿态，参与国际规则制定，增强我国在国际经贸规则和标准制定中的话语权，全面反映我国利益诉求，推动形成公正、合理、透明的国际经贸规则体系。在国际区域合作中，要坚持维护和遵守国际通行规则，推动国际经济秩序朝着更加公正合理的方向发展，在作为现行国际规则适应者、遵循者的基础上，努力向国际规则参与者、制定者转变。

3. 要注意团结大多数。实施全方位的对外开放战略，发展同周边国家睦邻友好关系是我国参与国际区域合作时必须始终贯彻的大政方针，这就要求我们在合作中做到睦近交远，以和为贵，协和安邦，寻求多元文明交流互建的新局面，寻求共同利益和共同价值的新内涵，实现包容性发展的新道路，以合作谋和平，以合作促发展，以合作化争端，注意团结大多数，尽量避免直接对立，坚持睦邻友好，守望相助，多做得人心、暖人心的事，争取绝大多数国家对我们更友善、更亲近、更认同、更支持，争取更多的朋友和伙伴。

4. 要做到经济效益与政治战略兼顾。在参与国际区域合作过程中，要统筹考虑经济效益和政治、战略影响，坚持外交为经济发展服务这一基本立足点，避免人为的经贸问题政治化倾向，经济工作应坚决服务、配合好对外工作大局，正确处理好政治与经济的关系，在合作中要树立正确的利益观，兼顾经济效益和政治、战略影响。改善和发展同发达国家关系，推动建立长期稳定健康发展的新型大国关系，增大回旋空间；加强同广大发展中国家的团结合作，共同维护发展中国家正当权益，采取多予少取或先予后取，既谋利，更谋势，实现经济效益与政治战略影响兼顾。

（三）抓住几个关键问题

1. 开展国际区域合作总体战略研究。加强顶层设计，会同有关部门、地方、企业和相关社会组织开展总体战略规划研究，深入分析国际国内形势，提出我国参与国际区域合作的总体战略目标、指导原则、重点领域、操作路径以及相关政策措施等，统筹协调各领域对外合作。

2. 整合各类合作资源。在总体战略规划的指导下，加强统筹协调，有效整合各类合作资源，增强我国参与国际区域合作的整体合力。整合政策资源，强化各部门、各行业对外贸易和对外投资等政策的协调，营造良好的政策环境，提升合作的规范性和有序性。整合资金资源，统筹各类合作基金、优惠贷款、外援资金等，打好资金组合拳，提升合作的针对性和有效性。整合组织资源，建立政府、企业、社会组织等之间的沟通协调机制，充分发挥各自的比较优势，形成政府规划引导、企业主体参与、社会组织密切配合的多元格局，提升合作的广泛性和系统性。

3. 推动互联互通建设。认真贯彻落实中央领导同志关于构建"丝绸之路经济带"、"21 世纪海上丝绸之路"、"孟中印缅经济走廊"和"中巴经济走廊"的战略决策，大力推动我国与周边国家铁路、公路、水路、信息、油气管道、输变电等基础设施通道建设，通过扩大规模、完善网络、优化结构，按照总体规划、分步实施，政府推动、多元投入，统筹兼顾、分类推进的总体原则，构建我国面向东南亚、南亚、中亚、东北亚等地区的国际物流大通道，提升我国在周边地区的地缘政治经济辐射和影响力，促进我国经济社会的稳定和持久发展。

4. 深化重点领域的合作。深化重点领域的合作是巩固和提升国际区域合作机制的基础和关键。目前，基础设施建设、投资贸易便利化、环境保护、人力资源开发等是各类区域合作机制关注的重点，也是我国长期以来积极参与和推进的重点合作领域。下一步，我们要在强调基础设施互联互通等硬件设施建设的基础上，进一步在如何对接国际先进理念和通行规则，大力营造竞争有序的市场环境、透明高效的政务环境、公平正义的法制环境等软件建设方面下更大的力气，深化投资贸易便利化领域的合作；充分发挥我国经济、技术、人才等方面的优势，扩大与相关国家在卫生、科教等人力资源开发领域的合作以及农业、信息通信、电力等领域的合作；在尊重相关国家关切和维护我国利益的基础上，深化环境保护领域的合作。

5. 加强合作平台建设。要在开展先行先试、认真总结经验的基础上，进一步推进中国图们江区域（珲春）国际合作示范区、中哈霍尔果斯国际边境合作中心、中越跨境经济合作区以及广西东兴、云南瑞丽、内蒙古满洲里重点开发开放试验区等国际区域合作平台以及广东横琴、前海、南沙，福建平潭等内地与港澳台合作平台建设，充分发挥其面向周边国家及我国港澳台地区开放的门户作用，努力建设成为我国开发开放的先行区和示范区。同时，根据发展的需要和各地实际研究设立新的合作平台，创新体制机制，率先探索，为提升合作水平，构建全方位对外开放新格局提供示范、开辟道路。

区域合作机构：在突破中展现担当[*]

由部分省（区、市）合作交流机构发起并轮流举办的区域合作座谈会迄今已经是第四届了。每届座谈会围绕区域合作工作的整体或某个重点来交流经验、探讨思路、阐述意见，都取得了非常好的效果。地区司对这项活动高度重视，每届都派有关同志参加座谈会。我很高兴参加今天这个座谈会，并作一个发言。

新形势下区域合作工作越来越重要。基于整体而言，中国经济发展正处于一个关键时期，转型升级、提质增效的一个直接潜力就来自更加主动、更加策略地实施对外开放和合作。通过对外开放和合作，可以大大拓展一个区域乃至整个国家的发展空间。具体而言，区域开放和合作对于经济社会发展的作用至少体现在如下一些方面：一是实现承力借势，扩大空间。通过开放合作，突破行政地域和自身条件的限制，在更大范围内利用和配置生产资源与要素，以此借资源、借市场，借一些自身不具备的要素为我所用，从而放大自身权利，拓宽发展空间，最终增强发展能力、提高发展水平。二是形成合理分工、优势互补。通过开放合作，确立和发挥各个地区的比较优势，并依据这个基础实现合理分工，从而最大限度地打破"大而全""小而全"的地区发展格局，最大限度地减少恶性竞争，最大限度地实现利益共享，最大限度地提升总体效益。三是推动一体发展、共同提升。通过开放合作，实现区域间基础

---

[*] 本文系作者于2013年12月10日在四川省成都市召开的"第四届部分省（区、市）国内合作交流工作座谈会"上的讲话。

设施的互联互通、市场体系的互接互动，推进区域间资源的整合、制度的统一和管理的对接，从而推动区域协调发展和一体化进程，提高整体发展水平。四是促进和衷共济，合力克难。通过开放合作，形成强大的战斗力和竞争力，有效抵御市场带来的风险，化解各种棘手的问题和困难，变被动为主动，变挑战为机遇，变不能为可能。此外，在我国推进区域合作还有利于加快贫困地区的发展，促进民族间的交流融合。区域合作的一种特殊形式是对口支援和帮扶，通过这种形式，把支援地区和受援地区的比较优势结合起来，有利于提高受援地区的自我发展能力，大大加快其发展进程，进而促进各地区各民族交往交流交融，实现社会安定和谐。正因为如此，区域合作系统所担负的责任和使命就更加重大，需要更加主动、更加踏实、更加灵活开展工作。

经过这些年的努力，区域合作工作取得了很大成绩。这不仅体现为区域合作的领域不断扩大，内容日益丰富，形式逐渐多样，也体现为机构日趋健全，地位逐步提升。但区域合作方面存在的问题仍很突出，特别是在新的形势下，区域合作机构如何克服自身的不足尤其是那些暂时还难以解决的客观条件的限制，更加积极有为地工作以取得更大的成就是我们面临的一个重大挑战。有鉴于此，它也是我们当前应当着力探索并实现实质性突破的一个主要难题。

我想就这个问题谈一些不成熟的意见。概括起来，是要解决"三突破"问题。

一、如何突破地位局限，在更高位势上有所作为

区域合作工作是政府工作的重要组成部分，对区域经济社会发展的促进作用将越来越重要，但是从全国来看，区域合作机构设置形式多样，既有直属政府的合作办或协作办，也有设在发改委内的合作处或协作处，还有独立设置的招商局或投资促进局等，职能不统一，地位也不显赫。如何克服区域合作系统地位的局限，在更高层次上有所作为，重

点需要做好以下三个方面的工作：一是坚持紧扣中心、服务大局。紧扣中心是保障区域合作工作有效开展的基本前提。只有牢牢把握并围绕当前国家和本地区的中心任务开展工作，才能实现与时俱进，确保区域合作工作的针对性和成效；只有围绕当前的中心任务开展工作，才能有效应对工作中面临的新情况和新问题，确保工作质量；只有围绕当前的中心任务开展工作，才能在新的挑战中不断巩固和提升区域合作工作地位。联系当前的实际，区域合作工作就是要紧扣促进区域协调发展这条主线，始终服务于经济社会又好又快发展这一大局。只有紧扣这条主线，区域合作才能有明确目标，才能有坚实的基础，才能不断丰富形式、拓展内涵和实现可持续发展；一旦脱离这个中心，就会被边缘化，就会无所适从。从国家层面看，当前和今后一段时期，就是要围绕中央关于经济工作的总体部署展开。区域合作工作系统的同志，要认真学习领会中央关于经济工作的总体部署，将思想统一到中央的判断上来，将行为统一到中央的决策上来，把区域合作工作与中央各项重点任务紧密结合起来予以推动，全面发挥区域合作系统在保障经济平稳较快增长中的作用。从地方层面看，就是要围绕形成各有侧重的区域发展战略，按照不同地区的工作重点来展开。只有紧扣各级党委、政府的中心工作，区域合作才能纳入各级党委、政府的重要工作日程，获得有利位势；只有紧扣中心，才能面对重大紧迫的现实问题，获得开拓进取的工作动力；只有紧扣中心，才能促进工作能力与效果的提升。二是坚持主动谋主导，不断开拓进取。当前，区域合作工作正处于一个关键的节点上，面对新形势、新要求，各级区域合作系统的同志们要以高度负责的态度，主动适应新形势，解放思想，大胆创新，以时代理念和发展眼光来看待区域合作面临的新形势和新挑战，不断提高分析和把握重大问题的能力，以敢为人先的精神状态和实际行动开拓区域合作工作的新领域和新路径，创造性地推进区域合作工作，要注重从战略层面、整体角度来把握区域合作工作的切入点和着力点，深化重大理论问题研究，摸清问题症结所在，增强工作的针对性和务实性，要注重总结经验，善于借鉴创新。三是坚持战略层面谋划，战术层面落实。区域合作工作涉及的领域多、范围广、形式多样，面临的问题也纷繁复杂，如果我们只沉湎于具体的事务中，就可能认不清方向，找不准目标，形不成合力。只有立足于国际、国内宏观发展的大背景，站在全局的高度，从战略层面、整体角度来谋划工作发展的大思路，才能切实提高工作水平和参与合作的能力，才能做好统筹、指导、协调和服务工作。但在具体工作中，我们不能好高骛远，要从战术上抓落实，每年抓几件影响全局的事，如围绕形成各有侧重的区域发展总体战略，促进区域分工，发挥地区比较优势；围绕促进资源要素跨区域自由流动和区域统一市场的形成，推进产业转移和承接，共同打造联系紧密、带动力强的经济圈或经济带；围绕改善发展环境与方式，协调解决重大社会与自然矛盾，推进资源节约型和环境友好型社会建设；围绕缩小地区发展差距，致力于加强和改善对口支援和帮扶，推动欠发达地区加快发展，努力实现共同富裕；围绕建立稳定高效的区域合作机制，加强法律法规的研究制定工作等。只要我们能从战略层面深谋远虑，在战术层面狠抓落实，我们就一定能够在更高层次上有所作为。

二、如何突破职能的约束，在更广领域有所作为

对于区域合作系统来讲，工作的领域体现着工作的深度和广度，决定着工作的可持续性。但从具体情况看，目前我国各地方绝大多数区域合作部门的职能都不够宽泛，招商引资仍然是合作系统的主要工作内容，远不适应"十二五"规划提出的"促进区域良性互动、协调发展，积极参与全球经济治理和区域合作"以及党的十八大提出的"统筹国内发展和对外开放"的要求。如何突破职能的约束，在更广的领域有所作为，我认为要着重做好以下两个方面：一是要与时俱进不断拓展工作领域。要紧紧扣住经济全球化、市场一体化及当前国内外形势发展的要求，特别是应对当前经济金融危机，确保国民经济平稳较快增长的需要，不断拓展区域合作的领域。要从传统的重点关注招商引资工作向探

索建立加强区域合作，推进区域合作法制化进程，开展规范区域合作工作的法律法规体系研究制定；向加快实现政策和制度对接，减少行政区划分割，建立维护市场公平秩序；向营造良好环境，保障区域合作工作健康发展，调动和发挥各类区域合作组织的作用；向进一步加强地方间交流和协商，共同谋划区域合作总体战略，共同研究区域合作重大政策，共同解决区域合作工作重大问题等方向转变。二是要加强沟通协调，有效动员各种力量推动合作。随着经济格局、市场环境及发展要求等的变化，区域合作的领域与内容日益宽泛和深刻，区域合作工作与促进区域协调发展、实现国民经济长期平稳较快发展紧紧连在一起，越来越具有综合性和全局性。这种状况不仅要求区域合作系统充分发挥主观能动性，更加扎实、更富创造性地做好自身的工作，更要求区域合作系统主动加强沟通协调，如充分发挥部分合作系统依托的发改委、商务厅等部门的综合优势，合力推进基础设施互联互通、产业承接转移、规范市场秩序、各类园区建设等方面的工作。同时，加强与其他机构和组织的联动与配合，找准结合点，运用适宜的方式和手段，有效动员各种力量来共同推进区域合作。

三、如何突破地域局限，在更广空间发挥作用

我国幅员辽阔，各地自然、经济、社会条件存在很大差异，在发展中，客观形成了各自的比较优势，只有加强区域合作，才能有效拓展自身的市场和发展的空间，充分利用两种资源、两种市场，在更广范围、更深层次参与经济活动，在最大限度地实现互利共赢。如何突破地域限制，在更广空间谋求发展，重点要做好以下几个方面的工作：一是共筑开放合作的平台。近些年，我们结合各地实际打造了一大批促进跨区域合作的试验示范合作平台，如为推动东中西之间的区域合作，打造了连云港国家东中西区域合作示范区；为推动内地与港澳台的交流合作，打造了福建平潭综合实验区、深圳前海深港现代服务业合作区、珠海横琴

新区、广州南沙新区；为深化国际区域合作，打造了中国图们江区域（珲春）国际合作示范区，新疆喀什、霍尔果斯经济开发区等。下一步，我们要根据各地的实际情况，从正确处理行政区和经济区的关系，实现资源要素跨行政区自由流动，统筹国内发展和对外开放等角度，进一步探索设立各类新的区域合作交流的平台。二是探索建立联动发展协作机制。为加强区域间的交流合作，共商区域发展大计，不少省区建立了高层次的区域联动发展协作机制，如长三角三省一市省市长联席会、泛珠三角"9+2"行政首长联席会、环渤海地区市长联席会等，每年召开例会，对跨区域的发展战略、重大项目、重大政策进行沟通协调，有力地促进了跨区域基础设施的互联互通、环境污染的同防共治、产业的转移与承接、社会服务的对接与共享等。我们要认真总结这些成功的经验，探索建立符合各地实际的跨区域联动发展协作机制，使之更加务实、高效，更加符合市场经济规律，有效拓展各地区发展的空间。三是探索形成互利共赢的利益分配模式。建立合理的利益分配机制是深化区域合作的根本支撑，也是实现区域协调发展的关键和难点所在。只有建立科学合理的区际利益分配机制，才能为区域间良性互动、协调发展奠定现实基础和长期制度保障。下一步，我们要积极探索建立区域合作利益补偿机制，推动形成完善的生态环境质量及对区域间影响的评价体系，逐步建立以"谁开发谁保护、谁受益谁补偿"为基准的市场化生态补偿机制；推动深化资源性产品价格改革，逐步建立起平衡资源输出地和输入地利益关系的补偿机制；推动理顺重要农产品产区与销区的利益关系，逐步形成惠农增粮、农业现代化工业化城镇化"三化"协调的补偿机制。要积极探索建立合理的利益分配与成果分享机制，强化跨地区投资、产业转移等重大事项利益分享的政策安排和制度设计，逐步形成指标健全、权重合理、比例得当的、较为完善的分配体系。要着力探索"飞地"经济园区利益分配和成果共享的模式，力求在产值、税收、利润、节能减排等重要指标的区际分割上实现突破。

今天，来自全国部分省（区、市）合作交流机构的同志们在这里就区域合作的一些重大问题进行深入交流和讨论，利用这个机会，我谈了几点看法，供大家讨论，希望大家利用这个机会对如何进一步做好区域合作工作的一些重大问题畅所欲言，广泛交流。这个会议尽管是由地方发起并承办的，但地区司对这个会议的召开高度重视。我今天参加了这个会议也是向大家表示一种支持的态度，所谈几点不到之处请大家批评指正。

下篇
实践与操作

全面推进长三角经济一体化发展[*]

长江三角洲地区在我国社会主义现代化建设中占有十分重要的地位。改革开放特别是20世纪90年代以来,长三角地区经济社会发展取得了举世瞩目的成就,有力地带动了沿海地区和长江流域的发展,为全国改革开放和现代化建设做出了重要贡献。在新世纪新阶段,长三角地区迎来了新的机遇,但也面临着严峻挑战。要提升长三角地区的整体实力特别是国际竞争力,实现全面协调可持续发展,在加快全国现代化建设和全面建设小康社会的进程中发挥更大的作用,必须立足现有发展基础,采取更加有力的措施,全面推进长江三角洲经济一体化发展。围绕这个问题,我谈三点看法。

一、全面推进长三角经济一体化已经具备良好的基础

全面推进长三角经济一体化,就是要在充分发挥长三角各地区比较优势的基础上,进一步突破行政区划约束,加强区域联动,推动基础设施、重点产业、重要资源、关键体制等的统一配置与安排,实现区域经济整体协调发展。无论是从自然条件看,还是从经济社会条件看,全面推进长三角经济一体化都已具备良好的基础。

---

[*] 本文系作者于2008年4月21日在上海市、江苏省、浙江省政府和中国人民银行联合主办的"第一届长江三角洲地区金融论坛"(江苏省南京市)上的讲话。

从自然禀赋看，长三角地区位于亚太经济区、太平洋西岸的中间地带，是我国东部沿海地区与长江流域的结合部，内部各地区在地理上连为一体且岸线相连、水系相通、港口相依。这种独特的自然环境，赋予了长三角加强区域合作、实现一体化发展的天然优势。

从经济发展看，长三角地区产业结构大体相似，经济连带性较强；市场需求基本相近，消费倾向差异性较小。经过这些年的努力，长三角地区在经济发展水平不断提高的同时，各地区经济发展和市场体系日益相融，经济的内在依赖性与联动性显著增强。

从人文环境看，长三角地区社会习俗相近，语言文化相通，亲缘关系深厚。而且由于历史的积累和现代文明的锻造，长三角地区人民创业精神充足，法制观念较强，民风朴实淳正，社会风尚积极，整体文明程度高，为各地区开展合作交流打下了坚实的社会基础。

从体制建设看，长三角地区是我国对外开放最早的地区之一，始终处于改革开放的前沿，目前已成为我国开放程度最高、开放体系比较完整，改革进程深入、社会主义市场经济体制比较完善的地区。这种状况不仅使各个地区具有较强的开放合作意识，而且使加强开放合作、实现互利共赢成为必然。事实上，这些年来，长三角地区已形成了各种类型的合作机制，推动着各个方面、各种形式的合作不断深入展开。

在经济全球化、市场一体化不断深入的国际、国内环境下，全面推进长三角经济一体化，已成为必然的选择，而上述这些方面，都构成了全面推进长三角经济一体化的优越条件。

二、全面推进长三角经济一体化
应当把握的基本原则

着眼于实现持续快速发展和在全国改革开放和现代化建设中发挥带动示范作用，全面推进长三角经济一体化应该把握以下一些重要原则。

（一）必须明确功能定位，正确把握一体化发展的目标

明晰的功能定位，不仅有利于进一步发挥长三角地区的优势，而且有利于把握一体化发展的方向，从而有利于选择科学和务实的政策措施。长三角地区作为我国经济社会发展最好最快的地区之一，有必要也有一定条件全面融入国际市场，参与国际竞争，去赢得世界经济一体化和国际市场带来的机遇与利益。长三角地区作为我国现代化建设与改革开放先行地区，有必要也有条件继续对其他地区的发展起到带动、示范、辐射和影响作用。因此，通过全面推进一体化，依靠长三角各地区整体的共同努力，应当把长三角地区建设成为我国综合实力最强的区域、率先实现科学发展、和谐发展的区域和最具国际竞争力的区域。

（二）必须发挥比较优势和克服薄弱环节，科学选择一体化发展的路径

比较优势就是竞争力，比较优势也是可持续发展能力。全面推进一体化发展，不是要消除各地区的特色和优势，实行产业结构、城市功能、市场体系等的同质同构，而是要在统筹规划、协调发展的基础上，在各地区形成分工合理、优势互补的发展格局和功能布局，以优势支撑整体发展，以分工推动互利共赢。全面推进一体化发展，还要着眼于克服当前发展中存在的深层矛盾和薄弱环节，产业结构类同、发展方式粗放、资源环境承载能力薄弱、城市群特色不显、基础设施布局重复、市场壁垒仍然严重等，都是制约长三角地区继续又好又快发展的主要问题，因而是推进一体化应当着力解决的重点任务。

（三）必须着力制度建设，有效形成一体化发展的保障

优化产业结构、转变发展方式、消除市场封锁、实现科学发展都必须以良好的制度与体制为基础。推进一体化发展，要把制度建设放在突出重要的位置，这既是加快一体化发展的动力，也是坚持一体化发展方向的保障。要立足于建立完善的社会主义市场经济体制，着眼于增强在

扩大开放条件下参与国际竞争与合作的能力，改革现有不合理的法律规章与体制机制，要继续发挥改革开放排头兵的作用，对一些制约长三角地区发展且带有全局性的体制问题，要大胆进行改革探索，实现制度创新。

三、全面推进长三角经济一体化需要着力的关键环节

全面推进长三角经济一体化，特别要注重解决一些关键环节。从当前看，要致力于抓好如下几个方面。

（一）积极促进产业结构优化升级

产业结构的优化升级，要以形成合理产业空间格局为基点，以提升产业国际竞争能力为方向。要积极营造良好的政策环境和支撑体系，大力发展现代物流、金融服务、科技服务、信息服务、旅游和文化创意等服务业。要着力推进自主创新，做大做强电子信息、生物、新材料、新能源等高新技术产业和石化、钢铁、汽车及先进装备制造等优势支柱产业。要以增加高附加值为主要目标，着力发展特色农业、生态农业、观光农业和现代养殖业。通过产业结构调整与优化升级，在长三角地区培育和形成特色鲜明、规模优势突出、专业化协作程度高、集聚效应明显的产业带，努力形成具有国际竞争力的制造业基地、现代农业基地和先进服务业集聚区。

（二）统筹推进重大基础设施建设

大力提升交通、能源、信息等基础设施的共建共享、互联互通水平，形成分工合作、功能互补的区域一体化基础设施体系，充分发挥区域重大基础设施的协同效应和综合效益。要进一步加强区域综合交通运输体系建设，以沪宁、沪杭、杭甬、宁湖杭和沿江、沿海六大综合运输通道为骨架，以交通通道为重要节点、港口和空港为枢纽，形成功能完

备、分工清晰的综合运输网络，进一步加强区内外主要城市、产业带和主要港口的运输联系。要推进区域能源设施建设，合理安排煤炭、油气、电力等基础设施，加强区域能源合作，优化能源结构，提高能源利用效率。要加强信息基础设施建设，以区域空间信息基础设施建设、信息网络基础建设、重点工程和信息港建设为重点，促进区域信息资源利用与共享。

（三）着力消除城乡二元经济结构

消除城乡二元经济结构，实现城乡共同发展，既是推进经济一体化的基础，也是实现经济一体化的标志。长三角地区工业化、城镇化水平较高，经济实力雄厚，具备率先消除城乡二元经济结构的条件。要按照统筹城乡、以城带乡、以工促农的方针，积极推进城乡经济一体化。一方面，要坚持走新型城市化道路，优化城市群的空间结构和布局，发挥城市和城市群对农村的支持、扶助和带动作用；另一方面，要扎实推进社会主义新农村建设，全面深化农村改革，完善农村经营制度与发展方式，健全农村生产、经营、流通与服务体系。与此同时，要统筹城乡基础设施建设，推进公共服务均等化，建立城乡统一的劳动力市场和公平竞争的就业制度。

（四）协同构建资源节约与环境友好型社会

长三角地区的发展越来越受到土地、能源等资源和环境承载能力的制约，同时也越来越要求节约、集约利用资源和保护环境。因此，在着力打造具有世界水平的先进制造业基地、推进城镇化市场化发展等的同时，要以构建资源节约与环境友好型社会为目标，协同推进经济发展方式的转变。要加强区域产业政策和资源节约政策、环境保护政策的有机衔接，协同制定和统一实施最为严格的土地管理制度和环境保护标准，探索建立科学的资源与生态补偿机制，努力实现经济建设与生态建设共同发展、物质文明与生态文明协同进步、经济效益与环境效益同步增长。

（五）加快建立完善的市场经济体制

继续大力推进一些重点领域和关键环节的改革，率先形成有利于经济一体化发展的体制机制。要围绕转变政府职能和改善管理方式，大力推进政府行政管理体制改革，实现政企分开、政事分开以及政府与中介组织分开，进一步缩小行政审批范围，提高政府运行效率，率先建立起服务政府、责任政府和效率政府；要进一步深化所有制结构调整与产权制度改革，积极推进国有大型企业和国有垄断企业的规范的股份制改造，大力发展混合所有制经济，支持和引导非公有制经济发展，推动公有资本、非公有资本和外资经济的融合；要积极打破行政垄断与地区封锁，健全和规范市场秩序，完善信用制度，加快建设统一开放的市场体系；要强化法制建设，进一步健全相关法规，调整立法定规的角度，形成以人为本、符合国际通行做法的法制环境。

金融一体化既是经济一体化的重要组成部分，又是促进经济一体化的重要手段。在长三角地区进一步加强金融领域的合作，深化金融体制改革，完善以资本市场为重点的金融市场体系，加快上海国际金融中心建设等，将对全面推进长三角经济一体化起到积极和重要的作用。

推进长三角经济一体化，实现长三角地区经济社会的全面协调可持续发展，是我们地区或区域工作者的重要职责。国家在对长三角区域进行整体规划的同时，将就这一地区加快改革开放和经济社会发展进一步提出指导意见。我们将协同长三角地区各省市一道，努力贯彻实施好中央关于推进长三角地区发展的一系列政策措施，共同推动长三角地区在新的起点上迈上新的台阶。

推动长三角地区城市合作
联动迈上新水平*

城市群已经成为世界各国尤其是发达国家城镇化的重要形态,成为各国人口居住和就业创业的密集区和支撑经济发展、参与国际竞争的大平台。国家间的竞争正日益演化为主要城市群之间的综合实力比拼。根据联合国统计,全球100万人口以上城市群的人口数占全球总人口数的比例已从1960年的13.9%稳步增长至2015年的22.9%,其中上中等收入国家这一比例更从11.8%上升至27.1%。全球产出排名前40位的城市群经济产出总和已占世界的66%,在全球创新成果中所占比例高达85%。美国东北部大西洋沿岸城市群、北美五大湖城市群、英国伦敦城市群、欧洲西北部城市群和日本太平洋沿岸城市群等世界级城市群在推动本国发展中发挥着极为重要的作用。

党的十八大以来,党中央、国务院对我国城镇化工作进行了顶层设计和系统部署,明确了走中国特色新型城镇化道路的主要内涵、重点任务和制度保障。《国家新型城镇化规划(2014—2020年)》明确,城市群是我国新型城镇化的主体形态,并提出了"两横三纵"的城镇化战略格局。国家"十三五"规划纲要明确提出,要在全国规划建设京津冀、长三角、珠三角等19个城市群和2个城市圈。据预测,到2020年这19个城市群城镇人口占全国城镇人口的比重将达到73.7%。城市群的发展

---

* 本文系作者于2017年2月18日为《共建世界级城市群》一书写的序言,该书由中国出版集团东方出版社中心2017年3月出版。

对于优化国土空间格局、促进城乡区域协调发展意义重大，已经并将继续成为带动我国经济社会持续发展、更好参与国际合作与竞争的主要载体。

　　城市群建设的本质，在于通过城市间的分工合作与协同发展，提高经济和社会运行效率，在区域发展系统与自然生态系统平衡稳定的基础上实现各城市的持续繁荣与共同进步。因此，建立健全城市间一体化发展协调机制，是城市群建设发展的内在要求。主要包括：一是完善城市群规划建设管理协调机制。很多发达国家城市群在这方面已经做了有益探索，形成了因地制宜、各具特色的模式，如英国伦敦城市群主要依靠中央政府主导的行政协调，美国东北部大西洋沿岸城市群主要依靠以纽约区域规划协会为主的民间组织协调，而日本太平洋沿岸城市群则主要采取核心城市主导的协调模式等。二是创新生产要素和公共服务优化配置机制。我国行政区经济特征仍然比较明显，市场分割、地方保护、低层次同质竞争、公共服务差距大等问题比较突出，各类要素和产品跨区域流动、公共服务跨地区共享存在不少壁垒。这些问题不同程度地破坏了城市之间有效竞合的内在逻辑和发展规律，是制约城市群健康发展的重要因素。加强体制机制创新，逐步破除行政壁垒，加快推进统一市场建设，促进生产要素自由流动和优化配置，实现人口流动、产业布局、公共服务配置在区域空间上的相对均衡，对于提升我国城市群发展质量，建设协同高效、包容开放、富有活力和竞争力的世界级城市群至关重要。三是建立成本共担和利益共享机制。生态保护和环境治理等区域性事务只有各城市联动推进才有可能取得成效，交通、水利、电力等基础设施建设需要统筹谋划、互联互通才能发挥更大价值，公共服务均等化水平体现着城市群一体化发展的程度。这些都涉及跨地区的成本分担和利益分配问题，需要通过有效的城际共建共享机制设计，促进局部利益与全局利益、当前利益与长远利益的统一。

　　长三角城市群处于东亚地理中心和西太平洋的东亚航线要冲，是"一带一路"与长江经济带的重要交汇地带，交通条件便利、经济腹地广阔、城镇体系完备、基础设施比较健全。长三角城市群26座城市以占全国2.2%的国土面积，集聚了11.0%左右的人口，产生了近20%的地区生产总值，是我国经济最具活力、开放程度最高、创新能力最强、吸引外来人口最多的区域之一，在国家现代化建设大局、国土空间开发格局和全方位对外开放格局中具有举足轻重的战略地位。2016年国务院批复同意了《长江三角洲城市群发展规划》，为下一个阶段长三角城市群的发展绘制了更加清晰的蓝图。

长三角城市群的快速发展既得益于国家经济的整体崛起，得益于良好的区位优势和优越的发展条件，也得益于城市群一体化机制的成功探索。早在1992年，长三角城市经济协调会的前身"城市协作部门主任联席会议"就已经在地方政府的酝酿下自发设立。1997年，长三角城市经济协调会正式成立，成员城市从15个逐步增加到2013年后的30个。20多年来，长三角协调机制建设取得了显著成就。一是在组织架构上，"三级运作"体系逐步健全。形成了以"长三角地区主要领导座谈会"为决策层、以"长三角地区合作与发展联席会议"为协调层、以"联席会议办公室""重点合作专题组""城市经济合作组"为执行层的"三级运作"合作协调机制，并采取轮值制度，每年由轮值方牵头推动当年的长三角合作与发展工作。这种递进式的多层次协调机制为一般事务交流和重大问题协调相统一、日常运行与应急处置相结合提供了有效保障。二是在工作推进上，重点领域的合作联动深入开展。加强市场监管体系建设，联合推广商事制度改革，市场准入壁垒基本破除。搭建产业转移合作信息服务平台，产业转移和分工协作有序推进。旅游一体化行动纲领正在落地，常态化的金融协调机制基本形成。建立大通关协作机制，贸易便利化程度提升。建立现代物流联动发展机制。设立长三角合作与发展共同促进基金，建立长三角城市群间横向转移支付制度。跨区域重大基础设施建设稳步推进，交通信息化合作共享平台运作良好，科技资源共享和创业创新区域互动明显提升，医疗卫生和教育等公共服务合作逐步展开。协同推进环境治理，新安江全流域生态补偿机制率先建立。总起来说，长三角城市群合作协调机制在促进城市群内各城市间合作发展、区域协调协同发展中发挥了重要作用，为我国其他城市群发展提供了良好的借鉴和示范，已成为城市群协调机制建设的一个成功典范。

当前，长三角城市群正处于转型提升、创新发展的关键阶段。既面临我国全面深化改革、全方位对外开放，"一带一路"建设、长江经济带建设、新型城镇化等战略全面实施带来的重大机遇，也面临着国际竞争力不强、空间利用效率不高、城市包容性不足、环境质量恶化等诸多挑战。为抓住机遇，应对挑战，取得更大发展，长三角城市群应当更加紧密、更加深入地开展合作。除了继续大力促进一体化进程、在重大领域全面实现协同联动外，应放宽视角、着眼长远，着力开展三方面的探索：一是协同实施品牌战略。品牌以质量为基础，是城市群高端供给和核心竞争力的重要体现。要以供给侧结构性改革为主线，在不断提升质量的基础上协力打造一批具有世界影响力的名牌产品。为此，要集聚科技创新资源联合攻关，要统一推行高标准的认证认可和检验检测，要一致行动严格保护知识产权，要联合开展诚信建设和失信惩戒。二是共同打造功能平台。共建功能平台，有利于克服城市区域条件限制开展重大发展改革试验，有利于集约、节约资源优化空间布局，也有利于打破行政封锁构建统一市场。要立足城市区位、资源等比较优势，统筹谋划和一体安排，全力打造包括特色产业园区、物流园区、高端制造基地、体制创新试验区等在内的各类功能平台，在优化城市群资源配置的同时发挥区域经济支撑带动效应。三是一体优化营商环境。这是从根本上打破区域封锁，最大限度降低招商成本、提高开放效益的保障。要从清理差异化的城市优惠政策和废除妨碍公平竞争的各种规定入手，以实行统一市场准入制度和建立合作共赢、与国际贸易投资规则相适应的管理体制为重点，全方位推进相关改革与建设，共同打造城市群法治化、国际化、便利化的营商环境。基于过去取得的成就与经验，我们相信，秉承创新、协调、绿色、开放、共享的发展理念，深入实施《长江三角洲城市群发展规划》，加强关键领域的合作联动，长三角城市群一定能率先在各成员城市间实现更高水平的共同协商、共同建设、共同治理、共享成果，从而加快实现打造成面向全球、辐射亚太、引领全国的世界级城市群。

《共建世界级城市群—长江三角洲城市经济协调会二十年发展历程（1997—2017）》一书全面梳理了 20 年来长三角城市经济协调会的发展历程和各项成果，包括历次市长会议记述、各项专题成果、各城市参与合作情况报告、次城市群合作情况等材料，内容翔实、丰富。这些材料的汇集出版既为长三角城市经济协调会成立 20 年的工作做了一个全面总结，也为参与和见证长三角城市群发展的亲历者形成了宝贵的历史记录。不仅如此，它还为城市群发展和协调机制相关问题的研究者提供了难得的学术素材，为我国乃至其他国家城市群政策制定和实际协调者提供了生动的实践案例，可以说对各个方面均具裨益。它的出版，无疑是值得称道的，也是应该引起相关方面和人群重视的。

立足合作联动推动长江经济带高质量发展*

党的十八大以后，中央陆续提出了一系列区域重大战略，长江经济带发展战略是其中所涉空间最为广阔的战略，跨越11个省份，占全国国土面积的21.4%，人口和生产总值均超过了全国的40%，单以此而论，就充分显示了这一战略的举足轻重的地位。可以说，长江经济带的高质量发展在很大程度上决定着全国的高质量发展。国家复兴有赖于长江这条巨龙的腾飞。

但实现长江经济带高质量发展难度很大，尽管上上下下高度地重视，近些年来也取得了不少的成效和成果，但我们也充分感知到了相关工作推进的难度。推动长江经济带高质量发展面临着一些受制于主、客观条件的根本性约束。因此，实施长江经济带战略，不仅要凝心聚力、真抓实干，还要优化思路、优选方式。

长江经济带的主要特点不仅是地域广阔、地位重要，还在于发展很不平衡、保护和发展之间的矛盾尖锐。11个省份分属东、中、西三个发展地带，差不多涵盖了最为发达和最不发达的地区。尽管都面对着实现高质量发展的需要，发展欲望强烈，但发展的现实基础和基本诉求迥然有别；环境问题积重深厚、欠账较多，但保护与治理既关系到对加快发展的权衡，又涉及与相关地区的协调。

---

* 本文系作者于2021年11月13日在上海社会科学院、南通大学召开的"第六届长江经济带发展论坛"（江苏省南通市）上的讲话（视频）。

无论是强化环境保护，还是在保护生态环境的前提下加快发展，都需要各个地方自身的积极、主动工作，或者说各个地区自觉的能动性的作为是非常重要的。但同时要清醒地认识到，长江经济带发展中一些深层次问题，很难通过独善自身而解决掉。如何照顾不同地区的发展诉求，使地区的发展能量不至于在激烈的地区竞争中遭致扼杀？如何形成开放的市场环境，实现资源要素在地区间的自由流动和适宜配置？如何实现标本兼治，全面形成生态环境的保护体系？解决这样一些决定发展、保护的深层次问题的根本出路，在于推动长江经济带各个地区的合作联动。换句话说，只有合作联动才能推进长江经济带最终实现高质量的发展。

高质量发展涉及方方面面，长江经济带各区域、各省份的合作联动也涉及方方面面，但推进合作联动需要突出重点，且应形成强有力的保障机制。两者一体考虑，推动长江经济带合作联动，我以为应该紧紧扣住如下三个方面进行。

（一）推进重大战略的协同联动

长江经济带是一个战略叠加的区域，除涉及沪苏浙皖四省份的长江区域一体化发展战略、涉及川渝的成渝双城经济圈建设战略之外，还有长江中游城市群发展战略，有在党的十八大之前，中央推出的一系列涉及长江经济带许多省份的发展战略，另外在过去一个较长时期以来，中央颁布的一些重大区域发展文件、规划中也涉及对长江经济带相关省份的部署安排，如2020年5月中央颁发的《关于新时代推进西部大开发形成新格局的指导意见》、2021年7月中央颁发的《关于新时代推动中部地区高质量发展的意见》等。这些战略所涉及的重点地区不同，发展定位与要求也有差别，它们是各个地区行动的基本纲领和重要指南，影响重大。因此它们间不能相互隔离、各自为战。各个地方也不能仅从实施单一的战略出发而各吹各调，否则就会因为战略差别而形成战略分割，又因为战略分割而加剧长江经济带的不平衡不协调状况，应当在推进全流域全区域高质量发展的总体要求下对接联通、协调实施。

在操作路径上，可以采取这样一些具体措施：一是统筹各项重大战略的基本要求，并结合长江经济带整体发展面对的重大任务，协调制定长江经济带发展的年度工作实施方案；二是打通战略实施区域间的隔阻，实现各重大战略操作思路在地区间因地制宜的自主运用和相互借鉴，促进地区间的协调发展；三是鼓励重大战略实施的重点地区到其他地区联合设立功能平台，依此拓展自身发展的空间，同时带动合作地区加快发展。

（二）推进城市群、都市圈的协同联动

城市是推动经济社会发展从而推动国家现代化建设的主要力量，而城市群和都市圈建设既有利于城镇化加快发展，又能够有效抑制城市"摊大饼"式发展和城市病的滋生蔓延等问题。因此国家颁发的《国民经济和社会发展第十四个五年规划和2035年远景目标纲要》特别强调，要以城市群、都市圈为依托，促进大中小城市和小城镇协调联动、特色化发展。长江经济带拥有长三角、长江中游和成渝三大城市群及一批都市圈，其各自实力雄厚，辐射功能强大，是促进长江经济带高质量发展的核心带动力量与坚实支撑。但要发挥其特殊功效，这些城市群和都市圈必须协同联动。如果唯我独尊，各行其是，不仅无益于全局发展，还会带来恶性争夺，由此下去，支撑点也就变成了割据点，正所谓其利也显、其害也烈。城市群、都市圈对推动长江经济带高质量发展至关重要，应当把推动其协同联动放在长江经济带发展全部工作的中心位置。

在操作路径上，可以采取这样一些具体措施：一是推进制度性相互开放，通过对标国际通行的做法、优化营商环境和建立高标准的市场体系，促进各城市群、都市圈对外部的全面开放，实现规划、规则、规制的有机衔接；二是加强科技创新、人才配置、金融资本聚集等瓶颈环节和核心资源的合作与协调，合力推动产业基础高级化和产业链现代化，促进城市群、都市圈合理分工和协调发展；三是以各自比较优势为基础，合作建设具有特色的产业集群、物流中心和战略试验平台，多点多面支撑区域流域协调发展。此外，为加强城市群、都市圈协同联动，有

必要在长江经济带三大城市群之间建立起适宜的组织协调机制，这一点应该引起高度重视。

（三）推动沿带各地区重要领域的协同联动

推进长江经济带各地区在重要领域所施行为的协同联动，既是尊重现实基础、优化区域地区分工、强化基于比较优势的重要举措，又是促进区域协调发展、推动整体提升的有效途径。应当从实际出发，视不同领域的性质、特点一体、双边和多边分类推进，形成联动。

从全带一体建设的角度看，需要在四个方面下功夫，或者说在这样四个方面，长江经济带各省份间要一体确立行为标准、一体开展实质性建设。一是新老基础设施的互联互通。无论是6300公里的长江沿岸，还是205万平方公里的区域空间，都应按照畅通、便捷、立体、智能、坚固的要求协同建设。新型基础设施的建设关系到未来发展，无论发达地区还是相对欠发达地区，都应该坚持高标准、高质量建设。二是市场体系的对标对接。应以统一开放、公平公正、诚实信用为导向建立高标准的市场经济体系与规则，推动资源要素自主流动、优化配置，并持续推进营商环境的改善与优化。三是生态环境联保联治。长江经济带是一个依水域相连的大生态系统，左右岸、干支流、上下游、陆水空紧密相接、无缝毗连，对其进行保护与治理必须联动开展、联手进行。近几年在生态环境的保护与治理方面下了很大的功夫，但主要还是单打独斗，全线的联动总体上说比较少。在这个方面我们需要竭力尽心，但不可以依赖单打独斗，否则不仅会影响到治理效果，还会导致前功尽弃、劳民伤财。我们需要的是统一标准、统一行动、统一监管。四是公共服务共建共享。这涉及全带人民的根本利益，也是体现建设成效的重要标志。在这方面，可以分领域、分步骤进行，绝不要忽视，但也应循序渐进。可以实行两两合作、多方合作推进，但应统一建立标准，并秉持开放包容的原则进行，特别是合力推进基础制度建设。

实现长江经济带高质量发展，还需要实行产业体系的统筹构建和产业发展在地区间的合理分工。我注意到今天的论坛在发布有关报告时，有同志特别讲到了长江经济带发展面临的一些问题，其中一个较大的问题就是产业的重复建设。产业发展直接决定着经济发展，而地区间的竞争直接体现为产业竞争，产业竞争主要源自产业的同构或重复建设。但产业结构与各地的自然环境、发展基础相关，很难实行全带一体建设，也就是说，在产业体系统筹方面要按照上述四个方面搞一体化建设是有难度的。但这绝不是说我们对此难有作为，只能听之任之。为了避免产业间的恶性竞争，并努力形成相互支撑、相互补充的产业链，可以基于全局需要、考虑各地的发展实际实行联动协同。而在这方面最重要的实施路径是立足于发挥各地比较优势，进行合理分工，进一步增强各地产业发展与自身发展基础和潜力的匹配度；同时通过区域联动，以园区、产业集群等为载体，一道发展那些共同需要的新型产业和未来产业。

泛珠合作的积极成效与努力方向*

一

非常高兴来到美丽的绿城,参加第五届泛珠三角区域合作与发展论坛。本届大会在"合作发展、共创未来"的框架主题下,突出"携手共进、合作共赢"的特色,对于当前凝聚共识、共克时艰,具有非常重要的意义。

泛珠三角区域合作开展五年来,合作各方坚持以科学发展观为统领,认真贯彻党的十七大精神和胡锦涛总书记提出的"务实推进泛珠三角区域合作"的重要指示,按照《泛珠三角区域合作框架协议》的要求,着眼于提高区域整体实力和竞争力,扎实推进各项工作,泛珠三角区域合作务实、有效展开,特别体现在以下两个方面:

其一,合作领域不断扩大,合作深度逐步拓展。五年来,泛珠三角区域合作不断向纵深推进,取得了明显的进展,体现为合作由单一到综合,从起初商贸往来、产业投资、基础设施等领域的合作,逐步扩展到包括科教文化、环境保护、食品安全、卫生防疫、劳务输出等在内的经济发展和社会民生的各个方面;由硬件到软件,从以项目引进、跨区投资为主的合作,逐步扩展到区域之间在规划、政策、法规制定和实施上

---

* 本文系作者于2009年6月10日在广西自治区南宁市召开的"在第五届泛珠三角区域合作与发展论坛暨经贸洽谈会"上的主旨演讲,原题为《深化区域合作 携手应对挑战 为确保国民经济平稳较快发展做出新贡献》。

的协调，比如，合作各方积极推动市场规范和协调管理，在区域市场环境、市场监管、商标保护、知识产权保护、质量检验相互认证，以及行政执法和信息交流等方面达成多项共识，有力地促进区域内商品和生产要素的自由流动，为加快区域内公平开放的市场环境建设奠定了基础；由行政到市场，从行政安排和推动逐步发展到区域之间各类市场主体以市场为纽带、以利益为载体，自发自愿地开展合作，比如，区域内沿海省区和港澳地区优势企业，从自身利益出发，向中西部省区实行低成本扩张，区域内的产业转移步伐不断加快，取得了良好的效果；由区内到区外，从立足于泛珠三角区域内部的合作交流逐步深入到充分利用国内长三角、京津冀等其他发达地区乃至东盟等国际区域的资源、技术和市场，推动泛珠三角区域作为整体与国内外其他经济区域开展互动与合作。

其二，合作方式推陈出新，合作机制日臻完善。在合作方式上，泛珠三角区域合作各方，注重虚实结合，摸索出共同编制和实施区域合作发展规划、建立异地工业发展园区等合作的新形式、新路子。以区域合作规划为例，五年来合作各方共编制实施了1个综合性合作发展规划和交通、能源、科技、信息化、环保5项专项合作规划，有效地提高了区域合作的战略性、针对性和约束力。在合作机制上，由广东省与合作各方采取"联合主办、轮流承办"方式举办的泛珠三角区域合作与发展论坛和经贸洽谈会两大合作平台已成功搭建。除了去年因"5·12"四川汶川特大地震特殊情况停办外，目前已在粤港澳、四川、云南、湖南成功举办过四届论坛和洽谈会。"9+2"合作各方还建立了行政首长联席会议、政府秘书长协调会议、省会城市市长联席会议制度、90多个专项合作协议、宣言或备忘录以及众多的民间对话交流平台等合作协调机制。总的看来，已经初步建立了多层次、宽领域的合作机制，为顺利推进泛珠三角区域合作提供了组织保障。

五年来，泛珠三角区域发展取得了令人瞩目的成绩。从区域整体看，泛珠三角的GDP总量，从2003年6300亿美元左右，增长为2008年约15900亿美元，翻了一番多。从单个省区看，泛珠三角区域合作之前，区域内的内地省区中只有广东省GDP总量超万亿元，到2008年，区域内又增加了四川、福建、湖南三个 GDP 超万亿元的省区，占了全国的近三分之一。这些成绩的取得是党中央、国务院正确领导的结果，是"9+2"各方政府和广大人民群众发奋图强、艰苦奋斗的结果，也是泛珠三角区域合作不断深入推进的结果。泛珠三角区域合作给各方带来了诸多实惠，各地区的比较优势进一步发挥，区域性统一市场加速形成，区域发展的整体活力明显增强。实践证明，合则多利，合则共赢，合则集聚优势，合则增强竞争力。

二

女士们、先生们：

去年9月份以来，国际经济形势急转直下。美国次贷危机全面引发国际金融危机，并迅速从局部发展到全球，从发达国家传导到新兴市场和发展中国家，从金融领域扩大到实体经济领域，对各国经济发展和全球贸易造成严重冲击，使世界经济陷入自20世纪30年代经济大萧条以来最为困难的境地。受国际金融危机急剧蔓延和世界经济增长明显减速的影响，我国经济运行也出现了不少困难，经济增速较快下滑。泛珠三角区域合作9省区和香港、澳门两个特别行政区也都不同程度地受到了冲击，特别是广东、福建等东部沿海省区受到的影响尤为突出。

面对前所未有的严峻复杂形势，党中央、国务院及时调整宏观经济政策取向，果断地把宏观调控的着力点转到防止经济增速过快下滑上来，实施积极的财政政策和适度宽松的货币政策，迅速制定实施了扩大内需、促进经济平稳较快发展的一揽子计划。这些政策措施主要包括：以通过增加中央财政赤字和国债发行规模，减轻企业和居民税费负担，保持货币信贷供应量合理增长，优化信贷结构等措施，增强投资和消费对经济增长的拉动作用为重点的"扩大内需"政策；以组织实施钢铁、汽车、船舶、石化、纺织、轻工、有色金属、装备制造、电子信息、现代物流十个产业调整和振兴规划，落实规划中提出的近120项政策措施为重点的"振兴产业"政策；以支持和引导各类要素向加强自主创新集聚，围绕扩大内需和产业振兴加强科技攻关，促进形成新的经济增长点，力争在新一轮经济上升期站在更高的起点上发展为重点的"科技支撑"政策；以积极促进就业，健全各类社会保障制度，着力解决涉及群众切身利益的医疗和教育等方面的问题为重点的"社会保障"政策。根据中央的统一部署，为应对国际金融危机，各省区和港澳特区结合自身实际情况，也相应推出了本地区应对的一系列措施。目前，在扩大内需、促进增长有关措施的作用下，我国部分地区和行业经济出现了企稳回升的迹象，经济发展的总体趋势向好。但是，国际金融危机仍在蔓延，所带来的冲击和影响还在加深，我们面临的形势仍然严峻。

面对国内外经济形势出现的新变化，无论是从促进"泛珠三角"区域合作各方加快自身发展和实现繁荣稳定出发，还是从进一步提升"泛珠三角"区域的整体实力，进而促进整个国民经济保持平稳较快发展考虑，都要求我们必须加快推进"泛珠三角"区域各方更加紧密的合作，互促互补、互帮互助，在联动中实现共赢。

一方面，深入推进泛珠三角区域合作，有利于合力应对当前国际金融危机，尽早摆脱国际金融和经济危机的影响。泛珠三角区域地跨我国东、中、西部地区，还包括港澳在内，由于各地区的经济发展水平、产业结构和经济外向度不同，因此，受影响的程度和表现时序也不一样。从目前公布的数据看，对外开放度较高的广东、福建等东部省区和港澳地区受到的冲击更直接、也更大一些，中西部的贵州、湖南、广西、江西等省区的情况则要稍好一些。但是，这种情况可能只是阶段性的。随着国际金融危机的蔓延和影响的梯次传递，危机由沿海向内地蔓延、由外向程度高的产业向一般产业扩展，加之东部地区发展减速导致的劳动力从东部沿海地区向中西部地区回流等因素，发展基础相对较弱的中西部地区面临的困难丝毫不可低估，决不能因当前发展状况良好而掉以轻心。应对国际金融危机，需要泛珠三角合作各方加强信息沟通，协调形成对策，解决面临的共性问题和困难，也需要充分发挥各地区的比较优势，广泛运用一切可以利用的资源和要素，相互支持，同舟共济。最近，广东省委、省政府组织开展的粤货"北上湖南""西进广西"的活动，就是一个很好的示范。

另一方面，深入推进泛珠三角区域合作，有利于提升泛珠三角区域的整体竞争力，形成更具影响力和带动力的经济发展高地。从某种意义上说，一个国家的国际竞争力集中体现在拥有若干综合实力强大、国际竞争力较高的经济区域。目前，泛珠三角区域中既有我国经济"三大引擎"之一的"珠三角地区"和香港、澳门两个比较发达的特别行政区，又有极具发展前景和活力的北部湾地区、海峡西岸经济区和长株潭"两型社会"发展试验区，还有正在加紧谋划、蓄势待发的鄱阳湖生态经济区、海南生态旅游岛、成渝经济区等区域，可以说是层次各异、各有特色。通过深化合作，后发地区向发达地区学习借鉴先进管理经验和技术，承接适宜产业的转移，加强经贸合作交流，也为发达地区进一步提供市场和资源，将进一步提升泛珠三角洲区域的经济结构与发展质量，从而提升区域的发展能力、潜力和整体竞争力。

三

女士们、先生们：

去年12月31日，国务院批准并实施的《珠江三角洲地区改革发展规划》，首次明确将泛珠三角区域合作纳入全国区域协调发展总体战略。这是在泛珠三角区域合作开展五年的关键时期，国家对泛珠三角区域合作定位的一次战略性提升，为继续深入推进泛珠三角区域合作打下了坚实的基础。下一步，国家发展改革委将与有关方面一道围绕以下三个方面做好工作，积极推动泛珠三角合作更加深入地开展，携手应对国际金融危机的挑战，为确保经济平稳较快发展作出新的贡献。

第一，全面总结过去，系统勾画未来。区域合作开展以来，虽然各方面都取得了不少成绩，但是应该看到区域合作中也还存在一些问题或者说是需要破解的难题。比如，目前正在推进的数十个合作规划、近百项专项合作任务如何进一步突出重点；再如，事关区域合作成败关键的利益协调机制怎样有效建立并充分发挥作用；又如，具有约束力的合作监督体系如何探索构建，等等。更要清醒地认识到，经济全球化和区域经济一体化加速推进的新形势，必将给区域合作乃至区域经济发展带来新的机遇和挑战。这就要求我们认真研究，并在思想与行为上作出主动调整和有效应对。有关方面应在全面总结区域合作五年来的经验和不足的基础上，深入分析当前面临的新形势，认真研究区域合作中政府推动与市场运作的结合方式、中长期目标与近期工作重点间的关系、加强内部互动与整体对外合作关系等重大问题，着力围绕合作的总体战略、发展目标、重点领域、途径方式、体制机制等方面，抓紧研究提出新的思路和举措。

第二，促进携手并进，共同应对危机。认真落实党中央、国务院关于进一步扩大内需、促进经济增长的一揽子计划，是应对国际金融危机冲击、保持经济平稳较快发展最有力的武器。各地方要围绕中央扩大内需的一揽子计划，抓好配套措施制定和具体落实工作。在应对危机的过程中，各地区应注重加强信息沟通，协调形成对策，发挥区域的合力。在指导思想上，要进一步统一认识，牢固树立在区域经济一体化深入发展的背景下，只有合作才能有效应对危机，单兵作战难以形成战斗力，也难以可持续的理念。在政策措施上，各地方应协调行动，步调一致，要坚决反对地区之间的贸易和投资保护主义，把应对危机与促进区域统一市场建设问题有机结合起来。在具体操作上，各地区应在因地制宜的基础上加强合作与互动，中西部省区要利用国家扩大内需政策的战略机遇，着眼于加强基础设施、生态环境等薄弱环节，为东部地区优势企业向中西部拓展创造良好的环境，有序促进区域间产业的梯次转移；东部省区要利用危机促使产业结构调整升级的"倒逼"机制，大力提升优化经济结构，着力培育新的产业增长点和区域增长带，进一步增强对中西部的辐射和带动能力。

第三，把握战略机遇，深化合作互动。近两三年来，按照区域发展总体战略的部署，国家发展改革委会同国务院有关部门和有关省（市、区），在组织开展综合调研的基础上，研究制定了一批关于区域发展的政策性文件和规划，大部分已经国务院批准实施。这些区域性文件中都无一例外地强调了加强区域合作的内容，并提出了具体的思路和举措。比如，《珠江三角洲地区改革发展规划》就把广东省珠三角九市的发展，与环珠三角地区、与港澳合作紧密扣在一起；海峡西岸经济区建设不只是从福建省一省范围考虑，而是连同周边的粤东、赣南、浙西部分地区一起，放在海峡两岸这样一个更加广阔的空间和视角中去统一规划，等等。这些区域规划和政策性文件的实施将极大地促进各地区之间的合作与融合，反过来，区域间这种良性互动关系的建立又会促进各地区经济社会发展目标的实现。泛珠三角区域各方应根据这些区域性规划和文件提出的要求，在实施区域发展战略、促进本地区发展中，与时俱进地推进区域合作，着力拓展关键领域和突破重点环节。重点是：以打破各种形式的垄断和封锁为突破口，推进区域市场一体化；以统筹大型项目规划建设为依托，推进基础设施的互联互通；以建立健全区域协调发展和合作互动的法律法规为重点，推进管理体制合理对接；以促进企业联合协作为重要抓手，推进产业结构调整和优化布局；以加强和改善对口帮扶为重要途径，加快欠发达地区发展步伐；以协调解决重大社会与自然矛盾为契机，着力构建和谐的区域发展环境，以及进一步加强资源与市场合作为重点的国际区域合作等，通过这些努力，深化区域间的良性互动，实现区域的共同发展与繁荣。

在这里，我要特别强调的一点是，区域间的合作和良性互动与缩小地区发展差距、发挥各地区比较优势、推动区域间基本公共服务均等化、促进人与自然和谐相处等一样，是区域协调发展不可或缺的重要组成部分，从而应该是国民经济和社会发展的重要内容。目前，国家发展改革委已着手开展编制"十二五"规划的前期工作。我们将在"十一五"规划的基础上，积极与有关方面进行沟通，把区域合作摆在"十二五"规划更突出的位置，使之在规划中有更充分、更具体、更实在的体现，进一步凸显和发挥区域合作在促进区域协调发展和国民经济社会发展全局中的重要作用。

四

女士们、先生们：

过去五年多来，在党中央、国务院的高度重视和大力支持下，在合作各方的全力推动和积极配合下，泛珠三角区域合作取得了值得称道的进展，期待泛珠三角各地区抓住国家把泛珠三角区域合作纳入全国区域协调发展总体战略的契机，继续解放思想，坚持求真务实，积极进取，扎实工作，不断深化合作，大胆探索合作新途径，推进泛珠三角区域合作不断向纵深发展，开创未来合作的新格局，为贯彻实施区域发展总体战略、确保国民经济平稳较快发展做出新的更大的贡献！

一体联动：粤港澳大湾区城市群发展的关键*

关于粤港澳大湾区城市群建设，我在今年 6 月中国国际经济交流中心"经济每月谈"做过较为全面的阐述，一些报刊已登载报道。这里不再重述。今天只讲一个问题：深入推进区域合作、实行一体联动是粤港澳大湾区城市群发展的关键。供大家批评参考。

粤港澳大湾区的规划建设已提到国家议事日程。这一区域面积广阔、人口众多、综合条件优越，将其打造成全球最具创新创造活力的世界级城市群具有十分重要的意义。

湾区所以能快速发展，其以地理和资源等因素支撑带来的便利性、集聚性、开放性，进而形成的创新性、开拓性和超级配置力是基本的原因。或者说，开放合作是湾区的特质和优势，也是湾区得以跨越发展的关键。但粤港澳大湾区具有特殊性。最突出的是：粤港澳三地实行不同的社会制度、采用不同的法律体系、分属不同的关税区，且地区间、城市间发展很不平衡。这使湾区各行政区、各城市间的合作不仅存在经济上的阻隔，而且存在社会、法律制度上的阻隔。过去的实践表明，这一地区存在的主要问题，是区域协调性不够强。不仅存在同质竞争，也存在着市场分割、行政封锁和各自为战。合作方面虚多实少，该联的联不了、该通的不能通，一体化进程总体缓慢，资源重置错配现象较为严

---

* 本文系作者于 2017 年 11 月 22 日在广东省广州市举办的"第六届中国（南方）智库论坛"上的讲话。

重。因此，无论从大湾区的本质特征和基本要求看，还是从解决这一区域存在的突出问题看，粤港澳大湾区建设的关键都在协调联动、一体发展。也就是说，超越各自经济利益诉求和特有的社会、法律制度的区别，通过深化合作形成一体联动的格局，不仅应当成为制定粤港澳大湾区规划的核心所在，也必然成为粤港澳大湾区建设发展的保障所在。这是我们推进粤港澳大湾区城市群建设在思想上必须明了、在操作上必须努力的。这是一个系统工程，需要智慧、机制和平台，也需要胸怀、魄力和远见。概括地说，至少应在以下一些方面下功夫。

一、树立平等意识

这是深化合作实行一体联动的思想基础。粤港澳大湾区是一个利益共同体，或者说，必须基于一个利益共同体来建设，否则，就难以达到预期的目标。我在6月份的会上提到，大湾区各行政区、各城市间应当秉持合作互动的思想，坚持平等相处、共同协商、权责一致、互利共赢的原则。无论经济、政治、社会等方面多么具有特点，相互之间都没有高低贵贱之分，也不存在谁必须对谁单方面尽义务问题，任何地方都不能只要权利而不去履行基本的责任。这个地区不应有不平等意识和不平等规则，而必须有合作的观念和合作的努力。平等才能合作，平等才愿合作。而只有合作，才能克服各自地域和条件的局限，实现资源要素的取长补短、优化配置，并有效拓展发展的空间；才能克服不良竞争实现错位发展协同发展，做强做大比较优势；才能聚集优良资源要素，在最高水准上形成创新力、创造力；也才能面对各方面挑战，和衷共济共避风险、共克时艰。总之，平等合作换来机遇与帮助，能够实现一体发展共同提升。当然，平等合作不等于资源配置搞平均主义，不等于各个地区和城市在大湾区建设中具有同等重要的位势、发挥同样的作用。

二、坚持一体规划

统一规划或统筹规划是协调发展、一体发展的行动依据和指南。粤港澳大湾区规划的视角应是一体发展、共同提升；规划的基点和路径应是合作联动。或者说，粤港澳大湾区的规划本质上应该是合作联动或一体发展规划。要基于大湾区发展的目标要求，即形成全球最具活力和创新力的发展高地的要求，充分考虑现实基础和发展潜力，来统筹提出空间布局和体制创新的要求。同时基于开放合作、一体联动，对基础设施建设、产业体系优化、城乡融合发展、公共服务提升、生态环境保护、营商环境改善等经济社会发展主要领域做出整体安排。在制定合作联动发展总体规划的基础上，同样基于合作联动原则制定各领域发展的专项规划。有一点需要强调，过去对粤港澳大湾区一些城市特别是几个主体城市有一些重要定位。这些定位一般都考虑了其历史基础和比较优势，是经过慎重研究的，在总体上看是合适的。除某些需要在一体发展的视角下进行提升和调整外，在新形成的大湾区城市群发展规划中都应予以重视和肯定，并且规划的相关安排应有利于促进这些定位的实现和提升，这恰恰是体现合作联动、一体发展原则的需要。但无论是总体规划还是专项规划，都不能变成体现各方单方面诉求的"拼盘"，不能为各自为战、地区分割和行政封锁提供任何可乘之机，都必须为打破分割和阻碍、推行开放合作提供可行的思路和强有力的举措。

三、制定行为守则

行为守则是一体联动的重要保障。在粤港澳大湾区难以形成统一的法规约束的情况下，应通过具有约束力的、类法律的行为准则来规范各方的行为。在决策层面,应基于大局发展和一体联动要求,共同协商制定各行政区、各城市进行重大决策和实施重要行政举措必须遵守的准则,并依据形势发展适时加以完善充实;在操作层面,应在逐项梳理的基础上实行负面清单管理,对各领域的具体行为进行严格约束。与此同时,要明确违反行为守则所应承担的责任及代价。

四、建立协调机制

协调机制是推进一体联动的组织支撑。应探索建立多层次的协调机制,全覆盖解决粤港澳大湾区一体化发展中的矛盾与问题。建立高层次的领导机构,研究落实大湾区建设中涉及中央事权和协调解决一体联动中三地存在较大分歧的重大事项;建立由三地政府行政首长参加的推进机制,研究解决大湾区建设中涉及三地利益或需要协同共建的重要事项;相应建立日常工作机制和专项工作小组,负责梳理总体层面和专门领域、重点工程一体联动存在的具体问题,研究提出解决的具体方案。权威、高效的协调机制与严肃、规范的行为守则形成静动两重系统,保障大湾区一体化进程顺利推进、合作联动有效展开。

五、共建合作园区

合作园区是实行一体联动的重要途径。应以发挥比较优势或弥补各自短板为导引,以产业合作为主体,以探索新机制、运用新技术、形成新模式、引领新业态为核心,合作共建有一定规模的各类园区。特别应提倡、鼓励和支持地域窄小而产业、技术等方面具有优势的城市和地区与地域宽松、产业结构相对低端的城市和地区合作共建园区。通过园区在合作中实现融合,通过融合实现一体发展提升。应全面、深入总结前海、横琴、南沙等合作区域或新区的实践成效和经验,在进一步提高集约化程度和创新水平的同时，适时拓展地域空间，以在更广地域推进一体联动，为整体层面推开积累经验。

六、探索通行体制

考虑到粤港澳大湾区一国两制三关税区三法律体系等实际情况，推进一体联动需要进行深层的体制创新探索。通过探索，形成联接三地的体制通道。体制创新的方向，是寻求三地规则可接轨可打通的最大公约数。创新可以在三个层次逐步深化：第一个层次是将目前三地制度层面共通点全面梳理打通成为共同规则；第二个层次是寻求三地制度的对接点进行适当融合；第三个层次是对存在差别的制度环节寻求最大限度的创新以利共同发展。对于第三个层次，创新可把握的参照系：一是当前一些改革试验区先行先试形成的经验，特别是前海、横琴、南沙的创新性经验；二是自贸港区的管理体制与操作模式；三是国际上通行的做法。通过形成在三地可探索试验的改革事项，通过已有改革试验区或新建立改革特区进行探索试验，逐渐在粤港澳大湾区各城市各地区推广运用。

七、试行"联办"模式

"联办"即联合办公或联手执业。为在一国三制三区环境下有效处理各类具体经济社会事务，可以考虑在试点的基础上，在一些城市的必要领域设置由三地熟悉各自规制的专业人士组成的联合办公机构，共同处理涉及三地的事务。同时，鼓励三地同类专业人员联合执业，协调、有效开展跨地域三地生产经营和社会服务活动。事实上，这种模式在前海、横琴等试验区的一些企业构架中已有体现，可认真总结和完善。

八、打造创新平台

围绕构建开放型区域协同创新体系、构建全球性创新基地,通过合作聚焦优势地区、集聚优势创新资源,打造科技创新、产业创新、管理模式创新、军民融合创新、先进科技成果转化应用创新等各类创新平台。使这些平台既成为促进粤港澳创新国际化、高端化的重要支撑与推手,也成为深化一体联动的有效载体和抓手。

广深联动的意义与路径[*]

近两三年来几乎在所有关于粤港澳大湾区建设的论坛和文章中，我都谈到开放合作、一体联动的问题，在有些场合我还特别谈到过联动的重点是四个中心城市的联动，而重中之重是广州与深圳的联动发展。今天看到广州、深圳认真落实习近平总书记的要求，联合举办"双城联动"论坛，着手推动双城联动，两地四大家主要领导和市委、市政府负责同志悉数出席，我从心底里感到高兴。我以为，这次论坛将会作为一件大事，记入粤港澳大湾区建设的史册。我也衷心感谢两市的邀请，使我有机会参加会议并就双城联动问题发表一些看法。

刚才听了两位书记的讲话和两位市长的介绍，感觉两市在推动联动协调发展方面已经做了许多工作，打下了坚实的基础。由于工作岗位的原因，过去许多年来我参与了涉及广州和深圳发展的一些重大事项的办理，有机会多次向两市的领导同志和相关专家学者学习请教。在此我结合过去工作的一些体会和研究中积累的一些认识，就粤港澳大湾区建设中强化广州、深圳"双城联动"谈一些观点，供大家批评指正。主要有三个方面，或者说谈三个"关键"：

---

[*] 本文系作者于2020年10月22日在广州市委市政府、深圳市委市政府联合主办的"广州、深圳'双城联动'论坛"（广东省广州市）上的讲话。

一、粤港澳大湾区建设的关键在于一体联动

粤港澳大湾区建设是新时代国家重大区域发展战略，对推动实现区域和国家高质量发展起着重要作用。粤港澳大湾区建设涉及方方面面，但要实现更快速度、更高质量、更可持续的发展，需要在体制、政策、项目等方面朝两个方向聚焦与发力：一是充分发挥所有城市和地区的积极潜能，做实做强比较优势；二是促进优势资源的整合聚集，在最高水准上形成区域创新创造能力。而实现这两个方面都需要以一体联动、协同发展为前提或基础：通过联动实现合理分工，通过合理分工减少或避免恶性竞争，做强地区比较优势；而优势资源的整合与利用在于打破资源要素流动的地区封锁与市场分割，形成开放联动的协同创新体系。

回顾过去，广东乃至整个大湾区之所以发展快速，从根本上说还是走了一条开放包容和合作联动的道路。举个小例子，曾几何时，区际的收费站比比皆是，区域内的"断头路""瓶颈路"随处可见，而今天这种状况已经得到了明显的改善。但即便如此，即使在我国体制创新程度这么高的地区，也还存在着不少问题，包括存在着行政分割、市场不畅、同质竞争、资源错配等方面的问题，一些关键方面的体制、治理衔接不畅，存在着梗阻与分割。对于一般区域来讲，地区之间连通的重要障碍来自自家"一亩三分地"的利益意识以及基于此的单纯追求地区政绩观念影响；而对于粤港澳大湾区来说，还面对着独特的经济社会构架，也就是我们常常谈到的"一国两制"、三个法律体系、三个关税区和三套货币制度等构成的特殊制度体系的约束。在这样的制度构架下如何推动协同联动和一体发展，需要有智慧的设计和精巧的运作。但无论从哪个层面考量，一个关键的结论都是：粤港澳大湾区建设的出路在于一体联动、问题在于一体联动、难点在于一体联动，而成功也将在于一体联动，必须把推动地区间协同联动放在突出重要的位置上。

二、推动广深联动并形成示范是粤港澳大湾区建设的关键一招

推进粤港澳大湾区一体联动，广州与深圳的联动具有强劲的支撑与带动功能。推动两城联动不仅有益于大湾区建设，也有利于各自的发展。

无论从城市地位、综合实力、社会影响看，还是从市场活力、创新水平、引领能量看，广州、深圳在大湾区都起着举足轻重、非同一般的作用。如前所述，基于有效性和可行性等综合考虑，推动粤港澳大湾区一体联动的关键是实现香港、澳门、广州、深圳四个中心城市的一体联动，而关键中的关键又是实现广州、深圳两城间的协同发展和一体联动。两城的联动不仅能够为实现大湾区整体联动形成坚实的基础与支撑，而且能够为一般城市和地区间破解难题、增进协同提供范式和路径。这一点极具现实意义，我们在前面提到过，联动性不强是当前大湾区存在的一个薄弱环节，增强联动性亟须核心城市予以引领和带动，而广深双城联动就能起到这样的作用。更重要的是，两城联动也有利于各自的发展。在一般的视觉下往往感觉不到这一点，人们所感觉到的是过去与现在两城的发展都可以用"突飞猛进"这样的词汇来形容。但深入思考或者"倒视"一下，如果两城能够减少甚至排除同质竞争、消除有形无形的制度障碍、推进相辅相成的优势互补、实现互相补台的强强联合，其发展是否会变得更快、更富有质量？我想答案一定是肯定的。因为这不仅符合规律和逻辑，也符合我们的经验与事实。对于协同联动问题，我们不仅应当通过"倒视"提高认识，而且要放在"倒逼"的环境下进行考量。远的不讲，去年国家着手实施长三角区域一体化发展战略，核心就是推动长三角区域三省一市实现联动发展、一体发展。中央颁发的规划纲要对此提出了很高的要求。长三角区域过去30多年来有赖于"三级协调机制"在推动协同发展、联动发展方面奠定了坚实的基础，今天又有了国家长三角区域发展战略的进一步赋能加持，假以时日

其所带来的成就将会十分的耀眼。我们也看到，最近中央又提出了"成渝地区双城经济圈"发展战略，相关的规划可望在不久后颁发实施。这一战略的核心内容也是联动发展、一体发展，相信在国家战略的推动下，重庆、成都双城联动也会呈现一个新的发展面貌。这些区域的"一体联动"直逼粤港澳大湾区，如果没有实质性的举措，发展的落差就会逐步显现出来。这对于广深双城联动来说，既带来了机遇，又带来了压力。广深两城必须顺应时势、抓住机遇、争取主动、优化举措共进推动联动发展。这意味着，推动广深联动并形成示范是大湾区建设的关键或者根本的一招，有利于整体，也有利于广深。

三、要紧扣关键方面推动广深联动发展

联动合作是全方位的，推进联动合作并不需要面面俱到，只要抓住关键方面就能起到牵一发动全身、纲举目张这样的作用。我注意到两位书记和两位市长在主旨讲话或工作介绍中间都讲到了许多关键性的合作内容，我的感觉是思路清晰、措施有力、路径正确。我也就这个问题提一些建议。

总体上说，广深双城联动应当以思想联动为先导、体制联动为基础、产业联动为重点、科技联动为核心全方位、多层次不断深入地展开。首先还是要进一步提高思想认识、推进思想创新。要着力解决"私"和"特"的问题。就是要从单纯为自身"一亩三分地"利益考虑、一味依靠自己单打独斗的思维框框中走出来，要从总认为自身地区情况特殊、需要特殊对待的思想意识中走出来，真正树立全方位、大开放的意识，树立合作共赢的意识，树立平等相处的意识。要认识到只有协同发展，才能在更大范围内、更优层次上配置资源要素，才能最大限度地集合发展能量，实现更高质量、更有效率、更可持续的发展。只有思想上通透了，才能做到真心实意地"联"、积极主动的"融"和犬牙交错式的"合"，才能自觉的排除一切软硬障碍，大力推动协同发展、

一体发展。在思想创新的基础上，我以为广深联动在操作上要特别抓好以下几点：

第一，一体打造国际一流的发展环境。发展的好坏直接取决于以营商环境为主要内容的发展环境的好坏，因此当前地区间的竞争在很大程度上表现为以优化营商环境为重点的发展环境建设的竞争。优化发展环境，需要各个地区自主发力，把自身的事情办好。但要实现发展环境的更优提升，则还需要地区间的合作联动。广深应该把一体打造国际一流的发展环境放到十分重要的位置上，在这方面既要对标，又要创标，既要惠及内外，又要惠及双方。优化发展环境，广深两地应把握好国家重大区域战略实施的机遇，利用好先行先试探索这一重要权益，以"公平""信用""精准"三词为基本指向，以最大限度地调动各个方面的积极性创造性为目标要求，突出软环境改善这个重点，坚持借鉴与创造相结合，推进相关改革和各项工作。推进改革尤其如此，要紧扣优化发展环境的各个具体事项展开，否则无论你把改革放在多高的位置、说得多么高尚，都只会陷入空谈。所有的体制改革和制度创新都应该向优化发展环境聚焦，这样做改革就不仅具有了明确的对象，也能够真正落到实处、产生实效。

第二，统筹推进产业发展提升。地区间产业同质竞争和重复配置是对区域发展最大的伤害或损害。反过来说，产业的协同发展提升将能够有力促进区域加快发展和实现高质量发展。应基于各自的比较优势和城市发展定位，统筹产业发展规划的制定和产业发展门类的布局，形成有机衔接、相互支撑的产业体系。与此同时，对体现发展方向、能够占据未来发展高地，且两地都期望发展的产业，可以采取园区共建、一业两园的途径协力发展，尽量避免单独规划、各自推进。

第三，协力推进新老基建。在当今时代，新老基建已融为一体，成为当前和未来发展的基础支撑。与此同时，新老基建的开放性、通联性已成为地区实现高质量发展的前提条件。广深应协同配合、高标准推进新老基建，为经济社会的跨越发展夯实支撑基础。

第四，加快建设开放联动的协同科技创新体系。科技创新是推动高质量、高效率发展的核心因素，而高水平的科技创新需要联动协同。即便是科技创新处于国内高地的粤港澳大湾区,创新资源要素也是相对短缺的。各自为战、分散使用,甚至互相钳制,必然会大大影响区域科技创新的能力。我们能看到一个现象,有一些地区科技资源相当雄厚但是并没有形成应有的创新力,问题出在没有整合或者整合不起来上。这在高校比较集中的地区体现得比较明显。几个实力相当的高校往往存在着明争暗斗的问题,不仅没能形成合力,而且还在相互削弱战斗力。粤港澳大湾区要通过有效机制把各地的创新资源有效整合起来,只有这样才能在攻克原创技术、颠覆性技术和未来技术方面取得实质性进展。广深两城应在这方面发挥带头作用,并切实取得成就。因此,广深联动要把协同开展科技创新作为重中之重,特别是要协力打造广深港澳科技走廊,围绕推进产业基础高级化和产业链现代化全面推进科技创新;同时合力打破体制机制约束,整合集聚两地产学研力量,推动两地科技创新平台的联动,着力开展关键核心技术攻关,使广深成为原始创新和国际领先技术创新的高地,成为科技产业化的策源地。

第五,推动战略功能区或改革试验区的对接融合。广深都是改革开放高地,拥有在国内最多的改革创新试验区和改革试验功能平台,而这些功能平台在推进发展和改革中具有先行先试的地位。为了最大限度地提升试验水平,最快速度形成可复制、可推广的经验,应当强化各试验区之间的相互交流借鉴、自主移植。借此完善改革内容,提升发展效益,促进广深双城全面深化改革和全域高质量发展。

值得强调一点的是,为了促进联动发展,除了建立强有力的组织协调机制外,还应协商形成旨在防止封锁、深化合作的具有约束力的类法律的行为规则,并依据形势发展和实际需要不断提升完善。在操作层面,应当在全面、科学梳理的基础上实行负面清单管理,对各种危害协同联动、一体发展的行为举措进行严格的约束和严厉的惩罚。

我以为,秉承合作共赢的思路,牢牢抓住这样一些重点开展工作,在不远的将来广深双城联动就会取得明显的具有突破性的成效,而经济社会发展也将展现更为光耀的局面。

新时代国家区域战略指向与珠江—西江经济带城市合作发展*

我与珠江—西江或者说广东、广西很有缘分。广东我就不讲了,今天在广西的梧州,我主要说说广西。国家支持广西发展的三个重大文件,我都参与研究制定了。这些文件是根据党中央、国务院的指示,在国家发展改革委的领导下,由地区经济司牵头编制的,我当时在司里工作。第一个是2008年的《广西北部湾经济区发展规划》,第二个是2009年的《国务院关于进一步促进广西经济社会发展的若干意见》,第三个是2014年的《珠江—西江经济带发展规划》。对梧州当然也很有感情,记得曾两次到梧州做调研,调研过不少地方,有关梧州发展的战略定位也是在调研中形成的。在这里也结识了不少朋友,包括今天已经离开梧州到别的地方做领导工作的同志。也基于这种感情,禁不住市里和老朋友的邀请,推掉或调整了好几个重要活动,来参加今天的会议。到这里的时间不长,但已经比较深刻地感受到了这里良好的精神面貌,也体验到了这些年发展所带来的显著成效。会议要我做个报告,可谈的话题很多,但既然我们召开的是西江经济带城市共同体及市长联席会议和西江经济发展论坛,我还是重点谈谈珠江—西江经济带发展问题。不过,我想基于更广阔一些的视野切入这个话题。

我很高兴地看到,国务院发布相关规划后,珠江—西江经济带发展

---

* 本文系作者于2020年12月5日在广西梧州市召开的"西江经济带城市共同体及市长联席会议第五次会议暨西江经济带发展论坛"上的讲话。

取得了辉煌的成就。会议提供的有关材料中特别谈到，经过过去五六年的努力，珠江—西江经济实力增长明显，经济总量由 2013 年的 33144 亿元提高到了 2019 年的 50107 亿元，年均名义增长 7.13%；综合交通大通道初步构建，西江航运干线名副其实地成为与长江航运干线并驾齐驱的亿吨黄金水道；产业结构持续优化，产业梯度转移和工业转型升级不断加快；公共服务均等化改革持续推进，城乡一体化不断深入；生态建设取得积极进展，珠江—西江生态廊道格局初步形成。刚才自治区领导在讲话中已从多方面介绍了珠江—西江经济带的发展成就。对梧州我的体会更为深刻一些。当年到梧州调研时感觉总体格局还比较小，产业发展还不够强壮，转型跨越还处在起步过程之中，到今天整个状况已有了明显的改观，梧州高端、大气的形象和快速发展的势头已初步显示出来。这也证明我们当时在有关文件中对梧州发展的战略定位和政策举措谋划是正确的，其中包括在梧州和肇庆交界处设立粤桂合作特别试验区。当时确定这个名称可以说是颇费思量的。名称不仅突出了"试验"，还加了个"特别"，在当时做这样的命名并不容易，不仅要考虑区情特点，还需要一点魄力和勇气。我们看到，粤桂合作特别试验区建设成效显著，共建特色日益突出。珠江—西江经济带发展的实践证明中央出台的这些重大战略规划或政策文件方向是正确的，举措是务实的。作为一个负责具体工作的参与者，我自然感到非常高兴。《珠江—西江经济带发展规划》的核心是合作联动，这是第一个从国家战略层面提出东西部地区合作联动的战略规划。国家发展改革委在连云港也搞了一个东中西合作示范区，但它的面积很小，是个试验点。所以，在那个时候，以珠江—西江流域为纽带，推动发达地区和欠发达地区协调联动、一体发展，这在国家区域发展战略谋划体系中还是第一个，因此它具有特殊的意义。不管今天我们对之的重视程度够不够，这个历史意义是不可以磨灭的，这个地位也是难以动摇的。

那么，我们为什么要以一条黄金水道为纽带制定这样一个旨在促进东西联动的区域战略规划呢？可以说，它不仅仅是基于珠江—西江流域的具体实际这样一个角度考虑的，它更是立足于国家战略层面考虑的。

在我国，长江是最长的河流，黄河是第二长的河流，珠江—西江应该是第三长的河流。显然，珠江—西江在我国河流中的地位是不可小觑的。通过战略规划推动，以河流为纽带的东西部区域间的合作，这在国家还是第一次。长江经济带发展战略，即将出台的黄河流域生态保护和高质量发展战略，都涉及东中西的联动，但这是后一些年的事情了。可以说，珠江—西江流域合作发展规划具有开创性意义。

一、为什么要这样做？

下面我要跟大家讲的第一个话题就是：促进区域合作联动是新时代国家区域战略的关键指向。

追溯一下我国区域战略发展的历史，有一个很重要的节点。这就是，在20世纪90年代中期，中央在十四届五中全会上提出了一个重要的要求，或者说明确了一个重要的政策取向，就是把缩小地区差距作为一条长期坚持的重要方针。特别强调，从"九五"时期开始，要更加重视支持中西部地区经济发展，逐步加大解决地区差距继续扩大趋势的力度，积极朝着缩小差距的方向努力。这个方针的提出是基于这样一个实际：实施改革开放以后，为了让一部分地区先发展起来进而带动全国发展，国家采取了让东部地区先行或沿海地区率先发展的这样一个战略导向。在这个战略导向的引领下，东部沿海地区发展速度明显加快，整个国家的经济实力和综合实力也因此快速提升。但相应也产生了一个问题，或者说出现了一种状况：在政策引导的同时，市场也产生了驱动效应，推动大量的资源要素向东部沿海地区流动，这带来了东中西特别是东部与西部地区发展差距不断扩大，到"八五"末期形成了一个高点。日益拉大的差距不仅影响到国家经济的持续健康发展，也逐渐影响到社会的协调和稳定。正因为如此，缩小不合理的地区差距作为党的重大战略方针提到了重要议事日程，从20世纪90年代中期开始，中央陆续采取了一系列政策举措，特别是从90年代末期起陆续出台了一系列重大区域发展战略。1999年提出西部大开发战略，2003年提出振兴东北地区等老工业基地战略，2006年又提出促进中部地区崛起战略。加上鼓励东部沿海地区率先发展起来的战略，就构成了我们常说的区域发展总体战略，即四大板块战略。今天中央仍然在积极贯彻实施这一战略，不久前召开的党的十九届五中全会又对此提出了新的要求。从方略上说，四大板块战略的核心指向是什么呢？就是基于不同地区的地理状态、资源禀赋、主要弱点、发展需求等采取不同的举措、实施不同的政策，我们管它叫"分类指导"。当时在制定珠江—西江规划时，我们明确了一个定位叫做"加快柳州、梧州等沿江区域性综合交通枢纽建设"，有的领导同志说梧州的现状与地位不配这个定位，但我们经过反复研究，最终还是基于梧州特殊的地理区位、发展潜力确立了这个定位。规划颁发后，自治区很支持梧州的发展，当时反对这个定位的同志也很支持。就梧州今天的发展看，这个定位显然是对的，符合规律要求，也符合地区实际，为未来发展创造了条件、也留足了空间。在这个定位推动下，梧州有了一系列大型工程建设，包括建立了机场，也有了一系列特殊的经济社会发展成果。这就是分类指导。当然，在快速发展的经济社会局势下，有些基础设施已显现出"软肋"了，这说明当时我们谋划的眼光还有局限性，应该放得更长远一些。

就空间尺度看，四大板块的划分仍然偏大。"十一五"时期，我们基于分类指导、因地制宜的思路，进一步缩小区域政策指导的空间单元，深化细化实化区域发展总体战略要求，从各地实际出发，陆续出台了一批涉及空间板块相对较小的发展战略。广西北部湾发展战略就是在这个时候推出的，除此外，还陆续出台了长三角、珠三角区域发展战略，出台了皖江城市带承接产业转移示范区战略、鄱阳湖经济区发展战略、关中—天水经济地区发展战略、成渝经济区发展战略、海峡西岸经济区发展战略等，通过这样的办法把政策指导和规划引导的区域板块缩小了。而缩小之后针对性更强了，指导效果也更好了。举个例子，就可以看出分类指导的效果。假如一个家庭有许多个孩子，如果父母亲"一刀切"，不管他们的兴趣爱好，愿不愿学习、有没有天赋，都要他们考北大、清华等名牌大学，其结果肯定要毁掉其中的几个。但如果根据孩子们的特点因材施教、因趣选教，让喜欢音乐的学音乐、喜欢体育的学体育、喜欢读书的去读书，那么每个孩子都会成为各自领域里的佼佼者，都为家庭争了光。区域战略的分类指导说白了也就是这个道理，不搞"一刀切"，从实际出发确立发展思路。正是这种努力，带来了区域发展的一个重要变化：在很长的一个时期里，西部的增长速度都是落后于东部的，实施并强化分类指导后，从2007年开始，西部的增长速度超过东部，这种状况一直保持到前两年才被中部打破。从2008年起，中西部和东北地区的增速全面超过东部。即便是今天经济发展有点波动的东北地区，在实施振兴战略后的较长一段时间里，也保持了两位数年均增长速度。没有分类指导，这是不可想象的。

党的十八大以后，中国特色社会主义进入新时代，实施区域战略、促进区域协调发展放到了前所未有的高度，但也呈现一些新的特点。党的十八届五中全会强调，要拓展发展的新空间，形成沿海沿江沿线经济带为主的纵向、横向经济轴带，培育壮大若干重点经济区。根据这一要求，在坚持分类指导的基础上，重点转向推动跨区域、跨流域的协调发展。我们能看到2013年以后，针对某个省份、省内某个地区所做的区域战略规划明显减少，个别例外的，主要是着眼于建设有特殊试验任务的功能区，如专门就海南自贸区、自贸港建设制定规划。所出台的区域发展重大战略，在空间板块上都是跨流域、跨区域的。京津冀协同发展战略，涉及三个省份；粤港澳大湾区建设战略，涉及一个省份和两个特别行政区；长江经济带发展战略，涉及十一个省份；黄河流域生态保护和高质量发展战略，涉及九个省份；即使成渝地区双城经济圈发展战略，也涉及两个省份。这就是党的十八大以后区域战略演进的一个重要特点。在分类指导的基础上突出合作联动、协同发展。换句话说，合作联动、协同发展是党的十八大后制定和实施区域战略的一个基本指向。

那么，为什么要大力推进合作联动与协同发展呢？首先我们要说，合作联动本身是有深浅、分层次的。大体可以划分为三个层次：第一个层次是礼节性的来往、一般性的交流和浅层次的沟通。大家饮饮茶、碰碰杯、叙叙感情、谈谈愿望也就完事了,基本是一种联谊性质的活动。第二个层次是在一些领域有了具体的合作,在一些关键方面展开了沟通协商。第三个层次是全方位推动一体发展和各领域的深度融合。第一个层次就不必谈了,没有实质性意义。第二个层次和第三个层次则不同了,是实质性的合作联动。这两种合作在国家战略层面都体现出来了。最初谋划京津冀地区发展时,试图按一体化的思路来把握,但综合考量,最终提出的还是协同发展的要求。鉴于粤港澳大湾区的复杂性和多样性,其发展战略也没有用一体化来统领,所以他们更多体现的是第二个层次的区域联动合作。当然这并不妨碍这些地区向第三个层次的联动合作推进,也不妨碍要在一些适宜的方面推进一体化。唯有国家出台的长三角区域发展战略,冠以了"一体化"发展的名头,它代表着区域合作联动的最高的层次,这也是基于长三角各地区多年来在区域合作方面所取得的实质性进展的成果而考量的。

为什么党的十八大以后国家更加重视区域合作联动?我以为,其意义不仅仅在于我们需要在更大空间范围内实现协调发展,还在于推进区域合作联动有诸多好处,有利于推动我国实现更高质量、更有效率、更加公平、更可持续、更为安全的发展。

简单地归纳一下,区域合作联动有着如下一些方面的益处:

第一,它能够突破行政区资源不足的约束,在更大范围内利用配置资源要素,解决存在的薄弱环节,做强自身的比较优势。任何一个地方都有自己的比较优势,但同时也存在着许多薄弱环节。包括一个国家在内,不可能拥有自己希望的所有资源,也不可能生产所需要的全部产品,合作联动能够解决这个问题。合作能够弥补发展条件不足的缺陷,能够克服薄弱环节形成互补。例如,粤桂合作特别试验区,我了解了一下,相当一部分投资者是来自广东的,通过这个平台开展了深度合作,通过深度合作来弥补周边地区发展条件的不足,包括梧州发展条件的不足。

第二,它能促进合理分工,从而通过分工避免恶性竞争,减少资源的错配和产业的低水平重复发展。分工合作与各自为政是绝不一样的。

各自为政必然是自我循环，必然是大而全、小而全，而大而全、小而全就一定会造成地区间产业的同构、资源的错配，也就是相对有效的资源都配置在同一个领域、同一种产业和同一件事情上面了，这样带来的结果就必然是恶性竞争，大家争抢这点有限的资源。原来的争抢是放在明面上的，许多地区通过颁发文件、制定规则防止资源流出、防止其他地区的产品卖进来，搞地区封锁或地区保护。这些年国家一直推进统一市场建设，实行了一系列反垄断或反不正当竞争的举措，明面上的保护不敢搞了，有的就通过其他形式暗里搞，如通过制定的所谓技术标准、环保标准等来约束资源要素的自由流动，也限制别的地区的产品与服务"走进来"。所以各自为政必然造成恶性竞争，而恶性竞争的结果必然是两败俱伤，也不利于国家发展。我们常说负负得正，但是大家想到过正正得负吗？两个都很强势的地区要加快发展，如果不思合作，就必然会产生争斗，形成恶性竞争，结果就是两败俱伤，也就是正正得负了。

第三，它能够做到在最高水平上形成创新创造力，在最好条件下给全域人民提供共享的公共服务。如果区域合作达到一定的层次，那么这里各个地区的资源要素和它的公共服务都能为整个区域所用，那就必然能够做到在最高的层次和水平上为区域所有的民众服务。原来隶属于某个地区的三甲医院或者更好的医院，就成为全区域的医院，也就成了区域所有人都能就医的场所，教育、科技、文化等也是一样。如果相互封锁，外部好的产品与服务进不来，内部好的资源也出不去，优质资源要素无法有机整合，那就很难在区域的最高水平上提供创新和创造能力。从一定程度上说，地区合作的范围越大，形成的创新创造能力也就越强，普通老百姓所共享的公共服务水平也越高，这个区域的发展后劲也会越足。从这个道理上说，长三角区域一体化能够带来多方面的好处。长三角区域涉及三省一市，相对于上海、江苏、浙江而言，安徽的整体发展相对薄弱一些，但也有比较优势，一体化能够促进长三角区域各省份优势互补和资源整合，而通过这个途径，既能解决合理分工和优化布局问题，解决各地区资源相对短缺问题，还有利于在最高水平上形成区域的创新创造能力，在最好条件下给全域老百姓提供可以共享的优质公共服务，这个区域必然是活力越来越强、发展越来越好。

第四，它能推动地区间优势互补、互利共赢。这一点前面已有所提及，这里要强调的是，其所带来的不仅是资源、条件的优势互补，而且是各地区所具有的各种优势的做强做大。区域合作成功地把两败俱伤转化成了互利共赢，这相当于在更大范围里拓展了地区发展的空间。这种合作对欠发达地区特别具有好处，既可学习先进地区的方式方法，也能合理承接发达地区的产业与服务的转移，还能巩固和拓展自己的比较优势，不至于在恶性竞争中遭到扼杀。

第五，能够在面临风险和危机的关键时刻，联手应对、抱团取暖，增强防控能力。俗话说："一根筷子容易折、十根筷子坚如铁。"这非常形象地说明了团结就是力量，而这个力量不仅仅体现在体力上，也体现在智力上。面对着自然灾害的袭扰，面对着经济危机的打击，大家能够齐心协力、集思广益，积极而科学地防范与应对。

总而言之，区域合作联动之所以十分重要，就是因为它有诸多好处，甚至可以说，只有好处、没有坏处。区域合作联动符合统一开放、公正高效的市场体系建设的方向，也是促进区域协调发展的重要手段。所以，党的十八大以后，中央高度重视促进区域合作联动，把它作为制定实施重大区域发展战略的一个基本取向。正如前面所提到的那样，合作联动、协同发展成为了主色调。应该说，珠江—西江经济带合作联动走在了前面，虽然也是在中央及各有关部门的推动下出现的，但当时的主色调还是分类指导，所以，从某种意义上说，推动珠江—西江经济带的合作具有一定的超前性，体现了在座的两省一市的领导同志们的远见卓识和积极担当。

关于区域合作联动的好处，还可以从另外一个角度来认识，即我国经济发展的潜力，来自地区合作联动的潜力。合作联动不仅能够促进区域协调发展，还能把潜藏地区经济能量发挥出来，从而促进国家经济的整体发展。我们能从中国参与全球化进程所获得的发展成就中，清晰地看到这一点。我国是全球化坚定维护者和积极推动者。我们之所以这样拥护全球化，拥护多边机制，真心实意去拥抱它，就是因为它能实实在在给世界带来好处，也能给参与其中的各个国家带来好处。其实，我们对之开始也是有担心的。回顾一下，我国申请加入世贸组织的时候，一些政府部门以及专家学者的认识是很不相同的，大部分人对形势看得比较严峻。我国综合实力相对薄弱，市场发育不够充分，市场经济运作缺少经验，如果进入世贸组织全面介入全球经济循环的话，相关产业会不会遭受比较大的冲击？资源要素会不会快速流走？比较优势会不会在竞争中失去？总之，"入世"到底是机遇大于挑战还是挑战大于机遇，应该说争论得比较厉害。尽管如此，我国最终还是在2001年12月加入了世贸组织。记得当天香港凤凰卫视搞了一个三地的专家连线，邀请了北京、香港等地的专家参与，我作为北京的专家受邀参加，简要地谈了一些观点，主基调还是机遇和挑战并存、机遇大于挑战。但话是这么说，心里并不十分托底。这些年的实践给出了答案，就是融入全球化以后，虽然面临着不少风险，给了我们很大的压力，但也给我们提供了广阔的市场和利用国际资源的条件，将压力变成动力，带给了我们长足的发展。大家能看到，这些年的发展速度可以说是加速度，并且在很多方面逐渐向国际通行标准和优良做法对接看齐。今天全球化遭遇逆流，美国特朗普政府大搞贸易保护主义、单边主义、利己主义和霸权主义，复苏缓慢的世界经济犹如雪上加霜，进一步受到了伤害。其实，国际、国内许多事情是一个道理。如果国内各个地区之间以邻为壑，搞封锁分割、恶性竞争、相互残杀，无疑会影响到各自的发展，也会影响到整个国家经济的发展。谈到此，我想起一件事。习近平总书记指示广州、深圳要加强合作联动。为落实这一要求，上个月初两市联合举办了一个"广深双城联动论坛"，两市四大家主要领导，市委、市政府的其他负责同志差不多悉数参加，可谓相当重视。我受邀在会上谈了一个观点，就是广州、深圳在粤港澳大湾区建设中具有举足轻重的地位，如果这两个核心城市能够水乳交融地联动起来，粤港澳大湾区的生机和活力就会充分焕发出来，也必将实现高质量、高效率的发展。我今天花时间反复与大家讲，区域联动或区域合作，就是想说明这样两点：第一，大家所做的事情顺应经济规律，也符合中央的要求。第二，大家所做的事情不仅对过去的发展产生了积极效果，而且一定会在未来的发展中产生更多、更好、更实的效益。大家对此要坚定不移、矢志不渝。

我讲话一向直来直去，有一点我想在这个论坛上提一下。今年10月份，我受安徽省的邀请，参加了"淮河生态经济带第二次省际联席暨城市合作第二次市长会商会"。它涉及5个省份的29个城市，其中有26个地级市、3个县级市。各个省和市都高度重视，5个省的常务副省长或主管副省长都参加了，去了不少一把手市长，会开得很好，这样的会议层次也有利于将成果贯彻落实。我们这个会议主办方高度重视，书记、市长全程参加，各地也来了不少常务副市长、主管副市长，但我以为还需要进一步重视，特别是省级层面还要进一步重视，以便把这项工作抓得更加扎实、更可持续。

二、新形势下珠江—西江经济带怎么办？

我想要与大家分享的第二个话题是：务实把握珠江—西江经济带城市合作联动的特质和重点。

珠江—西江经济带横贯广东、广西，上连云南、贵州，下通港澳，全域涉及的核心城市广东有4个，广西有7个，面积约16.5万平方公里，人口约6000万人。作为延伸区域还涉及隶属于广西的其他一些城市和贵州、云南的部分城市。在编制《珠江—西江经济带发展规划》时，特别提出，珠江—西江经济带连接我国东部发达地区与西部欠发达地区，是珠江三角洲地区转型发展的战略腹地，是西南地区重要的出海大通道，在全国区域协调发展和面向东盟开放合作中具有重要战略地位。要提高认识、紧密合作、开拓创新、扎实工作，努力把珠江—西江经济带建成为西南、中南开放发展的战略支撑带、东西部合作发展示范区、流域生态文明建设试验区和海上丝绸之路"桥头堡"，为区域协调发展和流域生态文明建设提供示范。自那时起，珠江—西江经济带的合作联动就纳入到了战略规划和实际工作之中。我注意到，相关合作论坛已经举办了12届,这一次是第13届,这件事做得很好,坚持下来不容易,我们应给予点赞。这是一个良好的机制。依托这个机制,经济带的合作不断深入开展,区域发展呈现出新的局面。但应该说,合作的潜力还很大,我们需要进一步向规划确定的战略定位靠拢。有鉴如此,我们需要务实地看待珠江—西江经济带发展的实际情况,准确把握这一区域合作联动的特质,采取有效措施推动这一区域实现高质量发展。

从合作联动的角度看,珠江—西江经济带有一些重要的特点或特质,主要是:

第一,它是东西部的合作,准确地说是东部发达地区与西部欠发达地区的合作。进一步分析,我们说是东部发达地区,大体是就整体广东而言的。但具体来看,这个地带除广州以外,肇庆、云浮等地应该说也是发展相对不足的。例如,肇庆这些年发展得相当好,但总体上说,在发达的珠三角板块中,还是属于第三梯队,可以说是广东的欠发达地区。所以我们不能简单地讲珠江—西江经济带合作是发达地区与欠发达地区之间的合作,在发达板块中事实上也包含着欠发达板块。由此看广东全省也是很有特点的,广东当之无愧是全国的第一大经济省份,如果参与整个世界国别排名都能达到前十几位。但它又是中国区域发展不平衡的一个典型,地区差距相当大。广西整体上属于欠发达地区,但在这中间又有相对发展好的地区,比如南宁。所以珠江—西江经济带城市间合作是东西部合作,但又不能简单看作是一般意义上的东西部合作,需要深化、细化分析,这是第一个特点。

第二,如前所述,它是以流域为基础的跨省区的合作,这意味着促进珠江—西江经济带城市间合作联动是必要的、重要的,但是推进合作必须从具体实际出发,把握内在特质务实推进,核心是不搞"一刀切",选择合理的合作模式,因地制宜、分类对待。我在前面讲到了区域合作的三个层次,目的还是为了阐述珠江—西江经济带的合作发展。珠江—西江经济带最大的特点是什么呢?是发展基础差异大,地区间、城市间存在严重不平衡;资源禀赋差异大,发展潜力悬殊;资源要素聚集能力差异大,发展需求很不一致。存在这样三个差异是一个重要特点。另外一个重要特点就是一条江流，但跨越两个省份。推进合作，首先要把这些特质弄清楚。从这个实际出发，珠江—西江经济带各城市间的合作显然不能采取某一种模式，对具有实质性意义的两种模式，我们需要因地制宜、因事制宜，有的需要推动一体化发展，有的则只需要协调联动，应分类型、视地区决策。所谓"务实"，就是实事求是，合作不足不行，超越区情搞过了头也做不到。我们深入分析珠江—西江经济带的特质也是出于这样一个考虑。因此，在相关规划中，虽然提到了"促进广东、广西经济一体化"，但并没有全面按照一体化要求进行设计。我个人认为，作为地区合作的一种高级形态，全面一体化应该是相邻地区经济发展到较高程度和区域合作达到较高层次的产物。在珠江—西江经济带还做不到，而长三角区域基本能做到，所以国家着手在这个区域推动一体化进程。

基于这一认识，珠江—西江经济带各城市、各地区在把握合作的总方向的同时，可以依据自身实际，采取适宜的地区间特别是毗邻地区间的合作联动模式。根据我的调研分析，我认为，珠江—西江经济带各城市的合作联动可以基于不同领域、按四个层次来推进，归纳起来是"倒四三二一"。

（一）推进四个方面的一体化发展

在这四个方面都是具有基础性质的、在逻辑上紧密相连不可分离的，是实现区域人民群众根本利益要求所需要的，也是能够维护和保障合作联动持续推进的。

第一，要一体优化营商环境。营商环境决定着生产者、投资者的积极性、创造性，直接影响着地区发展。我们能看到，当前地区间的竞争在很大程度上直接体现为营商环境优化的竞争。事实上，一体化有利于减少恶性竞争，整体提升竞争力，还有利于构建一流的营商环境。单从本地区考虑的营商环境建设，不仅会受到诸多制约，并且会加大地区发展不平衡。珠江—西江经济带的这些城市，如果不能在营商环境建设中体现一体化，就会造成城市间的落差，还会使地区间的许多障碍难以真正打破，反而会进一步造成地区封锁，为深化地区合作带来困难。对于珠江—西江经济带来说，一体优化营商环境不仅有利于推进地区联动，缩小地区差距，也有利于营商推动环境建设达到最好水平，所以我认为一体化的第一个方面就应该是一体优化营商环境，或者说要把一体优化营商环境放在特别重要的位置。

但是，我们一定要正确认识营商环境建设的方向与重点。在这方面这些年存有误区，应该引起包括在座的各位书记、市长的重视。这几年我在很多场合都讲到，许多地方营商环境的建设掉到"最"的窠臼里面去了，或者说被"最"的思维绑架了。什么意思？远的不说，就说当前"十四五"规划的编制吧。今年以来，我看了许多省市的"十四五"经济社会发展规划的稿本，许多稿本在论述营商环境建设时都喜欢用这类话来描述，即"时间最短""程序最简""成本最低""清单最短""政策最优"等等，不一而足。且不说这个"最"的比照范围是否能科学或准确界定，也不说是否能真正做到，但从方向上看就走偏了。我们简化程序、减少管理的范围、提供政策支持都是需要的。但如果把工作重点放在争"最"上，那么你不仅落不到实处、变为耍嘴皮子，还会给政府工作造成被动。有个例子我讲过多次，浙江省首创了一个好经验，叫做"最多跑一次"，其目的是解决政府的繁琐管理及可能带来的腐败，减轻老百姓的负担，这是好事。但这类做法如果按"最"的思路做下去就会出现问题。你提"最多跑一次"，我就提"一次都不要跑"，他进一步提"不仅不要你跑、我们还帮你跑"，这就变得很荒谬了。"最"是个无底洞，不仅难以把握，也做不到；即使做得到，有的方面实际意义也不大。只要不是故意刁难，该跑的事项跑两次又何妨？我们不应把重点放在这方面。营商环境建设的重点是什么？最重要的是建立信用高地、建立公平高地。追求公平公正是人的本能或本性，对于外来投资者而言，最需要的往往不是甜言蜜语，不是小恩小惠，而是平等对待、公正办事，有公平公正他就愿来、也愿意待下去。他要的是政策法规的稳定性，招商前后一个样，前任书记主政作出的决策后任书记也认账，不至于人走政改；要的是管理服务的公正性，内外企业一视同仁，不至于亲疏有别、远近有异。所以营商环境建设的重点不在于"惠"而在于"信",诚信、公正是核心。营商环境建设当然要解决程序简化问题、管理清单过长问题、运行成本过高问题,但不要陷到极端化的框框里面,不要因此忽视了更为重要的东西。珠江—西江经济带要通过一体运作构造公平公正、可信赖可把握的政策体系与制度框架,在这方面形成高地、树立形象,使社会一谈到好的公平和信用环境,就把珠江—西江经济带作为例子。这样投资者就愿意来,各类人才也愿意来。一旦在这方面留下了坏名声,经济社会发展必然会受到影响,而要把这种负面形象矫正过来也非常不易,并非是一日之功。在这里还要强调的是,公平、信用问题不仅涉及政府,也涉及社会,构建良好的社会信用也是优化营商环境的重要内容之一,珠江—西江经济带各城市也要在推动构建公民诚信品质和社会信用体系方面下功夫。

第二,要一体推进重大基础设施建设。重大基础设施的互联互通是地区间、城市间合作联动的基础,对流域而言更是如此。珠江—西江把相关城市连接为一个整体,因而在基础设施建设上决不能各行其是、各自为战,必须统筹谋划、一体行动。我们看到这些年在这方面取得了显著的进展。基础设施建设涉及许多方面,对流域而言,很重要的一个方面就是航道的疏通问题,所以珠江—西江发展规划特别讲到了提升航道等级的问题。在今天的论坛上,我很高兴地听到流域已有1800多公里的高等级航道,可以走2000吨或3000吨量级的船了,这是一个很了不起的进步,意味着这条黄金水道得以高水平贯通、能够发挥更大能量了。但流域的问题不仅仅只是一个河道等级提高的问题,还涉及其他设施的标准化建设问题,包括港口群、航道网络、运载工具等都要一体谋划、一体建设。经济带基础设施建设不仅涉及水运,还涉及铁路、公路、机场等,都需要统一规划、统筹把握。还有体制机制的建设问题,要基于流域开放合作和有利于实现共同利益最大化来考虑,不能各搞一套,明里暗里进行相互封锁。

第三,要一体开展生态环境保护。珠江—西江是国家重要的生态屏障,关系到国家和区域的长远发展。所以珠江—西江发展战略有一个鲜明的特点，就是既以流域生态保护为据，又以保护好流域生态为要。珠江—西江经济带发展规划特别提出，要携手共建生态安全屏障，把经济带建设成为千里绿色长廊。在路径上还提出要以生态环境保护为前提，打造流域生态文明建设试验区，探索跨省区流域生态建设新模式。我们看到，近几年流域各地区下了真功夫，取得了实实在在的业绩，生态走廊建设的基本格局已初步形成。这一建设涉及上下游、左右岸、干支流，更需要协同进行、一体推动，单打独斗难以有实质性的效果。但这方面的建设的确存在不少难点：一是这个区域大体属于欠发达地区，发展经济的任务十分紧迫，如何在实现经济跨越发展的同时保护好环境，不仅要有超常的智慧，而且要有务实的举措，这并不是件容易的事；二是各地区各城市不仅隶属于不同的省区，也处于不同的发展阶段，各自考虑的重点不一样，具体的诉求也不一样。尽管如此，我们也要迎难而上、克难而进。在具体操作路径上，我以为应当注重这样几点：一是从思想指导、规划引导到机制建设、操作模式，要全面体现联保、联防、联控的要求。二是积极探索建立并不断完善资源有偿使用、区域生态保护补偿等机制。当年我带队做规划编制调研时，广东省和广西壮族自治区的主要领导都表达过加强合作的意愿，他们对此是高度重视的。这方面的实际进展如何？这次我还没有来得及深入了解。但从全国范围看，我要说相关改革是富有成效的，比较典型的是新安江——千岛湖生态补偿试验。在有关部委和安徽省、浙江省的推动下，建立了相关的机制，有效地解决了千岛湖流域水资源的保护和生态环境治理的一些问题。我当时参与了这项工作。现在这项试验仍在向深层推进，良好前景应该可以预期。珠江—西江流域不仅有必要也有条件建设这类机制，通过它们有力促进绿色廊道的建设。三是全面推行绿色生产生活方式，建立绿色产业体系。要努力将绿色资源转化为绿色产业、绿色产品和绿色服务，推动绿色技术创新，大力发展环保产业及具有绿色特质的新型经济与未来产业，推动绿色产业与其他产业深度融合，发展融经济、混产业、靓资产等。

第四，要一体促进基本公共服务均等化。区域基本公共服务均等化是一体化的标志所在、根本成果所在，也是发展动力所在，与治理能力、发展实力、协调程度和人民日益增长的美好生活需求紧密联系在一起。对老百姓而言，他的感知是与他的直接需求联系在一起的。修高速公路的好处，他没有汽车感觉不到；建机场，他不坐飞机感觉不到。但是就业、医疗、社会保障这些公共服务直接与他相关，好不好、方不方便他能亲身感觉到。如果在区域内任何地方就业不受歧视，能够到区域内最好的地方去就医，社会保障关系可以在区域内异地迁转，他就会对一体化的成就有实实在在的认知，也会尽自己的力量、用适当的方式去做工作。珠江—西江流域各地区、各城市应进一步加大合作力度，促进基本公共服务均等惠及全域人民，推动发达地区高品质公共服务汇集全区域人民，实现各地区公共服务合理对接、优势互补。这项工作的本质是保障区域内所有人群的平等发展机会和享有公共服务的平等权利。在这方面，当务之急要做好两项工作：一是建立基本公共服务标准体系，以标准化促进基本公共服务均等化、普惠化和便捷化；二是创新跨区域的公共服务机制，推动基本公共服务的便利共享。

（二）推进三个方面的协调联动

鉴于各地区、各城市的当前基础、自然禀赋、发展潜力、现实需要等的不同，有些领域在目前推进一体化还具有很大的难度，但是却有条件也有必要进行协调联动。对这些领域，我认为各城市、各地区应该以最大的诚意，尽最大的努力深化合作，促进协同发展。主要涉及三个方面：

第一，要协同推进产业结构优化。前面我谈到，当前地区间的竞争在很大程度上体现为营商环境优化的竞争。这里我再说一句话，就是地区间的伤害，最直接的来自产业的同质竞争和重复配置。举个例子，梧州与贵港、肇庆互为邻居，如果三个地区的产业结构是相同的，那么合作就很难有效开展起来，而竞争则自然而然地会加剧。这表明地区间需要开展产业协同。怎么协同？最为核心的就是要充分发挥各地区的比较优势，以比较优势为基础，开展分工合作、优势互补，推进产业承接转移，共同建设产业园区和现代化产业集群。为了做好产业结构的整体优化,各地区、各城市还要解放思想、提高认识,特别是要克服当前存在的一些比较流行的认识误区。第一个是,把传统产业都视作低端产业予以放弃,盲目进行"腾笼换鸟"。"腾笼换鸟"是优化产业结构的一种手段,很多地方开展"腾笼换鸟"是有必要的。但是不能把"腾笼换鸟"建立在全面淘汰传统产业上,认为传统产业是低端产业,不符合现代经济体系的要求,不利于现代化建设,所以都要消灭掉,腾出空间来发展高新技术产业。这种认识是不正确的,不能把传统产业与低端产业画等号。任何时候,传统产业都有自己的市场空间,且传统产业也是可以通过高科技赋能成为技术含量高的产业的,完全可以做强做大,支撑地区经济发展。大家都知道,江苏无锡是国内发展走在前列的地区,但大家不一定都清楚,传统产业对无锡经济发展起到了重要支撑作用。不久前我应邀到无锡,了解到阳光集团、海澜集团等从事传统产业的企业,仍然是无锡的产值大户、利税大户。其实很多地方也是如此,传统产业充当着经济发展大厦的栋梁。所以,不要简单对待传统产业,也不要脱离现实基础和既有条件盲目发展高新产业,搞"腾笼换鸟"。第二个是,一味追求"倒一二三"的结构。不知在什么时候我们形成了一种认识,就是认为第三产业的比重代表着经济结构优化或高级的程度,故而在实际工作中盲目追求发展第三产业。大家查一查这些年全国各地的《政府工作报告》,在讲到优化产业结构时,大抵都要用数据说明农业的比重降低了多少、第三产业提高了多少,而且把第三产业超过第二产业看作是产业结构优化的重要标志。这其实是一个误区,没有分清楚谁是本谁是末。第三产业来自哪里?基础是第一产业和第二产业,特别是衍生于第二产业。二产不强,何论三产?当然,在一个时期,我国及许多地区服务业发展严重滞后,加快发展、不断拓展三产是必要的;对于一些城市来说,例如,北京、上海等,由于其特殊定位,主要发展第三产业也是必要的,这些地方追求较高的第三产业发展比重是应当的,但就各个地区而言,不能把追求三产的高比重也就是追求产业发展的"倒一二三"结构作为目标。在第三产业的发展上,我们也不能简单地类比欧美国家或城市,尤其不能简单以美国作为标准。因为美国特殊的经济、军事地位使它可以在全世界范围内配置资源。可以不种粮，但能从其他国家弄到粮食；美国可以不产油，但可以通过军事手段等弄到油。中国能这样做吗？从国家理念和自身实力说，都无法这样做，我们需要立足自身。因此，第一产业在黑龙江、河南等适宜地方必须占到相当的比重，不能轻易降低。其实真正要重视的是第二产业，特别是第二产业中的制造业，这符合工业化乃至现代化的方向。如果全国各个地区都追求"倒一二三"的产业结构，还以为这是提升和优化的必然结果，那我们就会面临很大的危险，实体经济就会不断萎缩，在国际关系发生不利变化时就会陷入困境。第三个是，一味追求发展所谓高级产业，认为越高越好。这是对推进产业结构高级化的一种误解。看看这些年编制的发展规划，包括当前各地正在谋划的"十四五"规划，重点几乎无一例外地放在发展高新产业上，很多地方提出要积极谋划和率先发展未来产业，并且提出的是要发展量子信息、智能机器人、无人驾驶、靶向医药等产业。前不久中央政治局学习会听取了有关量子科学方面的授课，这体现了党中央的高端站位和深谋远虑，目的是引领大家要有战略意识和长远眼光，争取我国在一些方面要走在世界的前面。但各地应该搞什么、能够搞什么一定要从实际出发。搞量子信息这类东西并不是所有地方都能搞的，全国集中力量搞，都有一定的难度。一哄而上、遍地开花，资源分散了哪儿都会搞不成。从方向上看，必须大力推进产业高级化和产业链现代化，但就各地区而言，还是应发展适宜产业，何况我们多次谈到，即便是被一些地区视为低端产业的传统产业，也是可以通过科技赋能实现高级化的。发展高新技术产业要有理性决策，应视自身的现实条件和发展潜力而定。

第二，要协同推进数字基础设施建设。数字技术是正在蓬勃兴起的第四次科技与产业革命的代表和支撑，无疑也是未来经济发展的关键支撑，是新型经济、未来经济的坚实基础。数字经济或数字技术对欠发达地区有着特殊的益处，它能够帮助这类地区超越自然条件、历史基础等的制约，实现资源要素的跨区域配置，借力构建有竞争力的产业结构。换句话说，它能为欠发达地区后来居上、实现跨越发展创造条件。所以我们要抓住时机，千方百计把这方面的基础夯实。珠江—西江各城市、各地区应围绕数据的聚集、利用，以推动数字产业化、产业数字化为取向打好相关基础。我个人认为，这个方面的建设能走多快就应走多快，能搞多新就要搞多新。前面我谈到在产业发展方面不能盲目冒进，但是我提倡在数字经济基础设施建设上，胆子可以更大一些、步伐可以更快一些。科技创新日新月异，耽误不得，否则过了这个村恐怕就很难找到这种店了。

第三，要协同推进科技创新体系建设。不久前召开的党的十九届五中全会进一步强调了科技创新的重要地位和作用，明确提出，要坚持创新在我国现代化建设全局中的核心地位，把科技自主自强作为国家发展的战略支撑。我们要认识到，科技创新是其他一切创新的基础和支撑。产业创新对于地区发展至关重要，但科技创新是产业创新源泉和动力。珠江—西江经济带的进一步快速发展从根本上依赖于科技创新。但一个地区、一个城市科技创新特别是关键核心技术创新的能力是极为有限的，因此我们要利用珠江—西江经济带合作发展这一纽带或平台，全面整合资源、建立强有力的科技创新体系，要协同打造创新联合体和攻坚团队，推动关键性产业发展技术的突破；要协同打造创新走廊，为推动产业高级化和区域产业链条的现代化与完整性提供支撑。

（三）推动两个方面的有机衔接

从珠江—西江经济带实际出发，这两个方面不需要搞一体化，也不需要全面协同，但是需要相互照应、合理衔接。

第一，要推动战略平台衔接。战略平台或战略功能平台的作用体现在多个方面，形象一点说，是"上"可以承接国家政策利好，"下"可以获得先行先试空间，"左"可以吸引各方经营资源，"右"可以加强与其他地区的合作联动。它的重要性还可以从另外的角度来认识。过去一些年区域战略与政策强有力地推动了地区经济的发展，所以地方的同志对此有一个精炼而形象的概括，一共是四句话。第一句话是"四流的政府跑资金"。跑到资金当然也是好的，但跑到的资金数量总是有限的。

所以跑资金只能是"四流"的做法。第二句话是"三流的政府跑项目"。项目比资金的弹性大一些，利益的空间也大一些，但跑项目仍然不是最聪明的举措。第三句话是"二流的政府跑政策"。政策包括资金，也包括项目，弹性更大、利益空间也更大，但是还不够。第四句话是"一流的政府跑战略"。战略囊括了资金、项目与政策，跑战略是最为聪明的举措，体现了一流的智慧。的确国家战略给地区发展带来的益处是全方位的，源源不断的。各种战略功能平台的建立和运用就是其中的一个关键方面，而战略平台的一个重要利好就是可以先行先试。先行一步天地宽，别人不能做的你能做，你就获得了别人得不到的好处。建设粤桂合作特别试验区就是实施珠江—西江发展战略规划的一个重要安排，运用这个安排，我们具有了特殊的权利，并且能够从实际出发延展这种权利，战略平台带给我们的益处可见一斑。但是我们不仅要重视自身功能的拓展，还要做好衔接互动。作为先行先试的战略平台，粤桂合作特别试验区等一方面要通过探索试验，破解合作联动中的复杂难题，形成全流域可资推广运用的方法经验；另一方面应自觉借鉴国内外先进经验和通行做法，积极对接国际、国内高标准市场规则体系，推动流域市场环境和管理体制的不断优化。远的不说，深圳前海、珠海横琴等在改革发展方面创造了不少在全国乃至世界都具有比较优势的做法。例如，前海把过去深圳的"三天盖一层楼"变成了近十年来自己的"三天创新一个制度"。我们应当利用珠江—西江经济带城市合作这个机制，把这些好的做法移植过来，既可以充分利用好粤桂合作特别试验区这类已有的平台，也可以与前海、横琴等试验合作搭建新的平台，包括开办分园、建立专项基地等。有了这样的衔接，试验空间就更大了，优质资源的传输利用也就更方便了。

第二，要推动运行规制的衔接。规制的衔接具有基础性意义，要特别做好两个方面的衔接。一是要打破地区间不利于资源要素流动的各种有形无形障碍，建立起政府有为治理和市场有效运行的体制机制。二是全面凝聚各方面的力量，推动建立各类有效的区域合作联动机制，包括领导协调机制、规划管理机制、激励约束机制等。这方面我们要多向做得好的区域学习。长三角区域、淮河生态经济带、淮海经济区等都有比较完善的机制。有些地方是书记牵头，协调力度比较大，这些年来积累了不少好的经验，我们要积极借鉴，不断完善提升自己的合作机制。一些同志谈到上级部门支持的问题，我以为上面重视是一个方面，但上面的事我们往往管不了，所以关键还是要发挥自身的能动性，很多事情只要我们努力是可以办好的。只是我们不能自己蒙骗自己，不能把合作机制仅仅当作一个联谊的平台，把有关合作的会议或论坛简单当成交往见面的机会。要真正认识到它的好处，并运用它持续解决实际问题。我要特别强调的是，在机制建设中要特别重视法律法规体系建设，不仅要制定超越各地区规则的流域规则，而且要把这类规则提高到类法律的地位来施行。我以为，法律法规促进机制建设，应作为珠江—西江经济带合作联动的一个核心而紧迫的事项办快办好。

（四）牢牢确立推动合作联动的思想根基

前面谈了四、三、二许多内容，但说一千道一万归根结底还在于思想通透了没有，认识高度上去了没有，所以思想重视是根基。或者说，最关键的举措是要牢牢确立推动合作联动的思想根基。如果一个地区的主要负责同志真正重视区域合作，那么就一定会想方设法去推动合作、拓展合作，区域合作也一定会展现出实际效果。发达地区与欠发达地区的合作最有好处，但也最具难度。难就难在思想认识上：发展好的地区往往不愿合作，瞧不起差一点地区，认为合作得不到什么好处；而发展相对较差的地区往往也不想合作，怕自己处于低位势而使有限的资源流到了外面。这样的认识是肤浅的、有害的，要知道合作的好处是明显的、带有根本性的。合作不仅能取长补短、优势互鉴，而且能够相互促进并相得益彰：发达地区可以转移产业，缓和发展空间并为优化提升创造条件，而借助承接等路径，欠发达地区则可以获得新的资源、从而加快发展速度。与此同时，要克服既得利益的约束，走出"一亩三分地"的思维桎梏，基于谋大利和致远行而自觉推动地区合作联动，在实现整体发展的同时加快自身发展。

这就是我对新时代国家区域战略格局下推进珠江—西江经济带城市或地区合作发展的一些看法和建议，核心的观点是四、三、二、一。我是区域合作的积极倡导者，也曾尽力做过一些工作，今后仍然愿意为此付出新的努力。但区域合作的主要推动力量还是各个地方，丰富多彩的操作经验也来自各个地方。我们更多的是做一些观察分析和总结提升。珠江—西江经济带合作处于一个关键时期，既有好的基础，又面临着一系列挑战。我们应该共同努力，用更加坚定的意志和扎实的措施去开创新的局面，去争取获得更加务实的效果。

区域协调发展与首都经济圈规划建设[*]

非常高兴能够受邀参加京津冀区域合作高端会议。结合会议主题，我就促进区域协调发展、推进首都经济圈规划建设谈些看法，供大家参考。

一、促进区域协调发展

我国幅员宽广，国土面积大体和欧洲相当，但我国的地区间发展差距明显，不平衡程度远高于欧洲。一些发展好的地区可与欧洲发达国家媲美，但也存在不少温饱不足的贫困地区。为缩小地区差距，促进区域协调发展，从20世纪90年代中后期起，国家陆续提出了推进西部大开发、振兴东北地区等老工业基地、促进中部地区崛起等重大战略。"十一五"时期以来，为推动区域发展总体战略实施的深化、实化和细化，国家组织编制了一系列促进区域发展的重大文件与规划，这些区域性的文件和规划在实际工作中发挥了显著作用，带来了一系列重大变化。最突出的有两条：一是促进了我国区域增长格局的革命性转变。长期以来，东部发展一马当先，中西部地区增长缓慢，区域差距不断拉大。2007年，西部经济增长速度首次超过东部，从2008年起，中部、西部

---

[*] 本文系作者于2011年5月18日在河北省政府等单位召开的"2011京津冀区域合作高端会议"（河北省廊坊市）上的主旨讲话。

以及东北经济增长速度全部超过东部，并一直延续到今天，且势头强劲。二是推动形成了一大批经济增长极。分类指导大大增强了政策的实效，一个显而易见的事实是，凡是有国家量身打造的区域战略规划、区域政策文件指导的地区，经济运行都展现出超凡的活力，增长速度与发展质量显著改观，成为中国经济平稳较快增长的有力支撑。除此之外，我们还看到了另外一个变化，通过实施区域发展总体战略，特别是依靠密集出台的区域战略规划和政策文件的因区制宜的指导，中国经济的空间版图不断优化，区域发展各具特色，良性互动、优势互补的格局加快形成，这将大大加速国家全面建设小康社会和实现社会主义现代化的进程。

但是，我们要看到，尽管如此，促进区域协调发展的任务依然艰巨繁重。我国还有大片的贫困地区。按照世界银行每天人均消费 1.25 美元的标准测算，我国还有超过一亿的贫困人口，我国总体上还不富强，经济社会发展正处于爬坡过坎、转型跨越的关键时期。作为全面建设小康社会的重要使命，国家"十二五"规划对促进区域协调发展提出要求：贯彻实施区域发展总体战略和主体功能区战略，构筑区域经济优势互补、主体功能定位清晰、国土空间高效利用、人与自然和谐相处的区域发展格局，逐步实现不同区域基本公共服务均等化。

落实好"十二五"规划提出的要求，推动解决城乡区域发展不协调问题取得实质性进展，下一步要特别做好三个方面的工作：

第一，大力推动重点地区加快发展。一方面，要继续推动条件较好地区率先开发开放，充分发挥引领带动作用。无论是长三角、京津冀、珠三角等东部传统经济引擎区域，还是近些年崛起的中西部活力地区，都应适应新的形势要求，主动融入全球经济一体化进程，比照国际水准推进创新与发展，做强自己、扶助他人。另一方面，要强化政策举措，大力推动欠发达地区特别是贫困地区加快发展，要强化集中连片贫困地区的攻坚力度，让广大贫困人口尽快脱离贫困、走向富裕。

第二，大力促进基本公共服务均等化。实现不同区域基本公共服务均等化是促进区域协调发展的核心任务，关系到公平正义和民生福祉。

要把着力点放在推进体制创新，形成实现基本公共服务均等化的良好制度安排上。特别要在三个方面取得实质性进展：一是健全国家财政、金融等公共政策为各类市场主体、各种身份人群提供平等服务的机制；二是保障全体人民享受就业、教育、医疗、社会保障等基本公共服务的同等机会与平等权利；三是推进关系人民切身利益的公共服务与社会福利的跨区域共建共享。

第三，大力深化区域间开放与合作。建立和完善跨区域合作机制，打破行政垄断，消除市场壁垒，建立统一市场，实现优势互补；实现基础设施、市场体制、环境治理、产业体系等的有机衔接，促进区域联动协同发展。与推动重点地区加快发展相结合，打造一批跨地区的经济区和改革开放试验区。

二、推进首都经济圈规划建设

"打造首都经济圈"已列入国家"十二五"规划，首都经济圈的规划建设是促进区域协调发展的一个重点和亮点，将对区域发展格局乃至整个经济发展格局产生重大影响。我就此谈一些个人的看法。

首都经济圈的规划建设十分重要。一是能够引领全国良性发展。首都特殊的地位，使其具有巨大的影响力；首都固有的性质，使其肩负着引领的使命，而首都推动的每一事项都必须是高水平高质量的。这意味着，首都经济圈的规划建设必须也必然会在多方面为全国提供示范，从而必然会对全国发展改革大局起到重要的引领推动作用。二是能够推动区域协同发展。作为经济合作区，首都经济圈的规划建设将全面推进京津冀乃至环渤海地区的资源整合、产业协同和体制对接，这不仅有利于各地区合理分工、优势互补，也能推动整个区域补短克弱、优化提升。三是能够化解自身突出矛盾。首都既存在与一般城市相同的问题，也存在其他城市没有的特殊困难，解决好这些问题成为首都实现可持续发展和高质量发展的迫切需要。首都经济圈的规划建设，不仅有利于通过软硬件的重组重塑摆脱传统困境制约，也能够借区域协作化解自身"捉襟见肘"之难而攻克一些棘手矛盾。

正因为如此，规划建设首都经济圈既要树立战略眼光和全局思维，又要紧扣区域实际与当前需要，力求科学、合理。在我看来，首都经济圈的规划建设要立于如下基点之上：

第一，既要坚持中国特色，又要把握世界标准。首都是中华民族优秀传统文化和现代先进文化的集中承载地，也是各种创新资源要素的主要集聚地，具有深厚的社会积淀和突出的经济优势。首都经济圈的规划建设应以此为基础形成特色、锻造品牌、树立形象。但是首都不是一个普通的城市，它不仅要成为中国的首善之都，还要成为具有世界影响力的国际化大都市，而以其为核心打造的首都经济圈应当是世界经济发展的高地。因此，首都经济圈的规划建设必须对接国际最好标准，而这不仅涉及城市格局与品质，也涉及经济结构与层次；既涉及基础设施等硬件，也涉及体制模式、治理体系等软件，体现在方方面面，要统筹把握、精细操作。

第二，既要积极化解当前矛盾，又要着力解决长远问题。从某种意义上说，推动首都经济圈发展的过程就是不断化解矛盾和问题的过程。首都经济圈的规划建设应坚持问题导向和目标导向的有机统一。要从化解当前存在的交通堵塞、环境污染、产业同构、市场梗阻等问题入手，深入到合理确立战略定位，有效梳理非核心功能和优化空间布局、统筹产业分工协作、促进市场一体发展等事关长远发展举措的实施上，并探索建立强有力的保障与约束机制，依此不断取得区域和国际竞争新优势，始终立于新发展高地。

第三，既要不断提升发展效率，又要努力追求社会公平。公平和效率从两个维度影响到国家的发展和稳定，首都经济圈应成为处理公平和效率关系的典范。一方面，应坚持发展是硬道理的本质要求，全面推进科技创新、体制创新和管理创新，充分激发社会各方面推动发展的活力，把发展的"蛋糕"做大做实。另一方面，坚定不移走共同富裕的道路，下大力气解决城市、区域发展不平衡问题，加强对贫困地区人群的帮扶，不断完善收入分配关系，公平、合理地分好发展"蛋糕"。处理好了效率和公平的关系，发展和稳定就达到了有机统一，富裕和幸福也就实现了完满的结合。

第四，既要努力把自己做强，又要勇于为全国担当。首都经济圈应该是经济首发地，何况做强了自己才有带动别人的资格和条件。首都经济圈必须努力使自己成为国家最强经济圈和世界的重要经济增长极。但作为首都经济圈，其发展必须立足大局、体现大势，不能不择手段，也不能为所欲为。国家的要求应该是首都的使命。首都经济圈应成为优化经济结构、转变发展方式、实现科学发展的典范；应成为实施科技兴国战略和人才强国战略、推进科技进步和创新的典范；应成为推进改革开放、建立公平公正的市场经济体制的典范；应成为建设资源节约型、环境友好型社会，走可持续发展之路的典范；还应成为推进基本公共服务均等化、坚定不移走共同富裕道路，不断使发展成果惠及全体人民的典范。

第五，既要充分激发内在潜力，又要有效利用外部条件。任何一个地区，所拥有的资源要素都是有限的，实现快速发展和可持续发展必须走开放合作之路。首都经济圈虽然总体实力雄厚、综合条件优越，但需要在全面激活自身发展能量的同时，利用开放合作借力发展。要依托体制创新、立足互利共赢，全方位深化区域合作和对外开放。何况，首都经济圈本身就是一个经济合作体，实现首都经济圈又好又快发展的最直接路径就是加强京津冀的合作联动。

最后我要说，河北在首都经济圈发展中地位重要且能够担当重任。国家"十二五"规划强调，推进京津冀、长江三角洲、珠江三角洲地区区域一体化发展，打造首都经济圈，重点推进河北沿海地区等发展。从规划思路中可以看出，河北的发展、河北沿海地区的发展是与首都经济圈的发展、京津冀地区的发展直接联系在一起的。现在还不能明确河北或河北的部分地区是否会涵盖在首都经济圈范围内，但有一点是肯定的，即首都经济圈的建设一定会影响到或直接影响到河北的发展。河北需要积极对接和有机融入其中，发挥能动作用，促进自身发展。

在我看来，河北依托京津冀的合作、借势首都经济圈的规划建设，要力求实现"四个"发展：一是一体发展。通过一体化实现优势互补，通过一体化缩小地区差距，也通过一体化获得新的发展机遇。二是错位发展。通过突出资源禀赋特质、经济特色与首都形成合理分工，在错位发展、特色发展中实现相互补充、相互促进。三是承接发展。积极承接首都产业转移，打造首都重要产业的配套基地，延伸首都产业链条，分担首都功能承接的压力，依此拓展经济发展的新空间。四支撑发展。发挥地域面积宽广、产业体系完备、劳动力资源丰富等优势，为首都提供土地资源、特色产品与服务及人才、资源等支撑。把握了这四个发展，河北就能把首都经济圈规划建设变成推动河北跨越式发展的重要契机。

全面深化环渤海区域合作*

很高兴有机会参加环渤海区域合作第十五次市长会议。今年是"十二五"规划实施的开局之年,环渤海地区各方汇聚一堂共谋合作发展大计,意义重大。我们相信,本次会议一定能够取得丰硕成果,为推动环渤海地区的经济社会发展发挥积极作用。

环渤海地区是我国人口集聚最多、创新能力最强、综合实力最强的区域之一,在国家现代化建设中占有举足轻重的地位。中央历来重视环渤海地区的发展,在不同时期多次做出重要部署。1992年,党的十四大首次提出把环渤海地区作为我国加快开发的重点地区之一。1996年,"九五"计划提出要依托沿海大中城市,形成以辽东半岛、山东半岛、京津冀为主的环渤海综合经济圈。此后,每个五年计划或规划都对环渤海地区发展提出了明确要求。特别是"十一五"时期以来,国家先后出台推进天津滨海新区、辽宁沿海经济带、黄河三角洲高效生态经济区、山东半岛蓝色经济区等加快发展的区域规划和文件,有力地推动了环渤海地区的改革发展。在中央的正确领导下,在有关省市的共同努力下,环渤海地区经济社会发展取得了显著成就,为全国改革开放和现代化建设做出了重要贡献。

"十二五"时期,在我国全面建设小康社会的关键时期,在深化改革开放、加快转变经济发展方式的攻坚阶段,环渤海地区迎来了新的发

---

* 本文系作者于2011年5月27日在天津市举办的"环渤海区域合作市长联席会第十五次市长会议"上的致辞。

展机遇。去年年底国务院批准实施的《全国主体功能区规划》把环渤海地区作为我国三大优化开发区域之一,明确了京津冀、辽中南和山东半岛地区的功能定位和发展重点。国民经济和社会发展"十二五"规划纲要在区域发展总体战略框架下,进一步对环渤海地区的京津冀地区、首都经济圈、辽宁沿海经济带、河北沿海地区、山东半岛蓝色经济区等的发展提出了具体要求,为环渤海地区进一步实现更好更大发展指明了方向。

环渤海地区进一步加快发展的条件十分优越,同时也面临着区域发展差距比较明显、一体化进程相对缓慢、资源环境约束日趋严重等突出问题。在经济全球化和市场一体化深入发展的大背景下,广泛推进多个领域、多个层次、多种形式、多方参与的区域合作,是实现资源要素在更大范围内优化配置,拓展合作主体发展空间和发展条件的重要途径。从这个意义上说,环渤海地区深化区域合作,不仅是破解自身发展难题、提升区域发展层次的内在要求,也是我国探索科学发展路径、推动发展方式转变的迫切需要。在当前世情、国情发生深刻变化的背景下,环渤海地区深化区域合作的总体方向,就是要瞄准世界先进水平,通过区域联动和一体化建设,充分利用各种资源和要素,有效发挥区域比较优势,提升综合实力和国际竞争力。为此,似应继续在五个方面下功夫。

——致力于统筹重大基础设施建设,提高互联互通和共建共享水平。环渤海地区要以建立一体化的综合交通运输体系、能源保障体系和信息网络体系为重点,协调推进重大基础设施建设,为区域一体化提供基本保障。要以轨道交通和高速公路为骨干,以交通通道重要节点、港口和空港为枢纽,形成功能完备、通联内外的综合运输网络。要加强区域能源协调合作,合理布局煤炭、油气、电力等方面的基础设施,积极推进能源输送通道建设,提高能源利用效率。要加快区域空间信息基础设施建设、信息网络基础建设、重点工程和信息港建设,全面提高信息化水平,促进区域信息资源互联共享。

——致力于优化区域产业结构,增强自主创新能力。环渤海地区要切实把握国际科技发展和产业转移的机遇,以形成分工合理、特色鲜明、衔接配套的产业格局为基点,以提升产业层次为方向,不断提高现代服务业的比重,积极培育和发展战略性新兴产业,做大做强优势支柱产业,努力增强产业体系的整体竞争力。要充分利用环渤海地区科教发达、人才荟萃的优势,围绕推进产业结构优化升级,不断实现关键领域的创新和核心技术的突破,努力提升自主创新的水平。通过结构调整和科技创新,把加工型产业变成创造型产业,把耗费体力的产业变成耗费脑力的产业,把资源密集型产业变成技术密集型产业。

——致力于促进城乡协调发展,加快缩小地区差距。环渤海地区既是我国总体发展水平最高的地区之一,又是发展水平差距较大的地区。区域内有一批经济十分发达的大都市和大城市,也有环绕京津相当落后的贫困地带。消除城乡二元经济结构,实现区域协调发展,是环渤海地区一体化发展需要解决的重要课题。应把消除贫困作为突破口,按照统筹城乡、以城带乡、以工促农的方针,推进城乡一体化发展。要加强城市对农村的支持力度,借助对口帮扶、园区带动、项目支持等手段,发展现代农业,强化农村经济,增加农民收入。要推进城乡一体化建设,按照机会公平、权利平等的原则,率先改革城乡分割的体制机制,实现城乡区域间基本公共服务均等化,使农村劳动者与城市居民在居住、就业、迁徙等方面享有同等的机会,在维护土地、房产等财产权益方面享有同等的权利,在教育、卫生、文化等方面享有同等的社会服务,在财政支持、金融服务、投资优惠等方面享有平等的待遇。

——致力于全面深化改革开放,加快完善市场经济体制。要围绕形成一体化发展的制度保障,坚持先行先试,大力推进体制创新。特别是要运用经济和法律手段,打破行政垄断和地区封锁,加快建设统一开放的市场体系,努力构建以人为本、符合国际通行做法的法制环境。要立足于有效利用外部资源要素,不断拓展自我发展空间,深化对外合作与开放,加快形成内外联动、互利共赢、安全高效的开放型经济体系。特别要注重运用企业协作、"飞地经济"、配套投资合作、园区共建等形式,努力提升开放型经济水平。

——致力于加强资源节约和环境保护，协同推进生态文明建设。对于资源相对紧缺、环境承载压力较重而又处于工业化、城镇化快速发展进程中的环渤海地区来说，建立资源节约型和环境友好型社会显得尤为重要。要把生态文明建设理念贯彻于环渤海地区现代化发展的整个过程，把节约和集约落实到建设、生产、流通和消费各个领域，加强区域产业政策和资源节约政策、环境保护政策的有机衔接，制定和统一实施最为严格土地管理制度和环境保护标准，探索建立科学的资源与生态补偿机制，实现经济建设与生态建设共同发展，物质文明与生态文明协同进步，经济效益与环境效益同步增长。

环渤海地区的振兴和繁荣将是"十二五"时期乃至更长一个时期我国区域经济发展的最大亮点。我们衷心希望，环渤海地区能够全面深化合作，有效形成互动，在缩小城乡与地区差距、促进区域协调发展方面作出示范，在推进体制与科技创新、加快转变经济发展方式方面作出示范，在拓展开放领域与空间、高层次参与国际竞争合作方面作出示范，率先实现现代化。

国家发展改革委在促进区域协调发展、推动区域合作方面承担着重要职责。长期以来，我们密切关注环渤海地区的发展，并按照中央的部署开展了一些工作。今后，我们将一如既往地给予积极支持，不断加大工作力度，为环渤海地区加快一体化进程，实现经济社会持续又好又快发展做出更大的贡献！

努力提升环渤海区域一体化发展水平*

环渤海地区正处在转型发展的关键时期，中央对环渤海地区的发展寄予厚望。环渤海区域合作市长联席会第十六次市长会议对推动环渤海地区加快转型升级、实现科学发展必将起到积极作用。

环渤海地区贯通南北、连接陆海，地区生产总值及投资、消费、出口等主要指标均占全国较大比重，自然资源丰富，产业门类齐全，大中城市密集发达，发展潜力巨大。在当前世界经济复苏进程艰难曲折、国内宏观经济形势错综复杂的背景下，中央将环渤海地区发展放到了更加重要的位置，提出了推进环渤海区域一体化发展、打造我国经济增长和转型升级新引擎的更高要求，环渤海地区肩负着新的历史使命，更迎来了重大发展机遇。贯彻落实好中央的指示，抓住机遇，促进环渤海地区快速发展和科学转型，在全国发展中发挥引领作用，需要用更大的智慧，实施一系列超常规的举措。就此，我提三点建议。

第一，进一步发挥比较优势，加快形成合理的区域分工格局。要把充分发挥地区比较优势作为推动区域合理分工、布局优化和经济升的着力点。比较重要的：一是加强产业分工协作。按照区域主体功能定位，依托各地资源禀赋和基础优势，以提升区域整体竞争力为目的，广泛运用规划统筹、政策引导、平台共建等有效途径，推动形成分工合理、相互支撑的产业发展体系，切实避免重复建设和恶性竞争。二是优化城市

---

* 本文系作者于2013年7月19日在内蒙古呼和浩特市召开的"环渤海区域合作市长联席会第十六次市长会议"上的致辞。

功能结构。以提升城市的品位和质量为突破口，切实解决城市结构功能雷同、"千城一面"问题，有效预防和治理"城市病"，促进形成特大城市功能优化、特色城市群错位发展、大中小城市和小城镇协调共进的良好格局。

第二，进一步加强合作联动，大力提升区域一体化发展水平。要把一体化发展作为拓展区域发展空间、提升发展水平、增强可持续发展能力的重要途径。一是推进基础设施互联互通。以轨道交通和高速公路为骨干，以交通通道重要节点、港口和空港为枢纽，统筹规划建设重大基础设施，着力形成功能互补、衔接顺畅、高效运转的基础设施体系，构建保障区域一体化发展的基础支撑。二是促进市场要素对接、对流。清理废止不利于市场一体化的规则与政策，不断强化法制建设，积极打破行政垄断与地区封锁，促进各种所有制企业自主发展，各种生产要素自由流动，加快形成区域统一开放的市场体系。三是推动社会管理服务共促共享。着眼于形成一体化的社会事业发展政策和均等化的公共服务，整合社会资源，优化管理体制，从根本上促进城市和农村、发达地区与欠发达地区的协调发展，保障人民群众公平共享改革发展成果。四是加强生态环境联防联治。综合施策，统筹推进区域内经济结构调整优化与生态环境保护，着力实现绿色发展、循环发展、低碳发展，形成节约资源和保护环境的空间与产业结构、生产和生活方式，创造宜居宜业的良好环境，共同建设天蓝地绿水净的美好家园。特别重要的是，要建立健全高效的协调机制、务实的推进机制、合理的利益分配机制，促进环渤海地区合作不断向深层拓展。

第三，进一步推进改革创新，全面激发区域发展活力。要把深化改革作为提升区域发展活力和潜力的根本手段。一是构建廉洁、效能和规范的行政管理体制。进一步理顺政府与企业、与市场的关系，规范行政职能，转变行政方式，提高行政效率，减少政府对微观经济活动的干预，着力打造服务政府、责任政府和法治政府。二是构建能动、开放和诚信的市场运行机制。优化政策环境，推进公平准入，破除体制障碍，充分发挥市场配置资源的基础性作用，推动建立符合市场经济要求、有利于区域联动的运行机制，切实保障各类主体公平参与市场竞争。三是构建公正、平等和便捷的公共服务体系。通过创新规则，强化调节，推进财政、金融等公共政策服务的均等化，推进教育、卫生、医疗、就业、社保等社会事业公民享有的同权化，推进水、电、路、气、房等民生工程建设惠及全体人民。四是构建稳定、透明和有效的法律法规制度。着眼于鼓励发展和增强活力，全面调动各个方面的积极性，调整立法角度，建立国际化的管理体制和运行机制，形成适应现阶段发展实际的稳定透明的法制环境。

乘风破浪正当时。环渤海地区发展已经站在了新的历史起点上，在各方面的有力推动下，环渤海地区定会不负众望，成为打造中国经济升级版的排头兵和先锋队。国家发展改革委地区司作为负责促进区域协调发展、推动区域合作工作的职能机构，一直致力于服务地方发展，近年来按照中央的部署，为环渤海相关地区量身定制了多个区域规划和政策性文件。我们将认真贯彻落实中央领导同志的指示精神，扎实开展环渤海地区开放合作的相关工作，为环渤海地区实现又好又快发展做出更大的贡献。

把推进开放合作放到推动京津冀
协同发展的基础位置*

按照会议要求,我就深化京津冀地区开放合作问题谈一些看法。

开放合作有益,这逐渐成为社会的共识。开放合作有利于克服地区禀赋限制,实现资源要素的取长补短、优化配置,并有效延展地域发展空间;有利于实现错位发展、做强做大地区比较优势;有利于整合优良资源,以区域最高水平形成创新创造力;有利于实现先进带落后,加快缩小地区差距并有效提升区域整体素质;还有利于应对各种突如其来的风险,和衷共济渡过难关。而对于推动京津冀协同发展来说,深化开放合作具有特别重要的意义,应当把它放在各项工作的基础位置。

推动京津冀协同发展,是中央在新的历史条件下提出的一个重大国家战略。这一战略直接指向,在于解决京津冀地区长期存在的行政垄断、市场分割带来的功能重叠、同质竞争问题,使之成为优势互补、互利共赢的协同发展、协调发展的区域,进而成为具有较强国际竞争力的世界级城市群和国家创新驱动高质量增长的新引擎。在过去比较长的时期里,受以 GDP 为中心的经济考核体系和政绩衡量标准的驱使,从各自的利益与需要出发,这一地区一定程度上形成了对内、对外双重封闭:对内,各自为政、相互封锁,致使三地比较优势突出但互补性差,整体上呈现出竞争大于合作、独行多于联动的状态;对外,高高在上、

---

* 本文系作者于 2018 年 9 月 6 日在河北省廊坊市召开的 "2018 京津冀国际投资贸易洽谈会"上的讲话。

壁垒暗立，难以形成一体对外开放合作的思路与机制，以致于比较起来，具有不少特殊有利条件的京津冀地区从来都没有成为国内开放度最高、对外合作最好的地区。而这种封闭又因为三地政治位势不同、经济发展水平悬差而不断强化，并且难以依靠自身能力破解。尽管那时也开联席会议，也搞领导互访，还做对口协作，但往往是雷声大雨点小，口惠而实不至。这种分割和封闭带来了产业同构和恶性竞争，带来了环境的不断恶化和"城市病"的滋生蔓延，带来了地区发展的悬殊差别和社会的矛盾，也带来了资源配置效率的低下和整体竞争力提升的缓慢。京津冀协同发展战略基于化解这些问题而提出，而"协同"一词则浓缩了所有关键信息可谓画龙点睛。我们看到，这一战略实施几年来，三地各自为战的状况有了明显改善，随着交通一体化、生态环境保护、产业升级转移等领域的率先突破，一些方面的合作有了实质性进展，一体联动、共商共建的形象开始树立起来。但应该说许多工作还只是刚刚开始，实现全方位协同发展还有较长的道路要走。

协同的基础和前提是开放合作，而协同发展又会促进和深化开放合作。对于京津冀地区而言，既需要深化对外开放合作，也需要深化对内开放合作，且对内开放合作是对外开放合作的基础和前提。整体上考虑深化京津冀地区对内、对外开放合作应当把握好这样一些重要方面：

第一，牢固树立开放合作意识。开放合作的实质是不同区域之间通过比较优势的交换实现互惠互利和共同发展，换个角度说就是趁力借势发展。要进一步提高思想认识，增强推进开放合作的自觉性。发达地区要克服高高在上心理和虚无主义意识，主动融入相对落后地区的跨越发展进程，拓展配置资源要素的空间；相对落后地区要克服低人一等心理和吃亏上当意识，勇于向发达地区敞开开放合作大门，积极吸收科学管理、先进技术、优秀人才和其他有利元素。对于所有地区来说，在今天经济全球化、市场一体化、社会信息化快速推进的环境下，开放合作都能获得最大的发展空间与最佳的发展条件，能够取得"$1+1>2$"的发展成效。自我封闭，只会错失良机，造成停滞落后。应使开放合作成为京津冀三地决策部署之必须、思想行动之自觉、措施安排之前提。在推进开放合作方面，不搞虚情假意、不搞貌合神离、不搞浅尝辄止、不搞避实就虚，采取实实在在的措施，推动开放合作全方位、深层次、多途径、可持续地向纵深开展。

第二，全力打造一流营商环境。营商环境的规范、便利和舒适程度决定着开放合作的深度与广度，应充分发挥国家和地区在制度、区位、文化等方面的比较优势，加强与国际通行做法相衔接，建设具有国际竞争力的营商环境。在完善相关法律法规的基础上，比照国际标杆区域，聚合国内有益做法，最大限度地降低产业准入门槛；深化"放管服"改革，按照精简、效率、透明、可把握的要求，实施精准负面清单管理；运用现代科技工具，全面整合网络资讯，实现信息共享和政务信息优质服务；推动形成保护产权、维护契约、促进一体、保障公平的市场秩序，健全社会信用体系，联动实施最严厉的失信惩治制度；完善法律构架，建立灵敏、快捷的多元化纠纷化解机制和仲裁体系，及时提供优质、高效的司法服务；推动优秀价值理念和道德规范转化为广大群众的情感认同和行为习惯，打造体现积极进取、诚实守信、爱岗敬业、互帮互助精神的社会文明高地；完善教育、医疗、社会保障、旅游休闲、社会安全等公共服务和相关基础设施，建设宜居宜业的优质生活圈。

第三，充分借势国家开放战略。借助京津冀协同发展战略实施优势，通过推动共组投资集团、共建发展基金、共同开发国内外市场等途径，加强同长三角、珠三角等东部沿海地区的合作；通过共建产业园区、发展"飞地经济"、建设特色小镇等举措，加强同中西部地区的合作；借力粤港澳大湾区建设战略，通过运作机制、功能平台、重大项目、创新资源等的共建共享，加强同香港、澳门地区的合作；借力"一带一路"战略，坚持引进来和走出去并举，促进国际、国内两个市场、两种资源有效对接，全面开展项目、产能、技术、标准、园区等合作，提升创新能力和发展质量，不断拓展对外贸易；按照国家出台的《外商投资准入特别管理措施（负面清单2018年版）》，结合区域实际制定实施方案，促进外商投资稳定增长和开放合作深入展开。

第四，着力抓好基础关键领域。打好了基础，开放合作就会持之以恒；抓住了关键，开放合作就会不断走向纵深。为此，应在三个"两"上狠下功夫。其一，抓好两项制度建设。一是统一制定区域发展规划。目前，京津冀地区已有了统一的《"十三五"时期国民经济和社会发展规划》，在采取有力措施增强其实施的约束力的基础上，应努力创造条件，联合编制三地一体的年度发展计划，协商提出地区发展的年度工作任务。二是建立协同发展的法规体系，可考虑制订《京津冀协同发展条例》，以打破分割垄断、遏制不良竞争，促进合理分工、实现一体发展。其二，抓好两类基础性工作。一是实现基础设施的互联互通，着眼于解决当前存在的拥堵问题和服务于远期建成世界级城市群，协同建设坚固、立体、智能、便捷的基础设施网络。为此，要继续打通国家高速公路"断头路"和消除区域、国、省干线"瓶颈路段"，形成便捷畅通的公路交通网；继续优化提升港口、机场布局和集疏运功能，构建现代化的航运体系和国际一流的航空枢纽。二是推动建立一体化的市场体系。应全面清理并坚决废止妨碍统一市场和公平竞争的各种规定和做法，特别要注重甄别和破除隐形市场壁垒；统筹谋划区域要素市场，探索建设统一的金融投资体系，城乡一体的建设用地市场、开放共享的技术信息市场。其三，抓好两个关键性领域。一是统筹推进产业发展，立足体现功能地位和发挥比较优势，有效利用疏解转移行动，合理规划和推动实现产业协调布局；结合建立现代化经济体系和世界级城市群，推动传统产业优化升级，培育发展高端产业和新型经济。二是联动提升基本公共服务均等化水平，把提升基本公共服务均等化水平作为体现协同发展和开放合作程度的核心指标。努力创造条件，逐步推进区域内全体人民在教育、卫生、社会保障、居住就业等主要领域享有公共服务的同权化和一体化。

第五，积极建设开放合作平台。开放合作平台是实验窗口，能够对一些风险较大的改革开放和发展项目进行试验探索；是示范基地，能够以其取得的卓越功效和形成的可复制、可推广的经验影响和推动全局，应把科学谋划、适当设立有关功能平台作为深化京津冀开放合作的一个重要抓手。一是要结合城市结构调整和世界级城市群建设，改革城市管理体制、优化城市服务、提升城市品质、完善城市形象,把各大中城市全面打造成为高端、包容、舒适、安全的开放合作平台;二是高标准建设雄安新区,使其成为具有全球竞争力的开放合作高地;三是做好各个"微中心"建设,在辅助雄安新区疏解非首都功能的同时,成为主题鲜明、专业突出的内引外联基地;四是推动特色园区体制机制与国际通行经贸规则对接,进一步增强开放合作的品质和聚集外部优良资源要素的功能;五是支持京津冀三地企业合作开展国际投资、跨国兼并收购和共建国外产业园区,协同开拓国际市场。

第六,探索建立互利分配机制。建立良好的利益分配机制是深化开放合作的有力手段和根本支撑。应立足于公正合理、互利共赢的要求,依照具体实际精心谋划、科学设计。重点是协商做好跨地区投资、产业转移承接等重大事项利益分享的政策安排和制度建设,逐步形成指标健全、权重合理、比例得当的较为完善的分配方案;着力探索"飞地经济"、共建园区等的利益分配和成果共享模式,力求在产值、税收、利润、节能减排等重要指标的区际分割上形成合理办法。

协力建设蒙晋冀长城金三角合作区*

入秋时节,很高兴来到美丽的乌兰察布市,参加蒙晋冀(乌大张)长城"金三角"合作区联席会议。我谨代表国家发展改革委对会议的召开表示热烈祝贺!

近年来,在国家政策支持和市场机制的推动下,区域合作工作取得了重大进展:区域合作机构职能更加充实、机制更加完善,形成了多层次、体系化的区域合作组织架构;区域合作形式从过去局限于招商引资和相互走访等简单的协作联系,深入到经济社会发展的中心领域和关键环节,特别是在制定重大区域规划和政策、共同推动市场和基础设施一体化、引导产业转移与承接、促进企业跨区域合作经营等方面,区域合作工作的广度和深度不断拓展;区域合作手段从过去主要依靠政府机构、采取行政手段的单一方式,逐渐发展到以市场为纽带、发挥市场机制作用来推动区域一体化发展。同时,还通过扶贫开发、对口支援等方式来帮助欠发达地区加快发展,形成了多种手段齐头并进、相互补充的区域合作良好局面。

乌兰察布、大同、张家口三市位于蒙晋冀三省区交界处,历史上曾同属察哈尔地区,地缘关系密切、自然条件相似、人文习俗相近,有较强的产业互补性,为乌大张区域合作提供了良好基础。乌兰察布市是内蒙古自治区东进西出的"桥头堡",北开南联的交汇点,是进入东北、

---

* 本文系作者为2014年8月18日在"蒙晋冀(乌大张)长城'金三角'合作区联席会议"上准备的书面致辞。

华北、西北三大经济圈的交通枢纽，是蒙西能源基地的东大门；大同市能矿、人文资源比较丰富，在山西省内素有"煤都""佛都"的称谓，在能源产业发展过程中形成的企业主体、管理经验及人才队伍等方面具有较大优势；张家口区位优势突出，人文旅游资源比较丰富，正在和北京市联合申办2022年冬奥会。可以说，这几个城市都有各自的优势和特色，但也面临着经济基础较薄弱、产业梯度较低、生态环境压力较大、矿产资源面临枯竭等问题，因此，打造乌大张合作区，通过紧密的、全方位的区域合作，有利于形成组合优势，解决区域发展短板问题，提升区域整体竞争实力，实现互利共赢发展格局。

乌大张三市又都位于环渤海地区发展规划纲要范围内，而当前环渤海地区正处于转型发展的关键时期，中央对此也寄予厚望，三市通过组团融入环渤海地区发展，争取有利分工地位，提升总量、结构、功能等方面的综合优势，为乌大张区域合作提供了现实途径；三省区领导的高度重视以及三市政府共求合作的积极态度，为乌大张区域合作提供了必要条件。

刚才，自治区领导和三市领导在讲话中谈到了很多重要观点，我非常赞同，也很受启发。借此机会，我提四点建议：

第一，要进一步强化区域合作理念。当前，部分地区的区域合作仍然建立在各自作为独立主体基础上，局限在单个项目和单个领域，这种合作无论从内容、时间上看，还是从利益空间上看，都是相对有限的合作。因此，要树立全局观念，从以往仅仅试图在区域合作中追求自身利益的传统观念中解放出来，真正把优势互补、互利共赢作为开展合作的首要目标，通过把"蛋糕"做大来共享合作带来的红利。

为此，要做好以下四点：一是要从全局出发，以实现互利共赢为原则，做好顶层设计，在省区总体合作框架下，通过制度化安排力争区域合作的规范化，实现利益引导和制度规范的双推进；二是要在充分发挥本区域综合比较优势、积极参与环渤海地区乃至全国分工的基础上，结合功能区划要求、区域产业特点、周边消费结构等条件，科学、合理确定本区域发展战略定位；三是要突破行政区划界限，充分发挥市场配置资源的决定性作用，在更大范围内调动和配置资源，最大限度地提高资源要素利用效率；四是要树立市场一体化观念，防止低水平重复建设和恶性竞争，防止地区封锁、市场分割和恶性竞争，推动形成合理的分工体系，培育各具特色的主导产业。

第二，要进一步加强对内、对外开放。合作本身就是开放，开放的有效成果就是强化合作。在经济全球化和区域一体化深入推进的大背景下，区域合作既要立足国内，也要面向国际。加强对内、对外开放是推动区域合作发展的重要动力，要进一步强化对内、对外开放的广度和深度，以开放促合作，以合作促发展。一方面，要强化与周边及环渤海地区的合作，充分利用周边地区的政策和资源，积极融入呼包鄂城市群，同时，要以环渤海地区发展为契机，善于借助市场之力，突破地域和区划限制，到先进发达地区、到更加广阔的市场中去寻找资源，把各个方面的资源要素汇集起来，形成推进发展的强大合力；另一方面，要大力开展国际区域合作，积极融入东北亚经济圈，"引进来"与"走出去"相结合，努力开创国际区域合作的新局面。集宁海关的恢复设立，为乌大张区域合作提供了对外开放的窗口与合作渠道，要积极依托区位优势、交通优势、政策优势，努力打造煤炭交易集散中心和区域性物流中心，深化物流和口岸合作，提升区域内优势产品出口水平，吸引国外企业和相关产业在合作区内落户，鼓励区域内有实力的企业"走出去"，逐步构筑与蒙古国、俄罗斯乃至欧洲的对外开放"快车道"。

第三，要进一步优化区域合作手段。要采取多元化手段，从孤军作战转变为有效凝聚各个方面力量共同推动区域合作。总的看来，行政力量具有强制性、主动性、快捷性和可控性等特点，而市场力量具有灵敏性、自然性、能动性和可持续性等特点。同时，行政力量和市场力量又都有各自的缺陷。两者各有优势，相辅相成。

提升区域合作的水平和层次，必须合理运用行政与市场两种力量，特别要综合发挥两种力量的各自优势。一方面，要借助行政力量引导区域合作的方向，建立必要的区域合作协调机制，迅速解决区域合作中出现的重大争端，积极推动基础设施和社会管理等一体化建设；另一方面，要借助市场力量，不断拓展区域合作的内容，创新区域合作的方式，以经济利益为基础、互利共赢为目标，促进产业转移与承接、资源要素流动与交换、企业联合重组与专业化分工、市场发展与一体化建设等。当然，行政力量的运用要充分尊重市场规律，有效发挥市场的积极作用；市场力量的运用要适度借助行政推动，合理发挥行政的推动作用。这两种力量的综合使用，有利于加快推进区域合作，也有利于不断提升区域合作的质量与水平。

第四，要进一步开展先行先试。要勇于开拓创新，大胆开展先行先试。乌大张区域合作应当坚持试点先行的原则，从一些现实急需、条件具备、有利于百姓民生的事情先做起来，打造区域合作亮点，尽快形成区域合作的现实成果，争取社会认同。一是在生态建设和环境保护领域开展先行先试，强化联防联治、齐抓共管，探索建立协同推进的管理机制和合理的利益分配补偿机制；二是在消除贫困领域开展先行先试，如共同编制区域扶贫规划，统筹推进扶贫、教育、人员培训，促进医保联网、教育同城化等；三是开展旅游合作领域的先行先试，围绕旅游资源开发和旅游市场开拓，建立旅游合作联盟，打造无障碍旅游示范区，共建精品旅游线路和景区；四是开展基础设施建设领域的先行先试，强化基础设施在区域合作中的支撑作用，加强公路、铁路、水利等基础设施合作共建，推进基础设施的互联互通；五是在产业合作领域开展先行先试，加强产业园区合作共建，可考虑在三市交界处合作建设承接产业转移园区，三方共建共营共享，实现产业发展和要素方面的互促互补。

我们相信，今后一个时期，在各位领导和同志们的共同努力下，在有关方面的支持和帮助下，乌大张区域整体发展水平和综合实力会得到进一步提升，在环渤海地区发展中发挥更大的作用！

最后，预祝会议圆满成功！

推进蒙晋冀长城"金三角"合作的意义与路径[*]

我是一个区域经济工作者,这些年,按照中央的部署和委里的要求,我和同事们到过许多地方就区域经济发展进行调研,相应推动一些具有全局意义和示范性质的发展思路上升到国家战略层面来实施。我们工作的着力点必须立足于全局或国家层面,所以,在一个地区或区域的发展思路尚处于探讨之中,还难以确定能否上升到国家层面来考量之时,我们对出席地方组织的相关活动往往是非常谨慎的。

但这次来到美丽的乌兰察布市参加蒙晋冀(乌大张)长城"金三角"合作区联席会议,老实说我是很积极的。除了因为三市的热情相邀外,主要是因为:大家所致力开展的这项工作主题好、路子正、方向明,应该说意义重大、前景光明,即便不在国家战略层面谋划,对促进区域协调发展也是必要的,应该给予足够的重视和积极的支持。刚才听了三位书记的发言,更加坚定了我们的期待和信心。盛情难却,我借这个机会即兴讲几句,算是对推进这项工作鼓鼓干劲,也出出主意。

我谈两点看法。

---

[*] 本文系作者于2014年8月30日在内蒙古自治区、山西省、河北省联合召开的"蒙晋冀(乌大张)长城'金三角'合作区首届联席会议"(内蒙古乌兰察布市)上的讲话。

一、推进三省区毗邻三市间的合作是顺势之举、兴区之策

这些年，推进区域合作已是蔚成风气，与十几年前或者更早一些时候的情形形成了鲜明对照。那时通常的做法是各自为战，一些地区千方百计封锁市场，甚至公开发布文件阻碍外地商品流入，区域间的合作往往是不具实质内容的联谊与交流。现在则大不一样了。事实上从区域经济的角度看，区域合作所带来的好处是多个方面的。它有利于克服各个地区资源要素的短缺或限制，实现互济互补，从而不断拓展发展空间、增强发展能力；它有利于各地区在发挥各自比较优势的基础上实现合理的分工，最大限度地减少恶性竞争，从而推动经济结构层次与经济发展质量提升；它有利于整合地区力量形成强有力的竞争力和抗风险的能力，协力应对风险、克服困难，从而变被动为主动，化挑战为机遇，实现共同发展；它还有利于推进区域间经济社会的互动与融合，实现一体化发展，不断提高资源要素的配置效益与运行效率；如此等等，不一而足。具体到乌兰察布、大同和张家口三个市，从具体实际出发，合作会带来许多特殊利好。因此，三市走在一块，积极谋划和推动地区间的合作联动，可以说是非常明智的。总体上说三市合作顺势应时、利国利己。至少可以从如下四个方面来认识：

第一，符合促进区域协调发展的基本方向，有利于探索跨区域合作的良好途径，推动区域发展实现统筹联动、一体融合。过去一些年，中央花费很大气力推动区域协调发展，形成了完整的"四大板块"战略。又从各个地方实际出发，陆续制定了一系列区域空间单元较小的区域规划和政策文件，依此推动区域发展总体战略和政策的实施不断走向深化、细化和实化。别的区域不说，纵观一下蒙晋冀三省区，就有不少上升到国家层面决策实施的区域规划和政策文件。这些规划和文件的研究制定，我都有幸参与了。对内蒙古，国家出台了《关于促进内蒙古经济

社会又好又快发展的若干意见》，还制定了《关于黑龙江和内蒙古东北部地区沿边开发开放规划》；对河北，国家出台了《河北沿海地区发展规划》，与此同时，在近些年研究制定京津冀区域发展战略的时候，对推动河北地区整体发展也做了全面的规划；对山西，国家批准全省建设资源型经济转型综合配套改革试验区，出台了相关改革方案，等等。在全国其他适宜地区，国家也有针对性地制定和出台了一些重要的规划和文件，它们的实施带来了区域经济的迅猛发展。国内外都高度评价这一时期的区域经济发展，认为从"十一五"时期以来，区域政策的密集出台和区域经济的迅猛发展是中国经济社会发展的突出亮点。这一点，我们能从这些年扭转了长期以来东部地区发展一马当先、中西部地区发展较为缓慢的增长格局中看出来，从各个地区高度重视区域战略政策的实施中体验出来，从党中央、国务院的主要领导同志高度重视区域经济发展、亲手规划区域发展蓝图中充分感觉出来。今天，我们区域经济发展进入一个新的时期，中央提出要进一步完善和创新区域政策，推动区域经济迈向新的台阶，促进区域协调性进一步增强，提出要统筹东中西、协调南北方，形成以沿海沿江沿线经济带为主的纵向、横向经济轴带，培育壮大若干经济重点经济区，推动区域经济实现新的发展。促进东中西、南北方的联动发展，推动跨区域的协调发展，是下一个时期区域战略的基本指向，所以三市的合作联动，符合这个大方向，它是探索跨区域合作的有益尝试。三个市都不够大，但相互比邻，又正好分属东中西三个地带，张家口属东部地区，大同属中部地区，乌兰察布属西部地区，正好是一个东中西的结合部，实行这样一种地处东中西结合部的跨区域合作尝试，就全国而言还是第一家。2011年，我们推动在连云港设立了一个国家东中西区域合作示范区，但严格来说，那只是一个试验平台，我们希望运用这个平台来推动东中西的跨区域合作，但它还不是真正意义上的跨区域合作；不久前又推动建立了晋陕豫黄河金三角区域合作示范区，但从地域上看它只是涉及中西部的合作区；国务院刚刚批准的《珠江—西江经济带发展规划》，提出要打造粤桂合作示范区，这是一个东西合作的示范区。所以三市合作开创了一个先例，是第一个东中西合作的尝试。当然，就经济发展水平看，三市也许并不能鲜明地体现东中西的特色，但这是另一个方面的问题。所以三市的合作发展符合国家区域经济的总体布局，体现了联动发展试验的需要，如果能够做出成效且不断深入推进的话，将从一个新的空间角度，为推进区域协调发展积累经验、提供路径。

第二，顺应环渤海地区合作发展大势，能够为推进区域合作联动提供引领示范。根据中央指示，国家发展改革委正在研究制订两个重要的规划，一个是《京津冀协同发展规划》，另一个是《环渤海地区区域合作发展规划》。京津冀协同发展和环渤海地区的合作都十分重要，也颇具难度，需要解决一系列问题，因而需要部分地区开拓创新、先行先试。我们三个市，地处环渤海区域之内，是合作规划必须涉及的重要组成部分；与京津冀也有直接间接的关系。三市在深化合作上的先行先试，无论对京津冀协同发展，还是对环渤海地区的协调联动都是有益的，所以我们可以率先探索解决一些共性的难题，可以形成一些符合规律的创新性做法，从而通过示范，既发挥引领作用，又提供有效经验。对此我们充满期待，希望三市能够自加压力，在深化全方位合作上做出成绩，形成环渤海地区合作发展的一个示范基地。这个要求虽然不能说是难不可及的，但是要真正做好，任务也是非常艰巨的。刚刚三位书记的发言都充满了信心，可谓干劲十足，我们乐观其成，并将尽力加以支持和推动。

第三，进一步发挥地区比较优势，协同形成新的增长极，不断提升区域的可持续发展能力。我昨天晚上十一点到，基本没有时间消化会议提供的材料，于是今天六点钟就起来，把三市的材料粗略地看了一遍。刚才又听了三位书记的发言，他们对三市的基本情况，包括比较优势、合作基础、合作方向等谈得都很好。乌兰察布市委、市政府提供的有关长城"金三角"经济合作区建设情况的材料也很好，不仅从五个方面全面论述了推进三市之间合作的重要意义，而且深刻分析了深化合作的良好基础与条件，特别讲到了产业的互补，分别从能源产业、农牧业产业、文化旅游产业、产业转移和生态建设与保护方面做了深入的探讨。

读后给人两个深刻的印象：一是这块地区总体上虽然不发达甚至落后，但对国家的贡献很大，其发展潜力也很大；二是大家从内心里期待合作，是真的想合作、想搞真的合作。这个地区如果合作起来，比较优势才能真正成为优势并不断得到强化，否则就会相互掣阻乃至争斗，优势就会逐渐丧失，地区也会依旧落后。通过三市之间的紧密合作，不仅会解决自相残杀的问题，也能相互支持、互通有无、合理分工、优化资源配置，从而形成比较优势、不断强化比较优势，推动这个相对欠发达地区发展成为新的增长极，进而形成这一地区实现可持续发展的强劲能力和坚实基础。这里蕴含着辩证法的道理，如果不合作，各搞一套，即便有比较优势，也难以发挥出来，而且会逐渐丧失；而加强合作，则能凸显比较优势、不断强化比较优势，最终形成这一地区可持续发展的能力。

第四，突破边缘化困境，打造富有活力的区域经济中心。有一点要有清醒的认识，即边缘地带很容易形成发展的困境。从内部看，三市处于三省交界处，换个角度看就是各省的边缘地带。由于精力、财力有限，加上担心"肥水外流"，边缘地带往往会照顾不到或遭忽视，久而久之，边缘地带也就变成了自生自灭的真正的边缘化地区，欠发达地区更是如此。其实，其他地区也存在类似问题。前几天，广东省的领导同志邀请我们研究广东经济社会发展思路，核心是解决周边地区加快发展的问题。广东经济总量位居全国第一，放到全世界也能排在前20位左右；财政实力雄厚，财政收入居全国第一。但一般人难以想象的是，这样一个发达地区，其东西北部的边远地区经济发展水平并不高，许多指标还不及全国平均水平的一半。广东的总体实力很强，广东的经济杠杆很多，但这些周边地区也一直难以发展起来，体现出边缘化色彩。省委、省政府很重视，把促进粤东西北地区发展作为一个重大任务，期望国家能出台相关战略，支持广东在继续贯彻实施珠三角区域改革发展规划、进一步增强珠三角地区发展实力的基础上，加快粤东西北的发展，改变这些地区发展不充分的状况，从而克服边缘化陷阱，使粤东西北地区真正与广东的总体地位相符，成为一个新的区域增长圈（带）。广东尚且如此，我们这个地区就更为典型了。就拿河北来说，虽然地理位置处于东部，但经济水平则与一些中西部省份相当。相对来说，三个省区在全国总体上处于中下游水平，三个市总体上也不够发达，不采取有力措施，三市的边缘化就会进一步加剧。

从外部看，如果毗邻的地区不思合作，很容易因为自身的不当行为进一步加剧边缘化。道理很简单，不合作并不能独善其身，必然是一方面以邻为壑、各自为政；另一方面是明争暗斗、你抢我夺，从而会因封闭运行无法做优做强比较优势，难以提升产业层次，反而会把已有的优势变为劣势，最终因为地理边缘化造成经济边缘化。而加强合作的结果就大不一样了。合作能够实现协作发展、协调发展，强化各自比较优势，改变地区边缘化的困局，使边沿地区通过合作联合，形成新的区域经济重心，这里显示出的是种魔术般的神奇。边沿地区要突破边缘化困境形成充满活力的区域经济中心，要摆脱落后状态实现跨越发展，一条关键的捷径就是开展合作联动、携手共进。刚才播放电视宣传短片里讲一个词我非常认同，叫做"携手突围"，这个词用得好。不合作，实现经济腾飞这个围困是很难突破的。在内部使力，花了很大劲，也有一定程度的发展，但相对发展水平会越来越低，这是常理，也是事实；只有合作才可能将边缘转变为中心，并成为一个区域的重要增长极。

总而言之，三省推动三市发展地区合作意义是重大的，前途是光明的，顺势应时、利国利己，我们理所当然要大力支持。推进三市合作也有良好的基础：一是区位重要，处于中西部结合带和向北开放的重要地带，是国家实施西部大开发和振兴东北老工业基地的重点区域，在区域发展的格局中有重要地位，有利于拓展空间、利用资源。二是三地在主体上属于一个经济圈、生态圈、文化圈，有相似的资源禀赋和比较强的产业互补性，建设合作区具有良好的条件。三是三地都处于省境的边缘，相对远离经济中心，承受大城市辐射带动影响较小，受行政区域制约资源要素不能自由流动，地区之间封闭性较强，推进合作已成为推动发展的关键举措。综上所述，对于三市来说，合作很重要，合作势在必行。这是我要谈的第一点看法。

二、推进三省区毗邻三市间的合作要统筹谋划、务实推进

前面谈到,我来参加这个会议,目的有两个:一是给大家鼓鼓劲,二是帮大家出出主意。合作的关键在于做好,如何做好?基本的思路应是统筹谋划、务实推进。三地合作已是大势所趋,重要的是运用一套有力、有效的措施,推动合作落到实处、走向纵深。为此,在思想上应该居高谋划,从长计议;在行动上要脚踏实地,一丝不苟。在实际操作中,要注重把握好这样五个方面:

第一,要科学规划。规划是各项行动的指南,也是正确前行的保障,有了规划就有了目标,有了规划也就有了约束,有了规划,一定程度上也有了检验工作的尺度。所以推进地区间合作的最为基础的工作是要做好合作发展规划。总的来说,规划编制要在解放思想、超越自身一亩三分地利益的基础上居高谋划,既要站位高,又要措施实。具体来说,我以为应当把握这样几点:一是立足互利共赢。地区合作目的就是实现共赢,因此,规划的立足点与基本思想必须体现互利共赢。如果试图依赖地区联动机制把他人的资源要素掠过来,这个合作是无法持续下去的。应基于大家是一个利益共同体的思路推进合作,通过合作实现优势互补、相互支持、达到双赢和多赢。二是体现比较优势。地区合作之所以必要,最直接的益处就是照顾并强化各地区在产业发展上的比较优势,在这个基础上实现相互间的合理分工。地区间的最大竞争是产业竞争,产业竞争则来自产业同构,而相互分割的结果必然是产业同构、功能同构,是"大而全""小而全",如果在合作状态下仍是各行其是,其结果仍然会是同构或全面性的重复建设,这样的合作是无益的,甚至可以说是失效的,这样的合作也走不远,所以规划编制要认真梳理我们三市分别拥有的比较优势。能源产业是三市在产业结构上的共同点,如果这方面能够开展深层次的合作,依据各自的区位特点、资源禀赋、现

实基础对能源结构做适当的调整，就可形成相互补充、相互支撑、共同发展的产业链条。对此，要做深入的研究，我在这里就不展开论述了。乌兰察布市委、市政府的材料就产业的同构性和互补性做了探讨，集中阐述了能源产业、农牧业产业、文化旅游产业以及产业转移、配套建设与保护等方面的合作问题，提出了一些很好的思路，应当体现在规划之中，并在操作中真正落到实处。有些方面的发展建设看似并不处于中心工作的位置，但它很可能就是合作深入展开的一个有效的、良好的切入点。比如，这块地方有一些世界级和国家级的旅游景点，是一个以生态为基础、以人文为支撑的优质旅游圈，但因为没有合作，各唱各的戏，就变成了一个自我封闭的小景点。如果合作起来建成为一个大的旅游圈，必然能大大增加人气，从而提高旅游产业的产值和收入。推进合作，有的可以在技术层面入手，如搞"一卡通"，有的则需要推进体制机制建设，实现途径是多种多样的，需要通过规则把它们深化、细化，形成具体的实施方案。三是坚持问题导向。制定规划，要把解决现实存在的问题作为一条重要的线索。认真梳理一下，我们各自存在哪些问题，这些问题中哪些与各自为政有关，依据问题相应提出有针对性的举措。问题导向的规划必然实在，也必然管用。京津冀协同发展规划制定的一个出发点就是问题导向。而规划本身所提出的一个重要原则也是坚持问题导向。我在相关新闻发布会上介绍京津冀协同发展战略时曾重点讲到过这个问题。我们要全面梳理本地区具有的优势，也要实事求是地剖析我们存在的问题，研究指出解决这些问题的有效措施。三市的书记、市长齐聚到一起并不容易，应借助这一机会深入研究一下合作的思路与举措，尤其要重点研究一下存在的问题，把问题找出来，有针对性提出合作的重点与路径。四是把握一体化要求。合作的最高层次或顶端出路是一体化发展。在一体化状态下，地区间各领域实现了统筹协调，一些关键方面形成了深度融合，而一体化也能在最好水平上实现合作带来的各种利益，因此，一体化发展也应成为地区合作的动力。不能仅限于某些项目的合作、某些领域的合作，还应把握一体化的方向，全面统筹协调经济社会发展的各个方面，虽然实际操作过程需要因时应势、分步分层、循序渐进。对此，我们在思想上应有充分的认识，在行动上应坚定不移，在规划编制时应积极反映。五是注重有机衔接。区域发展与国家发展紧密联系，国家的发展指向应是区域发展的基本遵循，而小区域作为大区域的组成部分，应该与大区域的发展思路、战略要求协同配合。所以，要把战略衔接作为规划制定的一个重要原则。就乌大张的实际看，规划思路要充分体现即将出台的京津冀协同发展规划的要求，体现环渤海七省市（区）合作发展的基本思路。

第二，要健全规制。没有规制约束，就难以坚定和深化合作，就难以把确定的事项落到实处，这是一项很重要的基础性工作。促进规制的工作重点主要在两个方面：一个是建立一套推进合作的行为准则，这些行为准则最好能通过地方人大以法律法规的形式确定下来，以形成强约束，形成硬支撑。实践经验表明，深化合作光靠协商不行，必须要有强力的行为规制。在这个基础上，进一步形成一套细致的、可操作的合作程序和合作办法。另一个是建立相关的运作机制。至少涉及这样两个层面：第一个是高层的领导协调机制，各市党政主要负责人是机制的成员，机制运作自然含有联络感情的色彩，但主要职责是协商决定合作的基本任务，协调解决重大问题，形成思路和决议之后，一项一项予以落实。这种机制建设，可以借鉴长三角区域、晋陕豫黄河金三角区域的经验，还可借鉴长江中游城市群四省会城市的做法，它们四个省会城市的书记、市长每年都齐聚到一起，就深化合作的一些重大问题进行研究，形成工作清单。四省会城市的书记都是省委常委，尽管工作繁忙，但对区域合作的事情都极为重视，没有一个请假缺席的。我受邀参加过机制的活动，感受比较深刻。第二个是务实的推进机制，负责把领导协调机制确定的重大事项落到实处，研究运用怎样的政策措施和操作手段把合作推向前进。这涉及从机构到手段的一系列具体问题，如需不需要组建一个强有力的推进办公室？需不需要建立专门的合作基金，以发挥经济杠杆的撬动作用？需不需要形成一套以合作内容为依据的利益分享的具体办法？为了扎实推进合作，为了实现合作共赢，这些问题都需要深入研究。需要深入研究的问题很多，我这里只是做些提示或引导，三市可以结合自身的实际情况，并借鉴其他地方的经验来确立一条务实的路线和一系列有效的措施，推动合作不断走向深入。

第三，要突出重点。经济社会发展涉及方方面面，因而地区间合作的领域是十分广泛的。但一开始，限于经历与经验，我们还难以面面俱到。需要抓重点、找突破。这样做易于操作、效果也更好。一般的道理应是，基于需求分析，根据问题导向，按照先易后难、由浅到深、由急到缓的原则来选择重点或突破口。其实，主要的合作领域是清晰的，无非是基础设施的互联互通、城市建设的协同协调、产业体系的共谋共进、市场要素的对接对流、公共服务体系的同建同享，以及生态环境的联保联护等。但哪一个放在优先位置则需要统筹确定，而在各个领域中也有一个环节先后布局的问题。科学选择重点，既能够解决实际问题，又有利于探索操作经验，进而增强推进合作的信心。

第四，要搭建平台。就是要探索建立一些承担特殊合作功能、旨在为深化全方位合作探索路径的平台，可以是产业合作的示范区，可以是我们公共服务一体化的创新区，也可以是生态环境协同保护的试验区，等等。总之，各种功能平台是推进合作同时也是推进其他方面工作的一个重要手段，要善于利用这个手段。我注意到，三市都期望通过合作把这个区域建成环渤海地区合作的一个先导区，要做到这一点，我们也要选择适宜的地区打造相关功能平台，使之成为一个先导区，使之形成示范和带动，同时创造可复制、可推广的样板。当然应当强调的是，平台打造有一个机制创新的问题，不简单是划出一块土地重复过去的运行模式。改革是功能平台建设的应有之意，平台打造要与机制创新、建设紧密结合。同时，平台打造也不能率性而为、随意设置。应从实际出发从严把握，做到确有必要，力求成功。也就是争取设立一个成功一个，步步为营，不断扩大战果。

第五，要集聚能量。推进区域合作需要政府搭台，也需要政府积极行动，但绝不是政府一家的事情，需要政府和市场两个轮子来驱动。区域合作不能仅从感情和友谊出发，其坚实基础是利益分享和互利共赢。可以说，区域合作的本质是利益共享，而实现利益共享，更多的要靠市场手段来驱动和促进，所以切不可忽视市场机制的作用。推进区域合作要发挥社会各个层面的能动作用，要发挥市场机制作用就必须发挥企业的作用，发挥非公有经济的作用，发挥 NGO 的作用，还要发挥广大劳动者的作用。政府推动合作的很重要的一个举措，就是采取有效的调节手段，推动所有这些力量融入其中，为推动合作做出贡献。所以三市都应通过各种手段的动员、集聚各种能量、身体力行融入区域合作的实践之中。

居高谋划、务实操作，推进三市间的合作，我认为上述五个方面非常重要。通过合作，我们能实现一系列有利需求，但最重要的也是合作需要牢牢抓住的目的有两条：一是促进这一区域持续协调发展，使之成为富有活力的新的增长极；二是最大限度为生活在这块土地上的全体人民群众提供不断增长的优质公共服务，给他们以最大的便利。这一点与人民利益直接相关，并与发展的最终目的联系连在一起，是衡量一个区域合作状况的最重要标志。实现了紧密合作，三市的人民就能一体享用本区域最高水平的医疗卫生、文化教育、社会保障等资源，生产生活也会变得更方便、更惬意。

最后，从操作方法上我再简要提两点。

第一，要凝心聚力、实践为先。今天会上许多同志的讲话和发言都希望把三市的合作提升到国家层面，融入国家战略，就是融入京津冀协同发展战略之中，我总体上是赞同的。应该说，这个地区大体上可算是京津冀的组成部分。张家口市本身就属于冀，其他两地也是毗邻或被辐射的地区。但也的确有个进一步融合的问题。拿张家口市来说，地理区位上与河北的整体并不连在一块，经济发展上也与河北其他地区有明显的区别，这就影响到了它与河北整体的融合。把京津冀作为一个整体来考虑，对张家口市的融入就比较有利。同样把乌大张绑在一起，就比较容易融入京津冀。我赞成多方面推进合作，特别是注重优势互补，积极融入京津冀。融合一方面体现了主动性，另一方面也具有灵活性。至于将乌大张合作上升到国家战略层面的问题，我倒觉得不一定作为主要目的。首要的还是把工作做好，而这样的工作有利于三地的发展。在我看来，三地已在国家重大战略的覆盖范围之中，只是需要在有关战略规划中予以适当的表述，这方面可以做进一步的协商研究。但对此我更要强调的是这样两个词，一个是"事在人为"，另一个是"水到渠成"。许多工作需要我们去努力，付出努力了总会是有收获的；但是做成一件也需要具备一定的条件的。如果乌大张合作不具典型性，又起不到示范带动作用，硬要拔升到国家层面，今后也会形成一个难堪的状态。所以最为关键的还是把自己的事情做好，团结一致，把区域合作它推向实处、推向深处，真正做出成绩，在区域乃至全国形成影响、起到示范作用。到那时即便没有在有关规划中明确表述，乌大张的合作也会是享誉全国典型。所以我认为，对京津冀战略应多提融合。围绕融合多练内功，工作做到一定程度自然就有一定的地位，这叫"有为必有位"。

第二，要合纵连横、优化外围。乌大张合作要做实做好，不能辄于内部发力，还应运用好外部能量，这方面要做到左右逢源、八面玲珑。要加强与区域之外各有关方面合作联动，横向层面要加强同周边省市的合作沟通。今天的会议特别邀请了三省之外的北京、天津等地的相关负责同志参加，十分必要，考虑非常周全。我在这里也与到会的北京、天津和其他相关省市的同志们建议一句，咱们的经济发展水平相对高一些，所拥有的胸怀也应该更宽广一些。我们在谋划自身发展的时候，应一体考虑相关地方的特别是毗邻地区的要求，主动加强相互间的合作。京津冀的协同发展为整个环渤海的协同发展打下了基础，也提供了样板；但没有其他地方的支持，京津冀的协同发展的成效也会是有限的，是难以持续提升的。三市也应强化与国家有关部门的联系，争取在规划编制、政策制定、项目建设等方面获得及时指导和积极的支持，就更是十分必要的了。

纵向层面要加强与国家、省有关部门的沟通交流。自不待言，三市应与所在省份有关部门积极加强沟通，三省份有关部门也应主动支持三市的合作。今天在乌兰察布市开会，不仅内蒙古自治区好几位领导同志参加会议，其他两省领导同志也到会指导，这表明了三省是高度重视这项工作的。

我以为今天的会议开得很好,形成了一个良好的开端。我没做什么准备,以我的工作体验谈了上面的一些感悟、一些思考,不一定都对,只是希望给大家一些启发,激发大家的思维活力。总之,我希望三市的合作,进而三省的合作,进而整个环渤海地区的合作,能够通过我们大家的共同努力而不断推向新的水平,以为推动国家区域协调发展、促进国民经济持续提升做出贡献。

把合作联动作为推动山东半岛城市群
高质量发展的重要路径[*]

　　山东半岛是我国拥有的三大半岛之一，是面积最大、我以为也是最具活力的一个半岛，而这个半岛的主体就是山东省。我注意到山东规划了省会、胶东、鲁南三个经济圈，省域内的所有城市都分别包括在三个圈里了。学习了省政府就三个经济圈发布的指导意见，感觉立意较高、思路清晰，着实下了功夫。

　　由于较长时间从事地区经济工作，我对山东经济社会发展的事宜介入的也相对较多。前不久到山东去参加有关论坛，与省委书记、省长等领导同志做过一些交流，书记还专门指示有关领导就山东下一步发展问题与我做了系统的探讨。今天借着这个会议，再对推动山东半岛城市群高质量发展谈一些认识与建议。

　　从省政府的文件中可以看出，三个经济圈的操作路径都是要推进一体化建设。受此启发，我今天打算从合作联动的视角，即着眼于推动山东半岛各个城市、各个经济圈的合作联动谈谈山东半岛城市群的高质量发展。主要讲两点意见。

---

[*] 本文系作者于 2021 年 3 月 20 日在山东省政府召开的"推动山东半岛城市群高质量发展的决策咨询座谈会"（北京市）上的发言。

一、合作联动是山东半岛城市群实现高质量发展的特殊空间和潜在能量

为什么要用"特殊"和"潜在"这样的表述？其理由：一是因为合作联动不易展开，一般情况下往往遭到忽视。人们看到的和谈到的基本都是显性的经济活动和工作事项，比如投资、资源要素的流动、集聚等，有时也谈合作联动，但并没有放在特别重要的位置。在某些时候，对之还存在着一些负面的认识。某些发展较好的地区以居高临下的眼界看待发展差一些地区，怕受牵连与施累，不屑于开展合作联动；而某些欠发达地区则把较发达地区看成一种威胁，担心资源要素被掠走了，不愿意开展合作联动。二是因为合作联动的确特别重要，它能带来许多意想不到的益处。简要来说，它能够推动优势互补，互通有无；能够促进合理分工，避免恶性竞争；能够实现抱团取暖，合力应对风险；还能够强化资源整合，实现利益共享。在一个区域内，通过合作联动能够最大限度地集聚所拥有的资源要素，从而形成最高水平的创新力。产业发展是经济发展的关键，为此各个地方都会积极发展一些热门产业，但真正把这些产业做强做大的地方并不多，原因就在于各地资源要素有限，且又相互争夺，以致使用起来都显得捉襟见肘，难以满足需要。问题的根源就在于画地为牢、各自为政，而如果开展合作联动就能够有效解决资源分散和区域创新能力不足的问题。同时，区域合作也能够在最好的水准上提供普惠型公共服务，让全区域人民共享日益增长的美好生活的福祉。

合作对各类地区都有增益。对于相对落后地区而言，合作能够比照先进对接成熟的体制、标准，能够引进先进技术和高端人才，能够承接层次较高的产业转移。最近，我在不少场合兜售这样一个观点，即不仅人要向高人学，与智者"混"，落后地区也应当与跟高水平的地区加强合作。与差的人混在一起，久而久之会比差的还差。地区发展也是这

样,比肩落后只能更加落后。对于先进地区来说,合作能够实现供应链、产业链的有机协同,能够解决经济回旋空间不足、资源配置条件不充分问题,也能够拓展增长潜力、培育潜在市场,而所有这些都是有利于实现高质量发展的。山东半岛城市群以多种形式推动合作联动,无疑能够为这一区域开辟发展新空间、激发发展新动能的提供新的途径,而这也是极为重要的一条加快速度、提升质量的途径。合作是具体的,涉及很多方面。近些年,山东一直在推进新旧动能转换,这是一项决定山东未来发展格局的大事,要做好这件事,不能只靠各地区单打独斗,更重要的是实行地区间的合作联动。所以,应当把推进合作联动上升到一个特殊重要的位置,使之全面促进各项工作。以前一些地方重视不够,是因为没能真正认识到合作联动带来的好处。我认为,不仅每个圈内要加强联动,三个圈之间也要加强合作联动。联动起来,不仅会增加活力,许多事情做起来也会非常顺当。

二、基于合作联动推动山东半岛高质量发展需要把握的关键事项

山东推动三个经济圈一体化发展的举措十分明智且富有远见。从省发布的文件中可以看出,三个经济圈的建设思路充分考虑了各自的地理区位、资源禀赋、发展现状、未来需求等特点,这是一种从实际出发的因地制宜、分类指导,为推动山东半岛高质量发展奠定了一个良好的基础。

但思路往往是丰满的,而实践操作则又总是具有挑战性的,要达到规划的要求并不容易。在实施过程中,必须科学把握一些关键方面并妥善加以处置。基于合作联动的角度,我认为推动山东半岛的高质量发展,应当高度重视并切实抓好如下几个关键事项。

(一)充分发挥济南、青岛两个核心城市的引领带动作用

区域发展需要核心力量引领带动,而城市特别是中心城市是产业、

人口、创新资源等的集中承载体，具有强大的能级，是引领区域高质量发展的核心力量。就山东半岛而言，要特别注重发挥济南、青岛两个核心城市的引领带动作用，且应在实现两个城市良性互动的基础上发挥这种作用。多年以来地区间的关系往往是表面上风平浪静、波澜不惊，实际上则是暗流涌动、浪涛滚滚，在地位相仿、实力相当的地区或城市间更是如此。推进经济高质量发展和国家现代化的建设，必须大力促进地区间、城市间的合作联动。按照习近平总书记的要求，去年10月份由市委书记带队，党委、政府、人大、政协四大家领导参加，广州、深圳两市在深圳联合举办广深双城联动论坛，研究推进相互间的合作互动问题。广州、深圳两市在全国地位特殊，在广东更是举足轻重，且两市的书记同时也是省委领导，一位是省委副书记，另一位是省委常委，推进广深双城联动，不仅有实际作用，也有示范意义。我在会议上谈到，基于有效性和可行性等的综合考虑，推动粤港澳大湾区建设的关键是协同发挥香港、澳门、广州、深圳四个核心城市的作用，而关键中的关键又是实现广州、深圳两城间的协同发展和一体联动。也就是说，无论对珠三角而言，还是对粤港澳大湾区而言，广州、深圳两个核心城市的联动都是推动其实现高质量发展的关键。但今天提出加强广州与深圳协调联动的问题，不只是因为其具有特殊重要的意义，也是因为推进两个城市的联动存在很大潜力，有大量的工作可做。作为经济社会发展排头兵的广州、深圳尚且需要如此，其他地区和城市就更应为此付出努力了。

实现山东半岛城市群高质量发展的关键在哪里？其中的一个方面就是济南、青岛双城联动。济青联动既有利于加快自身发展，也有利于推动整体发展。对内而言，联动比单打独斗好，做强做优自身的一个支撑就是区域联动、城市联动。对外来说，虽然三个经济圈各自具有特定的地域范围、城际关系和工作任务，但由于济青两个城市的地位特殊，故其联动仍然会对每一个经济圈发生实质性影响。现在有一种似是而非的指导思想，就是大幅提高省会城市的首位度，有的甚至认为省会城市的首位度要达到全省1/3以后才发挥带动作用，进而把核心指标从人口规模扩展到了GDP等其他方面。湖北省过去区域格局是武汉市一城独大，这其实是一个并不合理的格局，但现在许多省会城市却都在谋求这个格局。我听说济南也试图做这种努力，在提高首位度上下了不少功夫。实际上，除开特殊情况，一城独大很容易导致辐射效应减少而虹吸效应增大，并不利于区域协调发展。所以对单纯只为自己考虑的城市发展思路要慎重对待。对山东来说，必须牢固树立这样的意识，即实现山东半岛城市群高质量发展，关键是要实现济南和青岛的高质量发展，而合作联动又是两市实现高质量发展的关键路径。应认真梳理济南与青岛开展合作的实际状况，准确地把握这方面蕴藏的潜力和空间。

进一步说，山东规划建设三个经济圈十分重要，但在操作上绝不能把三个圈搞成没有实质性互动合作的封闭的圈，各自为战、自我循环，则必然会走向低端与低效。要使三个经济圈循环联动起来，济南、青岛两个核心城市必须率先联动，并在联动的基础上扎实发挥好三种作用：一是引领作用。努力在制度创新、一体化建设、开放合作等方面走在前面，为其他地区创造经验、树立标准、提供范式。二是带动作用。积极发挥辐射效应，体现其阳光雨露功能；努力避免虹吸效应，遏制其"龙卷风"行为。三是帮扶作用。综合实力强，发展处于高位，应运用各种有效形式对欠发达地区特别是贫困地区提供多方面的帮助。与此同时，切实解决利用特殊的地位优势，一味提高资源要素集聚度的问题。

应当强调的是，济南与青岛间的联动的根本要求是同向，而不是同质同构，要坚持在大的方面和关键领域一体协同、密切合作和互促互补，不搞各自为战，避免恶性竞争。我以为，推动济青合作联动，应该列入省里的重要议事日程，并建议着手制定相关战略规划。

（二）把握一体化方向实施分层推进

区域合作联动有深有浅，体现为不同的层次，而一体化是区域合作的最高层次。区域一体化并不是所有地方都有条件做到的，迄今出台的重大国家战略中，唯一只对长三角区域提出了推进一体化要求。粤港澳大湾区总体发展水平很高，但研究制定战略规划时，也对一体化提法保持了慎重的态度。这一方面是考虑到香港、澳门有制度的特殊性和敏感性，另一方面也是权衡了相关条件的成熟程度。《粤港澳大湾区规划纲要》只在适宜的领域和环节提出了一体化发展的要求。不是所有的地区都能搞一体化，也并非在所有方面都能推进一体化，在具体操作时，要坚持从实际出发，区别对待，不搞"一刀切"。山东分三个经济圈推进一体化，这本身就体现了分类指导的原则，但每个圈的一体化发展也需要区分层次，因情抉择。在这方面，蜗行牛步不行，操之过急也不行。我是区域合作的积极推动者，但我也深知区域合作不能率性而为，既要把握总体方向，也要适应具体区情。哪些需要搞一体化，哪些可以搞区域协同，哪些只能是对接互动，在思想上要清楚明白，在操作上要科学把握。从实际出发的分层合作是务实的合作，而务实的合作必然是有效的合作。一般地说，推进一体化要紧紧扣住两个方面：一是扣住基础性的领域，我概括为一"硬"一"软"。"硬"的是基础设施建设，既包括"铁公机"等传统基础设施，也包括5G基站、特高压、城际高铁等新型基础设施，在这方面必须一体规划建设，不能放任各自为战而形成新的梗阻；"软"的是制度体制建设，即要坚决打破各种形式的封锁、分割，排除一切显形隐形障碍，实现市场运行规则的接轨对标，一体建设以统一开放、公平公正和诚实信用为基本特征的市场体系。对这样两个方面，不仅三个经济圈的内部要一体建设，相互间也要一体建设。也就是说，整个山东半岛城市群都要按照一个标准推进。二是扣住标志性的事项，我概括为是一"外"一"内"。"外"指的是生态环境，这是自然给人类生存发展提供的外部条件，要切实保护好。阡陌相连、水气相通，所以需要一体治理维护，下游治上游不治，左岸治右岸不治，都达不到根除的效果。一体化是否扎实、是否有效，通过生态环境保护治理的成效一看便知，所以它是标志性的事项。"内"就是基本公共服务，这是与内部自身努力相关的社会红利，也需要通过一体化发展鲜明地呈现出来。基本公共服务是普通人群感知一体化重要性的最具标志性的事项之一，共建共享十分重要。对于老百姓来说，如果没有自己的汽车，你修高速公路他感受不到；如果不乘坐飞机，你修现代化的机场他感受不到。他所能切身感受到的是就业是否自由方便、社保能否异地结转、可否在区域内最好的医院就医、子女能否找到好的学校上学等。如果一体化能够解决这些问题,他就会衷心拥护和积极推动。有鉴如此,就应把推进基本公共服务均等化作为一体化的核心内容,虽然这方面一体化的难度很大。我讲一体化不能"一刀切",需要搞清楚哪些需要一体化推进、哪些需要协调联动、哪些需要有机衔接,但"软""硬""外""内"这四个方面要尽量一体推进。不要说一体化发展区域,就是一般区域推进合作联动也应扣住这几个方面努力。这样做区域合作就落到了实处,一体化也不会沦为空谈。对山东半岛城市群来说,这几个方面做好了,不仅是为高质量发展打下了坚实的基础,本身也就实现了一定程度的高质量发展。

(三) 把产业结构协同作为合作联动的关键内容

前面我们已经谈到了产业结构问题。为什么要特别强调一体化取向下产业结构的协同?一是因为产业发展很大程度上等同于经济发展,所以产业结构状态也就直接决定着经济高质量发展状况。二是因为地区间最大的伤害就是产业间的同质竞争,相互封闭必然导致产业发展的"大而全""小而全",而"大而全""小而全"必然会导致地区间的不良竞争,也一定会因为资源供给能力不足而拉低产业结构的层次。所以,深化合作联动、推进一体化发展,要把打通市场放在突出重要位置,坚决破除地区封锁和行政垄断,深化合作联动、推进一体化发展也一定要把产业结构的协同作为关键内容。促进各地区、各经济圈间产业协同应是省政府相关部门、各个经济圈的领导机构或工作班子的工作重点,应切实强化规划引领和制度约束,最大限度地减少重置与同构,推动产业结构不断优化提升。这个问题关系高质量发展大局,马虎不得。如果产业发展在一体化名义下仍然是各行其道、各自为战,结果必然是结构老化、资源浪费、效益低下,必然是经济的低质量发展。近几年,山东围绕推进新旧动能转换,做了一系列工作,刚才省政府领导介绍情况时,特别讲到山东实施动能转换所取得的一系列成绩,讲到去年的经济增长速度明显高于全国,可见转换的效果已经开始显现出来。但这是一项系统工程，也是一场持久战。山东应通过地区合作联动，继续促进产业结构优化，并借此推动产业基础高级化和产业链的现代化。在这个方面，我认为有几点需要科学把握：一是坚持先立后破、边立边破。不宜先破后立、更不能只破不立，这样才能保障经济发展不出现大的波动和严重曲折。二是坚持新旧并重、提旧增新。转换不是一概排斥甚至消灭传统产业，试图一律发展新兴产业既不现实也不可能。转换也包括改造提升传统产业，包括把具有比较优势的产业做强做大。三是坚持尽力而为、量力而行。要把握新机遇、运用新载体大力发展新动能、新产业，但不可脱离自身的条件和基础盲目追求高大上。要坚持从实际出发科学谋划、合理布局、稳健推进。超越自己的能力与潜力，放弃已具比较优势的产业基础盲目追求高新产业、未来产业发展，不仅会导致事倍功半、劳民伤财，严重的还会造成前功尽弃、一事无成。

（四）注重抓好"一头一尾"两个关键环节

促进三个经济圈的一体化发展不断取得成效，一要思想重视，二要措施实在，形象地说就是要把握好"一头一尾"。要克服"肥水不流外人田"的狭隘意识，走出钟情于"一亩三分地"利益的思维桎梏，深刻认识合作联动的诸多好处，做到积极主动的"合"、真心诚意的"联"、水乳不分的"融"。思想重视了，又有了好的规划和思路，接下来的关键是要把它们真正落到实处。这需要抓好两点：一要强化体制机制约束。在这方面，建立坚强有力的领导协调机制、形成类法律的规章制度体系、构筑起具有权威性的奖惩机制等都是十分必要的。二要硬化、实化举措。各项措施要具体、实在，紧扣关键点、体现针对性，力求做到清单化、项目化、数字化、时限化和可把握、可检验、可追溯。如此下去，区域合作就会不断走向深入并持续取得实质性成果。

这就是我关于推动山东半岛城市群高质量发展一些认识和建议，词不达意之处，请予批评指正。

"三北"地区产业合作的意义、重点和路径[*]

我国已进入新的发展阶段,在两个一百年交汇的历史关口,国家进一步明确了前进方向。《国民经济和社会发展第十四个五年规划和2035年远景目标纲要》对未来一个时期的发展目标作了清晰的描绘,这样的目标令人憧憬、给人信心、值得为之进行艰苦奋斗。

要实现预期的发展目标,关键是激发两个方面的动能:一是全面地、充分地、持续地调动全社会各方面、各要素的积极性与创造性;二是深入地、务实地、有效地开展区际合作联动。从现实看,第一个方面动能的作用得到广泛认同和高度重视,相关方面所采取的措施也往往坚实有力。但第二个方面动能的作用并没有得到充分认识和有效激发,囿于既有利益等因素,在不少地方推进不力,拓展受阻。

但事实上,区域合作给区域和全国发展带来的好处是多方面的。通过区域合作,可以实现优势互补,相互支撑;可以优化分工、扬长避短;可以整合资源、强化创新;可以增进福利、促进共享最佳公共服务;还可以抱团取暖、合力应对风险困难。

一、推进产业合作的重要意义

在区域合作中,产业合作具有重要的地位和特殊的意义。产业发展

---

[*] 本文系作者于2021年4月15日在天津市政府召开的"京津冀及周边地区产业合作论坛"(天津市)上的讲话。

直接影响着经济发展，甚至可以说，产业发展就是经济发展。区域合作涉及诸多方面，但最终基本上都会落在促进与服务产业发展之上。

在彼此分割的状况下，产业发展会形成一系列严重问题，最直接的表现是产业结构的重复配置。相互封锁和各自为战必然导致产业配置上的"大而全"和"小而全"，进而带来地区间产业发展同质竞争。同质竞争影响地区比较优势的培育与发挥，在地区资源要素短缺的情况下，必然导致产业结构的老化和低水平循环；同质竞争排斥地区间优势互补，妨碍优质生产要素跨区域的流动集聚，不仅难以通过资源整合形成区域最强创新力，而且会导致产业链供应链的衔接瓶颈甚至断裂，影响重要产品和关键技术的创新，进而制约产业基础的有效提升；同质竞争影响甚至阻碍地区间依照比较优势原则和梯度发展规律进行产业转移与承接，既不利于产业门类的空间拓展，也不利于产业结构转型和产业链延伸。可以说，地区间最大的伤害来自产业分割或产业发展未能实现合作而带来的同质竞争。

反过来，推进地区间产业合作则可带来一系列益处。主要包括：其一，促进地区合理分工，依此做大做强各自比较优势，进而持续提升为区域领先优势和国际竞争优势。资源要素最佳价值的体现或最大效益的展示来自按照比较优势原则进行配置。如果所有地区都能做到如此，一方面会减少甚至避免不良竞争带来的损失，另一方面会最大限度地发挥经济潜能，这样就可以使地区发展达到最好水平；而如果各个地区都立足于此，则全国经济发展也就能达到最好水平。其二，促进地区优势互补，通过协作联动整合资源要素形成区域最高水平的创新创造力，依此在最佳条件组合下打造产业发展的基础体系和技术系统，不断提升产业链的完整性和配套性。显然，这样的功效依靠各地区的一己之力是很难做到的。其三，促进地区转型跨越，借助地区产业转移与承接，依托科技、体制等的协同创新，推动产业结构一体优化提升和经济高质量发展。而对于相对落后的地区来说，合作有利于其重塑产业结构，借力借势实现跨越发展。其四，促进空间优化，既能推动产业发展与地区资源禀赋的紧密衔接、增强其匹配度，又能改善产业发展的空间分布，提高欠发达地区产业的集聚性，还能通过空间置换，促进新旧动能转换，推动新兴产业发展，建立起较为完整且坚实可靠的产业链供应链。

二、"三北"地区产业合作面对的基本特点

"三北"地区地位特殊，推进"三北"地区产业合作意义重大。除上述诸般益处外，对"三北"地区来说，通过产业合作，有利于推进产业结构优化升级，加快建设现代化经济体系；有利于促进生产、分配、流通、消费各环节的畅通循环，推动形成供需间高水平的动态对接，促进形成国家新发展格局；有利于缩小城乡区域发展和收入分配差距，加快实现区域整体共同富裕。但要使"三北"地区产业合作务实有效地展开，需要遵循经济发展、区域发展和产业发展规律，紧扣本区域的基本特点和实际需要。局限于一般思路和泛泛行动，很难获得实质性效果，也难以做到可持续的深化。

大体说，"三北"地区与产业发展及其合作联动密切相关的基本特点主要体现为：

其一，幅员广阔、回旋空间大。仅从地理范围看，东北、华北、西北地区就涵盖13个省、直辖市、自治区，如果考虑直接的经济关联，山东、西藏等地也融入其中。总的来说，"三北"地区地域宽广，人口众多，市场庞大，有利于开展广泛的经济联动和多层次的经济循环。

其二，地跨三区、发展基础悬殊。"三北"地区涉及东、中、西三个地带，地区间包括产业层次在内的各领域的发展差距较大，经济上存在着很强的互补性。

其三，城市结构不完善、单元空间支撑能力很不平衡。城市是产业人口等的主要集聚地，对区域发展、产业发展具有很强的支撑与引领作用。"三北"地区大中小城市众多，但具有较强能极、能起辐射带动作用的城市偏少，且空间分布很不平衡，一些地区推进产业结构优化提升缺乏有力的牵引和必要的动能。

其四，产业结构"老""重"，转型任务繁重。总体上说，"三北"地区"原""初"型产业比重较大，"数""新"型产业发展明显不足。与此相联，推动绿色发展和优化提升的要求迫切、任务艰巨。过去一些年，南北差距逐渐拉大，基本原因就在于北方产业结构总体老化且转型艰难，包括"三北"在内的北方地区要加快发展并实现高质量发展，必须大力推动产业结构转型优化。

其五，区域联动总体不足，产业合作基础薄弱。受行政板块治理体系约束，地区间的竞争大于合作，区域合作缺乏明确的指导规划和有力的支撑机制，已有合作呈现明显的板块化特征，而在合作领域上则呈现明显的碎片化色彩。产业合作较为浅弱，多体现在产业转移方面，"对外转移快、对内转移慢"的特征突出。

这些特点表明，推进"三北"地区的产业合作关系到产业结构的优化提升和区域经济整体的高质量发展，十分必要；开展产业合作的需求明显、潜力很大，具备诸多有利条件，但也面临一系列困难与挑战，并不是一件轻而易举的事情，需要总体设计、因情施策、善作善为。

三、推进"三北"地区产业合作的思路

必须强调的是，推进产业合作的根本基础还是思想上的高度重视。要摒弃在产业合作上一些似是而非的认识，牢固确立合作即有益的观念，扩展视野、开阔胸襟，实现从思想上"联"，从心底里"合"。

以此为前提，"三北"地区可以按照"紧扣工作重心、优化推进方式、健全支撑机制"的思路，切实推进地区间的产业联动合作。

（一）紧扣工作重心，把握好推进产业合作的正确方向

实行产业合作的根本目的，是要以最为精到、最为节约的资源配置，实现产业结构的持续优化，获得产业发展的最高效率和最佳效益。以此为导向，产业合作要紧扣如下方面展开并不断走向深入：一是着力

形成地区间产业合理分工。通过分工最大限度地减少重复建设，进而实现以相互支撑取代不良竞争，推动合作各方做强做大比较优势。二是着力形成区域最强产业创新能力。通过合作最大限度实现创新资源协同集成，切实解决资源相对不足又使用分散问题，以紧密协作取代各自为战，提高产业创新、技术创新水平，推进产业基础高级化和产业链现代化。三是着力缩小地区产业发展差距。通过合作实现资源要素跨区域配置、地区间产业转移承接等的有序开展，推进产业园区、集群、基地等的联动配套，加快欠发达地区产业发展与提升。四是着力优化区域产业链布局。在实现产业合理分工的基础上，进一步推进产业链关键环节的区域一体配置，同时结合城市功能疏解、地区间产业转移承接等，选择适宜地带打造一批相互支撑、有机配套的高品质专业生产基地。五是着力提升竞争优势。以发展实体经济为着力点，通过协同创新、优势互补、产业链供应链高效联动等，推动产业沿着高端化智能化绿色化方向不断发展，努力打造具有国际影响力的产业基地或产业高地。六是着力构建优良产业发展生态。通过合作，打造支撑产业拓展提升的高质量基础设施、高标准市场体系和高效能治理机制。

（二）优化推进方式，保障产业合作切实取得成效

推进"三北"地区的产业合作，应遵循客观规律要求、把握具体实际，不断探索和完善操作方式。因为方式关乎效率、决定其成败。综合把握方式，应特别注重如下方面：

其一，统筹谋划、分类指导，一体设计、重点突破。要强化规划引导，既要做好战略安排、顶层设计，形成整体部署，更要制订操作方案、勾画施工图表，明确具体工作任务，做到通过清单显示，依托项目承载强化责任约束，实施时程管控。应视区域实际，将产业合作领域、项目加以细分，依轻重、难易、急缓等状况分类推进。应将具有引导性和紧迫性的关键事项放在突出位置抓实做好。

其二，广寻机缘、择时而动，多方对接、相机拓展。产业合作悦己利人，可谓多多益善。要以高度的自信心和全面开放的立场，按照优势

互补、互利共赢的原则积极推进，切不能自缚手脚。既要强化与周边地区的合作，又要注重跨地区之间的合作；既要推进一般领域的合作，又要推进关键领域的合作；依托全方位拓展寻求独特的机会、适宜的领域，在探索中积累经验、探寻路径，不断取得实质性进展和实在的效益。

其三，契约捆绑、利益关联，平台交融、项目支撑。除特殊情况外，产业合作都应建立在利益纽带捆绑约束的基础之上，在主体上不宜变成友谊式活动和恩赐性行为。要基于平等公正、互利共赢的原则明确合作双方的权、责、利关系，并以具有法律约束力的契约协定加以认定。应因地因事施策，探索建立多种形式的合作平台，包括发展"飞地经济"、共建产业园区、一体培育产业集群等，大力推动地区间产业交融，拓展新兴产业。要借助平台推进重点项目建设，通过项目建设提升合作强度，促进合作持续开展。

其四，抓大带小、龙头引领，典型示范、以效督行。推进"三北"地区产业合作，要注重发挥先进地区、关键主体探索引领、示范带动作用，特别要借助京津冀协同发展战略等的实施，充分发挥区域内国家或区域中心城市的能动作用。产业合作与协同是京津冀协同发展的优先领域，应有效把握这一机遇，加大推进力度，尽快形成可复制可推广的经验，引领全域产业合作深入展开。还应选择一些适宜地区，特别是省际边沿地区建立试验区，围绕产业发展的重点环节进行探索试验。以大带小、以点带面，全面开创"三北"地区产业合作的新局面。

（三）健全支撑机制，促进产业合作持续稳定运行

产业合作大多是在行政区之间展开的，要使层级相同但隶属关系不同的行政区间的产业合作得以深入、持久地开展，除了需要合作主体思路清晰并高度重视外，关键还在于建立强有力的支撑体系和约束机制。受既得利益等因素的影响，做到这一点并不容易，但过去的实践也提供了丰富经验和有益启示。"三北"地区产业合作支撑机制的建设应立足于经济、行政、法律手段相结合，在如下三个方面下工夫：一是形成坚

实有力的行政协调服务机制。这个机制的基本使命是：决策部署产业合作的重大事项，督促推进各项关乎区域全局的重点工作，协调解决推进过程中出现的重大问题，跟踪评估工作进度和规划执行情况。通过这一机制，实现及时决策、高效协调、有力督促。其具体形式可以依实际需要灵活确定。二是形成公正、规范的法规约束机制。一方面，依据国家相关法律法规形成强有力的反行政垄断、地区封锁和市场分割的法制约束，为开展产业合作创造良好的法律环境；另一方面，探索建立有利于推进产业合作的法律法规，使之成为各地区自觉与务实推进产业合作的有力保障。三是形成公平、实在的利益分享机制。探索建构包括设立产业合作基金在内的经济工具体系，依此形成惩罚分明的奖惩机制；科学建立产业合作项目利益分配制度，使推动合作者真正受惠得利。同时协调上级政府提供特殊的支持，让合作重点地区获得实实在在的政策红利。

合力推进长江中游城市群建设*

很高兴能够受邀参加长江中游城市集群三省会商会议。我对长江中游城市集群这个课题还缺乏深入研究,做出参会决定的时间也比较仓促,因而没有来得及做系统的思考和发言准备,盛情难却,只能即兴谈一些看法。这些看法可能全是虚话,也可能是个题外话,但愿能对本次会议和长江中游城市集群的建设有所帮助,不妥当的地方请在座的领导和同志们给予批评。主要表达三点意思。

一、实施促进区域协调发展的国家战略十分重要

缩小地区差距、促进区域协调发展,是我们行进在建设全面小康社会、建立富强民主文明和谐的社会主义强国道路上的一项重大任务。中央对此高度重视,统筹制定了区域发展总体战略。"十一五"时期以来,着眼于实施分类指导,培育和发挥不同区域的比较优势,国家密集出台了一系列的区域政策文件和规划,这些区域政策文件和规划基点高、视角宽、定位准、思路清,且任务明确、保障有力,充分体现了国家战略意志和地方发展需要的有效对接,体现了政策统一性和针对性的良好结合,体现了国家一体化发展和发挥地区比较优势的有机统一,在实践中

---

* 本文系作者于2012年2月10日在湖北省、湖南省、江西省政府联合召开的"长江中游城市集群三省会商会议"(湖北省武汉市)上的讲话。

产生了显著效果。特别突出和重要的有两个方面：一是有效改变了东、中、西区域增长的态势，扭转了长期以来东部发展"一马当先"而中西部发展徘徊迟缓的状态，区域间发展差距开始缩小。二是促进形成了一大批富有活力的经济增长极或发展圈，特别是培育了一批位于中西部地区的经济增长极和发展圈，它们成为我国经济实现平稳较快发展的坚实支撑。统计与测算表明，但凡被国家战略所直接覆盖的地区，或者说有量身制订的国家区域政策文件和规划直接指导与推动的这些地区，经济增长速度明显高于一般地区，经济发展效率显著优于一般地区，民生改善力度普遍强于一般地区，合作开放步伐也大大快于一般地区。刚才我用了"密集出台"这个词，的确，近年国家出台的区域规划和政策文件数量之多是前所未有的。我们粗略统计了一下，在"十五"期间，国家直接颁发的指导区域发展的文件大概就四五个，而"十一五"至今的六年时间里，国家出台的指导区域发展的区域政策文件和规划多达七十余个。我前面提到，由于这些区域政策文件和规划体现了一些关键方面或重大关系的协调统一，并且把中央和地方的两个积极性都充分激发出来了，所以效果非常显著。也正因为如此，区域发展战略研究制订实施受到了中央的高度重视，受到了社会各界的高度关注。现在社会上有一个流行的说法，叫做"一流的政府跑战略、二流的政府跑政策、三流的政府跑项目、四流的政府跑资金"，这个说法不一定十分严谨、科学，但也从一个特殊的角度描述了国家区域战略在推动区域协调发展、推动经济又好又快发展中独特而重要的作用。鉴于此，各地应把谋划实施区域战略放在突出重要位置。

二、科学推动地区重要发展思路上升为国家区域战略决策

大家可能注意到了，这些年出台的国家区域战略文件与规划，不少是与某个地方的某种发展主题直接相关的。我要告诉大家的是，将某个

地区或区域的某种发展主题或发展思路上升到国家战略层面进行决策与推动，是理性研究和务实操作的结果。与前些年不一样，社会上对这一问题的认识越来越清晰和统一。前几年我在参加一些涉及区域发展及战略安排的新闻发布会时，总有记者询问，区域政策文件与区域规划频繁出台，今天一个，明天一个，是否是拍着脑袋策划出来的，是否是与地方政府博弈的结果有关？借着今天这个场合我可以负责任地对大家说，国家区域政策文件和规划的出台，既不是坐在办公室拍脑袋的"无源之水"，也不是简单顺应地方要求的"就汤下面"，即不是随意而为，不是受压所迫。它是基于国家战略需要和地区发展实际的有机统一，着眼于解决制约区域协调发展的突出矛盾与问题，遵循经济发展规律深入调研、缜密论证的结果。源流与路径两者一并把握，可以把区域战略的形成大体分为自下而上和自上而下两类。在这些年出台的国家区域政策文件与规划中，我们能看到地方工作的影子。事实上，其所涉及的主题有不少是地方的党委、政府首先提出来，如建设海峡西岸经济区、建设鄱阳湖生态经济区等。这不难理解，因为这些想法是一些地方党委、政府在研究思考之后向中央提出来的。中央接到申请报告后批转国家发改委等部门进行研究论证，这些部门站在战略层面和全局的角度，统筹把握后提出建议，最终通过形成党中央、国务院文件或国家规划而上升为国家战略。这即是第一种类型，也就是所谓自下而上。但我要强调的是，虽然所涉及的地域与主题没有大的改变，但作为党中央、国务院颁发的文件、规划，不仅思想站位发生了变化，思路举措也做了全面审视与调整，出台的政策文件和规划不是对地方思路的简单照搬，而是体现国家战略需要和地方合理诉求相统一的全面重塑。通俗地说，是"重敲锣鼓另开张"。另一类型，就是自上而下。党中央、国务院基于发展改革大局提出战略要求，国家发展改革委等有关部门根据要求遴选适宜地区实施并协同制定实施规划与方案。从程序上说相对简单一些。但无论自下而上、还是自上而下，都是经历了一个理性研究和务实操作的过程，不是随心所欲、率性而为。

依我们的工作实践体会，一个区域的发展思路要提升为国家的战略，需要具备两个要素：一是要具有全局性。其所涉及的核心内容和关键举措契合国家需要，对国家整体发展具有战略意义，这是上升到国家战略的前提。这也是国家区域战略与地区发展思路的根本差别。二是要具有典型性。就是所选择的地方在所涉及的核心内容和关键举措上有代表性，有比较优势。或者说，这个地区在落实国家相关战略方面最具试验价值和示范意义，其所创造的经验可以推广复制。我们谋划区域发展战略，特别是推动一个区域的发展思路上升到国家战略层面，需要把握这样两个要素。事实上，地区只是全国的缩影，国家发展面临的突出矛盾和问题，都可以在地方找到踪迹甚至源流。从控制风险和探索路径的考量出发，国家也需要选择适宜的地方率先试验探索。所以，将一些地方提出的对全国有意义的发展思路上升到国家战略，是落实国家总体发展战略的重要组成部分，也是促进国民经济又好又快发展的重要举措。因此各地应当积极行动、科学谋划，推动地区适宜且重要的发展思路上升为国家区域战略决策。促进区域协调发展是地区司的中心工作，为地方服好务是地区司的基本职责。我们要与大家齐心协力做好这项工作。推动一些体现国家发展大局和地区比较优势的区域发展思路完善提升为国家战略。

三、全力支持三省合作建设长江中游城市群

湖北、湖南、江西三省是长江中游地区的主体，连接东、中、西三大区域，综合实力较强，在全国发展格局中具有重要地位。尤其是武汉城市圈、长株潭城市群、环鄱阳湖城市群是三省经济和人口的主要集聚地，充满经济活力和发展潜能。推动三大城市群优化分工合作、打造一体化发展的长江中游城市群，使之成为继长三角、珠三角、环渤海三大经济区之后又一个重要经济增长极，对促进中部地区崛起和全国经济发展都具有重要意义。当然，今天我们说打造长江中游城市群，或者打造长江中游城市集群，是有特殊含义的。事实上，现在的武汉城市圈、长

株潭城市群和环鄱阳湖城市群，已经构成了一个相对完整的长江中游城市群，也就是说，长江中游城市集群是客观存在的。但我们说要打造它，是要赋予它特殊的功能定位，特别的品质内涵和特殊的发展目标，是要使它提升能级、增强实力。基于这样的考量，推进长江中游城市群建设意义重大，不仅有利于三省的发展，对整个中部地区加快崛起，对促进全国区域协调发展和经济长期平稳较快发展都有利。正因为如此，我们积极支持三省，特别是三个城市群之间开展更加紧密的战略合作。当前，三省的合作已经有了很好的基础，下一步应继续深入推进，最终实现全方位的开放合作。刚才三位省长所作的讲话，无一例外地都表达了推进合作的强烈意愿，不仅如此，还提出了深化合作的思路、方向和具体措施。作为负有推动区域合作职责的国家发展改革委的工作人员，我们听后自然感到特别高兴。我们要更加积极地工作，为三省合力建设长江中游城市群多办实事。我们要加强向中央的汇报和与部门的沟通，争取将推进三省合作特别是三个城市群间合作，高水平建设长江中游城市群的思路明确写入国家有关重要文件中，并进一步推动制订相关规划；眼下，我们将全力支持三省对长江中游城市集群发展思路做更深入的谋划，合力推动其上升到国家战略层面。从会议刚开始播放的电视片中，我们看到了总书记和总理对这一地区的殷切期望，这给了我们进一步做好相关工作的信心。

在中国工程院两任院长的大力推动和中国社科院、国务院发展研究中心等单位的积极帮助下，长江中游城市集群发展思路研究已经有了很好的基础，下一步可以集中三省的优势力量，对标国家战略，紧扣前面所提到的"全局性""典型性"两个方面的要求做进一步的完善或提升。我建议，重点可围绕如下四个方面做深入思考和论证：

其一，切入点。一个地区的发展思路最终能否上升到国家战略，除了体现全局性和典型性要求外，还需要有一个既让人耳目一新、又入情合时的切入点。在一定意义上说，它是地区发展思路上升为国家战略的一个有效途径。这个切入点实际上就是全局性和典型性的共通点或连接点。切入点的选择必须基于地区比较优势。各个地区也都具有一定的比较优势，但如何使自身所具备的比较优势，最终成为引领全国发展的试验内容，就需要基于这两者间的平衡协调，选择一个合适的切入点。也就是说，这个切入点既体现了区域比较优势，又体现了全国的发展需要。长江中游城市群建设的切入点是什么？现在的思路是"走中国特色的城市化道路"，这无疑是很重要的一个方面。但这一考虑是否准确、贴切，还可以做进一步的研究论证。

其二，功能定位和发展主线。前面我们谈到，"十一五"时期以来，国家出台了七十多个区域发展政策文件和规划，全国已有不少地区为国家区域战略所覆盖。直观的感觉，会认为出台的区域政策文件和规划太多了；但深入地了解，就能知晓每一个文件和规划都是各具特色的，发展思路是以发挥相关地区的比较优势为基础而确立的，是所谓的"个性化"定制。鄱阳湖生态经济区发展思路和皖江城市带承接产业转移示范区发展思路不是一回事，长株潭城市群建设思路和武汉城市圈发展重点也很不一样。对于我们这样一个幅员广阔的国家而言，出台几十个体现因地制宜、分类指导的区域政策文件或规划，何多之有？只有模式化、概念化、一律化的东西才存在多少的问题。发展思路差异化的基础是地区比较优势，而集中体现的是功能定位和发展主线。推动一个地区的发展，必须科学确立这一地区的功能定位和发展主线。即解决好要建设什么，以什么为导向建设的问题。因此，应基于时代发展的方向，国家发展的需要与地区发展的实际，深入研讨并科学确立长江中游城市群的建设的科学功能定位和发展主线。这相当于长江中游城市群建设的"眼"，轻率马虎不得。

其三，目标与路径。目标的体现是多方面的，有较为具体的质和量的规定，也有抽象的和形象的表达。就长江中游城市群建设而言，有一种颇有代表性的说法是建设成为继长三角、珠三角、京津冀之后的中国经济发展"第四极"。这不是没有可能的，可以做更系统的研究论证。当然，"第四极"的具体内容是什么，也需要有质和量的表述。更为关键的是，靠什么来实现这个目标。对目标而言，具体路径可能是更为重要的东西。三省的合作联动是很重要的一个路径，但关键要在哪些方面实施合作联动、怎样推进合作联动，应该有清晰的思路。在路径选择上还需要强调的是，应当充分整合三省所具有的各种优势，通过扬我之长取得竞争优势，实现跨越发展。

其四，政策诉求。除了充分发挥各个地区的能动作用、加强三省及三个城市群间的合作联动外，打造高水平的长江中游城市群，还需要国家强有力的政策支持。三省市要积极配合争取更多国家支持政策落地。考虑到这一地区总体实力较强的现状和国家促进中部地区崛起战略安排的取向，三省应当把争取政策的重点放在获得先行先试的权利和对特殊领域发展的扶持上。政策支持的形式是多种多样的，并不都体现在项目和资金上，请求国家在长江中游城市群搭建重要的开发载体、试验平台等可能比争取财政金融支持更为重要。我建议三省的具体工作班子，集中精力对国家近六年来出台的区域政策文件和规划做一个全面的梳理，那些适宜于中部地区或长江中游地区的内容，可以直接把它移植过来。在此基础上，再按照最必要的原则，提出新的政策诉求。

总之，我们将全力支持长江中游三省全面深化区域合作，全力支持三省在建设长江中游城市集群方面所开展的各项工作，携手同心，促进区域发展迈向新台阶、实现新目标。

大力推进长江中游城市群省会城市间的合作*

很高兴有机会参加长江中游城市群四省会城市首届会商会。这是我第二次参加以长江中游城市群为主题的会商会。作为一个区域政策的研究者、在某种程度上也是区域经济理论的研究者,能够跟在座的各位书记、市长和专家们一块商讨促进区域合作、推动区域发展的大事,我感到机会难得,听了大家的发言之后也很受启发。下面,我想围绕推进四省会城市合作联动谈三点意见,供大家批评。

一、加强四省会城市之间的合作非常必要

大家注意到,近些来,随着区域经济发展红红火火地开展,有两项与区域经济有关的事情放到了各地经济工作的重要位置。一是谋划与实施区域发展战略。现在促进区域协调发展已经成为各地区、各部门的自觉行动,列入了地方党委、政府主要议事日程,制定实施区域发展战略已经成为各地名副其实的"一把手"工程。对中部地区而言,通过各地党委、政府的大力推动,为中部地区争取来了一系列重大国家战略。二是推进区域合作和一体化发展。这是与若干年前非常不同的一个重大改

---

* 本文系作者于 2013 年 2 月 23 日在湖北省武汉市召开的"长江中游城市群省会城市首届会商会"上的讲话。

变。过去一些地区通过各种形式搞地区封锁、行政分割，而现在区域合作则是各地区的重要共识和自觉行动，进入经济活动的中心层面，成为各地拓展发展空间、提升发展质量的重要路径。

我们这次会议的主题就是合作。为什么要合作？从理论上说，合作是生产力的社会化和地区分工发展的结果。从实践来看，合作不论是对于一个局部或者是由各个局部组成的整体来说都是具有很大好处的。对于一个地区包括一个城市而言，合作有两大好处：一是承力借势、扩权拓利。通过开放合作，能够突破行政地域的限制，在更大范围内利用和配置生产资源与要素。生产资源与要素的有限性和需求的多样性决定了开放合作的必要性。大到一个国家，小到一个单位，都不可能拥有自身发展所需要的全部资源与要素。如果囿于一个封闭循环的圈子里运转，或者通俗地说，仅局限在自己的一亩三分地里转圈圈，就难以打破资源要素的约束，也就难以有效利用各种高端资源与先进成果提升自己的发展水平与能力。换句话说，通过开放合作可以借资源、借市场、借人才，借一些自身不具备的要素为我所用，从而拓宽了发展的空间，放大了自身的权利，最终是增强了发展的能力，提高了发展的效率。二是合理分工、优势互补。在行政主导的经济运行模式下，各地区很容易局限在自身狭小的地理空间做文章，而这样做的结果，一方面是造成了"小而全、大而全"的发展格局，形成地区间产业结构、社会结构等的同构；另一方面是导致相互间对资源要素的激烈争夺，形成恶性竞争。从整体上看，则造成了经济结构的低水平重复、地区间发展的不平衡和经济社会发展的缓慢。而推进开放合作，有利于在发挥各地区比较优势的基础上实现合理分工，从而最大限度地减少恶性竞争，获得整体效益。归纳起来，开放合作的本质内涵就是一体发展、联动发展和互利共赢。这就是为什么这些年来随着经济关系越来越复杂、市场化程度越来越高，各地区加强合作的愿望越来越迫切的关键所在。

就中部地区而言，特别是就武汉、长沙、南昌、合肥四省会城市之间的合作而言，深化合作不仅对各个城市有好处，对整个中部地区发展也有好处。我们知道，城市本身就是资源要素和产业的聚集地，所处地位特殊，而省会城市的地位更加特殊。基于四个省会城市的特殊地位、共同基础、独特优势，开展合作显得特别必要，也容易取得成效。刚才各位领导和专家都从不同侧面谈到了中部地区存在的共同基础和各个省会城市具有的比较优势。从共性来讲，四省会城市的区位条件比较优越，交通体系完整，一江相连，相互依托；人口众多，市场广阔；产业门类齐全，经济互补性强；科教资源丰富，生态环境优良。而且，四个城市都是长江中下游的中心城市，武汉还定位为中部地区的中心城市，最近上报国务院的有关武汉城市圈区域发展的规划中，还进一步明确武汉要建设成为国家重要的中心城市。这些基础和特点，使得四城市有了联系的纽带。从个性来看，各个城市都有自己的比较优势，长沙的一些产业，如文化产业，有很强的竞争优势，消费型经济发展的特色显著、潜力很大；合肥科教创新优势比较明显，自主创新基础比较好；南昌装备制造业基础扎实，新型产业发展势头良好；武汉作为中部地区唯一的副省级城市，综合交通枢纽地位突出，科教创新实力较强，产业体系比较完整，而且作为先导产业的战略性新兴产业发展势头迅猛，国际化程度也相对较高。这种彼此间的差异也使合作成为必要。我们这几个各具优势的城市，如果能够在现有的基础上进一步加强合作，必然是相得益彰、联动发展、实现共赢。所以，四个省会城市一起来深化合作联动、实现一体化发展，既有利于区域，也有利于全局，对于促进经济又好又快发展、提高开放型经济水平、探索新型城镇化道路、推进新型工业化进程都具有重要意义。

  刚才有学者提到，中部地区虽然区位条件相对优越，是我国的地理中心，但并不等于是经济的中心。那么，中部的区位到底是优势还是劣势？我研究的结果是，中部的区位在计划经济条件下是优势，在市场经济条件下则是劣势。为什么这么讲？市场经济讲究四通八达、内引外联、沿边沿海，中部处于中国内陆腹地，不沿边、不靠海，沿江开发也比较晚、力度不足，在全方位开放的大环境下，自然就变成区位劣势。比如以占全国进出口贸易的比重这一指标来衡量，中部地区的开放度是最低的，这很能说明问题。但我们认为，在下一个五年或十年，将是名副其实的中部时期，或者说是中部地区的发展时代。过去中部地区发展基础相对薄弱，国家的政策指向一方面是支持沿海地区优先发展，另一方面是在支持政策上向西部倾斜，对中部地区的政策支持也相对不多。在这么一个大环境下，中部地区仍然通过自身努力实现了跨越发展。2011年中部地区GDP在全国的比重比五年前高了一个多百分点，这是很不容易的。在未来的五年到十年，中部地区的发展环境相对较好。东部沿海地区面临资源环境约束的压力，要把转型发展放在突出重要的位置；西部地区虽然有强大的政策支持，但综合条件不如中部地区优越。中部地区特有的综合优势和良好的发展基础，不仅使之在未来可能成为最具发展活力的地区，而且有可能成为率先实现"赶"与"转"良好结合的地区。国务院《关于大力实施促进中部地区崛起战略的若干意见》中提到，中部地区是推进新一轮工业化和城镇化的重点区域，是内需增长极具潜力的区域，在新时期国家区域发展格局中占有举足轻重的战略地位。四个省会城市的资源、市场、人口、创新能力等条件在整个中部地区又都处于突出地位，四城联手发展起来了，就能形成中部地区的增长极和支撑点，带动和影响中部地区发展。今天由武汉市牵头，四省会城市聚在一起，共商合作大计，是贯彻落实区域发展总体战略的重大举措，也是应时顺势的明智选择，其带来的积极效果将是历史性的，将会在中部地区崛起的卷册中写下浓重的一笔。

二、推进四省会城市之间的合作应把握一些重要的原则

我们要认识到，尽管大家有共同的意愿和许多有利条件，但推进四省会城市合作联动的挑战是严峻的，因而任务也是相当艰巨的。要保障工作的顺利推进，应当坚持底线思维，把困难估计得严重一些，并切实秉持一些重要的原则。这些原则是基于中部地区的现状、四省会城市特点和共同面临的需求，以及区域经济社会发展的紧密联系提出的。比如

说，与西方一些发达国家相比，我们的城市并不是典型的城市，一般是农村与城市的结合体。像重庆市，人口接近3000万人，从人口数量看是世界上最大的城市，但是其中约2000万人是农村人口，而且大部分处于贫困地区。所以，中国的城市不是典型意义上的城市，这就决定了我们推进城市群发展不能就城市论城市，而必须统筹城乡发展。就城市而论，我们的城市群中间不仅包括中心城市，还包括一般城市、卫星城市，以及很多城镇，这里就有个大中小城市和城镇发展格局的优化问题。再者，我们的城市功能都不是单一的，都比较综合，即城市都是"大而全、小而全"，城市之间必然存在同构竞争的问题。基于这些因素，我们在推进四省会城市合作联动的时候，需要考虑得更全面一些，不能就城市论城市、就自己论自己，而是需要从整体发展和自身发展、城市发展与农村发展、城市发展与城镇发展相统一的角度来认识、考虑、谋划和推进。所以，在推动四省会城市合作联动中要把握好一些正确的原则，至少有这样几个方面：

其一，突出主体功能。或者说要优化城市功能。一定要基于现有基础和比较优势，进一步凸显和强化各城市的主体功能。合作能不能解决这个问题？我觉得合作需要解决这个问题，也能够解决这个问题。合作的结果如果还是四省会城市之间产业和功能的同构化，这种合作是坚持不下去的。所以，要通过一定的协调机制和手段，来解决各个城市如何继续发挥比较优势，实现功能互补、协调发展的问题，突出各个城市的主体功能，促进形成合理的地域分工格局，实现错位发展、协调共进。与此同时，要通过深化合作积极培育和形成新的比较优势，提升城市群整体竞争力。

其二，强化创新驱动。创新是城市的生命力所在，要把是否体现了较强的创新能力，作为城市是否提升了水平、合作是否取得了成效的重要衡量标准。我所说的创新，既包括城市基础设施、产业结构、城市格局等硬件方面的创新，也包括城市管理体制、运行机制的创新和城市品质、城市精神等的塑造。四个省会城市在这些方面都有一些特点，或者说不同程度地体现了创新性，但总的来说潜力很大，特别是软件方面的创新潜力很大。我要特别强调的是，要把创新作为城市群发展的支撑和动力，立足于发挥比较优势和实现可持续发展，通过深化开放合作来培育特有的城市功能、城市精神和城市品质，努力形成灵活、高效的社会服务体系和国际化的营商环境，不断增强自主创新能力。

其三，推动集约发展。不管从整体还是个体上看，我国的城市发展还比较粗放。仅从规模上看，这种粗放状态就极为明显。虽然有城市建设规划，其中对范围与面积有明确的限制，但几乎没有城市不突破的。比如，现在很多地方都在申报建设新区，在报送的设立新区的方案中，规划面积动不动就是上千甚至几千平方公里。在地域粗放性扩张的城镇化过程中，形成了其他很多方面的粗放。坚持集约发展，特别是在坚持集约发展中预防和治理"城市病"，就成了城市发展的重要原则。为此，要充分考虑各地的资源禀赋、环境容量和发展潜力，遵循城市发展规律，借助合作联动，优化开发格局，避免重复建设，提升集约程度。除了在总体上保持城市的适度规模外，还应在城市内探索形成尺度适宜、自我循环能力较强的功能板块，努力强化城市土地、市场和建筑物的集聚功能，优化基础设施布局，提高各类资源、要素和设施的利用效率和共享水平。与之相适应，如何实现经济发展与环境保护相结合，强化低碳技术研发利用，推广绿色生产生活方式，也是城市发展中不可回避和必须高度重视的问题。

其四，坚持一体联动。四个省会城市一定要签一批合作协议，内容涉及很多方面，这是很好的开端，是非常必要的。加强四省会城市之间的互动联动，促进一体化发展是我们的目标所在。在内容上，要从专项走向全面，从一般领域走向关键方面；在方式上，应该在加强交换式合作的基础上，逐渐发展和强化交融式合作。也就是从局限在单个项目、单个领域的"一锤子买卖"式的合作，发展成基于利益融合，依托共同拥有的功能平台，开展内容广泛的长期性合作。在交融式合作环境下，各自的发展也就同时是共同的发展，这样也就有利于加快推进一体化发展进程。当然，交融式合作需要有科学的体制、机制做保证。

三、做好深化四省会城市合作的一些基础性工作

目前四省会城市合作已经有了一个很好的起点,下一步要深入推进,应该特别做好一些并不显眼但却十分重要的基础性工作。

第一,加强规制建设。没有规制、难以有效运行。我注意到今天在建立规制方面,已经有了一个很好的构想,这就是四省会城市提出要建立一个高效率的解决问题的协商或者协调机制。这方面有很多好经验好做法,我建议中部四省会城市借鉴其他地区特别是长三角地区的有益经验。长三角地区建立了富有效率的协调沟通机制,各城市间的交流合作做得非常好,重大问题解决也比较及时。还有泛珠三角合作的机制,也有不少亮点,尤其是在早期,运行得相当务实。刚才武汉市提出希望国家层面建立协调机制,我以为更重要的是四省会城市要立足现有工作基础,探索建立高层协调机制和务实的推进机制。这种机制不仅仅是联络感情,更重要的是及时谋划重大事项和解决突出问题。这种机制可以是多层次的,但关键是要有一个务实、有效的工作班子来推动具体工作。可不可以考虑设个秘书处作为常设机构?另外,还要建立一套行为规制,这里特别要注重体制机制的创新。基于行政角度而言,要建立一个四省会城市之间的互动机制,其核心是打破行政区划的约束和障碍,推动地区间劳动力、资本、技术等生产要素的自由流动,推进区域市场的整合和重大问题的解决。这个机制要能够最大限度地为其他三方提供便利,最大限度地为其他三方实施允许,最大限度地实现四省会城市互联互通。换句话说,这个机制能够使其中一方面像对待自己一样对待其他三方面,其效能应如同在自己行政区划实施掌控能力一样。建立这样一个机制比建立协调机制还要高端、还要重要,而这需要有一定的法律、法规作保证。基于市场角度而言,要建立区际利益协调机制,也就是说,我们要建立区域内的横向利益分配机制,对跨地区投资、跨地区产业转移等在生产总值、税收、利润甚至是污染排放指标等问题上进行合

理的政策安排和制度设计，以平衡好地区间的利益关系。合作不能只建立在感情基础上，最终还是要通过合理的利益分配来实现，必须通过建立一个机制来解决利益分配。比如，我们在安徽建设皖江城市带承接产业转移示范区的时候搞了两个集中区，这两个集中区建设的难点和重点，成功与否的关键就在于形成合理的制度安排，解决利益分配问题。四省会城市的合作要向深层发展且实现持久发展，关键也是要建立区域间合理的利益分配机制。

第二，科学编制规划。规划是行动的指南，也是正确前行的保障。有了规划就有了方向，也就有了约束。所以，我建议下一步四省会城市之间要共同研究制定一个加快开放合作、推进一体化发展的规划。在规划编制中要把握好各个方面的要求，特别是把握好国内外环境变化趋势、经济社会发展的总体要求、城市发展的现实基础，并加强与国家总体规划和已出台的区域规划、政策文件的衔接，特别是加强与《促进中部地区规划》《国务院关于大力实施促进中部地区崛起战略的若干意见》，以及各地已经出台的国家战略等相衔接，同时体现我上面谈到的一些重要原则。

第三，选准合作重点。我以为，从现在起，四省会城市就应按照要由浅入深、由易到难、由急到缓的原则，选择一些领域开展合作、实现突破。前面谈到泛珠三角合作机制，我说它前些年运作是很好的，好在哪里？好在它每年都选择一些重点方面开展合作、签订协议，一步一步地向前推进，不断取得实质性进展。我们也可以学习借鉴，科学地选择合作重点，并建立必要的激励与约束机制，一个一个去突破，务求取得实效，这样的合作才有效，也才能持续下去。合作不仅是为自己谋利，也是为合作伙伴谋利，要实现互利共赢，选准合作重点很重要。比如，四省会城市如果从旅游合作入手，把旅游资源整合起来，形成一个旅游圈，循环起来，那这样旅游就会很快做强做大，并且各城市也都能得到益处。

刚才，四省会城市主要负责同志在讲话中提出了一些建议和要求。我在这里表个态，国家发展改革委地区司就是为地方服务的。出谋划策且尽力为地方排忧解难,是我们的职责所在。不管是刚才大家提到的机制、政策等问题,还是一些没有提到但是对推进合作、促进中部地区起着重要作用的问题,我们都会认真对待、积极研究。我们将按照中央领导同志的指示精神,进一步加强相关重大问题的研究,与大家一道,共同推动省会城市合作联动与一体化发展不断走向深入,进而推动中部地区经济社会发展不断迈上新台阶,在比较高的水平上实现快速崛起。

推进长江中游城市群一体化发展
持续走向纵深*

大家从媒体上已经得知,这几天习近平总书记在北京视察工作,分别召开座谈会研究首都发展和京津冀发展问题,对北京建设和京津冀协同发展作出了重要指示,强调要把北京建设成为"首善之区",建设成为国际一流的和谐宜居之都,强调要优势互补、互利共赢、扎实推进,实现京津冀一体化发展。的确,这些年北京在快速发展的同时,也产生了日益严重的"城市病",包括人口拥挤、交通堵塞、生态恶化、负载沉重,等等。京津冀也面临着一些比较严重的问题,比如产业结构雷同、城市联动较弱,大中城市不少但辐射能力不如应有的那样强,在同一区域内最为发达的地区与十分贫穷的地区比邻而存、形成明显的鸿沟,等等。这些严重的问题,把首都的进一步改革创新和京津冀的协同发展提到了现实,成为当务之急。可以说,这是总书记在关键时期对这个关键地区所做的一些关键的安排。对照京津冀,我们长江中游四个省会城市,未雨绸缪、先行一步,按照"核心带动、多极协调、一体发展"的原则,共谋推进城市群之间的合作联动,积极推进一体化发展,可以说是十分明智的,其意义也十分重要。

正是因为如此,我们也特别重视这项工作,始终与大家站在一起研究和推动这项工作。就我本人而言,涉及这项工作的、差不多所有的重

---

* 本文系作者于 2014 年 2 月 28 日在湖南省长沙市召开的"长江中游城市群省会城市第二届会商会"上的讲话,原题为《真想干 真干好 不断推进一体化发展走向纵深》。

要会议我都参加了，包括湖北、湖南、江西三省领导同志的会商会，在武汉召开的四省会城市第一次会商会，也包括在博鳌论坛举办的长江中游城市群的主题论坛，我还在武汉主持召开了长江中游城市群一体化发展规划编制前期工作会议，正式启动了规划编制的相关工作。大家知道，现在区域经济方面的工作十分繁重，落实区域发展总体战略，研究制定区域规划和政策文件的重大事项很多，包括编制首都经济圈一体化发展规划、环渤海地区区域合作发展规划等。把这么多精力集中到长江中游城市群一体化发展上来，是不多见的，这说明这个工作非常重要，我们非常重视，对它倾注了热情和感情。刚才，听了合肥、南昌、武汉、长沙四市市委书记的发言，感觉讲得都很好，站位很高、思谋很深、出招很实，令我很受启发。该讲的他们都基本讲到了，加之前面提到的一些会议上我都作了发言，谈到了不少相关问题，现在再讲已经很难讲了。但是，大家叫我来参加这个会议，又是相关规划的直接负责人，不说几句也不行。我结合以前的一些认识，把今天听讲过程中的所思所想谈出来，有的可能以前谈到过了，算是做个强调；有的可能以前没有谈到，算是做个补充，一并请大家研究，也请大家批评指教。

我首先想说的一点是，近两年来，在四省特别是四个省会城市党委、政府的高度重视下，尤其是在在座的书记、市长们的大力推动下，长江中游城市群的合作发展逐步深入展开。正如你们提供的材料所说的那样，产业合作与市场开放不断推进，交通运输网络加快融合，科技文化交流日益密切，社会事业合作全面加强，生态环境共保共治有序展开，等等。如果具体一点说，内容就更加丰富。的确，这两年的实践充分证明，长江中游城市群一体化建设有了长足的进步，取得了显著的成效。刚才，有的领导形容为"唱响了精彩的序曲"，我以为概括得很生动、也很准确。毫无疑问，长江中游城市群特别是四省会城市之间的合作迈出了坚实的一步。但是我们要认识到，这种合作从整体上说还是刚刚开始。准确地说，在实质性合作方面还只是刚刚开始，有一个向纵深推进的问题。怎么实现向纵深推进，我想要把握好两个关键词，第一个关键词是"真想干"，第二个关键词是"真干好"。这两个关键词做到了，我们所签署的协议就能够圆满地付诸实践，各方面的实质性合作也就能不断向深层次领域拓展，最终实现我们大家共同期待的融合发展与一体化推进的目标。

说到"真想干"，其实讲的还是解决思想、认识问题。也就是在思想上要真正想通，核心点是把合作发展的好处想清楚、弄明白。对这个问题，书记、市长们的多次发言都谈得很好，今天大家又阐述了精辟的见解，我刚才说大家的发言站位很高，我以为，大家对这个问题的认识是清晰的、准确的。我在一些发言中也多次谈过，加强合作有很多好处，在这里我还想再补充几句。许多人都在讲合作，也很重视合作，但在实际操作过程中往往受到一种潜意识的影响和支配，就是合作是有先决条件的。这个先决条件就是决不以牺牲自己的利益为前提，或者说，合作不能使我们自身的利益受损。从表面上看，这种认识是有道理的，很多地方把它作为指导合作的一个基本考量似乎也无可厚非。但是，往深处想一想，可能就不完全是那么回事了。大家想想，如果不合作的话，我们的利益会不会受损害？是合作损害得多还是不合作损害得多？这个问题不一定有多少人去深究过，但是深究一下很有必要。如果一个地方封闭起来，似乎是"肥水没流外人田"，保护了自身的利益，但是在经济全球化、区域一体化的环境下，在要素交换频繁、快捷，科技创新日新月异的状态下，把自己隔绝封闭起来，也就把滚滚而来的外部"肥水"挡住了，我们就不仅不能得到这种变换和创新所带来的巨大利益，而且还会在自我封闭的低层次循环中不断拉大同外部的差距，渐渐地就落伍了、退后了。说句难听点的话，在当今时代，不合作无异于"自杀"。深化对这个问题的认识有助于我们进一步解放思想，增强合作的自觉性和主动性。这些年我搞地区工作，跑了不少地方，接触到许多地方的领导同志，谈到合作互动，不少人是慷慨激昂，可以说是心向往之、意欲趋之，但在涉及具体事项时往往是各打算盘、相互设限。不仅仅是较为落后的地区，发达地区如京津冀、环渤海地区也不同程度地存在着这个问题。在很长一段时间里，京津冀、环渤海地区的一些方面的合作开展起来就比较困难，要把大家都拢进来建立一个完整的合作机制都不容易，从总体上说，是竞争大于合作。前面谈到的北京日益发展的"城市病"，环渤海地区出现的很多问题，一个重要的原因就是合作不够。在这个方面，真是"说起来容易，做起来难"啊！关键的还是思想上没有想深想透，传统"蛋糕"意识始终制约着我们，老是觉得我这块"蛋糕"多几个人"咬"，我自己就少了，把我的利益"咬"走了，而没有想到如果大家共同把"蛋糕"做大，虽然大家都吃了一块，但是你自己得到的那一块也比原来要大得多。所以，在合作的问题上，要有辩证思维，树立新的"蛋糕"意识，否则一遇到关键环节合作就难以深入展开。

在这里，我想再强调一下合作的一些好处，特别是这样三个方面的好处，这三个方面对于推进四省会城市之间的合作具有特别重要的意义。第一，可以避免恶性竞争，实现合理分工，做强做大比较优势。不合作就必然是"小而全""大而全"，也必然是产业同构、城市同构，恶性竞争就不可避免。只有合作，才能充分发挥自身的比较优势，在此基础上形成地区间的合理分工，这不仅防止了恶性竞争，也通过合理分工不断做强做大自己的比较优势。第二，可以克服"短板"制约，充分借用外部条件，提升发展水平和潜力。任何一个地方具备的资源要素总是有限的，合作大大扩展了配置要素的空间，可以互通有无，借资源、借技术、借市场等来发展自己，这既能不断提升自己的发展能力，也增强了发展的基础和后劲。第三，可以承力借势，扩大回旋空间，解决自身难以解决的困难。局限在"一亩三分地"里，许多问题的解决受到牵制，往往是捉襟见肘，而合作则把舞台做大了，也就能够充分施展拳脚，一些棘手的问题也就能够化解了。比如北京"城市病"问题的解决，光靠自身显然是不行的，至少应当是京津冀联动；有些问题的解决靠京津冀还不够，还需要环渤海七省市联动，甚至要靠全国。要解决北京的"城市病"，首先必须是对作为首都的北京有一个合理的功能定位，然后依此将现有不适合的、非核心的功能进行疏解。疏解到哪儿？肯定是北京之外。所以，北京优化功能定位必须同周边地区的经济合作与协同发展结合起来，必须基于此来点大动作。

或者说有了关于深化合作的这样一些辩证思维，就必然"真想干"。在座的书记、市长是四省会城市的最高决策者，各位真想干，则下面的同志也就会真想干，下面的同志真想干也就能真正能够干出成绩来。刚才有的书记谈到了，就目前而言，我们有些合作已经开展得很好，但有的合作才刚刚展开，有些合作还停留在协约合同上。要使这些合作落到实处，还需要解放思想，在认识上做到"真想干"。

"真想干"了，还要"真干好"。"真干好"不仅取决于思想认识，还取决于必要的条件和采取的措施。在这个方面，刚才书记们在发言中提出了一些很好的意见，有的谈到了合作方向问题，有的谈到了合作机制问题，有的还谈到了合作手段问题。推进合作所应具备的条件和必须采取的措施是我们要认真思考和谋划的重大问题，这决定着合作的广度、深度和效果。在这个问题上，我以为有五个方面特别重要，其中每一个方面都涉及我们大家，必须共同谋划、共同决策、共同推进，或者说有一个统筹的问题。有些内容我在有关的会议上已经提过，但论述得不是太充分，这里再作一些强调和补充。

第一，统筹进行顶层设计。要搞好长江中游城市群一体化建设，需要有个总体设计，包括目标方向、原则要求、总体布局、重点任务、推进举措等，主体是要制定好一个一体化发展的规划，把它作为行动的总纲。但总体设计不只是这么一个规划，也包括把这些带有方向性和原则性的内容体现在我们相关地区和城市经济社会发展的计划与规划之中。只有这样，才能真正影响到我们具体的实践，落实到行动之中。总体设计还包括一些专项规划和重大工程的行动方案。所以，我们所说的顶层设计实际上是一个立体、多元的系统，各方面有机结合、相互支撑，这是一个方面。另一个方面，这个顶层设计，一定要有战略高度、全局视野、长远立场，一定要体现具体区情，一定要遵循客观规律。在这个基础上，我以为还要把握这么三点：一是要坚持问题导向，厘清这个地区和推进一体化进程中存在的主要问题，把它作为顶层设计的重要依据，提出解决这些问题的思路与举措。二是要把握一体化的要求，始终把一体化作为统揽的主线。三是要立足于提升区域整体竞争力，促进这一地区的协调发展和共同提升。各位已经知道，长江中游城市群一体化发展规划正在紧锣密鼓的研究制定之中，尽管我们手头的事很多，但一直把这个规划的编制放在突出重要的位置，争取能够在上半年编制完成。我们期望把这个规划编制成一个具有高度、务实、管用的规划。但编好这个规划，不仅仅是我们的事，也是大家的事，在某种程度上你们的思考、诉求对编好这个规划起着决定性作用，所以我们要共同努力。我注意到，刚才几位领导同志在讲话中都谈到要一起申请或者一起争取国家政策支持，包括设立内陆自贸区、开展新型城镇化试点等，这是很重要的，人多力量大，大家齐心协力，事情就成功了一半。对于重大战略、重大政策、重大工程等，四省会城市要一起谋划和争取，把它作为顶层设计的一个重要组成部分。

第二，统筹制定行为规范。这一点我在四省会城市第一次会商会时就提到过。我以为制定行为规范非常重要。合作需要积极的意愿，需要思想上想通想透，但客观上每个地区的诉求、每个人的想法总是有差别的，即使大家往一个方向想，在认识的层次上也并不都是一步到位的，所以归根到底还是要制定一套约束共同行为的规范，把它作为推动合作不断走向深入的制度保障，一开始我们就要在这个方面下大功夫。我现在还不太了解，第一次会商会以后我们是否已经形成了一些带有法规性质的合作规制，但形成这样的合作规制的确重要，也是当务之急。我们对妨碍区域合作的各个环节，如行政垄断、地区封锁，限制资源要素自由流动、实施不正当竞争等应有共同制定的法律法规来管控。同时，对有利于深化区域合作的各个环节，如鼓励各个地方发挥比较优势、实现合理分工，理顺区际利益关系、促进协调互动，建立共同信用体系，推进统一市场建设等应有共同制定的法律法规来推动。还有一些体现地区特殊需要的方面，比如说区域危机处理、危困帮助等，是不是也应该形成一些规制，做到好处首先惠及合作地区，有困难也是合作各方率先施以援手。行为规制包括哪些方面？怎么制定？应该作为大事来抓。各位书记、市长齐聚一次不容易，应该议大事、定大事。我建议，把研究制定行为规制作为一个重要事情放到重要位置，这也是深化合作的一项最基础的工作，从现在起就要系统、全面研究，并由浅入深、由专项到综合形成一套带有法律法规性质的制度约束。

第三，统筹建立推动机制。有了好的法律法规或者说行为规范，还得有良好的机制去推动落实。这个机制大体上包括两个方面：一是强有力的协调机制。这个问题我在四省会城市第一次会商会的发言中也提到了。刚才有的书记谈得比较深入，我很赞成。区域合作的大量实践表明，没有一个好的基于管理层面的协调机制，关键领域的实质性合作很难展开。协调机制是一个立体性的系统，要有书记、市长层面的决策，还要有主管负责同志层面的沟通，更要有专门机构的推动。光靠书记、市长层面开短短几个小时的会商会是远远不够的，要有不同层次的具体工作班子的研究、梳理、协调和推进。应当把协调机制的研究建立放到重要议事日程上来，作为书记、市长会商的重大问题。关于协调机制问题，大家提出来是否在国家层面来考虑，我理解大家的心情，但说实话可能有难度。一方面，因为区域战略实施面广，跨地区的战略很多，都由国务院或者由国家部委来牵头建立协调机制是不可能的，那样会很多，即便建立了也忙不过来。另一方面，按照中央的要求，由国家部门牵头建立的机制要尽可能精简，最近我们就把广东三个重要的功能区即横琴、前海、南沙的协调机制合三为一。前不久河南省的领导提出，中原经济区涉及五个省，靠河南来协调难度较大，是否请国家发展改革委牵头、有关部门和五省参加，形成一个协调机制。经过再三考虑，我们提出还是由河南省牵头来建立协调机制，最大限度地发挥这个协调机制的作用，实在解决不了的，由国家发展改革委出面沟通协调；国家发展改革委也协调不了的，再请示国务院，这个模式可能比较好，既照顾了现实，又能解决问题。所以，协调机制的事我以为还是要走自力更生的道路，但我特别强调这个机制中必须有操办具体实务的办事机构。我记得上次会商会我曾提出建立秘书处的建议，刚才有的书记在发言中也谈到了，叫什么并不重要，关键是要有这么一个机构来推进具体的工作。这个事情并不太复杂，书记、市长一商议就能定下来。二是务实的推进机制。合作靠领导重视，要有共同意愿，也需要感情基础，但合作深入、持久地展开不能只靠这些，关键还在于形成利益纽带，构建互利共赢的基础。换句话说，一定要有基于利益关系、符合地区实际的务实推进机制。这就涉及一些经济手段的运用、利益分享机制的建立等。我考虑有这么两点很重要：一个是要探索建立合理的利益分配机制，包括探索建立市场化的生态补偿机制，形成城市间关于资源、环境、重要产品等关键因素的利益平衡格局，形成跨城市、跨地区的投资、产业转移等重大事项的利益分享安排和制度设计，还要探讨关于发展"飞地经济"、共建产业园区等的利益分配和成果共享的模式，这些方面都是深化合作的根本支撑，否则合作就展不开来、深不下去。另一个是要推动形成有效的激励与约束手段。我上次讲到，四个省会城市能否都出点钱，建立一个一体化发展基金，用来支持搞一体化项目的试验示范，支持和推动一体化进程，对搞得好的进行奖励。这个事我以为还是应当做，刚才有的书记谈到要建立区域发展基金，我想大体也是这么一个意思。

第四，统筹构建功能平台。功能平台是承担各种特殊改革发展任务的试验示范园区或基地等的统称。从区域合作的角度来讲，它不仅是合作的载体，本身也是合作的内容。设立合作的功能平台，有利于发挥各自的比较优势，也有利于弥补各自存在的缺陷。四个省会城市都具有一些优势，但也都存在着一些薄弱环节，并且自身克服这些薄弱环节的回旋空间比较小，但合作起来就可以进行优势互补，也可以克服自身存在的薄弱环节，回旋空间也更大了。这表明，推进合作必须构筑必要的功能平台；这也表明，推进合作必须统筹构建功能平台。从内容上看，应当是把握一体化的要求，着眼于经济社会发展的一些重要领域来展开合作，如产业转移承接、城乡统筹协调、新型城镇化建设等，但从基点上看，应当统筹考虑立足于发挥各自的比较优势，克服自身或整体的薄弱环节。比如长沙的文化创意产业发展得好，可不可以以此为基地，在其他三个市共建一些文化创意合作园区，从而通过这种辐射把长沙具有优势的文化创意产业在四省会城市做强做大？武汉的光电子产业发展得好，可不可以依托这个基地，进一步辐射到其他地方？功能平台是优势拓展的有效载体，关键在于建什么平台、在哪些地方建平台，不能光从自己"一亩三分地"来考虑，要基于全局共同谋划、统筹安排。最近，许多地方都在积极申报设立国家级新区，中部地区也有省份提出了要求。到目前为止，中部地区还没有一个国家级新区，选择适当的地方构建新区，对促进中部地区崛起和推动长江中游城市群发展也是必要的。而中部地区第一个新区，也最有可能诞生在长江中游城市群。但新区建设是一件很重大的事情，国家控制很严，不能有城皆建、遍地开花。长江中游城市群的新区建在哪里，就有个统筹的问题。新区也是很重要的功能平台，我们可以利用四省会城市会商这个合作机制，商议一下新区的布局问题，研究在哪里设立最为合理、最能发挥辐射效应，你们的商议就成了我们科学谋划的一个重要基础。在这个问题上要有全局观念，不能从本位利益出发。

第五，统筹推进重点工作。突出重点、兼顾一般是大家熟知的工作思路。区域合作也是如此，要想使四省会城市的合作实质性展开，还是得抓住重点。在遵循先易后难、先急后缓、先基础后一般这么一个规律的前提下，要选择好工作的重点并合力加以推进。从合作的领域看，无非就是这样一些方面，即基础设施的互联互通、城市建设的协调共进、产业体系的统筹提升、市场要素的对接对流、公共服务体系的一体建设、生态环境的联防联治等。但是谁先谁后，在确定的这些领域中间又重点抓一些什么样的环节，需要整体考虑，也需要具体措施的跟进。事实上，在我提到的这些领域中间，可以有一个谁先谁后的选择，但其实每一个领域也都有一些可以做的东西，并不是说要把某个领域做完了再启动下一个新的领域，有些是可以根据条件来分头推进从而齐头并进的。一般地说，基础设施的互联互通总是搁在区域合作的突出位置甚至是首要位置，目前四省会城市之间有没有一条顺畅快捷的大通道？相互之间主要道路有没有"断头"的问题？更进一步说，如何基于交通、水利、能源、信息等综合考量，在四省会城市间建立一个交换比较快、效率比较高的立体性基础设施系统？这里面有很多文章可做。与此同时，其他方面特别是社会事业管理、基本公共服务等方面有很多合作可以加快推进。比如旅游业可不可以把互联互通搞起来，实行公园景点门票

"一卡通"？还有医疗卫生服务可不可以资源共用、服务同享，四省会城市的市民在最好的医院就医时能享受本地市民同等的待遇？这一点晋陕豫黄河金三角地区做得就比较好，他们通过合作示范区这个载体连为一体，相互间能够享受同等的公共服务，同时也就使老百姓在每一项公共服务方面都有可能享受这个地方最好和最高的服务水平。我们四省会城市的条件更好、资源更多，如果互联互通，给人民提供的福利空间就更大了。总之，整体安排中间有重点，每一个具体安排中间也有重点，但突出重点不是忽视一般，也不做这个就完全把那个搁置起来。突出重点除了抓那些重要的方面外，一个重要考量是要把能做的先做起来，只要做起来，合作就展开了，大家就都得到益处了。这一点在座的领导同志比我体会更多，经验也更为丰富。但突出重点有一个统筹问题，各个地方有各个地方的诉求，因此各地方考虑的重点可能会不一样，但这个问题要从四省会城市的整体需要来考量。

关于"真干好"，我就谈这么五点建议。我以为把这五点做好了，四省会城市的合作就能够不断走向纵深。

在这个基础上，我想再强调两点：其一，要充分运用好我们已有的国家战略，把它作为推进长江中游城市群一体化发展特别是四省会城市一体化发展的重要依托。近些年，国家出台了不少针对中部地区、中部地区各省份的重大区域战略，有些还直接涉及我们四省会城市。这是一个很好的政策环境，要与我们现在所做的工作、现在所谋划的战略诉求有机衔接起来，特别是把其中直接相关的好的思路举措梳理出来，既作为我们新的战略的重要内容，也作为我们推进这项工作的基础、条件和依托。你守着一个现成的"大馅饼"不吃，又去寻求一个新的"馅饼"，显然是不合适的。要把新旧"馅饼"都拿来为我所用，这很重要，还要善于把"馅饼"吃出滋味来，运用合理途径，把针对某一地区的战略和政策扩展到长江中游城市群整体中来。其二，要促进和带动周边城市一起参与合作，这一点也很重要。四个省会城市在地理上并不是完全连为一体的，中间与不少其他城市相毗邻，这些城市是我们的连接带，它们与我们的联动合作也非常重要，所以我们在强调四省会城市的合作的时候，不可以忽视同这些城市的合作。我有个建议，请在座的书记、市长们研究，有些会商会是否可以请周边城市的负责同志参加，一些合作是否也请这些城市共同参与。我的意思是，要真正发挥各个城市圈的作用。在这方面我们有些省会城市做得很好，也有比较规范化的沟通协调机制，应当加以坚持。

最后我想说的是，国民经济发展也好，区域经济发展也好，都到了一个非常关键的时期，这就是转型跨越、提质增效。这些年的实践表明，对于整个国民经济又好又快发展来说，区域经济发展具有很大的潜力和回旋的空间。国家对于中部地区特别是长江中游城市群地区寄予厚望，从一些文件和领导同志的讲话中间就能看出这一点。促进中部地区崛起的有关重要文件讲，中部地区是推动新一轮工业化和城镇化的重点区域，是内需增长极且具有巨大潜力的区域。李克强总理讲，中部地区、长江流域是缩小区域差距的突破之地，他还讲到要着力打造三大新的经济支撑带，其中一个就是中西部沿长江区域，同时强调实施区域发展总体战略要推动形成几个由东向西、由沿海向内地溯江沿流而上、梯度开发的经济带。这次拟发布的《长沙宣言》提到，长江中游城市群是我国城镇化战略的主阵地、经济发展的重要增长极、长江经济带的重要支撑。这都从不同层面阐述了这一地区的重要性及其在推动区域经济发展、国民经济发展中的重要作用。还有一句话提到，长江中游城市群是地处我国东西南北连接交汇处和长江经济带的中间腹地，这实际上就是说，它是我们国家的地理中心。作为地理中心它也是有特殊重要意义的。我叙述上面这些说法的用意在哪儿？用意在于说明这里的确是一块希望之地。无论从哪个角度来讲，中部地区特别是长江中游城市群地区都是我国极具活力、极具潜力的一个地区。一直以来，大家总说要打造中国经济增长"第四极"，很多地方也都在争抢"第四极"，说老实话，我一直是非常谨慎地对待"第四极"这个概念的，主要还是考虑是不是具备相关条件，所以到今天之前我也没有明确提出过哪个地方能够成为"第四极"。但是现在我要说，长江中游城市群极有可能成为我国经济增长的"第四极"。但这是有前提的，前提是什么？前提在于深化合作。

近一段时间我在一些会议上都谈过，中国经济增长的潜力主要来自三个方面：一是分类指导的潜力，更加注重从各个地方的实际出发，真正把"一刀切"变成分类指导；二是公民能动性的潜力，通过更有效的体制机制创新，调动所有人创新创业创造的积极性，激发全体公民的智慧和潜能；三是开放合作的潜力，通过开放合作借资源、借市场、拓展空间，更大范围利用和配置资源要素。开放合作是促进发展的重要路径，这里面空间很大、潜力无穷。长江中游城市群最终能不能成为"第四极"，在很大程度上取决于我们各城市之间是不是真想合作、真正合作、真出合作成效。果若如此，长江中游城市群一定能成为中国新时期经济增长的"第四极"。我作为一个中部人，对此充满信心，也寄予无限的希望。

长江中游城市群省会城市合作的
积极成效和推进方向[*]

这是我第三次参加长江中游城市群四省会城市的会商会。我能够每次都到会，固然有大家的盛情邀请，但说到底还是来自内心的一种情愫。这种情愫是多元素的，有对四省会城市合作机制开创的认同，有对合作联动现状的欣悦，也有对下一步深化合作的期盼。每次到会都能得到收获、受到教育，这次也是如此。刚才各位书记、市长的讲话既有思想高度，也非常务实、重行，可以说是简洁而不失丰厚、朴实但显深刻，对我启发很大。大家的讲话为下一步深入推进四省会城市的合作打下了坚实的基础。刚才我们又共同见证了《南昌行动》文本的签署，也见证了关于进一步深化合作的协议文本的签署。所以，在颇得教益的同时也很受鼓舞。在这种心境下，大家希望我能够说几句，我也就恭敬不如从命，谈一下参会的体会，供大家批评与参考。

我讲四点体会。

一、过去几年来四省会城市的合作渐入佳境

我记得第一次会议是 2013 年 2 月份在武汉召开的。那个时候四个

---

* 本文系作者于 2016 年 3 月 1 日在江西省南昌市召开的"长江中游城市群省会城市第四届会商会"上的讲话。

市的八位主官坐在一块，共商四省会城市合作大计。大家心情无疑是愉悦的，但也能感到大家对合作前景并不托底，可以说是心怀忐忑，对即将开始的合作之路有举步维艰之虑。时隔四年之后，今天我们聚于美丽的南昌，同样是共商四省会城市的合作大计，在依然喜悦的同时，感觉各位充满了自信，对合作的前景非常有把握、非常有底气。我想，这种把握、这种底气，来源于我们四年来实实在在的合作所取得的成效。从《武汉共识》到《长沙宣言》到《合肥纲要》，到今天刚刚签署的《南昌行动》，这四个文本、八个词汇，记录了我们艰辛前行并取得重大成效的历程。在我看来，这四年来取得的成效至少体现在这样几个方面。

（一）合作的基础越来越牢固

合作迈出第一步时，我们就要想到这一步的基点在哪里，基础牢不牢固。现在看来，我们的第一步就迈得很好，而且这四年来所走过的路进一步奠定了坚实的基础。在我看来，这种基础至少体现为这样三点：一是合作已成为我们的共识和自觉的行动。从主要领导层面到各个部门，从政府到社会，通过这四年的努力，都树立了坚定推进合作、不断深化合作的意识，这与过去一些城市间"同床异梦"，或者是嘴上说说、心里并不情愿合作的状况形成了鲜明的对照。所以，思想上的共识是我们合作的重要基石。二是思想共识和有力行动通过一件件规划、一条条规章、一项项制度得以确立和巩固。这几年，四省会城市间制定了不少重要的合作规划和规章制度，从带有顶层设计意义的综合性合作框架文本，到分领域的合作规划乃至一些具体环节的专项方案，可谓一应俱全，这样就使合作建立在规划约束和制度保障基础之上。三是由浅入深开展了涉及各领域的一系列合作。所开展的事项其中很多方面是带有基础性的合作，或者说是立足于长远的合作，它们本身成为深化合作的有效保障。比如说，交通的互联互通，一旦"断头路"打通，围绕四省会城市的循环、便捷的交通通道形成，就会引领带动其他方面的深入合作，且这个基础一经打牢，在很长时间内不可逆转。正是这些努力，使四省会城市合作的基础越来越牢固。

（二） 合作的领域越来越宽广

前面谈到，四省会城市间的合作由浅到深、由易到难，一步一个脚印，每一步都迈得很扎实。正是建立在坚实基础之上的多方面的扎实合作，带来了许多领域的变化，这些变化真实地展现了合作不断推进的成效。刚才书记、市长们的发言中都列举了很多带有实质性成效的例子。比如说，在交通互联互通方面，合作推进了沪昆高铁南昌至长沙段、武九客专、沪蓉沿江高铁武汉至合肥段、合安九客专等一批重大通道建设，建立了甩挂运输联盟、统一的 ETC 结算清分制度和体系，基本实现了跨区域各种交通运输方式高效集中统一管理。在市场一体化方面，协同建立了完善的四省会城市外资登记数据共享机制，推动实现了招投标市场信息共享，统一加入了长江经济带海关区域通关一体化和检验检疫通关一体化，四省会城市大通关服务体制方面取得了进展。在公共服务共享方面，在全国率先开展省际公积金异地贷款，不仅方便了自己，也为全国其他地区开展公积金互认互贷提供了可复制、可推广的经验；实现了基本医疗保险异地就医即时结算；实现了旅游一体化服务体制的突破，从最初的优惠联票到全年免费畅游四省会城市 41 家重要风景点（区）的旅游年卡；成立了一体化就业创业工作协调机构，共同打造人才交流服务品牌和一体化维权体系。在生态环境共建方面，建立了跨区域环境保护联防联治机制、环保"黑名单"和信息通报制度。可以说，当前合作涉及方方面面且都有明显的进展。就此看来，长江中游城市群四省会城市间的合作机制成立时间不长，但取得的成效在一定程度上超过了某些已运行了较长时间的合作机制，给四省会城市的老百姓带来很多具体的实惠。

（三） 合作的机制越来越完善

记得第一、第二次会商会上，我都对合作机制建设提过建议。我们很高兴地看到，在不长的时间，四省会城市结合自己的实际，借鉴其他地区的经验，在合作机制的创立和完善方面，迈出重要的步伐，特别是建立了"决策—协调—执行"的三级合作框架，成立了秘书处，四省会城市都派出了代表，实际参与秘书处的工作。这样的机制有利于及时商议、及时决策，从而把共同面对的事项、共同商议的课题一件件抓落实，并且在此基础上，不断开拓新的层面合作，促使各项工作不断深入向前推进。

（四）合作的方式越来越灵活

一方面，方式随着内容创新，走向纵深，从一般项目的合作扩展到重大区域规划与政策的协调制定，从主要是招商引资拓展到产业转移承接、园区共建和区域一体化发展等方面。另一方面，方式本身也灵活多样，仅就协商而言，就有多个层次，有高层的会商会、协调会，也有部门间的联席会、座谈会，还有一些洽谈会、推介会等。我注意到有市委书记刚才谈到，要协调推动四省会城市间的会商会变成会商周。这表明我们四省会城市无论在拓展合作的内容上，还是在丰富合作内容上，都在不断进行探索，不断追求创新。

总之，我的感受是，今天四省会城市的合作已经不同于几年前，我们从步履艰难到渐入佳境，我们的心很齐、力很大、步很实，效果很好。这是我和大家一起学习、参与这个过程的一个认识和体会。

二、新形势下四省会城市合作应有更大担当

2013年以来的合作，使我们看到了成效，因而也看到了坚持走合作道路的必要性；使我们看到了希望，因而也进一步增加了拓展合作、深化合作的动力。但我还是要说，已有的合作依然是万里长征迈出的第一步，四省会城市推进合作联动应该有更大的担当，也可以有更大的担当。

（一）四省会城市的特殊地位要求我们体现担当

四省会城市都是国家和区域的中心城市，并且以自身为中心形成了城市发展群；整体实力强、综合条件好，辐射范围广、带动能力强。从

这些年的发展看,通过区域合作和其他方面的努力,不但各自的比较优势和发展潜力得到激发和体现,在地区和全国发展中的地位和作用也进一步凸显。在近些年的发展中,四省会城市或者位次在不断上升,或者在本省经济发展中的占比不断地提高。比如,在全国城市排名中,2013年,武汉位列第9,去年已上升到第8位,位居副省级城市第3位;长沙位列第18位,去年上升到第13位,进步很快;南昌位列第48位,去年已经上升到第44位。合肥2013年占全省GDP的比重是24%,去年已经超过了25%。这些变化还是各市在原本已有较快发展基础上实现的,实属难能可贵。取得这种进步的原因是多个方面的,但推进合作联动是其中一个重要因素。这些年的实践表明,四省会城市的比较优势和发展潜力在合作中不断地得到激发和体现,这种特殊位势,要求我们在深化合作中有更大的担当。

(二)化解合作联动面临的众多挑战促使我们敢于担当

过去的合作取得了一系列成效或进展,但尽管如此,相对于当前的需求和下一步的发展来讲,仍然存在不少薄弱环节,仍然面临着一些挑战。比如,四省会城市各自都是中心城市,并且又以自身为中心带动了一个城市圈,但现在城市圈的运行仍然是以圈中各城市独立运行为主体,城市群之间的合作还没有实质性展开。记得我在长沙的一次讲话中就提到过不仅要加强四省会城市间的合作、还要推进与周边城市合作的问题,但目前圈内的实际还是封闭运行大于合作运行。再比如,合作领域在很多方面都破了题,但深入的程度总体还很不够:缺乏统一的市场准入标准,面临着不少行政、技术和经济层面的障碍,有些合作还是局部性和碎片化的;一些关键的方面,诸如形成统一的权利清单、责任清单等还没有真正展开;在合作空间上,全方位的联动格局还有待于拓展。此外,在合作主体上,政府目前仍然担任主角,社会层面跟进还不够有力、有效;在政府层面上,还是四省会城市唱主角,其他的层面包括县、区之间的互动还不够。总之,还有一些可以探索的空间,还面临着一些重要的挑战,要求我们继续开拓进取,有更大的担当。

（三）新时期面对的良好条件有利于我们实现担当

我国进入全面建成小康社会决胜阶段，经济发展进入新常态，这种新形势、新要求及国家所采取的战略、策略有利于我们深化合作、有所担当。比如，国家出台的一系列重大战略给我们发挥特殊作用提供了新的契机，直接相关的包括长江经济带发展战略、长江中游城市群战略，以及还有新型城镇化发展战略等，我们在其中都能找到作用空间、创新平台和发展节点。再比如，推进稳定经济增长，促使经济行稳致远的发展取向也要求我们有所担当。我在过去的会商会上曾谈到过，中部地区在新时期发展处于相对落后的局面是暂时的，未来五到十年将是有利于我们加快崛起的真正"中部时期"。我说这个话的时候大概是3年前，现在应该说已开始步入这么一个时期。其实，中央领导同志的讲话、一些重要的文件对中部的发展定位与潜力都做过深刻的阐述和概括。从去年经济发展状况来看，尽管和全国一样都面临经济下行的压力，但比较而言，中部地区的表现是好的，在整个国家的经济发展中起到了重要的支撑作用。而东北地区基本上是全线跌出了合理空间，西部地区分化状态严重、部分省区发展不理想。东部地区处于转型调整之中，结构有所改善，但速度普遍下降，一般都在7%—8%。中部地区各省份除个别以外，都排在全国的前13名，其中江西第5名、湖北第7名、安徽第9名、湖南第11名、河南第13名。尤其是江西的表现令人瞩目。2015年2—3月，按照国务院的要求和国家发展改革委党组的统一部署，我带了一个调研组到江西调研，我们提供的调研报告明确指出，江西发展在全国经济下行的状况下逆势而上，缓中有进、缓中向好，体现了良好的发展势头。在调研报告中还讲了这样一句话：江西的经济走出了负面因素造成的阴影，江西的发展应当会走在全国的前列。事实已经证明了这一点。2015年年底参加江西省委、省政府主要负责同志主持的有关对口支援赣南原中央苏区的会议上，我曾讲到，江西原来在中部6个省份排名中一般都是第五、第六名，很难进入前4名，而今天江西的经济增长速度站到了全国的第五、第六名，这是多么大的一个进步啊，这一发展显示了江西的潜力所在。我强调这一点的目的是想说中部地区的发展潜力也很大,已经开始进入真正属于自己的时期,中部地区下一步的发展将对国家新常态下实现经济行稳致远发挥至关重要的作用。而作为中部地区的四个省会城市,理应在其中起到巨大的支撑和引领作用,也必然能起到这种作用。我们要在下一步真正实现中部崛起中有所担当,发挥作用,首先要在本省的发展中勇于担当,起至关重要的支撑和推动作用。现在,我们四个省会城市在各省的占比都达到了20%—40%,在这种格局下,如果继续前进,就会对所在省份的其他城市发挥倍加的示范效应与推动作用;反之,如果你滑下去,其他城市和全省也可能跟着滑下去了。所以新的环境、新的形势要求也有利于我们来实现担当。这种担当来自我们各自的努力,更来自合作。在当前形势下,合作协同比自己封闭努力更加重要,更加能产生效益。

三、下一步四省会城市合作要准确把握工作重点

我首先声明,这只是我个人的建议,不影响各位书记、市长的决策。在深化合作上,我们一方面要认真总结四年走过的道路,把好的经验总结出来、继承下去;另一方面,要科学借鉴国内其他地区以及国际上推进合作的一些好做法,把它们充分借鉴过来。但考虑下一步合作的工作重点还应审时度势、精准得当,要与形势环境相契合、与国家战略相衔接,还要与发展目标相对接。从大方向上看来,深化合作可以围绕这样三个方面加大工作力度。

(一) 要围绕引领经济发展新常态来展开

经济新常态是未来相当一个时期我国经济发展的基本状态,最重要的特点有三个:一是速度变化,也就是由高速增长转向中高速增长;二是结构优化,也就是产业结构从中低端迈向中高端;三是动力转化,主要由从要素驱动转向创新驱动。这既是新常态的特点,也是引领新常态

的要求，四省会城市合作应该围绕引领经济发展新常态这个方面来展开，来做出示范。也就是说，我们要认识把握新常态的规律和要求，在转变发展方式、优化经济结构、实现合理增长等方面能够走在前面。认识把握新常态是个很大、很有挑战性的课题。不久前习近平总书记在中央党校主要领导干部班上又讲了经济新常态的问题，也讲了供给侧改革。经济发展新常态的内容很丰富，要适应它、引领它并不容易。城市间、地区间的合作围绕引领经济新常态来展开，主要应抓好这样三点：

其一，一体开拓发展空间。拓展空间有两种做法，一种是绝对的拓展，一种是相对的拓展，这两种拓展都须依靠合作来实现。先说相对拓展空间。为什么要合作？在座的各位书记、市长对此谈过很多，我也谈过一些体会。如果各地封闭在自己行政的小圈子里面，其资源要素配置也就局限在这个小圈子里面了。且不说封闭运行会导致产业同构，进而带来恶性竞争，仅就区域空间而言，也就只能圈在自己这"一亩三分地"上打转转了。但如果与其他地区开展合作，比如说四省会城市间开展合作，就可以把除自己之外其他省会城市的资源要素都利用起来了，这就大大扩展了自身配置资源的空间。各城市仍然管理着自己的行政板块，但配置资源的空间已延展到了其他行政板块。再说绝对拓展空间。在这方面，改革开放以来的发展就提供了很好的范例。为了加快经济发展，国家率先实施了沿海地区先发展的战略，后来又从沿海地区拓展到中西部地区，这是陆地上的一个拓展，可视作第一个阶段。第二个阶段是从陆域走向海洋，这些年出台了很多经略海洋、发展海洋的文件；紧接着又从海洋拓展到空中，搞了临空经济区，郑州航空港经济综合实验区是第一个，这是由陆域向海空拓展。第三个阶段是从国内拓展到国外，国有企业等"走出去"在国外兴办合作园区、经济开发区等，这类做法事实上就是在拓展自己的发展空间。经济新常态下保持经济平稳增长，拓展空间是其中很重要的一条路径，四省会城市应该把握住主要的两条。一是在内部应更加深入、广泛地推进合作，实现全方位的互联互通，打破一切垄断和封锁。刚才有的市委书记在讲话中提出要把长江中游城市群当作一个生命体来谋划建设，这个站位是很高的。说得白一点,就是要把四省会城市当作一个城市来规划、来运营,八位主要领导就是这个大城市的领导者,或者带头人。果若这样,合作空间就能大大扩展。最重要的是实行制度层面的统一建设,制度层面打通了,一切也就都打通了。二是要整合力量和优势,全面打造与畅通通道,向四省会城市之外的国内其他地区、向国外拓展发展空间。在这方面应该制定具体的战略策略、编制专门的规划。在操作上可以循序渐进,先小后大,先易后难。比如说将通往欧洲的班列,从一个城市的单独运作转变为四省会城市的协调行动,这样做既可丰富供给、提振需求,也可节约成本、提高效益。四省会城市可以利用这样一个机会,联手起来推进与国外在产能和装备制造业等方面的合作,把优势富余产能转出去,腾出空间来提升产业结构、发展新的经济门类。也可以联合在外打造产业园区,等等。这样一件小事,一旦联手起来,就能形成很大的经济空间。

其二,统筹提升产业结构。这一点非常的重要。刚才有的市长在讲话中强调,要大力推动创新、要不断拓展比较优势,应该说,这都是提升产业结构的关键举措。如果能够统筹谋划运作,就更有利加快这一进程。四省会城市统筹提升产业结构应把握两点:一是要通过更加有效的合作来实现合理分工,打造四省会各自的比较优势。在省会城市之间不要搞产业同构,产业同构形成的恶性竞争必然是两败俱伤。二是要集聚科技力量、集聚资源优势打造新产业、先进产业,形成新产业、先进产业的高地。这一点也很重要,四省会城市尽管在很多方面走在了中部地区的前列,但如果要引领产业和经济结构升级的潮流,并形成中部地区或四省会城市整体的支撑基础的话,是包括武汉这样特大城市在内的任何一个城市都难以单独做到的,但整合四省会城市力量就有可能做到。现在世界各国特别是大国都在抢抓第四次工业革命的机遇,美国提出了再工业化战略,德国推出了工业4.0规划,我们也发布了《中国制造2025》。从机械化到电子化到自动化再到智能化这样"四化",实际上代表了技术大幅进步的四次工业革命。第四次工业革命的基本特征是智能化,3D打印、智能机器人、无人驾驶汽车等是其代表性的产品。就国内情况看,我们在这方面喊得多,铺的点也多,但与世界先进水平的差别仍然很大。比如说，机器人制造，不少地方都在搞，但大体都还是跟在世界三大机器人制造公司后面亦步亦趋，自主的突破并不多。但是，如果整合全国力量，如果四省会城市共同努力并整合资源，情况可能就不一样了。统筹产业结构必须要依靠合作来解决进一步凸显比较优势和打造产业发展高地这两个问题。统筹还可以把这两点结合起来。长沙的工程机械制造处于全国的高位势，如果集中四省会城市的优势资源帮助其进一步拓展，就可以将其进一步打造成世界级的产业高地。

其三，合力推进品牌建设。共建并树立品牌十分重要，应是四省会城市深化合作的一个重点内容。品牌是形象、是信誉、是市场、是质量，也是利益。现在世界上一些企业、一些国家的利益很大程度上是品牌利益。但目前无论是中部地区还是四省会城市在世界上叫得响的品牌都比较少。四省会城市应在这个方面狠下功夫，依靠合作尽快打造出一批有世界影响力的知名品牌来。这当然不容易，这不仅有技术创新、产品质量提升的问题，还有健全市场规则建立市场信誉等问题，但一旦推进合作，解决这些难题就会变得容易多了。

（二）要围绕落实区域发展战略来展开

前面提到近些年国家出台了不少重要的国家区域发展战略，相当一部分还与中部四省会城市密切相关，落实好、利用好、契合好它们非常关键。落实得好、利用得好、契合得好就能带来发展的效益。在这方面应着力抓好三点：

1. 找契合节点。"一带一路"是一个在内包容全国，对外则直接涉及从东亚经济圈到欧洲经济圈沿线的60多个国家和地区的大开放战略。在这个大的战略格局和漫长的战线中，四省会城市如何定位、如何嵌入、如何作用、如何把握机遇，要做深入、细致的研究。"一带一路"领导小组办公室设在国家发展改革委，规划是国家发展改革委牵头做的，所以我们一直在推进和跟踪相关的情况。基于国内角度看，一个感觉是一些地方的热情很高，参与欲望也很强，但真正切入进去并抓住实在机会的并不多。有的地方定位自己为"桥头堡"，有的地方想当核心、做支点。怎么研究出来的不清楚，实际发挥这种作用就更谈不上，自然也就谈不上取得实际效益了。在这方面不能忽悠行事，也不能赶时髦、凑热闹。要结合自己的实际，找到契合点，并采取切实可行的操作措施。特别要强调的是，寻找契合点要坚持从实际出发，要义不在高炫，而在适宜。

2. 抓基础工作。基础工作很多，但关键还是做好两点：一要推动交通畅联。交通都联不上，何谈契合，何谈成为节点？不但要互联，而且要联准地方。长江经济带的核心是打造"一道两廊三群"，长江中游城市群的空间布局是"三群五轴六走廊"，我们应根据自己的定位和整体的定位，深入研究自己的战略走向和空间布局，并通过交通基础设施使之串联起来。二要强化规制建设。要以开放包容效率和安全相统一的原则来建立规制，使之成为引导和规范全部经济社会活动的基础和合作的保障。

3. 求关键突破。突破旨在打开局面，突破也意味着抢占先机，先行贵在突破。要把握好各个战略的核心内容或中心思想来选择突破口。以长江经济带发展为例。长江经济带涉及11个省（市、区），在这样广阔的地方，怎么样才能找到自己作用基点和突破重点？我认为可以从两个视角上把握：第一个，你在长江经济带中能做什么？长江经济带有三个城市群，长江中游城市群主要涉及三个或四个省会城市，这个城市群在整个长江经济带中所起的作用就如挑担子一样，是居中扛鼎的支撑作用，是承上启下的联结作用，地位非常重要。这种位势使我们责任重大，但又赋予了我们左右逢源、上下得利的好机会。使履行责任和争取利益一致起来，就是突破点或寻找突破点的方向。第二个，长江经济带建设要干什么？不久前，习近平总书记在重庆召开座谈会强调，长江经济带不搞大开发要搞大保护，一切开发都要以环保为前提。中央出台的文件也好，即将出台的规划也好，对长江经济带发展的一个核心定位就是要构建长江绿色经济带、绿色发展的示范区。强调环保优先、绿色发展是否意味着我们没有工作可做？我理解恰恰是给我们指明了工作方向，要求我们在开发上寻求绿色发展和加快发展的统一，而工作的突破点就应基于这个要求来寻找。这样的工作内容应该有很多。比如建设黄金水道,港口码头一定是要建的,但要建设的是环保的或绿色的港口码头;还要解决长期存在的长江航道非法采沙问题、标准船型建设问题等,这些都是能把保护和发展有机结合起来的事项。而长江中游城市群面临的这些问题还比较严重,因而任务也比较繁重。总起来说,把握了建设的核心任务或基本要求,也就容易找到突破点或切入点了。

(三) 要围绕建设城市发展的新模式展开

推进城镇化发展是国家的重大战略。国家高度重视城镇化发展,四省会城市本身又是重要的中心城市和城市群,应该抓住这个机遇,通过合作来提升功能和品质,构造城市发展的新模式。合作的重点可以放在这样三个方面:一是合作推进城市宜居和谐建设,在这方面做出表率。核心是避免和消除各种"城市病",让大家生活得舒心开心放心。现在"城市病"不仅仅在北京存在,长江中游城市群的一些城市在某种程度上也存在。四省会城市为提升城市品质都下了很大的功夫,我们对此都有深刻的体会。合肥城市建设以前所未有的力度展开,城市面貌发生了翻天覆地的变化;武汉的市委书记有个很响亮的别名叫"满城挖",现在已挖出成效了,武汉城市服务功能大大提升了;南昌也有了实质性的改变,整个框架拉开了;长沙初步形成了现代城市的大格局,其中包括湘江新区建设。但是这并不意味着"城市病"就解决了,和谐、宜居格局就实现了。真正解决这个问题,除了各城市自己努力,还要靠合作,如功能分解、交通互联等。二是协同推进城市可持续发展,在这方面做出表率。这里有统筹产业布局问题,有共同打造绿色低碳环境问题,也有一体化构建体制机制问题,大有文章可做。三是合力促进城乡协调发展,在这方面做出表率。四省会城市都不是单纯的城市,还包括较大规模的农村,城市也集聚了不少农村人,这里面的相当一部分并没有从制度层面进入城市。当前的一个重要任务是国家要求把一亿农村人口转移到城镇安居落户,四省会城市责无旁贷。关键的一个问题是要解决城市和城市群城乡混杂,但如何做到协调发展的问题。这里面有很多难题需要探索。许多方面需要城市间的合作与互动，如户籍制度联动改革、公共服务体系一体化建设等。总之，既然我们是四省会城市又是城市群，我们理所当然应该在推进国家新型城镇化、建立新的城镇化发展模式方面进行探索和创新，并且这个探索和创新要利用好合作这个方式。

四、不断探索完善四省会城市合作发展的有效路径

路径决定效果，合作的过程也是不断探索路径、完善路径的过程。在这方面，应当认真总结，积极借鉴，还要与时俱进、因事制宜。这里我简要地谈三点。

（一）坚持规划引领、制度约束

我在几次商会上都提出过这个建议，刚才几位领导同志的发言中也都谈到了，比如有的市委书记特别提到要加强规划，主动对接融入国家的规划，并制定一系列的标准规范。这里我想再次强调的是，一定要坚持规划引导制度开路。规划是导向，规划是保障，规划也是工作的指南。这几年我们的工作做得很好，一个很重要的方面是制定了不少重要规划，希望在这面进一步深入推进。我曾建议要基于顶层设计和各具体领域发展制定一系列合作规划，提出四省会城市的合作内容应纳入各地市政府工作报告和各市的国民经济和社会发展规划。现在再提一个建议：在各城市各自制定地区社会经济发展规划的同时，应选择适当的时候联合起来编制统一的经济社会发展的规划，这样更有利于统筹、更有利于合作。京津冀地区已有了先例，今年已出台了两市一省的统一规划。当然，也不要太着急，慢慢形成共识，明年做不到后年做不到过几年再做也可以。与此同时，要把制度建设放在首要位置，由浅入深形成一系列制度规范，包括刚才谈到的共同的权利清单、责任清单、市场准入标准等，通过完善的制度约束合作行为、强化合作力度。当然还有伴随一些改革探索形成的制度设计，包括在实行利益分享、生态补偿、重

要产品流动的利益平衡等方面的制度创新和制度规范。把规划做好、制度设计好，需要加强对重大问题的研究，四省会城市智力机构要发挥支撑作用，市领导们应把这些难题交给他们先行研究。

（二）坚持重点突破、联手行动

依据统一的规划和布局要求，按照先易后难、由浅入深的路径往前走，但在这个过程中同时应坚持重点突破。重点在哪？我以为国家战略规划的重点要放在优先位置，牵一发动全身的关键项目要放在优先位置，明显属于当前合作发展薄弱环节的弥补要放在重要位置，还要把体现四省会城市共同利益的举措放在重要位置。应着眼于此联手采取的一些行动，包括就重大问题联合向国家有关部门提出意见。我在长沙会议上曾提过这个建议。刚才有的书记在讲话中谈到了不少需要联手推进的事项。昨天，江西省委主要负责同志与我们会面时也提出了这样的希望，可见大家的认识是高度一致的。在这方面，我认为目前四省会城市已经有了良好的基础。比如新区建设，大家有大局观，步调上协同一致，所以有了中部地区第一个新区，即湖南湘江新区的顺利落地。目前，其他城市都提出了建设新区的要求，武汉是长江新区，南昌或者说江西是赣江新区，合肥是滨湖新区，这也有一个统筹协调问题。四省会城市应继续协作好、配合好。至于我们，大家寄予了很高的期盼，一定要竭力倾心，多做一些事情，不辜负大家的期望。总之，我们要密切合作、联手行动。

（三）坚持平台支撑、试点先行

在区域合作方面有很多事项是要先行先试的，因此需要构建适当的试验平台；合作需要引领和示范，也需要有一些平台起先导作用。这次通过的《南昌行动》中就提出了不少平台建设方面的内容，比如说打造工业产业集群、现代服务业的集聚区等，还有一些改革的试验区，这个思路非常好。一定要树立平台意识，充分发挥好各类功能平台的促进作用。总起来说，要适应新形势新任务新环境的要求，完善四省会城市间合作的方式和路径。如前所述，有时候方法决定效率甚至决定成败，因此应该引起我们的高度重视。

我要借此机会跟大家汇报的体会就这么四个方面，基本上都是来自大家发言的启发。拉拉杂杂一口气讲这么多，这种激情源自欣慰和感动。记得在长沙开会商会的时候，长沙的书记讲了这样一句话：从《武汉共识》到《长沙宣言》，"已经唱响了精彩的序曲"，这句话很准确，很提气。现在我们则可以说，从《合肥纲要》到《南昌行动》，大家已经进行了一段出色的表演。但好戏一定还在后头。希望四省会城市能够借助国家发展的好机遇好战略，通过紧密的深入的合作取得更多更好的成果，一起打造命运共同体、责任共同体和利益共同体，携手迈向共同美好的明天。

科学有序推进长江中游城市群合作联动与一体化发展[*]

长江中游城市群的建设在我国区域发展和开发开放中具有突出重要的位置。下面,我围绕长江中游城市群合作联动与一体化发展谈三点意见,供大家批评。

一、长江中游城市群经济联系紧密,综合条件优越,加快一体化发展既有利于区域,也关系到全局

长江中游城市群地理位势优越,集聚了中部地区的主要资源和要素,且交通体系完整、产业门类齐全,经济互补性强,具有深化合作联动、实现一体化发展的良好基础。建设长江中游城市群具有多方面的意义。一是有利于促进经济又好又快发展。我国正处于全面建成小康社会的关键时期,一方面要保持经济的持续快速发展,另一方面要加快转变经济发展方式。中部地区特有的综合优势和良好的发展基础,不仅使之在未来可能成为最具发展活力的地区,而且有可能成为率先实现"赶"与"转"良好结合的地区。在这个过程中,长江中游城市群通过合作联动与一体化发展,能够成为中部地区的核心区域和支撑地带,从而能够

---

[*] 本文系作者于 2013 年 4 月 7 日在海南省琼海市召开的"博鳌亚洲论坛·长江中游城市群论坛"上的主旨发言。

在推进中部地区乃至整个国民经济又好又快发展中发挥引领、带动和示范作用。二是有利于提高开放型经济水平。在全方位对外开放的环境下，中部地区处于内陆腹地"居中独厚"的优势，变成了不沿边、不靠海的劣势，以至于长时间以来总体开放水平大大低于东部和西部地区。长江中游城市群的合作联动与一体化发展，在本质上实现了整个中部地区的联通与合作，从而在整体上实现了同东部与西部的无缝对接，并因此形成准沿边、准靠海的地理格局，架起对东西部地区和国外开放的桥梁，在提高中部地区开放水平的同时，促进全国开放水平的进一步提升。三是有利于探索新型城镇化道路。城镇化发展是我国现代化建设的必由之路。但城市的各自发展必然造成城市功能雷同、布局不合理、集约程度低等问题及各种各样的"城市病"。长江中游城市群的合作联动与一体化发展，有利于在实现城市间优势互补、合理分工的基础上，优化城市的功能与结构，提升城市的品位和质量，有效解决"城市病"，为探索新型城市化道路积累经验、提供示范。四是有利于推进新型工业化进程。城市化进程也是产业集聚发展和优化升级的过程。作为我国重要的能源原材料基地、装备制造及高技术产业基地，长江中游城市群的合作联动与一体化发展，有利于集中优势资源，做强做大重点产业；有利于强化自主创新，提高工业化层次与水平；有利于实现分工合作，形成相互支撑、有机配套的产业体系。

二、推进长江中游城市群建设任务艰巨、挑战严峻，必须坚持正确的方向和思路

推进长江中游城市群合作联动与一体化发展具有很强的创新性，发展要求较高，且面临着思想认识不足、合作基础不牢、体制机制不顺等诸多难题，要保障工作的顺利推进，应当坚持底线思维，秉持一些重要的原则。一是注重统筹兼顾。基于一体发展和未来要求，正确把握和处理城市布局与功能划分、基础设施建设与管理水平提升、经济社会发展

与生态环境保护、人民生活改善与城市精神塑造、城乡协调发展与公共服务均等化等重大问题，统筹谋划、协调推进。二是坚持互利共赢。探索建立城市群内横向利益分配机制，对跨地区投资与产业转移、资源开发利用、生态环境保护与治理、生产要素流动与交易、重要产品生产与流通等方面的利益分享或补偿形成合理的政策安排与规范的制度设计。三是促进优势互补。充分发挥各个城市的比较优势，进一步突出主体功能，促进形成合理的地域分工格局，实现错位发展、协调共进。与此同时，要通过深化合作积极培育和形成新的比较优势，提升城市群整体竞争力。四是强化创新驱动。把创新作为城市群发展的支撑和动力，积极推进管理体制创新，努力形成灵活高效的社会服务体系和国际化的营商环境，不断增强自主创新能力，推动产业结构优化提升。五是推动集约发展。充分考虑各地的资源禀赋、环境容量和发展潜力，遵循城市发展规律，借助合作联动，优化开发格局，避免重复建设，提升集约程度。

三、推进长江中游城市群合作发展要谋于高远、工于细末，切实打好基础，精心做好每一项工作

长江中游城市群的合作要不断走向纵深，在思想上必须居高谋划、从长计议，在行动上则应脚踏实地、一丝不苟。眼前，要特别做好一些并不显眼但却十分重要的基础性工作。一是深入研究关键问题。总结了解城市群发展的基本理论、内在规律和成功经验，深刻把握长江中游城市群的发展现状、问题和要求，深化对一些重大问题的研究，提出发展的方向、思路，找准主攻点和突破口。二是探索建立合作机制。充分借鉴国内外有益实践，立足现有工作基础，探索建立高层协调机制和务实的推进机制，及时谋划重大事项和解决突出问题。三是有效利用功能平台。充分发挥现有各类合作平台在创新合作路径、促进融合发展和扩大全方位开放等方面的探索试验和辐射引领作用，根据实际需要推动建设一批新的功能平台，进一步创新合作方式、拓宽合作领域、优化合作路

径。四是科学选择合作重点。由浅入深、由易到难、由急到缓,确定合作的内容与重点,并建立必要的激励与约束机制,推动合作扎实、有序地深入展开。

我们将按照中央领导同志的指示精神,进一步加强长江中游城市群发展相关重大问题的研究,并会同有关部门在规划编制、机制建设、政策安排等方面给予四省积极的支持,共同推进长江中游城市群合作联动与一体化发展不断走向深入。

切实做好长江中游城市群
一体化发展规划[*]

按照国务院领导同志的指示和国家发展改革委党组的部署，我们今天组织召开长江中游城市群一体化发展规划前期工作会议。这是第一次在国家层面研究部署长江中游城市群一体化发展规划编制工作，也是第一次对长江中游城市群一体化发展有关重大问题进行细化研究和推进工作做细致安排的会议。召开这个会议已经具有很好的基础和条件：一是长江中游城市群相关地区和城市间的实质性合作不断向前推进并取得了不少成就；二是初步形成了推进合作多层面且富有成效的工作机制；三是对涉及合作的有关理论和实际问题进行了不断深化的研究，为编制规划提供了很好的思路和借鉴；四是经过各方努力，为推进长江中游城市群一体化发展及相关规划的编制形成了很好的社会氛围、扩大了影响；五是中央高度重视，中央和国务院领导同志多次就促进区域协调发展和长江中游城市群合作发展作出指示。所以，在这样一个良好基础和有利条件下，我们研究编制规划更加充满信心，也有了明确的方向。

上午虽然时间不长，但听了几位主任、市长和专家的发言后，我感觉这个会议开的质量很高。大家的发言言简意赅，直奔主题，有观点、有深度，对会前提出的几个问题都做了准备和考虑。今天大家谈的一些观点虽然不一定都能写到规划中，但对规划编制有一定的指导意义，我

---

* 本文系作者于 2013 年 9 月 26 日在湖北省武汉市召开的"长江中游城市群一体化发展规划前期工作会议"上的讲话。

们在规划编制过程中会对这些观点进行深入思考。我经常讲，指导性不仅来自上级，也来自工作层面。可以说，今天的会议达到了目的，对某些问题做了细化研究，对工作层面如何推进也提出了细致的建议和思路。我已经参加了多次三省或四市组织的与长江中游城市群有关的会议，在这些会议上也谈了一些观点。今天受大家启发，我再补充谈几点意见。

一、要充分认识推进长江中游城市一体化发展的重要意义和编制规划的重要性

长江中游城市群这个概念是由湖北、湖南、江西、安徽四省共同提出来的。为什么中央对此那么重视，为什么我们拿出那么多精力来研究这个问题？表明大家提出的这个思路符合发展的趋势、符合国家的需要、符合地方的实际，在地区和全局中具有重要的意义。我觉得这种重要意义体现在这些方面：

（一）有利于促进中部地区的全面崛起

目前中部崛起的架势已经拉开，但又处在加快崛起、全面崛起的关键时期。东部地区在转型，一旦转型成功又将焕发青春。从2007年开始，西部、东部发展的领先势头在今年出现了变化，东部省份重新占领发展制高点，西部一些省份仍然保持领先发展的势头，如果国家继续给予西部地区强力政策推动的话，这一势头仍将保持。东部和西部的这种增长势头对我们中部地区造成了一种紧逼的态势。如果中部地区不采取有力的措施，中部地区在东部、西部快速发展的环境中将处于不进则退的境地。从综合优势看，中部地区是潜力最大的区域。国务院领导曾多次提到中部地区可能是最具发展活力的地区。《国务院关于大力实施促进中部地区崛起战略的若干意见》（国发〔2012〕143号）中也提到，中部地区是推进新一轮工业化和城镇化的重点区域，是内需增长极具潜

力的区域，在新时期国家区域发展中具有举足轻重的战略地位。但这些综合优势如何发挥出来，必须要有"招"。这些"招"可以分成几个方面看：一是从领域方面看，中部要发展什么；二是从体制机制看，要构建什么样的体制机制才能将潜力发挥出来；三是从区域板块看，哪些地区能成为中部地区保持快速崛起的支撑。经过研究，我们觉得以四省会城市为支撑的四大城市群，在资源、人口、创新等方面具有显著的优势，能够成为促进中部地区加快崛起、持续崛起的关键地区和有力支撑。中部崛起依赖于这个板块，因此把这个板块打造好非常重要。几年前，武汉市就在研究长江中游城市群能不能成为国家发展的第四极。目前想争当第四极的地区还不少，但是我以为，把长江中游城市群打造成为中国经济增长第四极的说法最为靠谱。从这个角度来说，长江中游城市群一体化发展不仅能成为中部地区崛起的重要支撑，也能成为整个国家经济社会发展的重要支撑。

（二）有利于探索新型城镇化发展的道路

长江中游城市群的发展首先是区域发展，是以城市发展来带动和支撑的区域一体发展。城市的发展特别重要，但城市的发展又不能限于城市本身，必然涉及区域的发展。我们这个地区的发展要解决一些非常重要的问题，这些问题首先是城市的问题，包括城市的模式、功能、形象、精神、结构。这些问题中既有比较的问题，比如说城市和城市之间功能不能雷同、城市间如何合作互动等，同时又有城市本身自带的问题。现在我国很多城市都有很严重的"城市病"，比如交通拥挤、环境污染、城中村的问题，而且城市中还包含了大量的农村人口，这些都是我们在研究城市发展中必须考虑的问题。长江中游城市群也是如此，不仅包含了许多城市，还有大量的农村区域，在全国城市发展中具有典型性。如果我们在长江中游城市密集的区域能够率先破解城市本身的问题、城市之间的问题、城乡统筹问题、城市发展和区域发展的问题，无疑就为探索中国新型城镇化的道路提供了示范和路径，解决了中国城市化发展路上的大难题。

（三）有利于提高长江全流域开放开发水平

长江是我国很重要的一个交通带。长江中游城市群依托长江，临江而居。历数世界发达地区，一般有大河流域支撑的地区都是发展比较好的地区，同时也是开放程度比较高的地区。但我们这个地区比较特殊，开放相对不足，进出口贸易水平和对内对外开放程度都比较低，对内是竞争多于合作，对外开放程度甚至比不上一些西部地区。如果我们能解决开放合作的问题，以城市发展来带动提高开发开放水平，从而带动长江中游乃至整个长江流域开发开放水平，就能为同类地区提高开发开放水平提供示范，也为整个国家提高开放型经济水平拓展了一条新路。从某种程度上来说，长江中游城市群一体化发展就是开发开放的发展。一体化发展是潮流，但难度很大，特别是现在我们以行政区域来指挥社会经济发展，各个行政区都有相对独立的利益，政绩考核制度、干部制度等因素看起来不直接指导我们的行为，但实际成为我们行为发生的重要依据。在这种情况下，怎么走一体化道路是个大问题。现在大家都在追求合作，都在想方设法通过一体化发展来寻求自身利益和发展空间，但在实际过程中又障碍重重。在这种形势下，以四个省会城市为核心的四大城市群如果能在合作发展方面走出一条路径来，无疑会对全国范围内推进区域一体化发展、推动形成统一市场具有重要意义。过去在发展经济方面是搞"一刀切"，搞集中统一。从政府层面来讲，从过去搞"一刀切"变成分类指导，从政府的统一管理、一体推进，变成市场、区域的一体化发展，这是体制的根本变化，做到这一点很重要，但又非常困难。我们要进一步认识到推进长江中游城市群一体化发展的重要性，认识到编制好规划的重要性。编制规划要站在较高的基点，内容要更加实在。

二、要继续深入研究一些重大问题，从而使这些问题成为规划中的核心内容并加以科学体现

这些重大问题主要涉及以下六个方面：

（一）要核定范围

范围是个很重要的问题，范围涉及我们的能力，涉及国家给予政策的优惠幅度，涉及推进过程的顺利程度。表面上是个地域问题，实际上是在规划中能不能体现含金量、规划能不能顺利实施的问题。一般来说，范围越大，优惠政策越少、实施难度越大。我们在原来湖北、湖南、江西三省的基础上增加了安徽的合肥及相关城市，尽管在各个层面都进行过商讨，但对范围的认识还不能完全统一。今天我也不能给一个明确的答复，只能强调以下两个观点：一是范围的最后确定应当以流域为基础，同时考虑经济一体发展的内在关系和经济联动的要求。二是在符合经济联动、经济内在关系的基础上，不能拘泥于自然地理的约束。很多以地域命名的组织并不仅限于该区域，比如说上海合作组织。因此，在范围的确定上要合理结合，我原则上赞成以四个省会城市为主体，再延及周边，以城市群、城市圈作参照系，具体范围还可以商榷。对此我们会尽快讨论，及早确定下来，并征求大家意见。

（二）要把握主线

一体化是方向，是潮流，长江中游城市群存在不少影响发展的障碍，推进一体化发展对于促进这一地区发展非常重要和必要。实际上四省之间的一体化发展已经开始了，包括签订了很多协议、推动重点领域合作等。我们也做了推进一体化发展的一些辅助工作。一体化本身有程度之分，我们可以由浅入深地推进。我们要坚持长江中游城市群在合作基础上的一体化发展，在编制一体化发展规划中对一体化发展内容、先后顺序、一体化程度进行科学的安排，从实际出发，目标不能定得太高。

（三）要优化定位

科学定位是一体化发展能否成功的关键。如何找准定位？既要考虑国家战略需要，也要考虑自身的潜力和优势。我以为可以从以下几点来考虑：一是我国发展的重要的新增长极。能不能明确提出打造中国经济增长"第四极"，还需要讨论。但我们的实际意思就是要打造"第四极"，但在文字上如果直接说，则可能会引起争议，反而会给我们增加压力。二是新型城市化发展的示范。三是在一体化发展方面上要有定位。四是成为内陆地区开放的高地。这四个方面都要体现。另外，定位也不能太多，定位多了，既冲淡了主题，人家也记不住。这方面还需要好好琢磨琢磨。

（四）要明确任务

在规划中究竟要阐述什么？城市群的发展不仅仅是城市的问题，还有农村的问题、区域的问题；城市的问题不仅仅是城市内部的问题，还有外部的问题；城市的内部问题不仅有城市建设本身的问题，还有发展与环境的问题、发展与改革开放的关系问题、发展与稳定的问题，等等。这些问题都要在规划中或轻或重地体现，哪些是核心的、哪些是最重要的，应该有个合理的取舍。

（五）要确立机制

机制要有两个层面：一是务实推进机制。包括四个省会城市在内，要真正扎扎实实推进合作，一定要有务实的推进机制，并确保横向之间能够联动起来，否则签多少协议都没用。二是高层协调机制。这个协调机制要切实解决长江中游城市群之间或者区域间解决不了的问题。刚才有同志提议建立由一位副总理任领导小组组长的部际联席会议机制，这个我估计比较难。国务院通盘考虑，目前对部际联席会议机制予以严格限制。但这种机制的确非常管用，如果长江中游城市群能够组织一次有关部委参加的联席会议，即使不需要副总理出席，也能解决很多重大问题。这个协调机制要有，好在中央对这个事很重视，这是我们很好的一个条件，大家再琢磨琢磨，看怎样处理比较适宜。

(六) 要落实政策

在规划里面一定要有实实在在的政策。要政策是必须的，但要研究政策要解决什么，要什么政策，哪些政策是可行的。我们所要争取的政策，一方面要和我们这个地方的特殊需求结合起来，解决特殊问题，不容易造成攀比，最难搞的政策往往是容易造成攀比的政策。另一方面，最容易争取的政策是跟国家先行先试任务结合起来的政策，比如上海自贸区的建设，符合国家先行先试的需求，就可以提一揽子的很多政策。规划一定要有一定的含金量，这些年来区域规划为什么受欢迎，就是因为区域规划比较实在。这种实在体现为两点：一是充分体现地方需求，规划在制定过程中是中央与地方一起制定的。二是国家主动牵头制定规划时，管理角度就发生了变化，不是地方来找部委时"砍一刀"，是部委主动走上前为地方服务，从解决问题的角度来编制和实施规划。

三、要以务实的精神和高度的责任感紧锣密鼓地做好规划编制前期工作，为编制好规划打牢基础

初步考虑，我们今年主要是前期研究，争取明年尽早启动规划编制。为此，在思想上必须居高谋划、从长计议，在行动上则应脚踏实地、工于细末，为规划编制打下扎实的工作基础。

（一）要高度重视、加强配合

为什么要高度重视？我们有高度重视的必要。国家来为一个地方做规划，本来就是一件很了不起的事，最起码能帮助我们明确发展思路，何况规划里或多或少会装点项目、装点政策。这方面广西就做得很好，他们提出不管哪个圈都争取加入，只有好处没有坏处。所以，希望大家抓住机遇、加强配合，特别是四个省会城市要带头加强互动，轮流坐庄来解决一些问题。

（二）要深化调研、打牢基础

一是要研究明白一些重大问题，特别是我刚才说的六大问题，要以省为单位统一思路。刚才几位同志发言的内容，请各省回去以后整理一下，以省发改委的名义给我们来个局面材料，供我们研究。二是要由浅入深，对促进合作和一体化发展的一些具体内容进行研究，这对规划编制很重要。三是希望在年底之前，四省就本省推进长江中游城市群一体化发展提供一个规划初稿，这个稿子可以侧重本地需要、兼顾整体需要来编制，作为一个基础材料。

（三）要强化对接、优化诉求

一是要加强与国家已有规划的对接，现在国家已经出台了不少区域规划和政策文件，我们要认真梳理国家促进区域发展的有关重要规划和政策文件，研究哪些政策是可以延伸过来的，哪些政策是要争取的。二是加强与有关部委的对接，现在这个工作就可以开始启动了，要把与部委对接的成果固化到规划中，作为下一步的行动方案。

今天的会议开得很好，我也受了很多启发。刚才我也是即兴发言，不一定对，主要是与大家进行讨论。以后我们还会采取各种形式来听取大家的意见，争取明年上半年能共同把这个规划编制出来，形成一个能体现国家战略导向、同时也符合大家需要的高质量的规划。

深化长江中游城市群一体化探索[*]

长江中游城市群是以中部沿长江的武汉城市圈、长株潭城市群、环鄱阳湖城市群为主体形成的特大型城市群，其地理区位优越，资源要素富集，经济基础良好，人文优势突出，在我国国土空间综合开发和区域发展格局中处于十分重要的地位。而长江黄金水道作为天然纽带和坚实支撑，有力促进着长江中游地区各城市间的合作联动由浅入深地向前开展，近几年来，在国家重大区域发展战略的引领下，已由交通水利等基础设施领域向产业布局、环境保护、公共服务、市场建设等多方面推进，合作发展已渐成为自觉行动，一体化趋势日益明显。

长江中游城市群一体化建设，关乎区域发展，也影响全国大局，具有多方面的意义。一是有利于促进中部地区的全面崛起。中部地区已跃入加快崛起、全面崛起的发展轨道，从区域发展的角度看，则处于不进则退的关键时期。中部地区经济增长速度从2008年起开始超过东部地区，占全国GDP的比重稳步提升，但这种发展势头并不稳固。东部地区发展基础扎实，核心生产要素优势明显，发展方式转型一旦完成，可望继续引领经济增长的潮头；西部地区资源要素供给潜力很大，因其开发在区域发展总体战略中的优先地位而拥有国家政策的强力支持，在今后一个时期继续保持快速发展应是必然。在这种"你追我赶"的区域发展态势下，中部地区保持良好的发展势头需要注入新的动源、寻求新的

---

[*] 本文系作者为《长江中游城市群新发展战略》一书写的序言，该书由武汉出版社2014年11月出版。

支撑。在充分发挥城市本身特殊能量的基础上,通过一体化发展,能够避免城市间低水平重复和恶性竞争,从而进一步凸显和强化比较优势;能够在更大范围配置资源和要素,提高发展效率与效益;能够动员各种有效手段和创新要素,增强抵御风险和攻克难题的能力。因此,推进长江中游城市群一体化发展,将大大提升城市本身的发展速度与质量,推动形成新的区域增长极,从而为中部地区加快崛起、全面崛起提供强有力的支撑。二是有利于探索新型城镇化发展的道路。新型城镇化发展是城镇可持续发展的必由之路,也是国家现代化发展的必由之路。与我国其他地区一样,长江中游各城市普遍存在着品质较低、功能雷同、布局分散、管理粗放、软硬件脱节等问题,严重影响了城市的运行效益,不同程度地存在着"城市病"。推进城镇化,走中国特色的新型城镇化道路,已成为我国的战略选择。长江中游城市群一体化发展,有利于依据现实经济基础、地理区位条件和资源环境承载能力等,从整体上审视和重塑各城市的功能,实现合理分工和优势互补;有利于统筹城乡发展、资源要素配置和社会服务,提升城市间的公共服务供给能力和均等化水平;有利于协同推进基础设施、体制机制等软硬件建设,优化城市管理服务,从而率先走出一条经济低碳、城市智慧、社会文明、生态优美、城乡一体、生活幸福的新型城市化发展道路,为我国推进新型城镇化积累经验、提供示范。三是有利于提高长江中游及中部地区整体开发开放水平。依托黄金水道推动形成新的区域增长极,是世界经济发展的一般规律,许多发达国家的发展都把大河流域的发展作为重要支撑。国家提出,要谋划区域发展的新格局,由东向西、由沿海向内地,沿大江大河和陆路交通干线推进梯度发展,并做出了依托长江流域建设长江经济带的重要部署。长江中游是长江流域的核心地带,承上启下、扼襟控咽,而武汉城市圈、长株潭城市群、环鄱阳湖城市群等沿长江中游而立、借长江中游相连,其一体化发展,有利于协调推进航道系统治理和港口园区布局,有利于以河为托统筹铁路、公路、航空、管道建设,形成综合立体交通廊道,从而形成深化长江中游及长江全流域开发开放的强有力支撑。与此同时,其一体化发展在本质上促成了中部地区的整体联通,从而实现了中部同东部、西部地区的无缝对接，因此改变了中部地区地处内陆、不沿边不靠海的劣势，架起了深入推进东中西合作和中部地区向国外开放的桥梁。

推进长江中游城市群一体化发展，总体上说是一个新课题，既需要实践中的不断开拓，更需要理论上的积极探索。其中这样一些问题对于长江中游城市群一体化的持续健康发展显得尤为重要：一是目标。也就是要廓清一体化发展的基本方向和总体要求。大体上说，确立长江中游城市群一体化发展的目标，既要置于国家发展全局考量，使之体现国家战略意志，也要立足于自身实际，充分照顾现有基础和发展潜力，还要体现城市特有功能，反映其本身及对经济、社会、环境等带来的方向性变化。二是原则。也就是要确立一体化发展的科学的操作规制。在这个方面，顺应经济社会发展的一般规律和城镇化发展的特有逻辑，体现各城市的资源要素禀赋和比较优势，实现合理分工与协同发展的有机统一，处理好城市与乡村、经济与社会、经济发展与环境保护、功能拓展与体制创新等重大关系，坚持互利共赢等应该成为重要的内容。三是重点。也就是要明确一体化发展的主要任务。比之发达国家和地区，中国的城镇和城市群发展具有很强的自身特色，因此一体化发展的重点任务，不仅仅要包括功能优化、空间布局、产业铺排、公共服务、环境保护、管理体制创新等一般性内容，还应当包括有序推进农业转移人口市民化、行政区划调整等特殊内容。四是方式。也就是要把握好推进一体化发展的操作路径。方式决定效率，方式也决定方向。在运用由浅入深、由易到难、由急到缓等惯常办法推进一体化进程时，还要善于运用局部试点、重点突破、一体联动等有效做法。五是机制。也就是要着力形成推进一体化发展的体制保障。基于改革开放后区域开放合作的成功经验，应当把工作的重点放在两个方面，即推动形成高效的协调体制和内在的激励机制。前者包括推动建立城市群内各行政区首长及相关层面的沟通交流平台，建立非政府组织沟通交流体系，发挥中介组织、社会团体等的桥梁纽带作用；后者则主要涉及建立城市群间合理的利益分配机制，包括市场化的生态补偿机制，城际间关于资源、环境、重要产品等关键因素的利益平衡机制，跨城市投资、产业转移等重大事项利益分享机制等。如果上述这些问题的研究能够不断深化并形成共识，将对长江中游城市群一体化发展起到引领、深化和加速推进的作用。

我们看到，在长江中游城市群一体化发展的实践积极推进并取得初步成效的同时，理论界的探索也一步步深入展开，陆续提出了一批重要的研究成果。武汉发展战略研究院精心梳理，将其中的一些成果汇编成册，冠以《长江中游城市群发展战略研究》之名出版发行，这是做了一件非常有意义的工作。览读全书，感觉特点鲜明、亮点频现。印象较为深刻的：一是比较客观地分析了长江中游城市群一体化发展的现实基础，指出了实现一体化面临的一些重大挑战，这些分析能够提醒实践者充分认识一体化进程的艰巨性和复杂性，从而坚持问题导向，对症下药、全力以对。二是对长江中游城市群一体化发展的方向、重点、步骤、方式等关键问题做了较为深入的研究和描述；从战略层面提出了一些思路和举措，这些带有顶层设计性质的探讨分析，对实践者制定有关一体化发展的总体规划和专项方案具有特殊价值。三是基于不同角度对支持长江中游城市群一体化发展提出了政策建议，这些建议不仅有利于实践层面开阔工作思路，也有利于决策层面科学制订支持举措。总之，本书对长江中游城市群一体化发展做了积极有益的探索，相信认真阅读它的人们都能从中得到体会和收获。

尽管如此，我还是要说，关于长江中游城市群一体化发展的理论研究还是显得远远不够，许多探讨仍然是初步的，虽然其中一些研究需要伴随实践的推进才能深入展开。殷切希望一切有志于此的专家学者特别是处于长江中游城市群地域之外的专家学者们，能够花更多的时间和精力来关注长江中游城市群一体化发展的实践进程，与时俱进地研究其中所涉及的全局与区域、综合与专项、现实与未来问题，努力提出科学的思路和见解。果若如此，将不仅有益于区域一体化发展的实践进程，而且将大大深化区域经济特别是区域开放合作理论的研究，为这个理论宝库增添一份具有独特价值的成果。

中部地区高质量发展与合作建设长江中游城市群[*]

自 2006 年国家实施促进中部地区崛起战略，迄今已历时 15 年。2021 年 4 月，中共中央、国务院颁发《关于新时代推进中部地区高质量发展的意见》（以下简称《意见》）。《意见》基于全面建设社会主义现代化的阶段性目标要求，以贯彻新发展理念为导向，对推动中部地区高质量发展作出了全面部署，实现中部地区崛起迎来了新的机遇。长江中游城市群不仅是长江经济带的重要骨架，也是中部地区的核心支撑，在区域发展乃至全国发展中具有举足轻重的地位。应当按照推进中部地区高质量发展的总体要求，合作建设高能级、高品位的长江中游城市群建设，同时依托其引领带动中部地区加快崛起。

一、中部地区崛起势头正劲、前景可期

《意见》认为，促进中部地区崛起战略实施以来，特别是党的十八大以来，中部地区经济社会发展取得了重大成就，"三基地、一枢纽"（即粮食生产基地、能源原材料基地、现代装备制造及高技术产业基地、综合交通运输枢纽）的地位更加巩固，经济总量占全国的比重进一步提

---

[*] 本文系作者于 2021 年 5 月 23 日在湖北省、湖南省、江西省政府联合召开的"2021 年长江中游三省市常务副省长联席会议暨首届'共同推进长江中游城市群高质量发展研讨会'"（湖北省武汉市）上的主旨讲话。

高，科教实力显著增强，基础设施明显改善。社会事业全面发展，在国家经济社会发展中发挥了重要支撑作用。事实的确如此。深入观察分析一下，促进中部地区崛起所取得的成就在一些方面体现得十分突出和清晰，主要是：

（一）经济增长持续加快

促进中部地区崛起战略提出之前，中部地区经济增长速度不仅低于东部地区，也低于西部地区，2006年跌入四大区域板块的末位。中部人调侃自己是"不东不西、不是东西"。国家战略提出后明显提速，2008年地区增长超越东部，居于四大板块的第二位；2017年，中部地区以9.86%的增速跃居四大板块第一。2018年被西部小幅度反超，但2019年又回归第一，超过西部2个百分点以上。2020年新冠疫情肆虐，受疫情中心地区湖北经济-5%的影响，中部地区整体增长明显低于西部，但除河南偏低（1.3%）外、湖南（3.8%）、安徽（3.9%）、江西（3.8%）、山西（3.6%）四省都实现了3.6%—3.9%的增长水平。

（二）经济总量占比不断提高

在四大区域板块中，中部地区2006年的占比为19.73%，2012年达到21.64%，2019年则达到22.13%；尽管受到新冠疫情的严重冲击，2020年仍然达到21.87%。

（三）科教实力显著增强

合肥综合性国家科学中心等一批重大科技创新平台落户中部，研发支出与地区生产总值之比明显提高，关键核心技术攻关能力不断增强，取得了一批具有区域和国际水平的重大科技成果。数字化、智能化建设大力推进，相关基础设施走在前面，一批重要的高技术和战略性新兴产业基地建立。教育事业全面发展，区域优势进一步巩固，义务教育优质均衡和城乡一体化加快推进，基本公共教育均等化程度显著提高。

(四) 城市品位大幅提升

大力推动农村人口向城镇转移，城镇化水平显著提高；中小城市和小城镇发展迅速，城镇化空间结构不断完善；武汉、郑州成为国家中心城市，培育形成了一批省域副中心城市，城市群都市圈和中心城市的带动作用进一步增强；结合功能优化和城市更新行动，长沙、合肥、南昌、太原等省会城市品质呈现革命性转变，带动了全域城市的高质量发展。

十多年前，我在有关场合就谈到，综合而言，中部地区将会是各区域中发展潜力最大、成长性最好的地区。我们看到，这种潜力正逐渐被激发出来，而中央的战略指导和政策跟进起到了十分关键的作用。几乎每一个重要时期，中央都颁布相关文件或规划，指明促进中部地区崛起的方向与路径。在 2006 年 4 月出台《关于促进中部地区崛起的若干意见》的基础上，2009 年 10 月，国务院批准颁发了《促进中部地区崛起规划》；2012 年 8 月，国务院出台了《关于大力实施促进中部地区崛起战略的若干意见》；2016 年 12 月，出台了《促进中部地区崛起"十三五"规划》。2019 年 5 月，习近平总书记在江西主持召开推动中部地区崛起工作座谈会时指出，中部地区崛起势头正劲，中部地区发展大有可为。要乘势而上，推动中部地区崛起再上新台阶。习近平还提出了 8 个方面的工作任务。新出台的《意见》强调，中部地区要以推动高质量发展为主题，充分发挥区域比较优势，着力构建以先进制造业为支撑的现代产业体系，着力增强城乡区域发展协调性，着力建设绿色发展的美丽中部，着力推动内陆高水平开放，着力提升基本公共服务保障水平，着力改革完善体制机制，推动中部地区加快崛起。我们看到，在国家战略推动下，过去十多年来中部地区实现了超常发展，而今处于新的发展时代，拥有了新的优势，获得了新的动能，必然前景辉煌，促进中部地区崛起计日可期。

二、实现中部地区高质量发展要力克短板、紧扣关键

国家经济已由高速增长阶段转向高质量发展阶段，中部地区崛起的根本使命在于实现高质量发展。所谓"高质量发展"，概括地说，就是全面体现新发展理念的发展，是经济质量、结构、规模、效益、速度、安全相统一的发展，是不断满足人民日益增长的美好生活的需要的发展。具体地说，高质量发展直接与下面四个方面的状况相联系：一是经济发展是否充满活力。高质量发展体现了供需高效衔接、高速循环，必然是充满朝气与活力的。活力直接体现为经济的创造力、竞争力和可持续发展能力，其背后隐藏的是实力、潜力和动力。如果要用一些指标来衡量的话，那么世界级品牌增长状况、关键核心技术创新状况、流动人口数量、数字经济发展状况等无疑应包含其中。二是社会运行是否和谐、有序。和谐、有序寓含的是各种社会要素、各类市场主体、各项重大比例关系等的有机结合与动态平衡，它涉及公正的体制和有效的管理，体现为政府治理与社会调节、居民自治的良性互动，反映着国家及区域治理体系与治理能力的现代化水平。三是人居环境是否安全、舒适。高质量的发展必然是有益于人民身心健康的绿色低碳发展，是人与自然的和谐共生。高质量发展不仅要提供充裕而优良的产品与服务，而且要建立节约资源和保护环境的空间格局、产业结构、生产方式、生活方式，为人们提供天蓝、土净、水碧的美丽田园。四是人民生活是否开心、快乐。高质量发展意味着物质文明和精神文明的协调发展，意味着富裕与幸福的有机统一，意味着效率与公平的协调平衡，意味着存在感、获得感、安全感、舒适感的一体融合。这不仅要求财富与收入的增长，还需要公平公正权利的保障。

推进高质量发展，中部地区具有诸多优势，如地理区位独特、资源要素丰富、市场潜力巨大、文化底蕴深厚等，但也不可以小视存在的问

题与困难。《意见》指出，中部地区发展不平衡不充分问题依然突出，内陆开放水平有待提高，制造业创新能力有待增强，生态绿色发展格局有待巩固，公共服务保障特别是应对公共卫生等重大突发事件能力有待提升。还应当明白，许多优势的呈现是附有条件的，处理不好就会转化成劣势。综合而言，推进并实现高质量发展，中部地区面临的主要挑战有如下三个方面：

（一）协同发展的挑战

对中部地区来说，协同联动发展是实现高质量发展和加速崛起的关键路径，但实现协同联动面对着一系列关键因素制约。从自然地理环境看，虽然从整体上说，中部地区具有承东启西、连南接北的中心与枢纽地位，但基于内部而言，其板块的黏合度并不高，有的专家甚至认为中部地区在地理上难以构成一个完整的区域板块。反之，中部地区的一些省域在地理位置上与其他区域板块紧密关联，促使他们愿意就近融合、傍邻而行。这对推进跨区域合作十分必要，但却不利于中部地区内部省域间的深层联动。从产业结构看，除个别省份外，中部地区大部分省份间差异较小，同构度高。六省之中粮食生产区有 5 个，绝大部分属于资源性省份，传统产业比重较大，新兴产业特别是先进制造业发展不足但省域间重复配置较为严重，这种状况往往会形成地区间激烈竞争而阻碍主动深入的合作。从文化观念看，中部地区各省份文化底蕴深厚，是中华文化的主要发源地和优势传统文化的标志性承载地。这里钟灵毓秀、鸾翔凤集，这种状况滋养了人们自信自强和不服输、敢拼搏的品格，有利于树立进取意识，积极开展创新与突破，但也容易导致单打独斗、自以为是和逞强好胜，对资源整合、地区联动、机制耦合等造成不利影响。

（二）纵深开放的挑战

开放是区域合作联动的重要内容，是更为宽广的经济循环形态，是异于内需而又推动内需的促进经济发展的一种重要动能。实施高水平的对外开放，将会大大加速中部地区高质量发展的进程。但过去中部地区开放水平一直偏低，未来推动开放向纵深发展仍然充满困难，其制约因素也涉及地理、产业等方面。从地理区位看，中部地区依靠计划配置资源的时代的确享有"居中"之利，自然而然成为资源配置的重区和物流运输的枢纽。但市场机制配置资源则使沿海临边地区尽显地缘之便，从某种程度上说，沿海临边成为开放的象征和高水平开放的保障。中部地区处于内陆中心地带，通江达海不仅面对各种区际阻碍和行政限制，而且存在交通基础设施等的约束。虽然地跨长江、黄河等重大水道，但受水道本身通畅水平和地区间发展基础差异等的限制，深化开放难度较大。从产业层次上看，在四大区域板块中，中部地区产业结构处于不高不低的水平，这种结构使中部地区在产业转移承接中处于较为尴尬的状态：东部转来的不一定愿接，自身转出的西部不一定愿要，"蛙跳效应"展现得较为明显，也直接影响到中部与其他区域开放合作的深层次展开。

（三）空间统筹的挑战

基于资源禀赋等条件，中部地区成为国家重要的农产品生产特别是粮食生产基地，把饭碗牢牢掌握在自己手中并让饭碗中装自己生产的粮食，中部地区做出了特殊的贡献。但粮食附加值低，且难以依据市场机制大幅提价，因而很难凭其实现快速发展。与此相应的是，中部地区农村范围较大，即使大力推进工业化、城镇化发展，也不能随意将农业用地转为工业基地。在二元经济体制仍然牢固的情况下，农村大范围的存在意味着经济发展的相对迟缓，也意味着经济质量提升的特殊艰难。事实上，在实现全面建成小康社会目标之前，中部地区存在不少贫困地带，大约一半省份的贫困人口数量位居全国前列。城乡融合发展并最终实现一体化并不是一件容易的事，产业空间布局的特点会直接影响到中部地区推动高质量发展的进程。

推进中部地区高质量发展，加快实现全面崛起，必须抓住机遇，把握优势、正视挑战，在一些关键方面下功夫。《意见》立足新发展阶段、贯彻新发展理念、构建新发展格局，从中部地区实际出发，提出了五个方面的重大任务，即坚持创新发展，构建以先进制造业为支撑的现代产业体系；坚持协调发展，增强城乡区域发展协同性；坚持绿色发展，打造人与自然和谐共生的美丽中部；坚持开放发展，形成内陆高水平开放新体制；坚持共享发展，提升公共服务保障水平。贯彻落实好《意见》，扎实做好这些重点工作，中部地区无疑会迈上更高台阶、展现新的辉煌。

三、长江中游城市群在推进中部地区高质量发展进程中要勇往直前、争当尖兵

以武汉、长沙、南昌等城市为主体的长江中游城市群，在一系列国家重大区域战略推动下不断发展壮大，成为国家特大型城市群之一，但仍然面临着进一步改善结构、优化功能、提升品质等艰巨任务。对于推进中部地区高质量发展来说，长江中游城市群建设既是核心内容，又是重要支撑。长江中游城市群应当在推进中部地区高质量发展中充分发挥引领带动作用。

这样做不仅是必要的，也是可行的。长江中游城市群及其高水平建设、高质量发展具有如下一些显著特点：

（一）地位重要

长江中游城市群是中部地区城市群的龙头，是长江经济带三大跨区域的城市群之一，是推动中部地区经济发展的主体力量。2020年，长江中游城市群以全国3.4%的土地面积和9%的人口数量创造了约9%的经济总量。长江中游城市群建设对促进中部地区加快崛起，对长江经济带的高质量发展都起着举足轻重的作用。

（二）条件优越

长江中游城市群综合实力较强，是中部地区发展最好的地区；人口、产业和一些重要的创新资源高度聚集，基础设施、公共服务等支撑

条件优良；市场体系相对完善，主体领域改革框架基本确立；社会治理能力较强，营商环境建设位居前列。总体上说，长江中游城市群创新能力强劲、发展潜力巨大。

（三）状况典型

中部地区发展存在的许多问题在长江中游城市群表现突出，由于城市关系的复杂性和长江中游城市群的高优势，对这些问题的处置要求更高、难度更大。而作为先进和先行地区，还率先面对着一些新问题新挑战，其先行先试能够为其他地区探索道路、积累经验。

（四）中央重视

合作推进长江中游城市群发展不仅成为中部地区相关省市的共识，也体现在一系列国家的战略安排之中。2012年8月，国务院发布的《关于大力实施促进中部地区崛起战略的若干意见》明确提出，"鼓励和支持武汉城市圈、长株潭城市群和环鄱阳湖城市群开展战略合作，促进长江中游城市群一体化发展"。国家提出长江经济带发展战略后，长江中游城市群成为这一战略和促进中部地区崛起战略的交汇点，其高质量发展承担起一肩担两筐的作用。2014年9月，国务院颁发的《关于依托黄金水道推动长江经济带发展的指导意见》提出，"把长江中游城市群建设成为引领中部地区崛起的核心增长极"。2015年4月，国家编制的《长江中游城市群发展规划》正式出台。这一规划要求把长江中游城市群建设成为长江经济带重要支撑和具有一定国际影响的城市群，明确其战略定位为全国经济新增长极、中西部新型城镇化先行区、内陆开放合作示范区、"两型"社会建设引领区，并相应赋予了一系列先行先试的权利。《长江经济带发展规划纲要》（2016年3月）、《促进中部地区崛起"十三五"规划》（2016年12月）以及中央中共中央、国务院《关于建立更加有效的区域协调发展新体制的意见》（2018年11月）等重大规划与文件都对推动长江中游城市群发展提出了具体要求。这次发布的《意见》还特别强调了加强长江中游城市群内城市间的合作。

(五) 互动良好

过去十多年来，推进长江中游城市群建设的合作不断向纵深拓展，取得了一系列成果。2012年2月，湘鄂赣三省在武汉举行会商会，合作建设长江中游城市群（当时称"长江中游城市群集群"）工作正式启动。2013年2月，长江中游城市群省会举办第一届会商会，由武汉、长沙、南昌及地处长江下游的合肥四个核心城市联手牵头，共同打造以长江中游城市群为依托的中国经济增长"第四极"。至2020年，四省会城市会商会已举办了八届，分别形成了《武汉共识》《长沙宣言》《合肥纲要》《南昌行动》等一系列合作文件，各领域合作全面展开并不断走向深入。这些努力，既为新时代推进长江中游城市群高质量发展打下了坚实的基础，也积累了丰富的经验。

从这种基础和所拥有的特殊地位出发，长江中游城市群应当身先士卒，承担起推进中部地区高质量发展先行者、排头兵和动力源的职责。

四、建设高质量的长江中游城市群要强化合作、优化合作

长江中游城市群建设处于关键时期，承负新的使命、面临新的机遇。契合决胜全面建成小康社会、开启全面建设社会主义现代化国家的新征程，面对你追我赶、争先恐后的激烈竞争环境，长江中游城市群要超群出众、持续实现跨越发展，既需要各城市、各地区自身的砥砺奋进，更需要相互间的团结合作。应按照《意见》的要求，学习借鉴先进地区特别是长三角地区的经验，进一步强化合作、优化合作，协力推动长江中游城市群率先实现高质量发展。

（一）充分认识合作联动对长江中游城市群建设的重要性

地区间、城市间的合作联动的好处是多方面的，有利于实现合理分

工，从而减少乃至避免资源要素的低水平重复建设，推动做强做大地区比较优势；有利于在更大范围内整合和配置资源要素，提高整体创新能力，实现优势互补、相互支撑；有利于打通行政阻隔实现优质公共服务的跨地区共享，让发展成果惠及更多的人群，加快改善、提升民生福祉；还有利于凝心聚力、攻坚克难，有效化解棘手难题和重大风险。

过去几十年来我国经济社会获得了长足的发展，其动源来自各个方面。基于政府层面看，除了来自中央的科学决策、精准调控外，主要依靠各个地区的积极主动的创造性工作。万马奔腾、百舸争流的比学赶超给中国经济注入了持续的能量和不竭的活力。但我们应认识到，推动经济社会发展的另一种强大力量来自合作联动。深入分析我国的发展状况，能够看到两个明显的事实：一是伴随激烈的竞争，存在着地区间的相互封锁和恶性争夺，这带来了"大而全""小而全"的重复建设和捉襟见肘、力不从心的工作窘态；二是在热热闹闹氛围表象下的是地区间实质性合作举步维艰、踟蹰不前。这意味着，推进区域合作具有很大的潜力与空间，如果能把合作联动这股强大动能充分发挥出来，并通过合作联动解决单打独斗中存在的一些负面问题，经济社会发展无疑会展现出更加强劲的势头和更为优良的品质。

建设长江中游城市群合作联动具有特别重要的意义。可以说，长江中游城市群率先实现高质量发展的关键路径在合作联动，而从实际情况看，这方面的潜力仍然巨大。首先，长江中游城市群是由武汉城市圈、长株潭城市群、环鄱阳湖城市群等集合而成的，合作是前提、是纽带，更是路径。不合作就很难形成功能耦合、结构协调、相互支撑的城市群。从这个角度看，合作不仅决定着建设的效率，更决定着建设的成败。其次，过去十年来长江中游城市群所涉地区主动作为、扎实工作，合作在各领域全面展开，取得了显著成绩，但仍然存在薄弱环节。从整体上说，城市群各城市、各地区间的竞争依然激烈，以己为先、画地为牢的状况依然明显，竞争大于合作的格局没有真正改变，不良竞争尤其是隐性不良竞争并不少见。具体而言，长江中游城市群在高端要素流动、优质公共服务共享、重要产业统筹、协同创新体系构建、功能平台打造、治理规制对接等方面合作都存在明显不足,深化的空间较大。长江中游城市群在关键领域和制度层面合作不够深入,主要制约于行政板块治理体制,但也与中部地区某些独特的区情有关。最后,就全国而言,长江中游城市群各城市、各地区的合作尚不处于领先位置。长三角地区、珠三角地区都有较长时期的区域合作探索,已形成了较为稳定的合作机制和成熟的合作方式。党的十八大以来,以跨区域跨流域协同联动为重要指向的相关区域重大战略的出台,又为这些地区深化合作提供了基本路径和强大动能。其中,中央要求包括安徽在内的长三角区域开展一体化发展探索,而一体化是区域合作的最高层次。在这样的情势下,犹豫彷徨或浅尝辄止都会使地区发展陷入被动。长江中游城市群所涉地区应充分认识深化区域合作的重要性和紧迫性,在充分激发内部活力或能量的同时,真心实意、真枪实弹开展区域合作,让两个轮子一起转,两只翅膀比翼飞,加快实现高质量发展,加快促进中部地区崛起。

(二) 立足一体化探索深化长江中游城市群城市、地区间的合作

一般来说,区域合作体现的是一个由浅入深的过程,其深度既决定于主观努力,也决定于客观条件。长江中游城市群有条件也有必要以一体化为基本指向推进区域合作。以省会城市为牵引的长江中游城市群城市、地区间的合作历时近十年,已经体现出一定的深度,而作为全国经济发展的高地和具有重要影响力的城市群,无论是基于自身的发展还是区域引领作用,都应着眼于最高层次、最深程度推进区域合作。何况国家已着手推动长三角区域一体化试验,作为长江经济带的三大城市群之一,长江中游城市群的合作既应向其对标看齐,也应保持协同一致。如前所述,早在 2012 年 8 月,国务院颁发的《关于大力实施促进中部地区崛起战略的若干意见》中就明确要求合作,促进长江中游城市群一体化发展。也就是说,推进一体化发展,也是国家对长江中游城市群建设的要求与期望。

基于长江中游城市群发展的现实基础、未来目标和区域合作的内在逻辑等的综合考量,长江中游城市群各城市、地区间应紧扣八个方面深

化合作，包括推进四个方面的一体建设、四个方面的一体协同。

需要城市间、地区间一体建设的领域所具有的特点是，地区关联度高、往往具有不可分割性；事关全局，既涉及区域经济社会的整体发展，又关系到普通人群的切身利益。大体上包括这样四个领域：一是重大新老基础设施。这是推进合作联动的物理基础与保障，应统一谋划、一体建设，形成标轨一致、互联互通、相互支撑的基础设施体系。值得强调的是，日新月异的科技创新已使基础设施体现出新的内涵，区际合作不仅要重视"铁、公、机"等传统基础设施的一体建设，也要重视对数字经济、信息网络、智慧应用等新型基础设施一体建设，实现新老融合和区际协同的有机结合。二是市场体系基础制度。通过共同努力，一体建设高标准的市场体系，重点是：全面打破地区封锁、行政分割，建立区域统一市场，实现资源要素的自由流动、自主配置；全面形成平等准入、公正监管的规制，平等对待各方、各类投资经营者；全面建立信用体系，形成诚信守法、能动规范的市场秩序。三是绿色生态环境。实行生态空间共保和环境一体治理，形成推动区域水、土、气质态持续优化和严格管控的联动机制，建立跨区域、跨流域、全链条、多形式的横向生态补偿机制，共同推动区域经济社会发展全面绿色转型。四是基本公共服务共享体系。基本公共服务便利共享是一体化的根本成果，是实现全域全体人民共同富裕的核心内容。应健全标准体系、创新促进机制，保障区域居民平等的发展权利，推动跨区域便利共享高品质教育、医疗、文化、旅游等公共资源，增强人民群众对区域一体化利益的直接感受。

为保障一体化持续推进并真正取得实效，还应努力做到地区间、城市间在一些重大事项上的一体协同。主要涉及这样四个方面：一是战略决策。除了协商制定一体化发展总体和专项规划，共同推进年度工作方案的实施外，各地区、各城市围绕经济发展所作出的重大战略决策，包括重大战略功能平台设立等也应加强协商沟通，做到相互照应、有机对接，与一体化方向契合协调。二是产业发展。产业发展直接决定着经济发展，而产业竞争是地区间的根本性竞争，产业同构是对区域乃至国家经济发展最大的伤害。应基于各地的资源禀赋和比较优势，统筹区域产业安排，力求错位发展，有机串接。尤其在战略性新兴产业和未来产业的发展上应统筹谋划、合理分工，切忌一哄而上，面面俱到，形成新的同质竞争。一些新兴产业可以采取合作园区、联动产业基地的方式实现共同发展。三是创新资源。创新是引领发展的第一动力，对推动产业基础高级化和产业链现代化，建立现代化经济体系起着核心支撑作用。各区域创新资源的相对有限，各自为战不仅使创新资源更为短缺，而且会在竞争中相互削弱。要把创新资源的一体协同放到突出重要位置，通过完善体制机制、加强政策对接等构建协同创新体系，最大限度形成合力，增强区域整体创新水平。四是重大项目。项目是一体化推进的有效手段和一体化成就的坚实载体，直接影响着一体化的状况。在努力推动实现一体化事项工程化、项目化的同时，应当加强城市间、地区重大项目建设的协调沟通，使其有利于区域联动，满足高质量发展需要。

（三）探索建立有力推动长江中游城市群合作联动的保障体系

在隶属关系不同的行政区域间，以一体化为目标推进合作联动具有特殊的艰难性和复杂性。要使长江中游城市群的合作不断走向深入，最终成为区域一体化的示范区和国家高质量发展的带动源，必须建立强有力的保障体系，形成高效率的推进机制。总结过去经验并充分借鉴其他区域的成功做法，特别需要结合实际开展如下方面的探索：一是强化组织协调，建立强劲有力的推进机制。学习借鉴长三角区域"三级运作、统分结合"合作机制经验，建立省级层面党政主管组成的领导协调机制，统筹谋划重大决策，协调解决重大问题，督促落实重大事项。进一步完善省会城市会商制度，明确责任主体、强化工作职责，形成处置高效、执行有力的工作机制。二是加强顶层设计，保障深化合作的正确方向和坚实力度。坚持规划总揽、方案制导，协同制订一体化发展的总体规划、专项规划和年度工作方案，使之作为推进工作的指南和评估考核的依据。并根据形势发展和实际需要针对解决突出问题，及时进行补充、完善。三是强化法律支撑，推动一体化操作务实用力。认真落实国家法律法规，构筑一体化发展的法制基础；积极运用省市立法权力，制定一批有利于一体化的法律法规；协商确立区域合作规制，以类法律的力度促优除劣。四是优化政策供给，增强一体化推进的动能与活力。加强沟通协调，形成与总体规划相对接的有利于一体化发展的政策体系和治理格局；探索建立一体化促进基金，强化经济手段对一体化发展的调节与支撑功能；及时借鉴国内各类改革开放先行区的成功做法，不断创新一体化的推进方式与举措；加强与国家相关部门的沟通交流，积极争取政策指导和项目支持。五是推动干部交流，提高一体化发展的适宜性与协同度。探索建立有机互动的干部人事制度，尝试对部分干部实行统一研究、交换任职选任机制；进一步加大干部的在城市群间的交换任职、挂职的力度，促进相互间熟悉区情，加强了解，增进互信。

最后，应努力推动长江中游城市群建设在现有基础上进一步上升为新时代国家区域重大战略。2012年，国务院已在相关文件中提出合力建设长江中游城市群要求，在今天长江经济带三大城市群中的其他两大城市群都已纳入国家区域重大战略的情况下，进一步提升长江中游城市群的战略高度，已成为推动长江经济带协调发展和促进中部地区高质量发展的迫切需要与逻辑必然。相关省市应积极汇报与沟通，以求获得支持与认定。

高质量编制《晋陕豫黄河金三角区域合作规划》*

编制《晋陕豫黄河金三角区域合作规划》是贯彻落实科学发展观、推进区域协调发展的一个重大举措,也是实现中华民族伟大复兴的中国梦的一个具体行动,对于推动我国欠发达地区经济加快发展,探索省际交界地区合作发展的新路径,推进区域合理分工和一体化发展都具有重要的意义。国务院已经批准编制这一规划,现在的任务是如何编制好规划。在此之前,我们已经做了大量扎实的基础性工作,包括国家发展改革委地区司与三省四市就工作程序和重点事项做了多次沟通,地区司委托宏观院国土所先行提出基础性研究报告等,但地区司和四市领导、有关省市发展改革委负责同志一起开会研究规划编制有关工作,这还是第一次。所以,今天的会议也可以视为《晋陕豫黄河金三角区域合作规划》编制工作的启动会。刚才,四位市长对编制规划提出了很好的思路和建议,令我深受启发。借此机会,我就如何编制好规划谈一些看法,供大家参考。

一、编制好晋陕豫黄河金三角区域 合作规划具有诸多有利因素

编制《晋陕豫黄河金三角区域合作规划》已经纳入国务院批准的

---

* 本文系作者于2013年9月2日在山西省运城市召开的《晋陕豫黄河金三角区域合作规划》编制工作会议上的讲话。

2013年区域规划审批计划，意味着这一地区的发展即将上升到国家战略指导的层面。规划编制直接关系到晋陕豫黄河金三角地区发展，我们应该竭尽全力。我以为，编制好《晋陕豫黄河金三角区域合作规划》具有诸多有利因素，突出的有三个方面：第一，客观条件优越。晋陕豫黄河金三角地区的区位、资源、经济等方面的特点有利于推进区域合作。地处中西部地区结合带，交流合作有了天然的地理支撑；各市资源禀赋厚实且各具特色，互助互补具备了现实可能；产业关联度较高，为统筹协调、共同提升创造了条件。而所有这些，都构成了合作规划编制的良好基础。第二，既有工作扎实。为推进区域合作联动，三省四市开展了系列卓有成效的工作。从组织层面看，四市领导高度重视，党政一把手亲自挂帅，主管市长具体负责，专门班子督促推进。今天的规划编制工作会议，四市主要领导悉数参加，足见对这项工作的重视程度。从工作推进层面讲，循着先易后难、由浅入深的路径，各项工作一步一个脚印地向前拓展。起初的合作主要体现在推进基础设施的互联互通和商品无障碍流动方面，尔后逐步扩展到规划、交通、信息、市场、产业、科教、旅游、环境等众多方面，目前已涉及经济与社会发展的各个领域。这些年扎实的工作实践，为我们编制规划提供了先进的思想理念和丰富的实践内容。第三，国家高度重视。在各方面的共同努力下，这一处于三省交界的边沿地区的发展受到了各级政府的高度关注。两任国务院总理都作出了批示，指示要大力推进晋陕豫黄河金三角区域合作。国务院领导同志还特别强调合作规划要由国家制定，通过晋陕豫黄河金三角区域的实践，为类似规划的编制、类似地区的发展提供经验与借鉴。晋陕豫黄河金三角这一地域概念过去少有人知，现在则频频见于国家出台的一些重要文献之中。鼓励支持晋陕豫黄河金三角地区推进合作、开展区域协调发展的试验的思路，明确写入《促进中部地区崛起规划》《中原经济区规划》等重大规划。一个边沿区域受到如此重视是十分少见的。国家的高度重视成为我们编制好这一规划的强大动力和有力支撑。

但高质量编制好这个规划并不容易，存在一些特殊困难。至少有这样两点。第一，组织协调难度较大。这个规划是跨地区特别是跨省份的，因而组织协调不似在同一个行政辖区内那样容易，需要有关各方基于高度负责的精神和十分诚恳的态度不断沟通与磨合。第二，涉及诸多重要关系的处理。至少要处理好三个方面的关系：一是要处理好国家意志和自身需要的关系。把国家意志和自身需要有机统一起来，是我们编制规划的一个基本出发点。一个地区发展思路上升到国家战略高度的前提是为国家服务，即其所从事的使命具有全国性的意义。编制这个规划，必须首先体现国家战略的意志，而不能单纯从自己的需要出发。国家为什么要给这个地方编制规划？一个重要的因素是这个地方具有典型性，而这种典型性不仅体现为其在区域类型中具有的代表性，也体现为其所面对的发展难题具有的代表性。也就是说，这样的难题是普遍存在的，我们需要一个适宜的地方先行试验，探索解决之方，为全国最终化解这类难题提供经验与方法。因此，规划编制必须把国家意志和自身需要有机统一起来，所提出的思路、举措需要基于国家和地区两个层面来考虑，做到这一点并非是一件容易的事情。二是要处理好一体发展和合理分工的关系。四个市要实现合作发展，必须一体把握、统筹谋划。但是四市毕竟是隶属于三省的四个行政单位，有各自的利益需求，也有自身的比较优势，怎样把自身合理的利益需求保护好，把既有的地区比较优势发挥好，而不与一体化发展相违背，这是规划编制面临的又一个难题。当然，这也是我们应着重研究解决的一个问题。如果把这个问题解决好了，它就不仅仅成为规划的亮点，也会成为我们合作实践的创造。三是要处理好政府与市场的关系。推进区域合作需要双轮驱动，没有政府的强力引导和主动突破，区域合作很难深入一些关键环节；但如果没有市场的反制和倒逼，区域合作又很容易失去动力和方向。各自的着力点在哪，如何使两者协同发挥作用，这是规划编制的重点，也是难点。

总起来说，编制好《晋陕豫黄河金三角区域合作规划》，我们具有良好的条件，也面临棘手的难题。这是一项光荣的使命，我们要克服困难，努力工作，确保编制出一个顺时应势、承天接地的高质量的规划。

二、规划编制要突出体现一些关键要求

编制规划是有一定之规的,编制好规划,必须把握这些基本的要求或规定。从某种意义上说,这是规划的共性。规划的行文风格可以是个性化的,一些内容表述必须紧扣区域实际也应当是个性化的,但突出这些个性特点与体现这些共性要求并不矛盾。一个好的规划,共性和个性是有机融合的,辩证地说,要在共性中体现个性,又借助个性丰富共性。我这里重点谈谈共性问题。我认为,编制好《晋陕豫黄河金三角区域合作规划》应当着力体现如下七个方面的要求:

第一,要体现方向。规划编制要处理好上面谈到的三个重要关系,核心所在是把握好方向。这涉及两个方面:从整体视角看即从全国角度看,必须把握好促进国家经济社会全面协调发展这么一个方向,自然也就是要体现好促进区域协调发展的方向。从区域视角看,规划编制在方向上应把握这样三点:一是要突出区域合作这条主线。这一规划主题中含有"合作"两字,意味着它不同于一般的经济社会发展规划,也不同于一般的区域规划,其内容阐述必须立于合作、突出合作。二是要突出省际交界地区合作的这个特性。交界地区比别的地区更需要合作,但交界地区隶属于不同省份,合作难度更大,所以在机制、内容、举措等方面都要有一些超于一般的设计。三是要突出中西互动推进欠发达地区发展这一要求。四市分属于中、西部地区,总体上又都是欠发达地区。中西部地区合作也好、欠发达地区合作也好,都是有一些特殊要求的。《中原经济规划》要求晋陕豫黄河金三角地区"打造中西部地区合作发展的重要平台",一定程度地说明了这种试验的独特性。规划应置于中西部互动的背景下指明欠发达地区合作发展的路径。或者说,规划要为推进中西部地区合作,为欠发达地区加快实现现代化提供前进方向和行动指南。

第二,要体现特色。特色不仅是地区发展的生命力所在,也是规划的生命力所在。一个没有特色的规划,就不称其为有质量的规划。这些

年国家发展改革委地区司主持编制出台了数十部区域规划，所有这些规划的编制过程我都了如指掌，原因在于每一个规划都是我们在调研的基础上直接参与研究起草的。有的人批评我们规划编多了，这是因为他们不了解近些年出台的每一个规划都是各具特色的，是为相关地方量身打造因而针对性很强的规划。我国地域广阔，地区差距很大，不能限于一个规划搞"一刀切"，而应因地制宜、区别对待，通过具有特色的区域规划实施分类指导。《晋陕豫黄河金三角区域合作规划》如何体现出高水平？特色在哪里？我想可以基于两个方面来考虑：一是空间布局；二是比较优势。刚才有的市长在发言中对目前空间布局设计提出了新的建议，应该引起编制组的高度重视。空间布局是我们在编制规划中需要加以特别注意的问题，不简单是规划出几纵几横几带，还要解决在这种布局下四市合作能否行得通、走得远的问题。关键在于区域布局规划要有利于发挥各自比较优势，所以应当下功夫把四市的比较优势梳理清楚。四市都相对欠发达，都有加快发展步伐的迫切愿望，但是要共同发展，就不能搞恶性竞争，就必须体现特色，发挥各自的比较优势。此外，空间布局还要考虑落实主体功能区规划的要求，把握促进城乡协调发展、实行产业协同提升等的需要。

第三，要体现创新。创新本身就是特色，创新又是晋陕豫黄河金三角区域合作上升到国家战略必然要求，因而也应是规划编制的基本指向。四市的合作实践要发挥引领作用并在全国适宜地区推广，就必须充分体现开拓创新。创新体现在哪里？简要地说就是先行先试、攻坚克难。要围绕完成国家交付的重大任务，解决一些全局共性问题，先行先试和攻坚克难，实现率先突破。比如，怎样把加快发展和转型发展有机结合起来？欠发达地区无疑需要实现跨越式发展，但欠发达地区与发达地区一样也需要转型发展。过去30年来东部一些发达地区虽然实现了快速发展，但却付出了环境污染、资源破坏的沉重代价。欠发达地区应当吸取这一教训，处理好加快发展和严格保护的关系，走资源节约、环境友好的跨越式发展道路，而作为试验区的四市要率先走这条道路。再比如，如何实现工业化、城镇化和农业现代化"三化"协调？四市拥有广大农村地区，也肩负着为区域提供特色农产品的任务。实现跨越发展，既要大力推进工业化、城镇化，但同时也要巩固农业的基础地位，促进粮食和特色农牧业的发展，这其中还包含深化以工扶农、以工促农和以城带乡、城乡融合，推动农业农村现代化发展的探索。哪些方面应先行先试、哪些方面要攻坚克难，在规划中都应有明确体现。我们要认识到，四个市虽然相互毗邻但拥有的条件并不完全一样。比如运城市，虽然隶属能源大省的山西，但缺少煤、有色金属等地下资源，与山西许多地区靠能源资源发展形成鲜明对照。煤价高的时候，运城还要用粮食换煤。但运城市的地上产业丰富多元，一旦实现了高水平转型，比较优势就体现出来了。有的地方虽然资源富集，但加工链条短、附加值不高，且受外部环境影响大，总体经济效益不高，也面临着推进创新将纯粹的资源性产业提升为高新技术产业的问题。如何推进资源性产业的创新发展，也应当通过规划指明道路。所以从一定程度上说，这个规划做得好不好，关键就在于创新体现得够不够。

第四，要体现支撑。一个地区的发展，既要充分利用现有积极因素，也要十分注重创造新的有利条件。而这些条件就是推动地区发展的坚实支撑。推进区域合作，实现一体化发展，也需要打造强有力的支撑体系。一个好的区域合作规划，应对此有深入的思考和科学的谋划。支撑条件是丰富多样的，良好的基础设施、先进的体制机制是，产业园区、创新基地也是。我们知道，国家高度重视推进东中西地区的合作互动，国务院特别出台了《关于中西部地区承接产业转移的指导意见》。在此文件的有力推动下，承接产业转移示范区成为推进东中西互动合作的一个重要载体或支撑。最近我们会同广西、广东研究西江流域的发展问题，两省拟定各拿出50平方公里在毗邻地区建一个粤桂合作示范区，作为推进具体合作的平台。这类平台也是很重要的支撑条件。要使四市的合作行稳做实走深，规划中对相关的支撑条件应有合理的设计。

第五，要体现承鉴。承鉴即继承借鉴。规划编制的基础是丰富多彩的实践活动，不能闭门造车，把规划搞成空中楼阁和无源之水。其中一个重要的方面是，规划应把四市推进区域合作形成的好经验好做法体现出来，这就是承继。同时，借鉴也很重要，除了四市间相互学习借鉴外，要特别学习借鉴其他地区一些好做法。要把国家已经出台的涉及这一地区发展的战略规划，包括《关中——天水经济区发展规划》中的一些好思路体现在我们要编制的合作规划之中。当然，借鉴不是生搬硬套，而应融会贯通、合理运用。借鉴应聚焦于体制机制创新，聚焦于重要的思想观点，也包括借鉴适宜的政策举措，但不宜过多地盯在争取优惠政策上。想把某些规划中的支持政策全都移植到我们规划中，恐怕会是一厢情愿。在符合实际的前提下，通过继承自己的好做法，借鉴别人的新经验，就能够使得我们所编制的规划增光加彩、锦上添花。

第六，要体现务实。编制规划的目的在于实施，而能不能实施好，直接取决于其有没有可操作性。过去部门和地方出台的规划，不少都变成了纸上画画、墙上挂挂，与编制时轰轰烈烈、热热闹闹形成了鲜明的对照。规划被束之高阁，除了有组织体制和干部人事制度方面的原因外，关键的问题还是规划本身，空话很多、内容雷同、不接地气、实措薄弱。相当多地区编制的规划，只是简单地照搬国家规划"依葫芦画瓢"，变成了国家规划的缩小版。例如，一个时期，国家规划提出要发展汽车、钢铁、化工等产业，好多地方在编制经济社会发展规划时也把汽车、钢铁、化工作为主导产业，结果是因结构雷同而形成恶性竞争，都想发展却都无法发展。另一个时期，国家提出把新能源、新电子、新材料等作为主导产业，结果大部分省地区又把新能源、新电子、新材料作为主导产业，一哄而上。这样的规划，很难落地实施，也很难取得实质性的成效，往往会在实践中搁置或被悄悄改掉。而真正体现地区实际和特点、具有可操作性的规划的命运则会完全不同。上升到国家战略层面的规划具有良好的组织保障机制，但是否能真正落到实处，也得要靠其具有实实在在的内容。因此，要把契合实际、保障实用作为这次合作规划编制的重要指导原则。要切实做到两个结合：把思想性和操作性有机结合起来，指导思想、基本原则的表述要高而不虚，重点任务、操作手段的安排要实而又实；把战略、政策和项目有机结合起来，力求将战略载体化、政策具体化、项目清单化。作为试点区域符合四市实际需要的项目与政策，我相信国家是会大力支持的。关键是我们自己要想清楚、弄明白，不要不切实际地漫天要价。

第七，要体现联动。规划的主线是合作，联动自然是题中之意。就内部而言，目前四市之间的联动还缺乏规范的机制支撑，推进合作在很大程度上还基于各自的责任心。在这种情况下，开个会、致个辞之类的浅层次联动比较容易做到，但处理牵涉到地区重大利益的关键问题时就比较艰难了。诸如市场体系的无缝对接、基本公共服务共建共享、生态环境的一体保护等的实质性事项的推进都有赖于建立强有力的领导协调机制。刚才有位市长提议由国家发展改革委地区司来主持建立这种机制，但老实说，在目前的状况下我们也是有心无力。国家确实对某些地区的国家战略实施建立省部联席会议制度一类的协调机制，但出于多方面因素的综合考虑，这样的模式很难复制，也不宜泛化。俗话说"解铃还须系铃人"，建立协调机制恐怕还是要靠我们自己。四市可以建立一个由书记、市长牵头的协调机制，商讨解决推进区域合作中面临的矛盾与问题，实在难以解决的问题再交给我们地区司。除行政机制外，还应尝试建立推进四市合作的经济机制，例如设立"区域合作基金"或"一体化推进基金"。四市财政出点钱，社会上募点资，可能的话再争取国家支持一点。运用这个基金，建设具有标志性的合作项目，奖励实质性推进合作的地区。基金规模达到一定的体量，效果就会比较明显。在加强内部联动的同时，还应积极推进对外联动。要"左右逢源""东张西望"，与其他地区特别是东部地区加强合作互动。目前国家已经批准设立晋陕豫黄河金三角承接产业转移示范区，如何利用这个平台，采取共建园区、发展"飞地经济"的方式，把东部的产业转移承接过来？这是我们制定合作规划和推进区域一体化需要重点思考的。

三、齐心协力确保规划编制按期完成上报

晋陕豫黄河金三角区域合作亟须科学的规划进行指导，我们肩负重

任，各个方面要齐心协力，充分利用各种有利条件，抓紧推进规划编制工作，力争按期完成、及时上报。宏观院国土所与四市协作形成的研究报告，为我们正式开展规划编制打下了良好的基础，但目前的水平与上报的要求还有较大的距离，需要严格审视、大幅调整、全面提升。除了规划起草修改之外，还有不少程序性工作要做，因此从现在起我们都要紧张地行动起来。对于下一步工作，我提四点建议或要求：

其一，要明确分工。对四市来说，应在深入研究的基础上，多提供一些有价值的专项研究报告或支撑材料，最好能针对我前面提到的"七个体现"中的一些关键点形成自己的思路和建议。特别是要研究提出合理的政策诉求。我们充分理解大家希望在这个规划里面多装点项目、多装点政策的想法，但也要请认真梳理和筛选，真正把合情合理因而具有可批性的选项提出来。在编制规划过程中有一个惯常的做法，即撰写初稿时尽可能把各方的诉求都写上去，最终能否留在上面，由相关部门把关、国务院决定。当然，哪些诉求是需要始终坚持的，哪些诉求是可以商量协调的，我们心中要有数，既不能无所作为也不能漫天要价。此外，四市还应认真研究如何一步一步地、一阶段接一阶段地展开具体合作，对此不仅要提出内容，也要装配手段。如果所有这些方面研究得都比较深入，这个规划的内容就会显得充实、丰满。对于三省来说，省发展改革委要作为省级层面的牵头编制单位来做好相应的工作，山西省发展改革委负责同志今天已参会研讨，我们也会协调其他两省发展改革委共同参与。总之，我们要明确分工，各负其责。

其二，要倒排时间。较为规范的规划稿本写出来以后，地区司将会同三省和有关部门抓紧对之进行论证、修改和征求意见，各方感觉质量过关后再上报国务院审议批准。为保障这些程序顺利进行，会后我们将制定一个具体的规划编制时间表，明确各方面的工作任务与时间节点，以便对照检查。

其三，要着力关键。会后请大家对刚才提到的总体定位、空间布局、合作内容、协调机制、政策安排等关键问题进一步深化研究，提出建议。四个市要把金三角区域定位研究作为重中之重。提请大家注意的是，有关定位既要高屋建瓴又不能虚无缥缈，是通过努力在一定时期内能够实现的目标，不能搭个梯子还够不着。我理解同志们期望打造区域中心城市甚至是国家中心城市的心情，但定位太高我们做不到，实际上就变成了空想，不好向历史和人民交代。对其他关键问题也应秉持相同的思想原则。

其四，要强化沟通。为编制好规划，发改委系统之间，三省四市之间，地区司和三省四市之间，都要保持及时的沟通联系。碰到问题随时交流研讨。会上大家针对国土所的研究报告提出了很多很好的建议，国土所的专家们应当好好研究消化，进一步对规划研究报告进行完善提升，以便把相关基础打得更为扎实一些。

我想，只要大家尽职尽责、齐心协力，就一定能够圆满地完成好这项任务，我们对此充满信心。

务实推进晋陕豫黄河金三角区域合作*

很高兴能有机会受邀参加这次重要的会议，对我来说，这是一片比较熟悉的土地，共谋区域合作事业让我们把热情倾注在这里。记得是 2008 年 12 月份，山西省政府负责同志到访国家发改委地区经济司，与我一块商谈推进晋陕豫黄河金三角四市合作问题，从那时起这项工作就纳入了国家发展改革委的议事日程，在三省四市等各方面的共同推动下一步一步地走到了今天。

回顾过去，纵观现在，展望未来，我突发异想，感觉似可用三个带"物"的成语对这一过程做个描述。

第一，从历史基础看，可谓"物华天宝"。晋陕豫黄河金三角地理区位优越、资源禀赋殷实、文化底蕴厚重、产业基础良好，有数不清的历史的、文化的、自然的遗存和积淀。坐落在运城的鹳雀楼、临汾的壶口瀑布、三门峡的函谷关、渭南的司马迁祠等就是其中的代表。

第二，从发展现状看，当是"物阜民熙"。经过这些年各个方面的共同努力，金三角地区的整体面貌焕然一新，可以说经济发展、物质丰富、社会稳定有序、百姓安居乐业。通过合作办成了一系列仅靠单打独斗难以办成的事情，建设了一大批关系地区发展的大型工程项目。地区生产总值增长持续迈上新台阶，人民生活水平不断得到改善与提升。

第三，从未来前景看，将会"物换星移"。面对着全面建设小康社

---

* 本文系作者于 2021 年 12 月 8 日在山西省运城市召开的"晋陕豫黄河金三角区域合作第五届省级协调领导小组会议暨四市联席会议"上的讲话。

会任务业已完成、全面建设现代化国家新征程已经开启这样一个宏大背景，面对着世界新的技术革命和产业变革持续推进这样一个重大机遇，如果晋陕豫黄河金三角地区能够砥砺前行，持续开拓进取，那么现在的良好势头将会进一步巩固扩展，前景一定会更加灿烂辉煌，呈现翻天覆地的变化。

回顾过去、纵观现在、展望未来，有一根线始终紧紧相牵，这就是区域合作联动。近十四年来，晋陕豫黄河金三角区域合作由易到难、由浅到深，一步一步向前拓展，一层一层体现高度，由少数人谋划运作发展到中央领导高度重视、国家部门积极推动。2008年着手启动后，2012年国家发改委正式批复设立了黄河金三角承接产业示范区；在此基础上，又牵头制定了黄河金三角区域合作规划，2014年3月，国务院以国函文件批准和发布了这个规划。尔后，党中央、国务院的许多重大文件和战略规划都将推进晋陕豫黄河金三角区域合作的要求体现其中，最近中央发布的《关于新时代推动中部地区高质量发展的意见》又再次强调"务实推进晋陕豫黄河金三角区域合作"。我还清楚地记得，两任总理都曾对推进晋陕豫黄河金三角区域合作做过重要批示。晋陕豫黄河金三角区域合作具有这样高的地位，从全国而言也是不多见的。我几乎全程参与了这一地区合作的相关工作，两次到这里进行实地调研，在运城主持召开了四个市的党政主要负责同志参加的推进区域合作的座谈会，主持了相关文件和规划的研究起草，还参加了四市主办的有关大型论坛，为此我深感荣幸。

今天，黄河金三角区域合作进入了一个新阶段，也面临着一些新的选择。看到这么多人参加这次会议，在高兴之余，我也有一点"物是人非"的感觉。过去推进这项工作的老同志今天与会的已经不多了，有的已经光荣退休，有的转到了新的工作岗位。可喜的是又有一大批新生力量，包括许多新的领导干部进入到这项工作之中，拿起了接力棒。如果这个接力棒能够持续、平稳地传接下去的话，那么就如我前面谈到的那样，这个地方的明天就一定会更加美好。

问题的关键是要传接好，而传接的核心就是按照中部高质量发展文件的要求"务实推进晋陕豫黄河金三角区域合作"。作为曾经深度参与这项工作、对这片土地充满感情的老同志，主办单位邀请我参加这次会议，我以为我有必要就扎实推进这项工作提些建议。考虑到在座大部分都是新同志，所以我在讲新话的时候有些旧话还必须重新提起。我认为，务实推进晋陕豫黄河金三角的合作并使之取得更大的成效，应该切实把握好一些关键方面，归纳起来就是要实践好五句话。

第一，思想重视：从心底里"合"。

想不想合作、合作得好不好、能不能持久，关键在于思想认知到不到位，是否真心想合作。推进合作要从思想上"融"、从观念上"联"、从心底里"合"。我到国家发改委地区司工作伊始，就着力推动地区经济合作工作。除了推动建立比较完整的区域合作工作系统外，把很大一部分精力用在了提高思想认识、理清工作思路上。每年都要召开区域合作工作会议或座谈会，还择机举办区域合作论坛，深化区域合作重大问题研究。通过这些努力，统一了思想观念，激发了各方面的积极性和创造性，从而推动区域合作实践不断走向深入。应该说，那一个时期的效果是十分明显的，包括晋陕豫黄河金三角的区域合作在内，点和面的区域合作都有声有色地开展起来了。一些地方合作不起来、合作不深入的根源还是思想问题，合作的双方都没有真正弄清楚事情的本质，发展较好地区与发展相对落后地区间的合作更是如此。发展好的地区不愿合作，认为从比自己差的地方不仅得不到实质性的收益，还可能会被其连累拖后腿；发展相对落后的地区也不愿合作，认为地位落差会导致资源向外转移，仅有的一点"肥水"也流到外人田里去了。这样的认识必然导致合作不易展开，也不易深化。其实换一个角度看合作，无论是发展好地方还是相对差一些的地方都能够从中得到好处。对发展好的地区来说，通过合作能够更加广泛的开拓发展空间，能够推进产业等的区际转移以调整空间格局和产业布局，也就是一些地方讲的实行"腾笼换鸟"；而对发展相对差一些的地方，通过合作可以承接优势资源、技术、产业的转移，还可以对标提升管理水平、完善体制机制，从而集聚和夯实加快发展的条件与基础。可以说，紧密合作能给双方带来优势互补、互利共赢。

就省际毗邻地区而言，合作的好处更是显而易见。晋陕豫黄河金三角区域合作是国家层面推动的全国第一个省际边界地区的合作，应该说，取得这一成果付出了一系列艰苦的努力，得到了领导层面的高度重视和大力支持。实践表明，合作一旦开展起来，各个地区就能得到实实在在的好处。边界地区的合作更是如此，既可以获得一般意义上的好处，也可以获得特殊意义上的好处。从一般意义上说，如前所述，合作使各个地区发展的空间变得更大。我国实行的是行政板块治理体制，而各个行政板块自身所拥有的资源要素都是有限的，并不能够支撑自己意欲作为的全部事情，在很多情况下是"巧媳妇难为无米之炊"。怎么突破这个困境呢？唯一的途径就是建立经济区。如何形成经济区？有效的路径就是区域合作。通过区域合作实现优势互补、互通有无，从而突破行政区的界限，把资源要素配置的空间扩大到参与合作的这些地区。就晋陕豫黄河金三角四市来说，不合作就是各自为政，合作则使自己的运行空间扩大到了四市范围，何乐而不为呢？从特殊意义上说，合作才能最终走出边缘化困境，取得"鲤鱼跳龙门"的功效。省际边沿地区，在省内因地理位置偏僻或鞭长莫及，或无暇顾及，或不愿涉及，很容易被边缘化；在省外因行政隶属关系不同，很容易形成区际相互阻隔和恶性竞争，这不仅会造成经济同构，而且还会形成资源流失，影响发展质量和效率。正因为如此，我们看到，不少省际边沿地区经济发展都处于较为缓慢甚至是比较落后的状态。但一旦实施合作，情况就会发生革命性的转变：边沿就变成了中心、冷地就变成了热区、封闭也就变为了开放，这一地区整体就转变成了一个富有活力的区域。由此可见，省际边沿地区的快速发展之路一定是合作之路。认识到了这一点，我们就会主动地去推进合作、千方百计地深化合作。

第二，机制推动：层层都给力。

思想重视体现在何处？首要的应体现在推动形成促进区域合作的坚强有力的组织领导和推进机制。晋陕豫黄河金三角区域合作已经建立了相关的领导机构和协调机制，今天召开的会议也表明了三省与四市对深化合作的高度重视。没有强有力的组织领导，推进区域合作最终就会落入空谈。在推进机制建设方面，不少地方已创造了良好的经验，晋陕豫黄河金三角区域应当积极地吸收借鉴。我以为在这方面做得很好的是长三角地区。长三角区域合作开展二十多年，一步一个脚印走到今天，得益于建立了"统分结合、三级运作"的机制，从党政一把手双双出面建立的领导小组，到政府主持常务工作负责同志牵头组成的协调机构，再到发改部门为主建立的工作办公室，形成了区域合作的联动运作体系，做到了决策有方、协调有效、运作有力。层层都有劲、级级都用功，带来了长三角区域合作一年好于一年的实质性的进展。其他许多地方比如淮海经济区在机制建设上也做得比较好，徐州作为中心城市发挥了积极的推动和协调作用。长三角的经验，其他各个地区的经验都值得学习借鉴，而有了一个良好的推进机制，区域合作就不会止于联络感情、考察交流这样的层次。在这个机制中，作为执行层的办公室尤为重要，必须具有权威性，也必须体现超常的工作能力。地区间的合作是平等的合作，相互之间没有行政隶属关系，很容易出现客客气气但互不买账的情况，这就需要依靠强有力的协调机制来解决相关问题，尤其是需要有一个得力的办公室有效履行职责。我在工作岗位上曾对晋陕豫黄河金三角地区建立区域合作机制提出过建议，但从实际情况看，这方面的进程似乎还是慢了一些。前面谈到，2008年我们开始着手推进晋陕豫黄河金三角地区合作，2012年国家发展改革委批复设立晋陕豫黄河金三角承接产业转移示范区，2014年国务院批复《晋陕豫黄河金三角地区合作规划》，但据介绍，直到2016年12月才召开了第一次省级协调领导小组和市级联席会议，2018年4月，由山西省牵头，三省政府联合印发了《晋陕豫黄河金三角区域合作协调机制方案》，组建了一个轮值的办公室，这一晃，上十年就过去了。有关信息表明，这个办公室现在似乎还不够稳定，每年换一个地方，前后左右衔接起来要花不少时间。今天我已经退出工作岗位了，但我还是要强烈建议三省四市的领导同志把完善领导协调机制特别是形成强有力的执行机构的这件事好好研究一下，以使其稳定有力地发挥作用。办公室由四市选派的同志组成，放在哪儿都一样，但还是固定在一个地方比较好，免得因为频繁的迁徙转移而增添运作成本并形成工作真空。总之,在机制建设方面,应当集思广益、学习借鉴,使其强实有力能够在推进区域合作中发挥顶梁柱作用。

第三,规划引领:工作有方向。

这次会议即将发布《晋陕豫黄河金三角区域合作2021—2022年十大任务清单》,我以为是一件很有意义的事情,可以看作是"务实推进"的一个重要举措。推进区域合作不能光动嘴皮子,也不能限于联谊和交流的层面,需要进行总体部署,需要采取关键举措,通过精心组织一个一个领域地扎实推进。从操作层面看,推进区域合作,规划必须先行。合作地区要结合推进各地经济社会发展的基本要求,协同制定推进区域合作的总体规划,明确工作目标、主要任务、保障条件等,把它作为指导推进合作的纲领性的文件。规划期限原则上不应超过五年,或者说,总体规划的制定与完善的期限最长不应超过五年。现在国内外形势瞬息万变,不稳定性不确定性明显增强,往往是计划赶不上变化,所以感觉五年都长了一点,有条件情况下应争取三年左右调整完善一次。光有总体规划还不够,还应当制定推进各重点领域合作的专项规划。基础设施如何互联互通、市场体系如何对轨对标、产业结构如何互补互促、生态环境如何联保联治、公共服务如何共建共享、政府治理如何协力协同,如此等等都应有科学的规划,不细化到这个层次,就很难把区域合作推向深入。除此之外,还要制订年度的操作方案,并把工作事项项目化、清单化、时限化。总之,应通过总体规划+专项规划+清单化的年度实施方案,明确区域合作的工作方向、工作重点和工作内容,既作为行动的指南,也作为检查监督的标准,还作为推进合作的保障。

第四,事项突进:要因情制宜。

所谓"事项突进",就是指要依托一件件具体的事项来实现区域合作的突破、进取和深入。我本想使用"项目突进"这个比较实的词,但它的涵盖面似乎窄了一些,所以考虑再三还是觉得"事项突进"这个词比较适宜。各项工作落在了具体事项上,务实推进就有了保障,也就能持续走向深入;而一件件具体事情的解决、每个具体项目的建成就是实实在在的效果和进展。但"事项突进"不能盲目进行,关键在于因情制宜。所谓"因情制宜",主要体现在既要考虑需要,还要考虑可能;既要考虑逻辑联系,也要考虑实际特点。放大一点说,区域合作需要体现合力,但如何用力则必须遵循规律、把握技巧。我注意到,刚才会议播放的宣传片在介绍推进地区间的合作时用了四个词,即"一体化""同城化""协同发展""融合发展",这说明晋陕豫黄河金三角的区域合作有效把握了相关规律,体现了因情制宜的特点,值得充分肯定。区域合作是分层次的,最高层次是全方位的一体化发展,但实际上并不是所有的领域都能按照一个模式进行,要因事制宜、因情施策。我对区域一体化做过一些粗浅的研究,从逻辑和实际结合的角度,在坚持一体化方向的前提下,区域合作的事项突进大体可以按照三个层次来进行,即"一体建设""一体协同""一体衔接"。我认为,这个思路对推进晋陕豫黄河金三角区域合作也应当是适用的,所以在这里简要阐述一下。

  一体建设的层次最高,要求合作地区保持整齐划一、步调一致。这是因为其所涉及的领域往往具有紧密关联度和不可分割性,关系到区域全局和全体人民的共同利益。一体建设主要涉及四个领域:一是重大基础设施建设。这是合作的重要基础,也是关键支撑,需要立足于区域全局一体谋划、一体推进,不能局限于本地区利益考虑,甚至也不能止于做简单的对接。也就是说,在今天,光是打通"断头路""瓶颈路"已经不够了,要全面对标、共同建设。同时应注意的是,今天新老基础设施已经融为一体,"老"基础设施需要进行数字化、智能化提升,"新"基础设施需要以"铁公机"等为载体,所以新老基础设施建设要统筹谋划、协同建设,绝不可分割开来。二是高标准的市场体系。要在区域内全面打破行政分割、地区封锁,实现资源要素的自主流动、自主配置,齐心协力构建统一开放、公平公正和诚实信用的高水平市场经济体制。三是生态环境保护与治理。水土气是连在一起的,水和空气都是流动的,对之的保护与治理都不可能靠一个地区独善其身,需要上下游结合、左邻右舍联动。四是基本公共服务共享体系。优质基本公共服务区域共享是一体化的标志所在、根本成果所在,更是人民群众参与一体化的动力所在。普通老百姓不一定关心"铁公机"的建设、高大上的城市建筑的建造，但十分关心自己及家人能否顺利就业，能否在区域里最好的医院就医，子女能否去好的学校读书，社会保障能不能区域统筹和异地结转这类直接关系切身利益的问题。所以需要区域紧密合作，一体建设基本公共服务共享制度，不断增进民生福祉。

一体协同的层次次之，要求合作地区统筹把握、合理安排。这些领域受制于各地区的自然环境和发展基础，具有一定程度的地区独特性和行政自主性，难以严丝合缝地进行一体建设。但这类领域又涉及区域资源要素的配置效率与效益，涉及区域整体竞争力，因而需要地区间统筹安排和有机协调。主要包括两个领域：一是产业结构优化。产业结构设置与地区自然环境、资源禀赋乃至现实发展基础密切相关，跨地区实现一体建设不太可能。但区域产业结构优化又十分重要，地区间的最大伤害就来自产业分割和各行其是带来的同质竞争。产业的同质竞争不仅导致各个地区经济效率低下，也会影响到区域整体的发展，必须通过合作实现合理分工、协调发展。考虑到这个问题在区域合作中十分重要，我在这里赘述几句。应该说，在产业发展方面，存在着不少模糊认识，以至于带来了一些地区发展的曲折和困难，我们需要从一些似是而非的观念中走出来，树立起密切合作协同推进产业结构优化的正确指导思想。特别是要把握如下几点：一是要以比较优势为基础拓展产业门类，不要轻易改弦更张、另起炉灶，搞颠覆性转型。二是不要把传统产业简单等同于低端产业，也不能把传统产业都视同于低价值产业。在长三角、珠三角的不少地区，传统产业仍然是经济发展的重要支撑；换一个思路，运用先进科技给传统产业赋能，传统产业也就变成了现代产业或高端产业了。三是不要脱离第一、第二产业，特别是脱离二产盲目地一味地发展三产，所谓"三产比重越高产业结构越好"观点是一种谬见，应当铭记"皮之不存、毛将焉附"的道理。四是不要无视自己的能力与条件一味地追新攀高。发展高新产业是必要的，实现产业的现代化也是必须牢牢坚持的基本方向，但各地区在发展战略性新兴产业、谋划未来产业时应量力而行，不要面面俱到。五是不要就事论事发展产业，要注重推进产业间的融合，促进产业与一些重要载体的结合。六是科技创新体系。

科技创新是区域发展的坚实支撑，但单个地区的创新资源都是相对有限的，通过合作就可以更多地聚集人才和科教资源，从而在更高层次上体现区域的科技创新水平和整体创新能力。区域一体化必须把科技攻坚资源的有机整合和科技创新体系的协同构建作为重要内容。

一体衔接的层次更为次之，要求各地区相互照应、积极联动。这主要涉及的是每个地区可以独立运作的事项，这些事项与区域整体的直接连带性不强，但如果能够基于一体化在地区间有机联动、合理对接，将不仅能够更好地促进自身发展，也有利于推动整个区域的提升。这方面的事项较多，有两个方面值得特别重视：一是政府治理，包括优良营商环境的共同打造，公平公正的管理体制的协同构造等。二是战略平台，包括试验内容的交流、运行规则的融通、成熟经验的借鉴等。

总体来说，推进区域合作要借助于事项突进，而事项突进需要因情制宜，一体化并非一律化和"一刀切"，也需要分层分类，这样才会和顺运转与有效推进。

第五，规制约束：保障要有力。

在大部分情况下，区域合作都是在具有不同行政隶属关系的同等级别的行政区之间展开，因而要使之持续深入地推进，必须建立超行政权力的强有力的约束性规制。基于实践的启示，应特别重视加强两个方面的建设：一是要形成类法律的规章制度，以资共同遵守、相互约束。从理论上说，应当建立推进区域合作的法律法规体系，但囿于地方的立法权力，许多规章制度难以直接体现为法律法规，因此更可行的路径是通过合理协商并履行法定程序，将推进区域合作的相关规章制度视同法律法规对待，使之具有类似法律法规的地位或性质。二是要形成科学的监测评估体系，做到及时跟踪、有力督促。前面有的同志在发言中提出，每一次领导小组会议或联席会议都要认真回顾工作的落实情况，把没有落实的事项拎出来分析原因、查找责任。我深以为然、非常赞同。应在明确年度或时期工作任务清单的基础上建立跟踪评估和监督促进机制，应及时公布进展情况使之接受全区域老百姓的检视，应奖优惩劣促进瓶颈短板问题加快解决。总之，通过客观的检测，有力的监督，促进区域合作动真格、干实事、上水平，不断取得实质性进展。

概括起来，我以为，要使晋陕豫黄河金三角区域合作务实推进、富有成效，必须紧扣上述五个方面下力发功。这些见解对不对，供大家研究参考，也请大家批评指正。

合作推动淮河生态经济带高质量发展*

很高兴能够受邀参加淮河生态经济带城市合作第二次市长会商会。有关区域合作的话题我曾讲过不少次，发表了一系列观点。今天，面对淮河生态经济带 29 个市县负责同志参加的城市合作会商会，我琢磨了一下，还是想结合淮河生态经济带的实际，基于区域合作讲一些意见，供大家在推进工作时参考。

淮河生态经济带贯通黄淮平原，连接中东部，通江达海，与长江经济带地域相连、水系相通，交通条件便利，区位优势明显。虽然从总体上看目前这一地区经济发展相对滞后，但综合而论这里应当是我国中东部最具发展潜力的地区之一。世界正经历包括新的科技与产业革命快速兴起在内的百年未有之大变局，而我国也正处于转变发展方式、优化经济结构、转换经济动力，实现高质量发展的关键时期。对地区发展来说，这种转型发展既带来了非同一般的挑战和压力，更带来了前所未有的机会和条件。把握形势发展的方向与要求，抓住国家推动建设淮河生态经济带的战略机遇，以合作联动为重要手段，苦干巧干，生态经济带所属地区就能够加快转型，实现跨越发展、做到后发先至。在这个过程中，我以为有几点值得生态经济带各地区、各城市高度重视、身体力行。

---

* 本文系作者于 2020 年 10 月 28 日在安徽省蚌埠市召开的"淮河生态经济带第二次省际联席会暨城市合作第二次市长会商会"上的讲话。

一、更加重视地区间一体联动

一体联动的好处是多方面的,最直接的有两个方面:其一,有利于解决自身拥有发展条件相对短缺的问题,使各个地区能够在更大范围内利用和配置资源要素;同时能够整合区域内优势资源要素,全面提升各领域各环节的创新能力和关键核心问题的攻坚水平。其二,有利于促进各个地区实现合理分工,避免造成资源重复配置和市场恶性竞争,依此做实做强比较优势,提高整体竞争力和综合发展能力。鉴于此可以肯定,尽管全国各个地区的发展状况良好,但如果排除了各种形式的封锁与分割,通过开放合作实现了资源要素配置运用的优势互补、相互支撑,无疑会呈现出更有效率、更高质量的发展格局。淮河生态经济带涵盖5省26市3县,要使这片24.3万平方公里的区域实现跨越式高质量发展,应当依托《淮河生态经济带发展规划》的实施,更加深入地推动地区间的一体联动。

一体联动本质是开放合作,无论是对发展较好地区还是相对落后地区,这样做都能深受其益,对此一定要在思想上想清楚、弄明白。简言之,对于发展较好地区来说,一体联动可以拓展更大的发展空间;而对于相对落后地区来说,不仅可以借力外部资源、技术,对接先进体制、规则,还能够把强有力的竞争对手转变为紧密的合作伙伴,从而加快自身发展。对一体联动不够主动甚至畏惧者,要么是受"一亩三分地"思维限制、担心有限的资源向外流走,要么是为不科学的政绩观所束缚,一味追求眼前利益。深化开放合作、实现一体联动,要全面放下思想包袱、转换思维模式,从而做到真心实意地"联"、积极主动地"融"和丝丝入扣地"合"。

在国家战略推动和自身积极努力下,许多发达地区已经步入了协同联动甚至一体化发展进程。在这种情势下,相对落后地区如果忽视合作联动,毫无疑问会进一步拉大与发达地区的差距。这一点在交界地区的发展中体现得十分明显：如果相互分割，各边界毗邻地区既会受到外部的竞争与侵夺，也会受到内部的疏远与漠视。而一旦开放合作，边缘就成为中心，冷地就变成了热区，拆台就变成了互补。

可以肯定地说，合作联动在很大程度上决定着淮河生态经济带的建设速度与质量，各相关城市和地区应将此放置于更加重要的位置。要进一步健全规则、完善机制、加强统筹，齐心协力推动合作联动向深层拓展。

二、加快推进经济绿色转型

绿色发展是新时代经济发展的底色，高质量发展必然也必须是绿色发展。绿色发展更应该是淮河生态经济带发展的本色，这是由这一区域生态的重要性和脆弱性双重特点所决定的。淮河流域地处我国南北气候过渡带，生物多样性丰富，平原面积广阔，生态系统较为稳定。维护和优化区域生态系统，打造水清地绿天蓝的生态经济带，对构建南北气候过渡带重要生态廊道、改善总体自然环境、维护国家生态安全、促进人与自然和谐共生具有重要作用。但这一地区水土资源承载能力有限，生态环境容量受到抑制，存在植被破坏、水土流失、山体滑坡、地面沉降、水质与土地污染等一系列问题。这意味着，这一区域必须运用更加严格的举措、花费更大的气力节约资源、优化生态、保护环境。这也意味着，加快经济发展不能走过去粗放式发展的老路，需要实行绿色转型。因此，在牢固树立"绿水青山就是金山银山"等绿色发展理念的基础上，要更加重视运用先进技术改造能耗大、污染重的产业，无法改造的必须坚决加以淘汰；要千方百计创造条件，培育和拓展体现绿色特质的新型经济和未来产业；要大力开发生态产品，探索通过建立以资源、生态为载体的利益补偿机制等途径，使绿水青山体现出应有的产业价值和资本效益；还要借助绿水青山，把各种产业有机结合起来，打造融经济、混产业和靓资产。值得强调的是，我们不仅要注重积极开发绿水青山直接的产业价值，还要注重大力拓展其所带来的支撑承载功能。譬如，要把良好的自然山水作为打造优良营商环境的一个内容，把绿水青山作为建设田园综合体、特色小镇、绿色工厂的基本支撑等等。总之，要创新路径、多管齐下，建立起可循环的绿色经济体系，实现生态保护和经济发展的无缝衔接。

三、推动形成富有竞争力的产业结构

产业发展直接体现为经济发展，产业结构直接影响着经济发展的快慢，因此，每一个地区都要科学进行产业安排，而一个地区的产业安排是否得当，又直接取决于所在区域的产业统筹状况。鉴于产业发展的重要性，必须认识到对经济伤害最大的做法其实是同一区域内各地区产业的同质竞争与重复配置。因此，无论是对自身而言，还是对所在区域而言，特别重要的一个举措是推动各地区在协同配合的基础上发展适宜的产业门类，建立富有竞争力的产业结构。从整个区域的视角看，一方面，应当基于发挥比较优势的原则，通过产业规划等手段，形成产业在地区间的有效分工和合理布局；另一方面，通过共建产业园区、协同打造产业集群等形式，整合区域力量，积极发展战略性新型产业和未来产业，推进产业基础高级化和产业链现代化。从各个地区的视角看，应立足于现有基础和发展条件，大力发展具有竞争力的适宜产业。在这方面，要排除一些似是而非的认识误区，特别是两个方面的认识误区：一是盲目追求倒"一二三"的产业结构，简单认为第三产比重越高越好。把发展第三产业放到首要位置、寻求产业的结构的第一权重对某一些城市是必要的、可能的，但对大部分地区或城市而言，还是应把重心放到制造业或实体产业发展上。制造业不仅可持续，而且成长性强，也能带动第三产业发展。在这方面要把握好"皮"和"毛"的关系。二是一味重视发展高新技术产业和未来产业，忽视传统产业创新重塑。有的地方是越"新"越想做、越"高"越愿攀，紧盯着量子科学、智能机器人、无人驾驶汽车、靶向药物等时髦产业做文章。如果没有足够的能力，一味追求这些"高大上"的产业门类，就会造成劳民伤财，落得个"竹篮打水一场空"的结果。在这方面，我们要吸取芯片产业一哄而上的教训。高新产业和未来产业必须发展且要提前布局，但对各个地区来说还是应该量力而行。与此同时，不能忽视有比较优势的传统产业的发展，不要认为发展传统产业就没有前途，何况传统产业还可以用高科技进行赋能。要认识到，对一个地区来说，适宜的产业结构是最具可持续性的，也是最具有竞争力的。

四、合力打造一流"信用"高地

近些年来，营商环境建设在我国受到了上上下下的高度重视，甚至可以说，地区之间的竞争在很大程度上直接表现为营商环境优化的竞争，这涉及比服务、惠政策、争投资、抢人才等众多方面。营商环境建设直接决定着资源要素的集聚度和创新力，因而对之加以特别重视是十分正确和非常必要的。营商环境建设对相对落后地区而言更为重要，这是因为这些地区更需要资源要素进入，这也是因为一般人往往把这些地区置于道德的低地，认为这些地区投资条件必然不如发达地区。也正因为如此，相对落后地区需要花更多的气力，以人一之我十之、人十之我百之的状态付出努力。也就是说，淮河生态经济带各地区应更加重视合力建设良好的营商环境。但在这方面需要强调的是，一定要扣住正确的方向、把握工作的重点。营商环境涉及许多方面，大体上包括硬件和软件两类，优化营商环境两者都要抓，但对于欠发达地区来说，我以为更应该把重点放到软件或软环境建设上。这是因为，硬环境建设需要大量的投资，在这方面欠发达地区明显弱于发达地区；而软环境建设则主要靠人的努力，欠发达地区完全可以与发达地区做得一样好，甚至可以做得更好。与此同时，对欠发达地区而言，投资者最看重的也是软环境状况。

如何推进软环境建设？核心的是要扣住"信用"一词做文章。这涉及政府信用和社会信用两个方面。政府信用的要旨是"信誉可靠"或"可信赖"，即管理公平公正可信赖、政策法规稳定透明可信赖、办理事务依规遵制可信赖，解决问题不随政府换届或领导者变动而变化可信赖。社会信用的要旨是"诚实守信"或"讲信义"，即严格遵守法律、履行契约，不搞坑蒙欺诈、不破坏公平竞争、不恶意逃废债务。欠发达地区要把打造良好营商环境的重点放在"信用"建设上，努力在这方面树立形象、形成名声。当前许多地方强调简化程序、改善服务，推行"一次一门一网"方式等也是必要的，但在这方面如果热衷于做"最"字的文章，即盲目追求"最简""最惠""最少""最短"等就会走偏方向，不仅不够科学，最后也往往落不到实处，变为空谈。相应的，所有的改革举措都应向建立信用这个方向和要求聚焦。这样做符合改革的本质，改革的目的就在于扫除资源要素配置的种种不合理障碍，推动建立国际化、市场化、法制化的现代治理体系和稳定、公平、透明、可预期的市场环境；这样做也使改革具有了实实在在的抓手，能够使之落到实处而不会止于空谈。抓住一个个具体问题追根溯源，就能最终触及深层的体制机制。把体制机制理顺了，也就从根本上解决了投资经营面临的困境和难题。

五、积极借势战略功能平台

各式各样的战略功能平台是国家重要战略或改革发展重大使命的载体，具有号令天下的位势，又有先走一步的权利。前者使其具有强大的集聚资源的功能，后者能给所在地区带来了巨大的发展红利，即所谓"先行一步天地宽"。争取国家设立战略功能平台是发达地区得以加快发展的一个重要途径。例如深圳，40年来所以能实现快速发展，一个重要的原因就是国家不断赋予其战略试验功能。从建立经济特区到设立作为"特区中的特区"的前海合作区，再到建设先行示范区，通过战略叠加和接续，赋予了深圳长久的创新活力与发展动能。淮河生态经济带应高度重视国家战略承接运用，把借势战略功能平台作为追赶跨越的一个关键举措。应当看到，在争取国家战略支持方面，欠发达地区并不处于优势地位，需要更多地发挥自身的能动性，强化技巧性运作。首先，要积极对接国家重大战略，能联则联、能融则融。其次，要突出自身在国家发展全局中的特殊优势，争取国家为本地区量身打造发展战略。对已经落地的战略要举一反三、"吃干榨尽"，能延则延、能拓则拓。再次，要借助国家战略建立良好的承接平台，借此进一步争取先行先试的权利和延拓关键性发展政策。最后，要主动借力发达地区，通过加强合作共同搭建试验平台，将发达地区战略平台的试验功能延伸进来。同时，通过借台移植发达地区的先进管理体制和操作方式，倒逼自身加快改革创新步伐，形成一流的管理体制和运行机制。

六、高水平构造数字化基础设施

人类进入信息化、智能化发展新时代，数字技术已成为开展一切经济社会活动的必要条件。数字产业化、产业数字化是新时代经济运行的基本特征。如果说传统基础设施落后造成了一些地区过去以来的缓慢发展的话，那么数字基础设施的落后将会给一些地区未来发展带来制约或形成被动。数字技术大大降低了一个地区对自然条件和历史基础的依赖，能够推动跨区域的资源要素利用，而这也就意味着通过数字基础设施可以加快弥补传统基础设施建设不足带来的经济发展差距，帮助相对落后地区加快发展。因此，欠发达地区要加快发展，并使未来发展不致继续落后，就必须下大力构造高水平的数字基础设施。在这个方面，我以为可以大胆和冒进一点，有多少力出多少力，推进得越快越好，建设得越先进越好，应努力与发达地区比肩前行。

精心打造郑洛西高质量发展合作带*

洛阳是我国最负盛名的牡丹之城。人间最美四月天，花中最艳牡丹红。在四月，在各色牡丹竞相绽放的季节，我们在古城洛阳举办中国区域经济50人论坛第十九次专题研讨会，充满特殊的韵味，也给人以特别的期待。值此，我谨代表区域经济50人论坛，向大家的到来表示热烈的欢迎！

这次研讨会的主题是"黄河流域生态保护与郑洛西高质量发展"。在党中央和习近平总书记的大力推动下，黄河流域生态保护和高质量发展战略正扎实、有序地贯彻实施。中央对郑洛西地区寄予重托，《黄河流域生态保护和高质量发展规划纲要》中明确要求建设"郑（州）洛（阳）西（安）高质量发展合作带"。这是基于全流域统筹做出的重要决策。郑洛西在黄河流域的地位举足轻重，建设郑洛西高质量发展合作带，具有多方面的价值和意义。

第一，能够为落实战略核心要求形成强力的示范和带动。对于幅员广阔但"体弱多病"的黄河流域来说，无论是做好生态保护还是实现高质量发展都不是一件容易的事情。如何在生态优先、绿色发展的基础上实现经济社会跨越发展，如何做到因地制宜、分类施策充分发挥各地区比较优势，如何搞好统筹谋划、一体联动促进治理效果和发展效益不断提升，如此等等都需要有率先探索，有科学引导。在这方面，郑洛西地

---

* 本文系作者于2021年4月26日在河南省洛阳市召开的"中国区域经济50人论坛第19次专题研讨会"上的讲话。

区特色明显：一方面，保护与发展矛盾尖锐，与全流域面临的共性问题众多，具有很强的代表性；另一方面，自古以来地缘人缘相亲、当前经济地位突出，且近些年国家战略使命叠加，具有良好的探索条件。建设郑洛西高质量发展合作带，将有力地促进和引领黄河流域生态保护和高质量发展。

第二，能够为构建新发展格局打造坚实的支撑和枢纽。构建新发展格局是应对国内外新形势、新机遇和新挑战所做出的具有长远性质的战略选择。郑洛西地区经济体量较大、市场潜力充足，既是沿海地区产业链、供应链向内地转移的重要通道，也是中西部融入"一带一路"的开放门户，还是中西部地区最具活力的创新高地之一。以都市圈协同为重点建设郑洛西高质量发展合作带，可以打破行政分割和市场封锁，推动生产要素在"城市""省城""区块"等不同区域空间尺度间循环流转；可以促进供给与需求在更大范围内、更高层次上匹配对接，实现生产分配流通消费各环节高效畅通；可以强化地区间协同联动，推进产业基础高级化和产业链现代化。而依此郑洛西高质量发展合作带不仅能为全国构建新发展格局提供有力支撑，本身也能成为重要的战略枢纽。

第三，能够为促进区域协调发展提供良好的平台和动能。近些年来，北方地区产业转变、动能转换、绿色转型力度明显加大，经济增速持续放缓。我国经济走势分化状态由"东西差距"逐渐演变为以黄河流域为界的"南北差距"。郑洛西地区地处中西部板块、南北地区交汇区域，建设郑洛西高质量发展合作带，有利于助力缩小南北差距，促进区域协调发展：一方面，作为新的合作平台，可以通过优化分工进一步优化区域产业链布局，强化中西部和北方一些地区承接产业转移的能力；另一方面，作为新的战略动能，可以协同其他国家区域战略一道发力，促进区域间优势互补，推动北方发展缓慢地区加快扭转被动局面。

但我们要认识到，郑洛西高质量发展合作带建设也充满着困难和挑战。有特殊的区情约束：合作带地跨豫、陕、晋三省，地区间发展很不平衡；生态环境普遍脆弱，水资源自然禀赋较差，水沙关系不协调。有长期的体制困扰：生态环境管理、水资源调节、流域治理等存在条块分割、各自为战的状态，高效协同发展的机制尚未建立。还有既存的利益钳制：受行政区划、政绩考核等的影响，一些地方习惯于从自身立场和需要考虑问题，开放合作、一体联动面临各种形式的阻碍。我们应当认清形势、正视困难、优化举措、力克挑战。

按照规划纲要的部署，从流域实际出发，建设郑洛西高质量发展合作带，似应重视和把握如下一些原则要求：

第一，守住生态基底。郑洛西地区分布有多个生态涵养区和自然保护区，还拥有秦岭山脉、伏牛山、太行山等多处生态绿核，生态地位十分重要。合作带建设应切实把握"重在保护、要在治理"的战略要求，把保护生态环境作为开展其他一些工作的基础和底线。应统筹推进山水林田湖草沙综合治理、系统治理和源头治理，对照最好标准，维护区域间水、气、土环境，控制产业准入门槛，推进农业面源、工业点源污染治理。同时，协同配合探索建立体现流域特色的横向生态保护补偿机制。

第二，注重因地制宜。产业协同是实现郑洛西高质量发展的关键。在切实把握生态底线的前提下，产业发展应充分考虑区域特点做好协调平衡，不超越条件一窝蜂地追求高精尖产业，不忽视比较优势盲目培育新经济新动能。从实际出发，因区施策发展特色产业、打造经济增长极。与此同时，结合郑州都市圈、洛阳都市圈、西安都市圈、晋陕豫黄河金三角的资源禀赋，加强战略协同、创新协同，推进产业补链强链延链，共同培育具有竞争力的产业集群，协力建设特色优势现代产业体系。

第三，坚持互利共赢。合作是合作带的题中之意，合作联动也是郑洛西地区高质量发展的必由之路，而互利共赢才能使合作之路走得实、走得远。合作带建设各方应树立全局观念，从整体利益出发，自觉打破行政壁垒，促进资源要素有序自由流动，建立统一开放、公平竞争的市场体系；应强化规划对接、制度协同，积极推进基础设施建设互联互通、科技创新与产业发展深度融合、生态环境共保联治、公共服务普惠共享；应建立健全重大事项、工程项目共商共建机制，促进跨区域产业园区创办、战略平台设置、创新经验集成和规划标准互认，不断深化合作内容、拓展合作空间。

第四，搞好文化传承。文化是郑洛西高质量发展的深厚底蕴和共同长板。合作带地处华夏文化的起源之地，属于黄河流域文化的核心地带，拥有二里头遗址、偃师商城遗址、秦始皇陵、龙门石窟、天地之中历史建筑群、嵩山少林寺、大明宫遗址、未央宫遗址等众多历史文化资源。合作带应在保护好文化遗产资源的前提下，深入挖掘黄河文化的时代价值，推动文化和旅游融合发展，通过强化区域资源整合和协作，推动全域旅游发展，打造具有鲜明特色和强大吸引力的黄河区域文化旅游带，满足人民不断增长的美好生活需求。

第五，保持循序渐进。合作带作为探索者、示范者，应努力开拓进取、积极创造经验、做好引领带动。但推动高质量发展涉及方方面面，面临着主客观因素的制约，是一项复杂的系统工程，难以疾步速成、一蹴而就。在路径选择上应遵从规律要求，分清轻重缓急，视难易状况稳步推进。应科学制订年度工作方案，坚持清单化、项目化、时限化和滚动式管理，建立强有力的跟踪督促机制和责任追究制度，力求积小胜为大胜，不断巩固和发展建设成果。

郑洛西高质量发展合作带建设目前尚处于前期谋划阶段，有大量的问题需要深入探索研究。中国区域经济50人论坛是研讨区域经济理论、政策和实践的学术平台，集中了一大批国内重量级经济学家和区域问题专家，大家十分关注黄河流域生态保护和高质量发展战略的贯彻实施。这是论坛就这一战略贯彻实施与有关地方或机构合作举办的第三次会议。我们积极响应要求参与举办本次会议，目的就在于推动郑洛西高质量发展合作带相关问题的研究走向深入和清晰，为前期规划和扎实推进提供智力支持。今天有二十多位论坛成员和特邀专家出席会议，可谓阵容强大。希望大家能充分发挥聪明才智，把最具价值、最体现专业素养的见解与观点奉献出来，为建设郑洛西高质量发展合作带增添一份力量。

最后，衷心感谢河南省委、省政府对本次会议的高度重视，感谢陕西省和山西省的大力支持，感谢河南省发展改革委和洛阳市委、市政府为举办这次会议所付出的辛勤劳动，预祝本次会议取得圆满成功！

把北部湾经济区开放开发放在突出重要位置[*]

广西特别是北部湾经济区的发展现在正处于一个非常关键时期,景象可谓风生水起、千帆竞发、生机勃勃、如火如荼。此时能来经济区进行实地调研,调研组的每个同志都感到非常高兴。两天来,自治区党委和政府的主要负责同志、分管负责同志、各相关市的领导,分别从不同角度向调研组介绍了广西特别是北部湾经济区的发展情况,提出了一些重要的思路和建议,给我们很大的启发。借此机会,我代表调研组谈些意见,重点谈一谈加快广西北部湾经济区开放开发的必要性与需要研究把握的重点环节,也简要谈谈调研工作思路。

一、加快北部湾地区开放开发意义重大,应把其放在突出重要的位置上

这些年来,我国区域协调发展的势头越来越好,许多省份都高度重视发挥中心城市、先进地区的支撑、辐射和示范作用,培育形成一批富有活力和创造力的地带。这些地带以不同的面貌出现,有城市群、经济带、开发区、试验区、合作区,形类多样,但无一例外都成为推进区域

---

[*] 本文系作者2007年7月率领国家部委联合调研组在广西调研时,于7月11日在"广西北部湾经济区开放开发座谈会"上的讲话。

协调发展的顶梁柱和带动源，北部湾经济区就是其中之一。在新的历史条件下，加快广西北部湾地区开放开发，不仅对广西，而且对全国都具有非常重大的意义。我以为，至少体现在如下三个方面：

（一）有利于广西经济社会实现更好更快的发展

广西北部湾地区主要包括南宁、北海、钦州和防城港四个城市，陆地国土面积4.25万平方公里，去年末总人口为1255万人。这四个城市在广西经济社会发展中具有举足轻重的地位。

1. 具有支撑的作用。2006年底数据表明，南北钦防四个市以不到全区五分之一的土地，四分之一的人口，创造了全区近三分之一的生产总值和财政收入。对整个广西经济的支撑作用十分明显。如果这个地方发展得更好，其作为顶梁柱的支撑功能就更为突出。从某种意义上看，北部湾经济区是广西发展的核心地带，把这个核心做强做大，无疑能使广西大幅度增益，能够推动广西经济实现又快又好发展。

2. 具有带动的作用。这种作用通常是与支撑作用联系在一起的。北部湾经济区是广西发展条件最好和潜力最大的区域，近年来的经济社会一直保持着快速发展的势头，产业结构持续改善，发展水平不断提升，钢铁、石化、林浆纸、修造船和电力等重大产业项目建设取得了突破性进展，重化工业作为支柱产业的发展格局在初步形成，现代产业体系逐渐壮大。这不仅会推动地区经济社会的全面发展，也会对其他地区发展起到强有力的引领带动作用。

3. 具有辐射的作用。北部湾经济区具有的特殊地理位置和优良水陆交通条件等优势，使其与广西其他地方紧密联系在一起，为相互间协同联动、一体发展奠定了良好基础。近年来，自治区投入了超过100亿元开展重要基础设施建设，经济区基础设施显著改善，承载水平和配套能力有了很大提高。这一体系的形成，不仅成为本地区加快发展有力支撑，而且在开放的市场环境中成为贯通和辐射其他地区的有效纽带。北部湾经济区的进一步开放开发，将会对广西乃至更大地区的发展起到强有力的辐射作用。

4. 具有示范的作用。北部湾地区是我国开发比较早、开放走在前的地区，在体制创新、开放合作、城市拓展等方面创造了许多有益的经验。当然，有些地区也曾走过一段曲折的道路，但辩证地看，它也给我们提供了深刻的警示和值得汲取的教训。进一步推进开发开放的过程，是开拓创新、先行先试的过程，也是框正谬误、祛弱补短的过程。鉴于北部湾经济区的独特区位和历史基础，其辉煌的成就与有效的操作将对广西的其他地区、对周边地区乃至全国展示出积极的示范效应。

（二）有利于构建东中西良性互动、协调发展新格局

广西背靠大西南，东临珠三角，是西部唯一既沿海又沿边的地区，而且直接与东部的广东相连，既是陆域经济和海洋经济的结合部，又是西部地区与东部地区的交汇点，具有链接海陆、沟通东西的天然优势，就像自治区领导所说的那样，这些特殊条件是得天独厚、不可攀比的。正因为如此，推进广西北部湾地区开放开发有利于促进东中西实现良性互动、协调发展。从实施西部大开发的角度看，加快北部湾地区的开放开发是增强西部地区自身发展的需要。西部大开发战略的实施，需要依靠国家的支持，需要东部、中部地区强有力的援助，但更重要的是依靠西部发挥自身的能动性作用。西部自身的发展也需要有支撑点，而广西北部湾地区综合条件优良，有能力成为这个支撑点。如果通过进一步发展成为我国沿海经济发展新的一极，北部湾地区对广西、对整个西部地区的支撑效应就会展现得更加强劲。正因为如此，国家《西部大开发"十一五"规划》明确把北部湾地区列为西部重点发展的三个地区之一。从整个区域协调发展的角度来看，加快北部湾地区的开放开发，有利于东中西的互动。国家提出了贯彻落实区域发展总体战略，推动形成东中西优势互补、良性互动、协调发展格局的要求。当前实际表明，我国东中西地区发展的确存在明显的差距，且有些方面的差距还在进一步拉大，但区域间的互动也在不断增强，缩小东中西地区间的差距、推进协调发展还是有赖于合作互动，包括东部对西部进行产业转移、西部对

东部提供资源支持等。在这个过程中，毗邻东部的西部一些地区具有独特的优势，特别是具有承接东部产业转移的优势。广西不仅紧邻广东，且水陆边海兼得，就综合条件而论可谓西部地区中的"东部"。加快广西特别是广西北部湾地区的开放开发，一方面能增强自身承接东部地区产业转移的能力，另一方面也能引领推动西部相关地区通过多种形式与东中部的合作，从而在促进东中西互动中发挥承上启下或中枢纽带的作用，对促进区域协调发展十分有益。

（三）有利于深化与国际区域合作

北部湾经济区处于我国华南经济圈、西南经济圈和东盟经济圈的结合部，是泛北部湾区域合作、大湄公河次区域合作，中越"两廊一圈"和泛珠三角合作等多区域合作的交汇点，是我国对外开放，面向东盟、走向世界的门户、前沿和桥头堡，是推动泛北部湾经济合作的基点，有条件深度参与国际区域合作。通过加快这一地区发展，形成中国沿海发展的新增长极，能够进一步提高广西对周边地区的影响力，进一步夯实国际区域合作的基础。借助这个基础，国际合作的空间就会更加广阔、内容也会更加深入。也就是说，加快北部湾地区的开放开发，对于推动泛北部湾经济区合作向纵深发展，实现与周边地区资源共享、合理分工和优势互补，提升我国整体对外开放的水平，开创我国西部地区扩大开放的新局面，形成全国更具活力、更加开放的经济体系等都具有重要而深远的意义。

有鉴如此，我们应当把加快北部湾地区的开放开发放在突出重要的位置上，切实采取有力、有效的措施建设高质量水平发展的北部湾经济区。

总书记、总理等中央领导同志相继来到北部湾经济区进行调研，对加快北部湾地区开放开发作出重要指示。可以说，中央和各个方面对北部湾经济区的开放开发高度重视、寄予厚望。调研组承负着许多方面的期待，我们愿意积极工作，倾注心血，为加快北部湾地区开放开发，真正打造我国沿海发展的新增长极作出实实在在的贡献。

二、加快北部湾经济区开放开发充满挑战，应着力廓清一系列重大问题

从总体上看，北部湾经济区是我国发展基础较好、发展潜力很大的地区之一，有利条件很多。不仅区位优越、资源丰富，现实发展基础也很好，经济区基础设施体系完备，产业结构不断改善，开放优势明显。但北部湾地区进一步开放开发也面临着许多尖锐挑战，要把这篇文章做好，需要深入分析研究一系列重大问题，有针对性地完善操作思路和相关政策，依此将这一地区的内在潜力和亢奋活力充分发挥出来。需要廓清的问题主要有：

（一）如何把握全局要求和区域实际，准确定位北部湾经济区开放开发的基本功能

从国家使命与时代要求看，北部湾经济区应当承担起建设沿海新的增长极、促进区域协调发展和深化国际区域合作的重任，但从地区实际看，近些年北部湾经济区虽然发展加快，但经济总量仍小，综合实力不强，存在不少薄弱环节。因此，要通盘考虑、统筹把握，恰如其分确定区域角色，恰到好处地规划功能定位，既把握机遇、创造辉煌、开辟新局，又不能超越自身能力，好高骛远设定不切实际的发展目标。

（二）如何有效利用国际调整和地区转移机遇，形成具有区域特色和强劲竞争力的产业结构

加快北部湾地区开放开发，产业拓展是基础，而增强产业的特色和竞争力是基础的基础。中央领导要求，广西特别是北部湾经济区的发展要努力形成中国与东盟开放合作的物流基地、商贸基地、加工制造基地和信息交流中心，广西也提出了要在北部湾经济区建设与"三基地一中心"一脉相承的九大产业基地。产业体系构建的关键在于契合区情、强

化优势、凸显特色，不仅要避免与周边省份如广东、海南等的直接竞争，经济区内部各市之间也要实现合理分工。如果经济区与周边地区产业同质同构，经济区内彼此的产业也高度同构，形不成自身的特色，又缺乏有竞争力的高新产业，就很难有一个好的发展前景。

（三）如何处理好行政区与经济区的关系，实现经济一体化

行政区与经济区是辩证统一的关系，处理得好，就会形成一体协同，带来经济超常发展。否则，就必然会制约区域发展。出路在于推进各行政区之间的合作联动。推进区域合作可以在不突破现有行政区域的前提下扩大行政区域配置资源的空间，或者说，能够跨越行政边界在更大范围内利用生产资源和要素，实现优势互补、相互支撑、协同发展。但深入推进区域合作并不容易，行政区体制的本位利益往往会导致地区封锁、市场分割。受此制约，一些地区虽然高调倡导区域合作，但常常缺乏实质性的行动，甚至是明里强调合作，暗中使绊相羁。今天行政手段不好使了，就尝试利用经济手段来限制。北部湾经济区发展的潜力在合作，活力也在合作。要做强做大，形成沿海的新的一极，必须突破行政限制，建设统一协调的经济区。解决好这个问题，不仅要提高思想认识水平，而且要加强相关政策法规建设，大力推进基础性体制机制创新。

（四）如何处理好经济发展与环境保护的关系，不断增强可持续发展能力

这是加快北部湾经济区开放开发面对的重大问题，也是推动广西发展面对的重大问题。广西综合实力总体不强，集中连片贫困地区范围较大，北部湾沿海地区开发不足，因此仍然要把推动发展放到首要位置。但要实现可持续的发展，必须加强生态建设和环境保护。广西的发展和北部湾地区的开放开发应当把建设资源节约型社会、环境友好型社会放在突出重要的位置。在生态环境保护方面，我国面临着较大的国际压力。全球气候变暖已经成为当今重大国际问题，在今年5月联合国召开的可持续发展第15次大会上，世界三大集团斗争得非常激烈。大体上

说，欧盟诉求体现的是环境至上，77国集团加中国的发展中国家集团是发展至上，美国和加拿大是中间派。专家预计，中国将提前两年于今年底或明年初成为世界上最大的温室气体碳排放国，这使中国成为全球气候问题的焦点国家。美欧国家依靠过去无节制的排放成就了自己的发展，现在反过来站在道德高地以环境保护相挟阻碍中国把发展作为第一要务，我们不能上他们的当。但在今天的形势下，我们既要坚持发展不动摇，努力推进经济加快发展，也要切实保护生态环境，因为环境保护涉及未来发展。国家对温室气体排放问题高度重视，成立了专门机构，其应对举措将是全方位的。基于这样的大势，立足于增强可持续发展能力，广西的发展、北部湾经济区开放开发必须科学处理好经济发展和环境保护的关系，把保护绿水青山作为主要内容，把发展循环经济、打造低碳产业、推行清洁生产等作为基本路径。

（五）如何持续增强凝聚力和影响力，在推进国际区域合作中真正发挥桥头堡和前沿阵地作用

基于特殊的区位优势，北部湾经济区的开放开发不仅要着眼于促进自身的发展，还要服务和推动泛北部湾经济合作和中国—东盟开放合作，成为我国推进国际区域合作的重要桥头堡和前沿阵地。从根本上说，这需要以强大的实力和突出的地位做支撑，但也需要建设坚实通达的基础设施，打造开放包容的战略平台，建设规范高效的体制机制。要探索切实可行的操作途径，以不断提升北部湾经济区在周边国家和地区的凝聚力和影响力，促进国际区域合作的不断深化。

这类关系北部湾经济区开放开发大局的难题还有很多，在此我不一一列举了。对这类问题我们会在调研中深入思考并虚心向广西的同志请教。结合未来的规划制订工作，此次调研将聚焦研究如下七个问题：一是总体功能定位；二是各城市的具体功能分工特别是产业定位；三是重大产业项目布局；四是基础设施和国际通道建设；五是生态建设和环境保护；六是扩大对外开放；七是加快开放开发需要给予的政策支持，请广西特别是北部湾四市的同志一起思考。

三、虚心学习请教，以认真负责的态度圆满做好调研工作

这次调研旨在落实中央领导的重要批示精神，为加快北部湾经济区开放开发提出思路与建议。调研组由国家发展改革委牵头，商务部、海关总署等多个部门参加。国家发展改革委主要负责同志亲自部署调研工作。承负着中央领导和广西人民的殷切期待，调研组深感责任重大，一定尽全力、倾心血做好这次调研工作。具体地说，要体现如下三"要"：

（一）要树立负责任的思想意识

认真学习、深刻领会中央领导的指示精神，全面消化、精细梳理广西壮族自治区党委、政府提供的有关资料，准确把握、有效落实国家发展改革委等部门领导对调研工作的要求，以向广西和北部湾地区负责，向国家负责的态度开展调研工作，不浮光掠影，不敷衍对付，使提出的思路和建议切实有利于国家和区域经济社会发展，经得起历史与时间的检验。

（二）要坚持探到底的工作作风

虚心听取各方面的意见，深入基层、现场和普通人群，探询真实场景、了解一手情况，深入思考重大问题，深刻剖析典型案例，精准把握发展困难挑战。总之，要多看、多听、多思、多想，努力实现调研活动"实、准、透"的统一。

（三）要提供有分量的调研成果

这次调研十分重要，所形成的调研报告不仅要服务于将在7月份召开的全国政协专题协商会，而且要上报国务院，为国家就北部湾开放开发做出战略决策提供直接参考。因此，我们要在深入调研的基础上，形

成一份高质量的研究报告,深刻阐述加快北部湾经济开放开发的重大意义、战略目标、重点任务和政策举措,为国务院决策提供科学合理而又切实可行的建议,真正当好参谋;也为广西和北部湾经济区的发展贡献绵薄之力。

这是我进入国家发展改革委工作后,第四次以调研组长身份率队进行重大调研活动。第一次是赴深圳调研新形势下特区发展问题,基于调研成果,国务院总理在深圳召开经济区工作会议,阐明了新时期特区的战略地位与发展方向;另两次是分别赴上海和天津调研浦东新区和滨海新区率先开展重大改革事项试验问题,基于调研成果,国务院先后批准这两个新区作为国家综合配套改革试验区。希望我们的这一次调研也能取得良好的成果,有助于加快推进北部湾经济区的建设。

最后,对广西壮族自治区党委、政府及有关部门为调研工作所提供的大力支持与周到安排表示衷心的感谢。

北部湾经济区开放开发与
泛北部湾经济合作*

推进泛北部湾经济合作，既是拓展我国西南地区发展空间、加快推进西部大开发、促进区域协调发展的重大举措，又是发展中国与东盟国家睦邻友好关系、推进中国—东盟自由贸易区建设、促进周边国家共同发展的重要途径。广西北部湾经济区处于泛北部湾的核心位置，在推进泛北部湾经济合作中扮演着重要的角色。适应经济全球化和区域经济一体化发展的大趋势，必须进一步加快广西北部湾经济区开放开发，促进泛北部湾经济合作继续深入展开。围绕这个问题，我谈三点看法。

一、加快广西北部湾经济区开放开发是促进泛北部湾经济合作深入发展的重要基础

区域合作的基础是互通有无、资源共享，通过比较优势的交换，实现合作各方利益的最大化。实现泛北部湾经济合作，能够使相关国家和地区获得广阔的发展空间和优越的发展条件。充分发挥广西北部湾经济区的作用，有利于推进泛北部湾经济合作，而推进泛北部湾经济合作，必须进一步夯实广西北部湾经济区发展基础。

---

* 本文系作者于 2008 年 7 月 30 日在国家发展改革委、交通运输部、广西壮族自治区政府、海南省政府等 12 家单位联合主办的"2008 泛北部湾经济合作论坛"（广西自治区北海市）上的主题演讲。原载于《经济研究参考》2008 年第 59 期。

(一) 独特的区位优势和良好的发展环境，为广西北部湾经济区在泛北部湾经济合作中发挥基础性作用提供了有利条件

一方面，广西北部湾经济区地处中国—东盟自由贸易区、泛珠三角地区和大西南地区的结合部，既是我国西部最便捷的出海大通道和中国通向东盟的陆路、水路要道，又是促进中国与东盟全面合作的重要桥梁和基地，客观上是我国对东盟开放的前沿地带和"桥头堡"。另一方面，广西北部湾经济区资源禀赋较好，生态环境容量较大，气候条件适宜人居；近年来深水航道、路网、供排水及供电等设施条件明显改善，沿海重大产业布局取得重要进展，与东盟国家在资源结构、产业结构、市场需求、科学技术等方面的互补性逐步增强。这些，都是广西北部湾经济区推进开放开发和参与泛北部湾经济合作的有利因素，使其有条件在促进泛北部湾经济合作中发挥重要的基础性作用。随着中国—东盟自由贸易区的加快建设和泛珠三角区域经济合作的日益深入，广西北部湾经济区将在国际、国内区域合作中发挥越来越重要的支撑和推动作用。

(二) 只有不断加快开放开发进程，广西北部湾经济区在泛北部湾经济合作中的基础性作用才能真正得到充分发挥

国际区域合作不仅要看条件，而且要靠实力，实力是合作与交流的基础。广西北部湾经济区只有不断加快开放开发进程，全面提升经济社会发展水平，才能在泛北部湾经济合作中承担更大的责任和义务，才能在合作中更具吸引力和支撑力，从而在合作中发挥更大的作用；同时，也只有不断加快开放开发进程，提升与周边国家对话和交流的实力，才能在参与和推进泛北部经济合作中获取更多的发展机会，分享更多的合作利益。目前，广西北部湾经济区开放开发已经起步并取得初步成效，具备了全面参与和推动国际区域合作的基本条件，但发展的整体水平还不够高，潜在的优势还没有真正转化为实力和竞争力。因此，广西北部湾经济区要承担起在泛北部湾经济合作中的基础性作用，必须加快开放开发进程。

二、加快广西北部湾经济区开放开发需要着力抓好一些关键环节

国家批准实施的《广西北部湾经济区发展规划》，对广西北部湾经济区的发展方向、基本路径等做了全面勾画，是今后一个时期推进广西北部湾经济区发展的行动指南。加快广西北部湾经济区开放开发，要认真实施好这一规划，特别是要抓好如下一些关键环节。

（一）加强交通基础设施建设，加快建成区域性国际交通枢纽

交通设施建设是开展区域经济合作互动的基础平台，也是推进泛北部湾经济合作的关键。随着国家周边外交和区域合作战略的展开，客观上要求加快广西北部湾经济区综合交通体系建设，形成面向东盟、连接三南广阔腹地、沟通泛珠三角地区与中南半岛的国际大通道和区域性国际交通枢纽。为此，要加快建设高效、便捷、通畅的出海、出边国际大通道，特别是中国连接东盟的主要水、陆、海、空通道建设，形成现代化的立体型综合交通运输体系，为建成中国—东盟区域性物流基地、商贸基地提供有力支撑。要合理调整港口空间布局和分工，加强北海、钦州、防城港之间的港口发展的统筹协调。要加快疏港道路建设以及通向腹地的重要骨干铁路、公路建设，完善陆地交通体系。要大力推动重大基础设施建设一体化，避免和减少重复建设。

（二）推进产业结构优化升级，加快建成高层次产业合作基地

产业合作是区域合作的基本内容和主要支撑。建立在地区比较优势基础上的高层次的产业结构，是有效整合资源要素，促进形成联系紧密、相互配套的产业纽带的重要载体。广西北部湾经济区海岸线长，腹地广阔，资源优势明显，多区域合作地位特殊，具有发展临海工业的良好条件。要充分利用现有基础和优势，面向两个市场、两种资源，发挥

企业主体作用，积极发展先进制造业、高技术产业和现代服务业。要在较高起点上发展钢铁、能源、石化、林浆纸等重化工业。在产业发展中，要注重规模经济，形成富有特色和竞争力的产业集群；要注重与周边地区产业发展的有机衔接，合理分工、优势互补。

（三）重视生态环境保护，加快建成实行科学发展的先行地区

优美的生态环境，是推进区域合作的重要条件，也是实现可持续发展的重要保障。广西北部湾经济区具有良好的生态环境基础，在加快开放开发的过程中，一定要维护和发展这一优势。要立足于科学发展，处理好经济发展与生态环境保护的关系，坚持生态优先，努力打造"绿色经济区"。要在重大项目建设中执行最严格的环境保护标准与政策，强化监督检查，把可能产生的污染降低到最低限度。要坚持开发与节约并重、把节约放在首位的方针，厉行节能、节水、节地、节材和资源综合利用，努力提高单位面积的投资强度和产出效率。要加大对重点生态公益林和自然保护区、湿地生态系统的保护、建设和管理力度，加强海洋生态功能区保护，恢复近海生态功能。要按照发展循环经济的要求，布局建设临海工业园区和其他产业集聚区。

（四）深化关键领域的改革，加快建成体制创新的示范区域

建立与国际通行做法相衔接的管理体制和运行机制，是推进国际区域合作的重要体制基础。广西北部湾经济区要按照完善社会主义市场经济体制的要求，抓住一些影响区域发展全局的关键环节，先行先试，推进体制创新。特别是推进三个方面的创新：一是推进政府体制改革，切实转变政府职能，改善管理方式，优化行政层级，提高运行效率，着力构建责任政府、服务政府和法治政府。二是推进市场一体化进程，着力打破行政垄断和地区封锁，建立健全市场规则，促进资源要素自由流动和优化配置，形成统一开放、竞争有序的市场体系。三是推进经济法制建设，以明晰和保护产权、促进公平竞争与诚实守信、推动开放合作等为重点，建立健全相关法规与制度，逐步确立法律法规处理所有经济社

会事务的首要地位，形成以人为本、符合国际通行做法的法律与制度环境。

（五）扩大对内、对外开放，加快建成国际区域合作平台

要充分发挥广西北部湾经济区处于多个经济区域结合部的区位优势，以更宽广的视野和更开放的举措，广泛融入周边，最大限度地获取多方合作利益。在对外开放方面，要进一步完善机制、拓展渠道，全方位、多领域扩大与东盟的合作，特别是在交通基础设施建设、资源开发和新型产业发展等方面的合作，同时积极拓展与日韩、欧美及其他国家和地区的合作。在对内开放方面，要积极参与泛珠三角区域经济合作，扩大与西南地区的经济协作，共同推进能源资源开发、环境保护以及交通、物流、旅游等产业发展，加强同长三角、环渤海地区的经济合作，积极承接相关产业转移。

三、要继续推动泛北部湾经济合作向纵深发展

泛北部湾经济合作已取得了积极成效，前景十分广阔。要在推进广西北部湾经济区开放开发的基础上，进一步推动泛北部湾经济合作向纵深发展，特别要注重在明晰细化合作内容、完善提升合作机制两个方面下功夫。

（一）务实推动重点领域合作，不断提高合作的层次和水平

要适应加快广西北部湾经济区开放开发和推进泛北部湾经济合作的需要，不断拓展合作的领域，并不断优化合作结构，提高合作质量。特别要进一步拓展基础设施、产业发展、金融服务、生态环境和科技教育等领域的合作。在基础设施方面，加强集装箱联运与国际中转、运输航线、物流与煤炭配送、邮轮客运等合作，推进主要高等级公路和重要铁路干线相互连接和贯通；在产业发展方面，推进农业优良品种和技术研

发、实用技术推广、农产品深加工和共建海上渔业走廊等重点领域的合作，加强开发太阳能、风能、潮汐能和木薯酒精、棕榈柴油等生物质能源及利用技术的合作，积极构建泛北部湾旅游大通道和旅游网络；在金融服务方面，推进金融基础设施建设，联手打造区域内信用平台和融资平台，共同推动和促进国际金融组织参与泛北部湾开发；在生态环境方面，以海洋生物多样性保护、海洋渔业资源开发保护、海岸带管理、海洋环境资源调查、海洋灾害预警预报等为重点，联合实施保护项目，共建良好陆海生态环境；在科技教育方面，加强重要共性技术的联合开发研究，推动建立统一开放的人力资源市场，开展多种形式的联合办学，推动建立统一的教育培训基地。

（二）积极完善合作机制，形成有效的合作交流通道

健全完善的合作机制是保障区域合作顺利开展的关键。促进泛北部湾经济合作深入发展，需要努力构建多元化、多层次的区域合作机制体系。要充分用好中国—东盟博览会和中国—东盟商务与投资峰会等现有区域合作平台，并进一步强化贸易、投资和文化等领域的合作交流，打造更加宽广的区域合作平台；要建立区域内相关国家政府间经常性互访和双边磋商机制，建立健全民间团体、企业、行业协会之间的交流沟通机制，加强全方位联系沟通，促进多层次对话交流，形成稳固而有效的合作推动机制；要进一步加快各个周边国家的开放进程，形成相互衔接、一体化运行的体制规则，促进相互开放、共同发展。

加快广西北部湾经济区开放开发能够有效拓展泛北部湾经济合作的领域和空间，而深化泛北部湾经济合作有利于提升广西北部湾经济区开放开发的质量和效率，要把这两方面有机结合起来，采取务实措施，促进良性互动，不断开创广西北部湾经济区开放开发和泛北部湾经济合作的新局面！

务实推进泛北部湾经济合作*

从 2006 年开始，泛北部湾经济合作论坛已连续成功举办了七届，为相关国家各界人士加强交流、深入探讨和务实推进泛北部湾经济合作提供了有效的平台。八年来，在各方的共同努力下，泛北部湾经济合作务实推进，中国（南宁）—新加坡经济走廊的建设初见成效，交通、环保、信息、物流、旅游、文化、公共卫生等重点领域的合作进展顺利，论坛已经成为区域内国家研究、交流、沟通的有效平台，已经成为中国—东盟全面经济合作的一个新亮点。2013 年 10 月，中国国家主席习近平出访东盟国家时提出，中国愿同东盟国家加强海上合作，发展海洋合作伙伴关系，共同建设中国—东盟命运共同体和 21 世纪"海上丝绸之路"。泛北部湾经济合作以海上合作为重点，港口、物流作为两大重点领域，随着泛北部湾经济合作海上互联互通的实施，将有力推动"海上丝绸之路"建设。今年 1 月，《中国—东盟泛北部湾经济合作路线图（战略框架）》在中国—东盟泛北部湾合作高官会上获得通过，标志着泛北部湾合作向务实开展又迈出了关键性一步，对于全面推进和深化中国—东盟合作具有里程碑意义。

当前，泛北部湾合作正处于关键的发展机遇期。从国际形势看，当今世界正发生广泛而深刻的变化，加强国际区域合作是经济全球化、区域一体化的大势所趋，全球共同面对、解决国际金融危机的过程，进一

---

* 2014 年 5 月 15 日"第八届泛北部湾经济合作论坛"在广西南宁举办。本文系作者应邀为论坛开幕式准备的致辞稿，后因另有工作任务未出席此次论坛。

步强化了推进区域经济合作的共识。从中国国内形势看,随着改革开放的不断深化,中国将实行更加积极、主动的开放战略,发展同周边国家睦邻友好关系是中国外交的一贯方针。在 2013 年 10 月中央召开的周边外交工作座谈会上,习近平总书记强调,要更加奋发有为地推进周边外交,坚持与邻为善、与邻为伴,坚持睦邻、安邻、富邻,突出亲、诚、惠、容的理念,使我国发展更多惠及周边国家,实现共同发展。这就要求我们要把握大势,坚定信心,加强团结,形成合力,共同务实推进泛北部湾经济合作。

第一,坚持把国家战略作为推进合作的重要支撑。推进泛北部湾经济合作是推动和发展中国—东盟睦邻友好关系,推进中国—东盟自由贸易区建设,促进周边国家共同发展的重要途径,同时也是促进中国区域协调发展的重要举措。广西位于中国面向东盟开放的前沿,是中国西南、中南地区开放发展新的战略支点。近年来,中国政府一直关注和支持广西泛北部湾经济合作,中国国务院先后批准实施了一系列促进广西区域经济加快发展的规划或政策文件,并要求在规划的实施过程中切实加强与周边国家和地区的开放合作,以开放合作促开发建设,推动形成国际区域经济合作新格局,如 2008 年出台的《广西北部湾经济区发展规划》明确提出要把广西北部湾经济区建设成为中国—东盟开放合作的物流基地、商贸基地、加工制造基地和信息交流中心;2009 年批复的《关于进一步促进广西经济社会发展的若干意见》明确提出要加快建设并完善与东盟合作平台,拓展合作领域,扩大合作范围,创新合作机制,构筑国际区域经济合作新高地;2012 年批复的《东兴重点开发开放试验区建设实施方案》明确提出要把东兴试验区建设成为深化我国与东盟战略合作的重要平台、沿边地区重要的经济增长极、通往东南亚国际通道重要枢纽和睦邻安邻富邻示范区。要把贯彻国家战略作为推进合作的重要支撑,以落实规划中提出的加强区域合作的战略部署为抓手,深入推进中国与泛北部湾国家开展全方位、宽领域、多层次的合作。

第二,更加务实地深化重点领域的合作。要巩固现有基础,适应发展需要,全面深化合作,特别是要在坚持优势互补、互利共赢的基础上，按照先急后缓、先易后难等原则进一步深化重点领域的合作。强化互联互通基础设施建设，以构建中国—东盟国际大通道为重点，坚持以衔接、优化和协调发展为主线，加快构筑连接泛北部湾区域的陆上、海上和空中大通道。加强产业合作，在农业、能源、旅游、物流、旅游、钢铁、电子、临海工业等领域开展双边或多边合作。积极探索金融合作，加强金融基础设施建设，共同建立区域内信用平台和融资平台，吸引和鼓励国际金融组织参与泛北部湾开发。扩大人文交流合作，夯实泛北部湾经济合作国家关系的民间基础，促进不同文明之间的交流对话，深入开展教育、科技、卫生、文化等交流合作，加强人民特别是基层民众的友好往来，增进相互了解和传统友谊。

第三，探索形成务实、有效的合作模式。建立健全强有力的推进机制，完善提升现有合作机制功能，与时俱进探索建立新的合作机制；加强政府间互访和磋商，推进民间团体、企业、行业协会之间的交流沟通，促进多层次对话交流，以增进共同利益为基础，以排解直接制约因素为着力点，推动合作务实、高效展开。探索建立互利共赢的利益分配模式，充分借鉴国际成功做法和企业合作的经验，立足于利益共享、风险共担和长远发展大胆创新，着力探索"飞地经济"园区利益分配和成果共享的模式。加强合作平台建设，充分发挥中马钦州产业园、马中关丹产业园、中国·印尼经贸合作区、中国—柬埔寨现代农业示范中心、中国—泰国产业园等各类产业园区的作用；积极推进跨境经济合作区建设，促进沿边地区经济社会发展，培育新的区域经济增长极。